新编21世纪公共管理系列教材

· 公共组织与人力资源管理系列 ·

领导学

Leadership

主　编　孙　健
副主编　张　强　胡晓东

中国人民大学出版社
· 北京 ·

作 者 简 介

孙　健　西北师范大学马克思主义学院副院长，教授、博士生导师，曾任社会发展与公共管理学院副院长。入选甘肃省第二层次领军人才、甘肃省宣传文化系统“四个一批”人才。主要从事领导学、公共管理学、思想政治教育与管理工作等方面的教学和研究工作。著（编、译）有《社会主义核心价值体系与当代中国公共管理文化建设研究》《领导科学》《公共服务管理的复杂性》等专著、教材、译著多部，参著或参编著作、教材多部。发表学术论文60余篇；主持或参与国家级、省部级科研项目10余项。曾多次获得甘肃省哲学社会科学优秀成果奖、甘肃省高等学校社科成果奖、甘肃省教学成果奖等科研和教学奖励；主持的“公共管理学”“领导科学与艺术”等课程被评为甘肃省高等学校精品课程。

张　强　华南师范大学公共管理学院教授，地方政府治理与社会建设研究中心主任。主要研究领域为公共人力资源管理、公共部门绩效管理、行政改革等。著（编）有《美国联邦政府绩效评估研究》《行政管理学》《广东民生问题与政府行为研究》等专著和教材多部。

胡晓东　中国劳动关系学院公共管理学院行政管理系主任、教授，公共管理与人力资源研究中心主任。主要研究领域为公共管理、公共部门人力资源管理、绩效管理、领导力开发等。著（编）有《绩效管理的理论研究与实践探索》《美国（联邦）政府公务员绩效管理体系研究》《公共管理案例分析实验实训教程》《公共部门人力资源管理实验实训教程》等专著和教材多部。

内 容 简 介

由孙健、张强、胡晓东三位教授主编的《领导学》一书是一部系统阐述领导学理论、实践与方法的教材。全书从领导活动的要素入手，研究了领导者、追随者、领导环境等领导活动的要素及其相互关系；梳理了领导理论的演变和发展历程，对领导特质理论、领导行为理论、领导权变理论等传统领导理论的不同流派及其基本内容进行了介绍，并对领导归因理论、魅力型领导理论、交易型领导理论、变革型领导理论、团队领导理论、自我领导理论、在线领导等新近发展起来的领导理论进行了介绍。在此基础上，对领导体制、领导决策、领导沟通、领导用人、领导绩效、领导艺术、领导力开发等领导学的主要内容进行了重点分析和阐述。本书内容丰富、可读性强，全书每章均以名言警句和引导案例开头，正文中也穿插了丰富的案例和知识库专栏，可以帮助读者更好地理解和运用相关理论与方法。

本书适合作为高校领导学及相关课程教材，也可作为党政机关、企事业单位各级领导和管理人员系统学习领导学理论和知识的参考书。

出版说明

现代意义上的公共行政与公共管理研究和教育始于20世纪初的西方。时至今日，随着公共管理职业化的发展，公共行政与公共管理的研究和教育事业在西方发达国家方兴未艾。自20世纪80年代起，为了适应政府改革与公共管理人才培养的需要，我国的公共行政与公共管理研究和教育在经历了发展的挫折之后，开始了恢复和重建的工作。经过多年的发展，特别是公共管理一级学科的设置和我国公共管理硕士（MPA）教育的启动以及高校公共管理专业的大量开设，公共管理已成为当代中国社会科学和管理科学领域的一个充满生机活力和具有远大发展前景的学科。

为了满足广大高校公共管理类专业的教学需要，在历届教育部高等学校公共管理类学科专业教学指导委员会的指导和支持下，中国人民大学出版社自1999年起，陆续出版了“21世纪公共行政系列教材”“21世纪公共管理系列教材”“21世纪公共事业管理系列教材”“公共管理系列教材”“公共管理核心课程系列教材”“21世纪劳动与社会保障系列教材”“21世纪土地资源管理系列教材”“21世纪城市规划与管理系列教材”等多个本科系列教材。这些教材被国内高校公共管理类专业广泛选用，并得到了公共管理学界的支持和认可，数十种教材被评为“十五”“十一五”“十二五”国家级规划教材，普通高等教育精品教材，以及各省市精品教材，为我国公共管理学科发展和人才培养做出了积极的贡献。

我国高等教育改革的进一步深化，以及新技术和新媒体的不断发展，对高校教材提出了更高的要求。为了回应这种要求，我们在广泛调研的基础上，拟对上述系列教材进行整合和提升，推出“新编21世纪公共管理系列教材”，以满足国内高校公共管理一级学科下设的行政管理、公共事业管理、劳动与社会保障、土地资源管理、城市管理、海关管理、交通管理、海事管理、公共关系学等本科专业的教学需要。

“新编21世纪公共管理系列教材”将秉承中国人民大学出版社“出教材学术精品，育人文社科英才”的宗旨，从本科教育的特点出发，从公共管理教育的特点出发，为广大高校公共管理类专业师生提供一套高质量的本科教材。在教材编写和内容安排上，“新编 21 世纪公共管理系列教材”强调基础知识、基本理论和基本技能，同时，也尽可能地体现创新性和前沿性，反映相关领域理论与实践的最新发展情况。

“新编 21 世纪公共管理系列教材”由中国人民大学、中山大学、北京大学、清华大学、复旦大学、厦门大学、武汉大学、浙江大学、吉林大学、东北大学、北京师范大学、山东大学、四川大学、西北大学等数十所国内著名大学的知名学者领衔著述，我们期望通过这种强强联合、优势互补、资源共享的方式，为国内公共管理学界奉上一套体现系统性、权威性、通用性，并兼具创新性、前沿性、启发性的精品教材。

公共管理的实践是不断发展和变化的。随着公共管理实践的不断发展，公共管理学科研究的范围、主题和内容也在不断地发展和变化。我们将紧跟公共管理学科的发展，与所有作者一起，不断对本套教材进行修订和完善。望广大读者给我们反馈信息，对本套教材提出批评和建议，以使我们能够在所有读者和作者的帮助下，与中国公共管理学科共同成长。

中国人民大学出版社

总　序

2018 年是改革开放 40 周年。改革开放前，在计划经济时期我国对人的管理是按照身份划分的，对工人的管理称为劳动管理，而对干部的管理称为人事管理。劳动管理更多地被纳入企业管理，是企业“人财物”管理中的一部分，关注的核心是劳动定额和劳动报酬；人事管理则不被认为是一门科学，用人单位按照有关政策和规定，照章办事罢了。

我国城市经济体制改革的重要突破口首先是分配制度改革，而这一改革必然传导到用人制度的改革。改革遇到的一系列挑战需要理论的回应和指导，为此，1983 年 5 月我国第一个该领域的学院——劳动人事学院——在中国人民大学成立，该院是中国人民大学与原劳动人事部合办的，所以，其名称就有了鲜明的特点。我是 1982 年初到人民大学攻读硕士研究生的，所以，学院成立时只有我一名学生，1983 年 9 月我才迎来了两位师弟。学院成立后按计划招收劳动经济和人事管理两个专业的学生，劳动经济专业为劳动局培养干部，人事管理专业则为人事局培养干部。

20 世纪 90 年代初，由于各种原因，人事管理专业面临转型。由于看到发达国家已经从传统的人事管理转向人力资源管理，于是，在 1993 年，中国人民大学将人事管理专业改为人力资源管理专业，主要为企业培养从事人力资源管理的专业人才。1997 年教育部研究生学科目录调整时增设了管理学门类，该门类下设了多个一级学科，其中，最重要的是工商管理和公共管理。在讨论二级学科设置时，对于人力资源管理的位置没有达成一致意见，因此，没有将人力资源管理列入当年的研究生学科目录。而 1998 年在修订本科专业目录时，将人力资源管理放在了工商管理一级学科目录之下，公共管理一级学科下则没有设立人力资源管理专业。

2000 年前后，公共管理问题在国内受到越来越多的关注，为了回应社会需求，国内各大学纷纷成立公共管理学院。2001 年 6 月，中国人民大学公共管理学院成立，成立之初确定的奋斗目标是建成“国内一流、世界知名”的公共管理学院。为此，学科建设就成为学院的工作重点。学科建设的首要任务是“补缺”，为此，在学校的支持下，2003 年，学院率先在公共管理硕士（MPA）项目中设立了公共组织与人力资源方向，为公共组织培养人力资源管理人才。在此基础上，2006 年，学院进一步在公共管理一级学科下自设了“公共组织与人力资源”二级学科，开始培养博士和学术型硕士研究生。

我国公共部门人力资源以党政机关干部和国有企事业单位管理人员为主，我国公共部门人力资源的素质和能力决定着我国公共管理的水平和质量。其中，我国干部队伍作为党政工作人员，是国家行政管理人才，是党的路线、方针、政策和国家法律、法规的具体执行者，担负着社会主义现代化建设的规划、组织和指挥的重要责任，是重要的人才资源。干部队伍能否正确行使权力、执政为民，直接关系到党和政府的形象和威望；干部队伍能否秉公执法、依法行政，直接关系到法律的尊严和社会的公正；干部队伍素质的高低、能力的强弱，直接关系到政府的工作效率和为公众服务的水平。提高干部队伍的人力资源开发和管理水平，加强干部队伍能力建设，已经成为建设强有力政府的关键和增强国家竞争力的重要途径。

中国人民大学在这一领域的一系列创新举措得到了兄弟院校的积极响应，不少高校设立了相同的专业方向。为此，在全国公共管理专业学位研究生教育指导委员会的支持下，首届全国公共部门人力资源管理研讨会于 2012 年召开，进一步推进了该学科的建设与发展。该研讨会每年按期召开，探讨公共部门人力资源管理的理论与实践问题。特别值得一提的是 2016 年 7 月 7 日至 8 日由全国公共管理专业学位研究生教育指导委员会主办、天津大学管理与经济学部承办的第五届全国公共部门人力资源管理研讨会。会议发表了《天津宣言》，做出了要在未来一段时间内出版一系列公共组织与人力资源管理教材的决定。会后成立了“新编 21 世纪公共管理系列教材 · 公共组织与人力资源管理系列”编写指导委员会与编写委员会，经过委员会商议，确定了要陆续推出《公共部门人力资源管理概论》《公共组织理论》《领导学》《国家公务员制度》《公共部门人员测评与甄选》《公共部门绩效管理》《公共部门薪酬管理》等教材，从而不断完善我国公共部门人力资源管理的学科建设，促进公共部门人力资源管理的组织创新和人才培养。这一决定促成了本系列教材的出版。

本系列教材力求体现以下特色：第一，体系科学全面。本系列教材涵盖了公共部门人力资源管理的主要知识领域，既包括管理学原理、组织行为学、公共组织理论等学科基础知识，也包括公共部门人力资源的招募、测评、甄选、绩效考核、薪酬管理等专业内容。第二，内容特色鲜明。本系列教材在编写过程中注重公共组织的基本特点与价值取向，无论是教材体系的设置还是具体内容的撰写都关注公共组织的实际问题。第三，实践导向明显。为了帮助读者更好地理解理论知识，将理论与实践联系起来，各教材都提供了丰富的公共组织具体案例实践，同时我们还将特别出版一本《公共部门人力资源管理案例》。第四，经典前沿并重。本系列教材的编写，既注重基础知识、基本理论和基本技能，同时又关注学科前沿，通过呈现公共部门人力资源管理的前沿视点，帮助读者把握学科的最新发展动态。

参与本系列教材编写的专家学者队伍理论功底都很深厚，他们来自中国人民大学、北京师范大学、天津大学、南开大学、中南财经政法大学、西北师范大学、广西大学等十余所高校。他们身处中华民族走向伟大复兴的历史洪流，扎根中国公共管理的具体实践，深谙中国公共部门人力资源管理的机会、问题与挑战。这种打破空间地域限制的强强联合，有利于将全国各地专注公共部门人力资源管理理论与实践的专家学者联合起来，促进各高校之间的学术交流与合作，助推公共部门人力资源管理的学科发展。

本系列教材不仅适合公共管理类专业的本科生使用，也可作为公共管理学科的研究生以及各级行政管理人员的参考用书。

实践总是不断发展与演进的，公共部门人力资源管理也会面临新的问题与挑战。虽然各位编写者在编写过程中精益求精，付出了很多心血，但难免存在不足之处。希望广大读者在使用本系列教材的过程中积极地提出修改意见，帮助我们不断地修订和完善。

董克用

前　言

一

领导活动及其现象与人类社会共始终。正如马克思所言：“一切规模较大的直接社会劳动或共同劳动，都或多或少地需要指挥，以协调个人的活动，并执行生产总体的运动——不同于这一总体的独立器官的运动——所产生的各种一般职能。一个单独的提琴手是自己指挥自己，一个乐队就需要一个乐队指挥。”① 领导活动是为了满足人类社会群体活动存在与发展而产生的，同样也伴随着社会生产力水平的进步与整个社会系统的变迁而不断变化，经历了一个由简单到复杂，由低层次到高层次的不断演化的过程。

领导活动是一种特殊的社会现象，主要包括决策、指挥、协调、沟通、激励、监督以及用人等内容。人类最初的领导活动产生于原始社会人们的共同劳动，当人类尚处于母系氏族社会时期时，氏族首领便已经开始负责统领本氏族的生产与管理活动以及对外界的交流与联络活动。在当时，尽管氏族首领没有任何特权可言，但每当遇到氏族内部的重大事件时便要召开氏族议事会议进行集体讨论并作出最后决定，这可说是人类历史上最早的领导活动。

中国古代的领导思想，对世界特别是对东方文化产生过巨大的影响，出现过孔子、管子、荀子、墨子、老子、庄子、孙子、韩非子、商鞅、诸葛亮等一大批政治家、军事家、思想家、教育家，这些人也称得上是伟大的领导学家。根据《史记》记载，被尊为中华“人文初祖”的黄帝，不仅统率各诸侯部落的大军灭掉了神话传说中的部落首领——尊之者以为战神，斥之者以为祸首，相传为苗族远祖之一的蚩尤，而且还分封官职，黄帝所封官职都用云来命名，军队号称云师。他设置了左右大监，由他们督察各诸侯国。黄帝在位期间，播百谷草木，大力发展生产，始制衣冠、建舟车、制音律、创医学等。这可以说是

① 马克思，恩格斯．马克思恩格斯全集：第23卷．2版．北京：人民出版社，1995：367.

我国人类社会领导活动的最初形态。

随着社会生产力的快速发展，尤其是生产领域专业分工的进一步细化，在奴隶社会和封建社会，领导职能由生产资料的占有者履行与承担，在人类社会发展的这一时期，领导活动主要凭借劳动者个人的经验、知识与才干而实施，属于典型的经验式领导。例如，在我国春秋战国时期，有所作为的统治者纷纷礼贤下士，招募人才，把有用的人招致麾下，为自己进行国家统治或社会管理出谋划策。又如，在被誉为“兵学圣典”的《孙子兵法》一书中，孙武就将领导活动上升到了领导谋略的高度，提出了“不战而屈人兵，善之善者也”的观点。唐太宗李世民曾对《孙子兵法》给予了高度评价，他说“观诸兵书，无出孙武”。可以说兵法是谋略，谋略不是小花招，而是大战略、大智慧。开始于隋唐时期的科举考试，更是源源不断地将那些社会中的有才之士吸收到了统治阶级的队伍之中，其中，从唐太宗李世民对人才的重视就可见一斑。他曾经说过要搜罗天下豪杰为己所用，并且提出了“贤与不肖各得其所”等为政的领导思想。由此可见，我国传统社会也有着丰富的领导思想，形成了颇具当代价值的领导智慧，但由于历史的局限，并没有形成一门专门的学科。

在西方国家，领导活动同样是伴随着社会发展而不断发展变化的。关于领导活动的思想散见于一些史书、人物传记、民间故事及其他文献记载之中。例如，自 1532 年开始印刷并发行，被西方评论界列为和《圣经》《资本论》等相提并论的影响人类历史的十部著作之一，2015 年 11 月又被评为最具影响力的 20 本学术书之一的意大利政治家、思想家尼可罗·马基雅弗利的代表作《君主论》，一直被奉为欧洲历代君主的案头之书、政治家的最高指南、统治阶级巩固其统治的治国原则、人类有史以来对政治斗争技巧最独到最精辟的解剖。在该书中，尼可罗·马基雅弗利依照自己的实践经验最早提出了有关领导行为和素质的理论。其中最有影响的是四项领导原理：其一是领导者必须得到群众的拥护。这有两方面的含义：一方面，群众要拥护他作为领导者；另一方面，领导者做事要征得群众的同意。其二是领导者必须维持组织的内聚力。领导者必须有能力把组织的成员团结在一起，使自己和组织具有很强的吸引力。其三是领导者必须具备坚强的精神意志。领导者要有坚忍不拔、百折不挠的精神，能为组织和自己的生存不断努力奋斗。其四是领导者必须具有崇高的品德和非凡的能力。

把领导活动作为一门科学来研究，是从 20 世纪 30 年代开始的。自 19 世纪欧洲完成工业革命以降，机器大生产日渐成为人类社会主要的生产方式。随着生产量的巨大增长，企业规模愈来愈大，组织形式也日益复杂，引起了企业对管理人员的大量需求，管理阶层随之兴起，这种变化发展趋势，客观上要求企业的领导权与管理权要相对分离。例如，1841 年，美国东部有一家铁路企业，由于经营不善，在州议会的干预下，被迫进行了领导体制的改革，投资者只参与企业经营利润的分配，而不再参与企业的具体管理。这也成为美国第一家由经理人员进行职业化管理的企业，它向全世界宣告了企业“经理制”的正式诞生，有效地实现了企业所有权与经营权的分离。随着社会生产力的进一步提高，企业领导活动与管理活动相分离的步伐进一步加快。1911 年，被称为“现代管理学之父”的美国人——弗雷德里克·泰勒出版了《科学管理原理》一书，标志着现代管理思想的产生。弗雷德里克·泰勒在《科学管理原理》一书中特别强调在管理中应该实行例外原则。

他认为规模较大的企业必须运用例外原则，即企业高层管理人员把一般的日常事务授权给下层管理人员去处理，自己只保留对例外事项（特别好或特别坏的重要事项；超过常规或标准的各种例外情况，如重大政策的决定、重要人员的任免等）的决策和监督权。例外原则对于避免高层管理人员陷入烦琐的日常具体事务，以集中精力作出对重大事项的决策是非常必要和有利的，也为以后管理上的分权原则等奠定了理论基础。随后，不仅建立了许多分支学科，诸如企业管理、工程管理、行政管理、经济管理等，还创立了一系列的管理理论和管理方法。但需要说明的是，此时的管理学和领导学在理论上是合二为一的。由于社会生产力的进一步发展，尤其是较发达的资本主义国家企业中领导活动和管理活动的分离，管理理论与领导理论的分化、管理学与领导学的分化成为必然。于是，领导学作为一门新兴学科于20世纪30年代开始建立起来了。与此同时，迅速兴起的一些相关学科，诸如政治学、社会学、组织行为学、社会心理学等也为领导学的理论研究提供了非常丰富的思想财富。

人类社会发展长河中的诸多实例有力地证明，领导者对人类文明的影响程度不亚于人类文明对领导者们的影响程度，卓越领导者因其在社会生活中发挥的突出作用而成为一种稀缺的社会资源。培养和造就领导者既是公共部门和私人部门成长发展的现实需要，也是社会科学研究承担的一项重要使命。领导学关注人类文明进程中累积的领导经验，关注开发领导潜能的有效方式和途径，因此非常强调对领导要素、领导体制、领导规律、领导艺术、领导效能、领导力开发等问题的研究。

领导学之所以在现代产生，是与社会化大生产、科学技术和社会发展紧密联系在一起的。人类历史发展到了现代，伴随着社会生产力的巨大增长和现代科学技术突飞猛进的发展，人类社会生活也发生了前所未有的变化。和小生产相比，社会化大生产的特点是规模庞大、结构复杂、信息巨量、因素众多、变化迅速。现代社会中各地区、各种组织间的联系日益密切，现代社会越来越趋向于整体化、综合化，各种组织彼此之间的影响也越来越大。因而，对社会生活和生产的有效领导和管理工作也就愈加复杂，对领导者提出了愈来愈高的要求。要领导这样的社会化大生产，不能仅凭领导者个人的经验和智慧，还必须依靠科学的理论和方法的指导。这样，领导学作为专门研究领导工作的学问，便应运而生。同时，现代社会的发展又为领导学的诞生创造了条件。

二

自领导学作为一门独立的学科产生以来，学者们关于领导学概念的理解并没有形成统一的认识，可谓仁者见仁，智者见智。王乐夫认为："领导学是以提高领导效能为研究目的的一门综合性、应用性学科。"① 朱立言认为："从领导学与实践的关系上讲，领导学是领导经验的系统总结和升华。从领导学的内容上讲，领导学既包括科学，也包括领导艺术。领导科学揭示领导活动的规律，反映领导工作的共性。领导艺术揭示领导活动的灵活性和创造性，反映领导工作的个性。个性和共性，即个别与一致，都是建立在领导活动客观规律基础之上的。领导学是一门应用型学科，它的灵魂在于应用。注重实际应用，适应

① 王乐夫. 领导学：实践、理论与方法. 广州：中山大学出版社，2002：16.

实践需要，这是领导学生命力之所在。”① 张晓峰认为：“领导学是阐述领导活动的基本原理，探讨领导活动一般规律的一整套知识体系。它是对领导活动中具有普遍共同性的诸现象的解释、概括、总结和抽象思考，主要建构基本原理，提供观察、分析领导活动的原理原则，目的是为领导活动的展开提供基础理论。”② 金延平认为：“领导学是一门研究领导活动各个要素之间的相互联系、相互作用的客观规律的有效运用的综合性科学。”③ 邱霈恩认为：“领导学就是一门关于领导这种在现实社会中最高级、最重大、最核心、最组织化和具有权威性的社会现象和组织行为，以及对与领导直接间接相关的各方面知识、技能、思想观念、价值标准、现实体制、行为主体、人文背景、现实利益关系、权力运作机制和客观规律及其现实展现等进行专门理论研究和应用研究的综合性社会科学。”④ 李成言认为：“领导学，顾名思义，就是研究领导活动的科学。具体而言，是研究现代领导活动及其发展规律的科学。”⑤ 关于领导学的概念除了这些具有代表性的观点外，还有很多，这里不再赘述。概括起来，这些分歧主要可以归纳为如下三种倾向⑥：

其一是关于领导科学的倾向。持这一倾向观点的学者认为：领导学小于或等于领导科学。具体看法主要有：第一，领导科学与领导学是同一概念，领导科学就是领导学，领导学不过是领导科学的简称。第二，领导科学是研究领导问题的一系列学科的总称，领导学是领导科学中的概论部分，领导科学包括领导学。第三，领导科学是一个包括一定领导艺术在内的独立学科，是包含领导艺术的领导学。

其二是关于领导艺术的倾向。持这一倾向观点的学者认为：领导学就是研究和回答如何当领导，如何创造性进行领导，如何在领导过程中最充分地发挥出领导者的个性才干，干出一番惊天动地的伟业，成为世人的楷模，为后世所敬仰等问题，而这就是一种艺术的问题，也就是领导学的基本内涵。因而，领导学就是领导艺术，领导艺术就是领导学。

其三是关于领导科学与领导艺术的倾向。持这一倾向观点的学者认为：领导学就是领导学，既非领导科学，亦非领导艺术，而是一个同时包括了领导科学与领导艺术的学术总称、学科体系和学科群，是一个重大的社会科学领域和社会科学概念。

实际上，根据领导实践是领导学的基本来源与根本取向的学术观点，领导学就是一个关于领导实践及其相关领域的知识体系和理论体系，是一门融领导的科学性、艺术性与实践性为一体的独立的学科，也是一门全方位探讨与研究领导主体及其行为、领导要素以及领导活动的学问。从这个意义上讲，我们认为：所谓领导学就是关于领导理论、方法、艺术的知识体系，是一门研究领导规律及其应用的集理论性和应用性于一体的科学。这一概念包含以下几层含义：第一，领导学是一个含义非常宽泛的范畴，几乎囊括了与领导活动相关的知识与理论体系；第二，领导学既揭示领导活动中规律性、规范性的科学内容，又

① 朱立言．领导科学与领导艺术．北京：中国人事出版社，2008：2.
② 张晓峰．中西视域下的领导学要论．哈尔滨：黑龙江人民出版社，2005：4-5.
③ 金延平．领导学．大连：东北财经大学出版社，2007：4.
④ 邱霈恩．领导学．北京：中国人民大学出版社，2011：4.
⑤ 李成言．领导学基础．北京：中央广播电视大学出版社，2003：3.
⑥ 同④2.

总结领导实际活动中非规律性、非规范性的领导艺术；第三，领导学既研究领导目标、领导主体及其行为，又探究组织内外领导环境怎样影响领导行为，揭示、总结领导实践成败的缘由、规律以及具有借鉴价值的经验。

三

任何一门学科都有自己独特的研究对象，领导学也不例外。领导活动尽管具有历史性、个性化的鲜明特质，但历史性、个性化中又具有共性，即不论领导实践活动多么丰富多彩，都一定具有一些共同之处。毛泽东指出："科学研究的区分，就是根据科学对象所具有的矛盾性。因此，对于某一现象的领域所持有的某一种矛盾的研究，就构成某一门科学的对象。""如果不研究矛盾的特殊性，就无从确定一事物不同于他事物的特殊的本质，就无从发现事物运动发展的特殊的原因，或特殊的根据，也就无从辨别事物，无从区分科学研究的领域。"① 这就意味着，任何一门科学都有自己特定的研究对象。领导学之所以能够成为一门科学，就在于其具有特定的研究对象与范围。

目前，我国领导学界的不同学者对领导学的研究对象存在着不同的认识。具有代表性的观点主要有以下几种。王乐夫认为："领导学的研究对象是现代领导活动，其根本任务是揭示领导活动中各种因素之间的内在的、本质的、必然的联系，即领导活动的规律。"② 车洪波、郑俊田认为：领导学的研究对象是"影响领导活动的诸要素及其相互关系的规律性"。在此基础上，他们又提出了几个领导学研究的角度，分别是对领导系统的研究、对领导活动过程的研究、对领导的功能研究、对领导主体的研究以及对领导力的研究。③ 雷达认为："领导学的整体研究对象是领导活动，其具体研究对象是人力、财务、信息、时间和技术等诸多领导要素，其中最主要的具体研究对象就是社会组织中的领导层，以及领导层中的主要领导者。"在他们看来，领导学的研究对象具体应包括：领导活动的内在本质、领导活动的运行主体、领导活动的运行环境、领导活动的运行过程、领导活动的运行方法以及领导活动的绩效评价等。④ 邱霈恩认为：领导学的研究对象是"整个领导现象、领导活动以及相关的行为主体、外在环境、内在因素和内在矛盾及其运动规律"。与此同时，邱霈恩还总结了我国领导学对领导学研究对象的不同认识，并归纳为以下几个主要观点，分别是：领导活动论、领导行为论、领导工作论、领导要素论、领导系统论、领导矛盾论。⑤ 华阅认为："领导学的研究对象，是作为整体的领导系统以及这个系统本身运动的一般规律。它要从领导系统的整体上研究领导的产生和发展、领导观念特别是现代领导观念，以及领导的基本原理和一般原则；它要研究一般领导的模式、过程及其活动规律；它要研究作为领导系统诸要素的领导、被领导、作用对象和客观环境之间的关系，以及组织机构的合理设置和领导者个人的素质与修养等；它还要研究影响领导效用的各种因素，诸如决策、用人、激励下级、信息沟通、领导方法和领导艺术等对领导系统的整体特征、

---

① 毛泽东. 毛泽东选集：第1卷. 2版. 北京：人民出版社，1991：309.

② 王乐夫. 领导学通论. 北京：当代世界出版社，2001：13.

③ 车洪波，郑俊田. 领导科学. 北京：对外经济贸易大学出版社，2006：9-11.

④ 雷达. 领导科学. 西安：西北大学出版社，2008：6-8.

⑤ 邱霈恩. 领导学案例. 北京：中国人民大学出版社，2008：7.

领导系统本身的功能及其规律与影响领导效能的各种因素这三个方面的内容，构成了领导学的完整体系。这个对象的客观性和研究这个对象的必要性，是领导科学产生和得以发展的依据，它决定了领导学研究的专门领域。”①

综合领导学术界已有的理论观点和研究成果，我们认为任何一个组织的领导活动都是一项较为复杂的系统工程，也就是说领导活动是由若干相互联系、相互作用的要素所组成的具有一定功能的有机整体。作为一个系统都具有整体性、相关性、动态性、目的性以及层次性等基本属性。因而，领导学的具体研究对象主要包括领导活动的构成要素、领导理论的演变、领导体制、领导过程（领导决策、领导沟通、领导用人）、领导绩效、领导艺术以及领导力开发等的基本内涵、相互关系及其运动、变化规律。

综合领导学界已有的学术成果与研究认识，我们认为科学的研究对象决定了研究的范围，具体来说，领导学的研究范围主要包括：其一，领导活动的要素。一般而言，领导活动的要素主要有领导者、追随者以及领导环境。因而，领导活动的要素及其相互关系与运行规律必然是领导学研究的一个重要内容。其二，领导理论的形成与发展。科学理论源于社会实践活动，尤其是社会生产实践活动。领导学的产生与发展是人类社会实践水平和认识能力不断提升的必然结果，同时，也是社会生产实践过程中领导活动自身不断发展、变化的客观要求。因此，领导学的一个重要研究领域就是归纳、梳理、总结领导理论产生、发展、创新的基本内容、大致脉络、自身特质、外部社会文化影响因素等。其三，领导活动过程。领导活动过程是领导者运用职务权力或非职务权力对追随者进行引导或施加影响，进而使追随者自觉、自愿地与领导者一道去实现特定组织目标的过程。领导活动过程既表现在特定目标的确定这类极具战略性的工作中，也体现在审时度势、用人执事等具体的战术性的工作中。因而，领导体制、领导过程（领导决策、领导沟通、领导用人）、领导绩效、领导艺术以及领导力开发等的基本内涵、相互关系及其运动、变化规律等就必然成为领导学研究的又一个领域。

四

与同类教材相比，本书的突出特点主要表现在以下三个方面：其一是坚持以习近平新时代中国特色社会主义思想为指导。本书注重将党的创新理论，特别是二十大精神融入教材，注重反映习近平总书记关于领导干部成长发展、干事创业、责任担当的重要讲话、重要指示批示精神，注重融入课程思政理念，旨在培养德才兼备、素质优良、能力突出的领导干部队伍。其二是写作思路清晰，内容丰富，章节安排合理，编写体例独特。本书遵循“在人类社会发展及组织成长中为什么需要进行领导，作为一个系统的领导活动由哪些要素构成，领导过程怎么展开以及如何进行有效领导”的写作思路，在内容安排上坚持了继承与创新相结合的原则。全书由前言及领导要素、领导理论的演变及发展、领导体制、领导决策、领导沟通、领导用人、领导绩效、领导艺术、领导力开发九章内容组成，各章节内容既相对独立，又密切关联，尤其是一些概念界定、学术观点、理论认识为同类教材中首次提出。同时，本书在每章前都精选了一些与该章内容相关联的名言警句及一个引导案

---

① 华阅．领导学．北京：中国商业出版社，2010：3.

例，章节中都编写了数个知识库、典型案例，章节末进行了小结，并列出了该章的关键术语，留下了复习思考题，推荐了需要阅读的参考书目，凸显了本教材编写内容和体系的创新性、启发性特征。其三是研究性与通识性相结合。根据“公共组织与人力资源管理系列”教材编写说明与要求，本书既注重领导学基础知识、基本理论、基本技能等方面通识性知识的介绍，又重视学术界对当下领导学前沿性热点问题的理论探讨，以满足不同读者群体的阅读需求。

本书是编写团队集体智慧的结晶，其中，本书主编孙健教授负责拟定编写大纲、组织协调编写团队，最后统稿、定稿；副主编张强教授、胡晓东教授参与讨论、拟定编写大纲，协助统稿、组织编写团队并分别承担了部分章节的编写工作。本书各章节编写的具体分工是：前言孙健（西北师范大学），第 1 章孙健、王涛（西北师范大学）；第 2 章饶常林（华中师范大学）；第 3 章胡晓东（中国劳动关系学院）、颉冰钰（西北师范大学）；第 4 章孙健、薛晨（西北师范大学）；第 5 章周善君（中国工商银行总行）；第 6 章江文（北京行政学院）；第 7 章张强（华南师范大学）；第 8 章胡晓东；第 9 章孙健、徐蕾（西北师范大学）。

本书适合普通高校公共管理类、工商管理类各专业的领导学专业核心课程，法学类的社会工作专业及其他相关专业的本科生、研究生，以及各行业组织管理者培训使用。在本书编写过程中，参阅并采用了许多国内外专家、学者的研究成果，除了在书中列出的外，难以具名，在此深表真诚的感谢与敬意。由于编者才疏学浅、水平有限，书中不妥之处在所难免，恳望同行专家、学者及广大读者批评指正、不吝赐教，以期今后修订时予以改进。

孙健

目　录

第 1 章

领导要素

领导是一种社会交换过程，作为社会交换过程的必然产物，领导涉及三个基本要素：领导者、被领导者、情况。只有在这三要素之间的交换过程中，人们才能找到领导的位置。

——E. P. 霍兰德《领导动力学》

引导案例

Columbia Conserve 公司的自我管理型工人

Columbia Conserve 公司拥有者威廉·P. 海普古德在 1917 年和 1943 年之间建立了一个早期的工人所有权和管理系统。Columbia Conserve 公司在 20 世纪 20 年代和 30 年代变成了开明管理实践的代号。海普古德相信，产业主义在创造经济繁荣方面尽管如此成功，但它已经伤害到了人类。他希望，一个成功的组织可以把荣誉授予优秀的人，鼓励创造，而且没有阶级、社会地位和财富的差别。他努力使工人分享并参与管理。公司在 20 世纪 20 年代获得了利润，这使得海普古德能够让部分雇员受益以及开始提倡一种合作的道德原则。

每个进步的雇主不仅在淡季保证了雇员的工作，而且向工人及受其赡养者提供了免费的医疗和其他福利，并且向退休人员提供养老金。由于公司把雇员当做公司的一部分而不是机器的部件，雇员开始支持海普古德的社会实验。工人成为管理委员会的一分子，该委员会通过一致同意做出大多数决策。对于部门领导者，公司废除了等级职务，例如“领班”和“监督人”，而且工人能够选举部门领导者。在这个拥有 150 名雇员的小公司，面对面的交流相对容易，减少了对等级和官僚主义机构的需要。

与当时的其他公司相比，该公司在处理工人对于福利、工作保障和参与的需要方面，走得最远，并且能够随着时间的推移而保持其承诺。这种对工人的进步态度甚至被用在Columbia Conserve公司对其产品的营销之中。

海普古德相信，要使Columbia Conserve公司保持竞争力以及能够负担它的社会福利计划，雇员需要特别努力、高效工作并维持很高的生产力。为了提高效率，海普古德试图引入泰勒的科学管理以及发展Columbia Conserve公司人性化的一面。但是大多数工人反对公司试图建立的生产标准，他们抱怨说，满足标准有很大压力，看起来好像公司的标准部正在检验雇员一样。尽管公司提供了教育和培训，使得工人可以进行小组讨论以及在一个合作的企业中工作，但是，大多数员工依然不能而且不愿意接受做出决策责任。虽然这种抵抗在某种程度上是因为工人没有受过高等教育，但是，人们趋向于服从和尊重海普古德关于实验的热情，而不是自己深深地相信这种热情。尽管海普古德的意图是好的，他最后还是被看成一个管闲事的家长，不相信工人的判断，而且声称自己知道什么对于工人是最友好的。他把工会运动看成是通过下列方式支持其实验的可能方法：由外部工会主义者来代表工人。这导致了对控制权的争夺，最后海普古德承认工会，并且服从这样的条件：拿薪水的雇员放弃他们在公司的所有权股份，重新回到工人的状态。分析家认为，员工真正想要的不是控制权，而是良好的工作环境。更确切地说，他们很重视类似家庭那样的文化。他们拒绝成为自我管理型工人。

资料来源：阿弗利．领导学：模式与案例．邹琪，译．上海：上海财经大学出版社，2006：43-44.

领导活动是一种存在于人类社会的永恒实践活动，它产生于人类社会的共同劳动，并伴随社会分工的发展而发展。领导活动须臾不能缺少一些最基本的要素，缺乏这些最基本的要素，领导活动就难以进行。从系统的视角看，任何一种领导活动，一般都由四个基本要素构成，分别是：领导目标、领导者、追随者以及领导环境。其中，领导目标是所有领导活动的出发点和归宿，对于领导绩效的评估极其重要。“在实现领导目标的过程中，绝对不是领导者自身单一化受益，而是使组织价值、个体价值、领导者自身的价值三个方面都获得社会的肯定。只有当领导者的谋略和结构行为适应于工作的特点，适应追随者的要求、能力和特质时，领导者绩效才能达到最佳。”① 本章将主要对领导活动的其他三个基本要素进行介绍。

1.1 领导者

1.1.1 领导者的含义与特殊性

1. 领导者的含义

由于人们研究视角的不同，关于领导（者）概念的定义，可谓仁者见仁、智者见智。据美国领导学者统计，目前世界上关于“领导”的定义有350种，“领导者”的定义有160

① 金延平．领导学．大连：东北财经大学出版社，2007：3.

多种。[①] 在汉语词汇中，“领导”一词也具有多重含义，有时指领导活动、领导过程以及领导功能和作用，有时指“领导者”，有时兼而有之。例如，约翰·科特教授认为：“‘领导’一词在日常生活中有着两种截然不同的含义。有时，领导指的是有助于引导和动员人们的行为和（或）思想的过程；另一些场合中，它指的是处于正式领导职位的一群人，希望他们起着这个词前一种含义中所指的作用。”[②] 如何从领导学的视角，给“领导者”下一个比较准确的定义，是本节将要探讨的重要内容之一。

斯道戈迪尔和巴纳德在其编辑的《领导学手册》一书中，基于对各种领导学学派及其观点的归纳和总结，对领导（者）的含义提出了如下11种界定：（1）领导意味着群体过程的中心；（2）领导意味着人格及其影响；（3）领导意味着劝导服从的艺术；（4）领导意味着影响力的运用；（5）领导意味着一种行动或行为；（6）领导意味着一种说服的形式；（7）领导意味着一种权力关系；（8）领导意味着互动中逐渐形成的效果；（9）领导意味着一种分化出来的角色；（10）领导意味着结构的创始；（11）领导意味着一种实现目标的手段。

以上11种界定基本上是从四个视角探讨领导（者）这一概念的：其一，领导中心论。领导就是领导者依靠由权力和人格所构成的影响力，去指导追随者实现符合领导者意图和追求的目标的活动，此视角所关注的是领导者的能力问题。其二，互动论。任何领导活动都是在领导者与追随者之间的互动过程中共同实现双方所追求的目标。其三，结果论。领导是在一定组织结构中展开的一种特殊活动。领导者便是这一结构中的一个特殊角色，领导者通过角色权力的运作实施对组织活动的控制，有时候结构会成为领导的替代品。其四，目标论。领导活动的焦点在于实现一个符合群体需要的公共目标。

彼得·G. 诺思豪斯认为尽管定义领导的方法多种多样，但是下面这些因素被认为是领导中非常重要的：“一是领导是一个过程；二是领导需要影响力；三是领导在团队中发生；四是领导需要共同目标。”因此，“领导是个人影响团队成员去完成共同目标的过程”[③]。

美国著名管理学家、管理学实践学派创始人彼得·德鲁克则认为：“领导者的唯一定义是其后面有追随者。一些人是思想家，一些人是预言家，这些人都很重要，而且也很急需，但是，没有追随者，就不会有领导者。”[④] 曾任美国教育部长的著名领导学家约翰·加德拉在一次演讲中，在回答一位年轻人所提出的“如果我想作为一位领导者，最重要的是什么”这一问题时，也明确地告诉那位年轻人说：“记住，年轻人，最重要的是你必须要有追随者。”我们认为，关于领导者是其身后有追随者的概念，反映了领导者与追随者之间的良性互动关系，是一个具有鲜明时代精神的概念，揭示了关于领导者的本质含义。

---

① 朱立言. 行政领导学. 北京：中国人民大学出版社，2004：21.

② 约翰·科特. 变革的力量：领导与管理的差异. 方云军，张小强，译. 北京：华夏出版社，1997：2.

③ 彼得·G. 诺思豪斯. 领导学：理论与实践：第5版. 吴爱明，陈爱明，陈晓明，译. 北京：中国人民大学出版社，2012：2.

④ F. 赫尔塞本. 未来的领导. 吕一凡，胡武凯，邵永春，等译. 成都：四川人民出版社，1998：6.

知识库 1－1

领导需要影响力。这涉及的是领导者如何影响追随者。影响力是领导的必要条件。没有影响力，领导就不存在。

知识库 1－2

我们在讨论领导者与追随者时，既要关注追随者的事情，也要关注领导者的事情。从道德上说，领导者有责任去关心追随者的需求和担心。伯恩斯（1978）曾经指出，讨论领导有时会被认为是在讨论精英，因为在领导者和追随者的关系中，隐含的权力和重要性都归属于领导者。领导者并不高于或胜过追随者。领导者和追随者必须明白彼此之间的依存关系。他们共同组成领导关系——就像一枚硬币的两面。

在传统的教科书中，领导者往往是和正式组织紧密相关的。一般认为，只有在正式组织中才存在领导现象，领导者也自然存在于正式组织之中。因而，领导者就是“在正式的社会组织中经过合法途径被任用而担任一定领导职务、履行特定领导职能、掌握一定权力、肩负某种领导责任的个人和集体”①。

实际上，领导者不仅存在于正式组织中，而且也存在于大量的非正式组织中。由美国著名管理学家梅奥所主持的霍桑试验证实，在正式组织中有非正式组织的存在，非正式组织中所涌现出的领袖人物，有时候其权威性远远超过了正式组织中的领导者。在社会生活中，政治学家早已发现了“非委任领导”的存在，例如印度的莫罕达斯·卡拉姆昌德·甘地、英国的弗罗伦斯·南丁格尔、美国的马丁·路德·金等人，他们在没有建立正式组织之前，就已经拥有成千上万的追随者，可以说，他们是无可争议的领导者。

案例 1－1

民权运动领袖

在美国《解放宣言》（1863）和《第十四条修正案》（1868）出台后的半个世纪中，种族平等运动艰难而缓慢地进行着。1910 年全美有色人种协会的创立给这个运动带来了发展生机。两次世界大战都推动了美国黑人向北方城市的迁移。1941 年罗斯福总统禁止在国防工业中的种族歧视，随后杜鲁门总统命令在陆海空三军中废除种族歧视。最高法院在 1954 年也否定了建立种族隔离学校的提案。

随后，一系列大事接踵而来。这些虽然不是马丁·路德·金发动的，但是，对此他采用了比同时代的其他黑人领袖更引人注目的应对方式。现在，马丁·路德·金已成为

① 金延平. 领导学. 大连：东北财经大学出版社，2007：3.

一个伟大的历史人物形象，他的同代人都不愿再回忆起当年与他的敌对、当年的论战和内部对他的攻击。当时有人认为他过于执迷对抗并太过头了，一些年轻的赞成使用武力的黑人蔑视他的非暴力观点，但这并不能说明马丁·路德·金是孤立的，他仍然有许多得力的同盟者。

马丁·路德·金比他同时代的其他黑人运动领袖具有更深、更广的哲学观念，他有过人的口才和从不畏惧的勇气。他在1968年遇刺身亡之前就已经历过很多次的生死考验。

在那个风云变幻的时代，各种运动中很容易产生超凡的领袖，并且很容易让旁观者相信他们能单独应付各种事件的发生，这些运动的领袖也很容易被世俗的观念认为是“时势造英雄”，但这绝不可能减损马丁·路德·金的伟人形象。

资料来源：约翰·加德纳．论领导力．李养龙，译．北京：中信出版社，2007：53-54.

从发生学的角度看，领导者可以分为两类。一类是从群体中自发产生出来的领导者；另一类是在正式组织中经过选举或任命正式产生的领导者。① 在社会生活中，广泛存在着从群体中自发产生出来的领导者。群体是介于组织和个人之间的人与人之间的聚合体，一般指几个人、十几个人的小单位。例如，家庭是社会最基层的群体。在家庭中，父母是天然的领袖，父母按照自己的价值观和实践经验引导、教育孩子，对于孩子而言，最初的领导行为就发生在家庭之中。另一类领导者是通过选举或组织任命正式产生的，包括经过注册、登记而被承认的正式组织的领导者。按照我国领导学者朱立言教授的解释，自古以来，公共行政领导者产生的途径主要有三条：其一是读书，其二是从军，其三是经商。②

2. 领导者的特殊性

在领导活动中，领导者是领导活动的主体。领导工作是领导者为了实现其领导权和领导职能、完成其领导任务而进行的活动，是一种引导、组织、指挥、协调组织成员行为的活动。

杰克·韦尔奇在《赢的答案》一书中指出，领导者除诚实、才智、心理成熟三个基本特征外，还应当有五个重要特征：一是极其旺盛的精力，在连续工作很长时间的情况下仍能保持旺盛的精力，不论面临顺境还是逆境，都能以积极乐观的心态面对；二是能够激励他人，能够把他们的旺盛精力释放出来；三是敏锐、深刻的洞察力，能迅速地对情况做出判断，说“是”或者“不是”，而不是模棱两可的“也许”；四是极强的执行能力，就是干实事的能力强；五是必须有激情，热情似火，执着、坚定。领导者与普通员工的区别在于，员工大多数时候只需做好自己的事情，而领导者绝大多数时候要让别人做好事情。具体来说，领导者不同于追随者（员工、下属）的特殊性主要体现在以下几个方面：

（1）领导者的地位与作用。领导者都有部下，都管人。如果只管物、不管人，不论管

① 朱立言．行政领导学．北京：中国人民大学出版社，2004：22.

② 朱立言．MPA教育与公共行政领导者的成长．中国行政管理，2001（8）.

理的机器、设备、原材料或者货币有多少，都不能称为领导者。所谓管人，是指他们对别人（或者说对追随者），对所属组织、团体、单位、部门、地区的人们的活动，具有一定的决策权和指挥权。他们能够用自己的意志去左右别人的意志和行动，左右一个单位、一个集体的方向和行动；他们是对组织的所有成员以及组织的总体成果负有责任的人。从这一点上说，领导者是一个组织、一个部门以及所属成员的神经中枢。他们工作的好坏，直接地影响或决定着一个部门、一个组织及其成员的精神状态和工作水平。同一个人或同一个组织，在不同的领导者下面工作，其工作能力的发挥程度和组织合力大小、工作效能高低，常常是大不相同的。在其他条件不变的情况下，一个部门、一个组织、一个地区如更换领导者，不是使工作效能上升，就是使工作效能下降。这说明领导者与组织中的其他人相比有着不同的特殊地位和作用。美国第37任总统理查德·尼克松在谈到“领袖人物”的作用时说：“历史确实有它自己的力量。如果掌权的‘领袖人物’只是向空中伸出弄湿了的食指去试探民意的风向，历史就会不顾他们而按照自己的方向发展。但如果是由那些对未来能高瞻远瞩而又有能力左右国家的领袖人物执政，他们就能改变历史进程。这就是当历史成为荒无人烟的野地里的几条小路时，可以看到有一个人首先踏上一条小路，接着又说服别人跟着自己走。”① 美国领导学者华伦·本尼斯在论及领导者的作用时认为：“所有组织，不管是足球队、电影公司，还是汽车制造厂，他们的成败都取决于领导者的素质，甚至股价也随着领导者在公众心目中的印象好坏而涨跌。”②

（2）领导者的工作范围与任务。领导者的工作和任务，不是由他们个人的技术、专长、所学专业和某种特殊技能决定的，而是由所在组织的性质、任务和个人在组织中的地位决定的；他们主要不是依靠个人的知识和专长服务于组织、服务于工作，而是借助于知识和职能组织追随者、动员追随者、影响追随者来完成工作任务；他们不是个人技术的操作者和运用者，而是组织合力的创造者。曾任联合国秘书长的丹格·哈马舍尔德在谈及领导职位时说：“你的职位从未授权你发号施令。它只是使你承担一种任务，即能以恰当的方式使其他人能够没有屈辱感地接受你的安排。”③ 进一步讲，专家和业务工作人员的工作范围和任务是在各自领域里的技术攻关，而领导者的工作范围和任务，是组织的管理决策。两者需要的知识和培养过程是不同的，前者的知识是由博到渊、由宽到窄、由各种知识到个别领域，是非常专业化的聚散型的；而领导者却正相反，现在许多领导者都有自己的专业，由专业领域转向需要广博的知识，不可能很专，是发散型的。一般来说，专家的知识是硬科学，领导者的知识是软科学。

现代社会是一个劳动高度分工、高度专业化的社会，领导活动所涉及的领域也愈加广泛。而社会分工程度越高，需要领导者肩负统领的程度就越高。与此同时，现代社会也是一个利益多元化的社会，各种群体的利益表达会给领导造成较大的压力。这就导致了领导活动中存在着各方利益一致的一面，也存在着冲突和矛盾的一面。领导活动的一个重要内容，就是将不同的劳动分工和不同的利益进行综合，从而将综合的结果输出给社会和员

---

① 理查德·尼克松. 领导者. 尤勰，张企程，洪雪英，等译. 北京：世界知识出版社，1983：400.

② 华伦·本尼斯. 怎样成为领导. 吴金根，吴群，译. 北京：九州图书出版社，1999：18.

③ 张晓峰. 中西视域下的领导学要论. 哈尔滨：黑龙江人民出版社，2005：101.

工。这就要求领导者要用极强的综合能力，从社会发展和大多数人的利益视角考虑这些问题。

（3）领导者的工作能力和工作成效评估。评估领导者的工作能力和工作成效，主要不是看他们个人的学术水平、专业技能，或者个人的专业成就、个人贡献，而是看其组织管理能力和所在单位、部门、地区集体的成效。可以说，领导者是靠别人的成效、集体的成效来表现自己的成效的劳动者、工作者。他们是借助于追随者的智慧和力量来完成任务的人。所以，领导者的一个重要特征在于借力，领导者的技术也可以称为借力的技术。

（4）领导者的责任与要求。领导者是组织内比其他成员更自由、自主权更多的人。因为他们在组织内常常不承担某种具体的业务职能，各种具体业务都有相应的个人或职能部门去承担，所以，他们又是组织内个人的责任、任务以及必备条件不是很清楚的人。各种技术业务工作领域都有专家，而却很少有人敢称自己是领导专家的。领导者工作的程序性差、重复性少、意外的情况多、标准比较少，因而规范化比较难。领导者都要对所属单位、部门工作总体成员负责任。但是，影响一个单位工作成效的因素很多，所以，领导者的活动与职能是十分复杂的，需要认真地加以分析研究才能掌握。

1.1.2　领导权力与责任

领导权力是领导者顺利开展工作的基本保障，但是，领导者拥有的权力是一柄双刃剑，既可能促进组织目标的达成，也可能成为领导者假公济私的工具。责任是领导者行使权力过程中应当完成的任务。责任与权力紧密相关，没有无权力的责任，也没有无责任的权力。

1. 领导权力

（1）权力的含义。在西方语境中，权力在词源上对应的拉丁语或英语词汇大致上有两种取向，一种认为是拉丁语中的“potere”，原意为“能够”，或具有做某事的能力，后派生出英文“power”。另一种认为“权力”一词出于拉丁语“autorias”，一是指意识和法令；二是指权威，由此派生出“authority”这个英语单词。

知识库 1-3

在汉语中，“权”原指测定物体重量的器具，后引申为动词，衡量、揣度之意。《汉书·律历志上》：“权者……所以秤物平施，知轻重也。”《孟子·梁惠王上》中也表达了相同的意思：“权，然后知轻重。”“权”的第二层含义是平均、平衡。《周礼·考工记·弓人》：“九和之弓，角与干权。”清代学者刘大櫆在《井田》一书中也说：“取天下之田，与天下之民，合计其数而权之，而民各分其可得之田。”《汉书·贾谊传》在较为接近现代意义上使用了“权力”一词：“况莫大诸侯，权力且十此者乎?”

现代意义上的“权力”一词包含三层含义：一是权威和势力；二是政治上的强制力量；三是指一定范围内的影响力。近代以来，西方学者赋予权力不同的定义，归纳起来，主要形成了以下几种学术观点：

第一，结果说。该观点以英国著名哲学家罗素为代表。他提出，“权力可以定义为有意努力的产物”①。罗素认为，假定两个人都有同样的愿望，如果甲完全得到了预期的结果，而乙只得到其预期结果的一部分，那么，甲的权力就大于乙的权力。或者说，当甲能够故意对乙的行为产生作用时，甲便对乙拥有了权力。该定义主要强调的是行为后果。第二，决策说。美国分析学派的政治哲学家 F. 奥本海姆认为，权力是一种参与决策的活动，而这种决策会带来一定的奖励或惩罚。持这种观点的还有 L. H. 卡普兰，他明确提出：“权力就是参与决策。”② 第三，概率说。马克斯·韦伯认为，权力是“处于某种社会关系内的一位行动者能够克服他人的抵抗以实现其意志的概率”③。而《布莱克维尔政治学百科全书》将马克斯·韦伯的这一定义译为，“在社会交往中一个行为者把自己的意志强加在其他行为者之上的可能性”。在马克斯·韦伯看来，因为人的意志并不总是能够借助权力得到实现，因此，权力更多地表现为一种权力主体实现其意志的机会，是一种强制他人的可能性。美国著名的博弈理论家 L. S. 夏普里和 M. 苏比克也持类似观点，他们认为，权力就是“能够成功地结成联盟的机会”④。第四，控制说。美国管理学家弗兰奇和雷温认为，权力是“一个人所具有并施加于人的控制力”，法国著名的管理学家法约尔指出，权力是“下达命令的权利和强使别人服从的力量”，美国社会心理学家巴克则把权力视为“在个人或集团的双方或多方之间发生利益冲突或价值冲突的形势下执行强制性的控制”⑤。第五，能力说。美国学者托马斯·戴伊指出，权力“不过是担任某种职务的人在做决定时所具有的能力或潜力”⑥。前苏联学者布尔拉茨基等人认为，“权力是在社会生活中实现自己意志的，如有必要，把自己的意志强加给别人的实际能力；作为权力的最重要表现形式之一的政治权力，其特征是某阶级、群体以及反映它们的利益的个人，通过政策和法规推行自己意志的实际能力”⑦。亨利·艾伯斯也认为，“某一个人或团体有能力影响另一个人或团体的活动，这就是权力。权力使某一行为出现，要不然本来是会发生另一种不同的行为的”⑧。

我国学者对“权力”一词也存在着不同的认识。例如，万斌在其《政治哲学》一书中认为，权力是“一个人根据自身的需要，影响乃至支配他人的一种力量”，“权力是一种关系范畴，是一种强制性力量”。⑨ 李景鹏认为，“权力就是根据自己的目的去影响他人行为的能力。这就是说，权力是一种力量，依靠这种力量可以造成某种特定的局面或结果，即使他人的行为符合于自己的目的性”⑩。陈振明认为，权力是“主体基于对特定资源的

---

① 罗素. 权力论. 吴友三，译. 北京：商务印书馆，1991：23.

② 刘军宁. 权力现象. 香港：商务印书馆（香港）有限公司，1991：4.

③ 同②.

④ 同②.

⑤ 克特·W. 巴克. 社会心理学. 南开大学社会学系，译. 天津：南开大学出版社，1984：19.

⑥ 托马斯·戴伊. 谁掌管美国. 张维，吴继淦，刘觉俦，译. 北京：世界知识出版社，1985：9.

⑦ M. 布尔拉茨基，A. 加尔金. 当代巨魔：资本主义政治社会学概要. 陈山，林扬，译. 北京：社会科学文献出版社，1992：15.

⑧ 亨利·艾伯斯. 现代管理原理. 杨文士，译. 北京：商务印书馆，1980：169.

⑨ 万斌. 政治哲学. 杭州：浙江大学出版社，1996：202.

⑩ 李景鹏. 权力政治学. 哈尔滨：黑龙江教育出版社，1995：32.

支配而使相对人服从并使相对人的不服从丧失正当性的作用力”①。宋定国等人认为，“权力是指一定的社会主体（个人或组织）为了达到一定的目的，并通过一定的方式支配或制约客体的一种现实能力”。从主体的外部来说，“权力是与把意志和利益施加于受支配者的能力相联系的”；而从主体的内部来讲，“权力是和受某种意志和利益支配的人们自愿或被迫服从相联系的”。②

总的来说，学者们对权力的定义五花八门，花样繁多。这并不是说“权力”是一个主观随意的概念，而是人们从不同的学科和视角如政治学、管理学、心理学和组织学来研究和把握的结果。抽象地讲，在权力的概念中，通常包含以下几个要素：

第一，权力主体。权力主体是权力存在和发挥功能的前提，在权力关系中，总是处于主动和支配的地位。权力主体主要是指拥有权力的领导者，包括公共部门的领导者、私人部门的领导者和第三部门的领导者等。第二，权力客体。权力客体是权力主体行使权力所指向的对象，是权力实现过程中不可缺失的物质承担者，权力的价值只有通过权力客体才能够得以实现。权力客体主要指的是组织内的其他成员以及组织本身。第三，权力目标。权力主体行使权力，无论权力客体为谁以及权力运作的后果如何，都在一定程度上彰显了主体的意愿和利益，带有明显的目标性。这种目标既可能体现着权力主体个人的意愿和利益，又可能代表着权力影响范围全体成员的意愿和利益。第四，权力作用方式。权力作用方式是权力主体与权力客体二者之间产生互动关系时的桥梁和中介，是领导者行使权力，对其追随者施加影响的手段和方法，这种手段和方法，有时具有强制性，有时却具有非强制性。第五，权力后果。权力后果是权力运行过程结束后所产生的效果，任何权力的行使都会产生一定的效果。权力主体的权力行为，既可能使权力行为所追求的效果得到完全的落实，从而实现预期的目标，也可能使权力行为所追求的效果没有得到完全的执行，从而没有实现预期的效果。

（2）领导权力的特征。

1）层次性。领导本来就是一个大系统，是分层次的。不同层次领导者拥有不同层次的权力。科学的领导是分层负责、各行其权，在正常情况下不应超越自己的权力。同一层次的领导者在其活动中，对一个组织的成员，也要将权力划分为若干个层次，分工负责。任何一个组织，若是事无巨细全由最高领导者来处理，大小权独揽，是不可能取得良好的领导效果的。任何一级领导层次的权力使用，领导工作的实施，都是由它本身的一个组织系统来共同完成的。高层领导者只有既善于集权，又善于分权，既有明确的权力关系，又有明确的权限范围，才能使权力运用合理，发挥最佳功能。

2）强制性。任何级别的领导者，都有明确的职权范围。在其职权范围内，领导者具有决策权和指挥权。行使这些权力是法律或组织机构规定的，组织成员应当服从，而且这种服从往往无须事先征得他人同意。但需要注意的是，领导者所拥有的这种权力良好运行的前提是领导者行使权力的合法性、公正性及其责任性。

3）工具性。领导者权力的行使总是与一定的目的相联系的，但其目的不在行为本身，

---

① 陈振明. 政治学. 北京：中国社会科学出版社，1999：276.

② 宋定国. 新编政治学. 北京：中国人民公安大学出版社，1990：201.

而在于实现和维护特定的利益。这一特性表明，领导者权力实现目的的手段，而非目的本身，即领导权力具有鲜明的工具性。

4）对象性。领导者所拥有的各种权力都有其特定的职责范围和行使界限，一旦超越了这个界限和范围，领导者的权力就会失效或异化。在特定的范围和界限之内，领导者的权力可以充分发挥作用，否则就会失去应有的效力。职责范围和行使界限的明确界定和合理划分是领导者有效地行使权力的必要条件和基本保证。

5）动态性。这一特征主要是指领导者个人的威望、威信和影响力以及应变能力。任何领导者在实践活动中，随着个人素质的提高、经验的积累、威信的形成，影响力是会变化的，有的领导者由于业绩显著，非职位权力会扩大，同时更有利于职位权力的使用；而有的领导者或者由于工作的失误，或由于政绩平平，无所作为，或由于本身素质跟不上事业发展的需要，威信会降低，实际权力也可能会越来越小。同时，现代科学发展迅速，客观环境变化快，组织目标也会随着时代的发展而转移，领导工作的内容和方法也要随之而更新，领导机构的结构和权力划分也必然随之而调整。因此，领导者权力的动态性将会日趋明显。

6）双向性。领导权力本身具有内在的矛盾性：一方面，它是同整个组织需要和组织目标相联系的，具有维系整个组织整体利益的功能；另一方面，权力毕竟被组织中少数人所直接掌控，因而同掌权者的集团利益和个人利益相联系。所以，领导权力是一把具有双向功能的“双刃剑”。领导者既可以运用权力促使组织目标实现，促进组织卓越发展，为组织所有成员谋福利；也可以使领导者通过运用权力为自己谋利益，给组织发展带来不良影响。

7）诱惑性。权力能够带给领导者一般人所没有的荣誉、地位和财富，权力的运行过程也是一个领导者对其所掌控的社会资源进行再分配的过程。这个过程给一些掌权者利用手中的权力谋取私利提供与创造了机会和条件，因而，权力就会对掌权者产生巨大的诱惑性，如果缺乏有效的制约或控制，利用权力谋取私利的腐败现象就会随之产生。

（3）领导权力的构成。领导与权力这两个概念是紧密相关的。为了实现特定的组织目标，领导者就需要借助权力这一工具。权力实际上是一种关系，只有在人与人之间才有权力现象的产生和存在。按照管理学家斯蒂芬·罗宾斯的解释，权力就是“依赖的函数。B对A的依赖性越强，则在他们的关系中A的权力就越大”①。

知识库 1-4

在本源意义上，权力一般发轫于组织因素。法国管理学家法约尔在1916年出版的《工业管理与一般管理》一书中首次将领导权力划分为职位权力和个人权力（非职位权力）。他说：“在一个领导人身上，人们应把职位规定的权力，和由于自己的智慧、博学、经验、精神道德、指挥才能、所做的工作等决定的个人权力区别开来。作为一个出色的领导人，个人权力是规定权力的必要补充。”

资料来源：孙钱章．面向世界：现代领导方法与艺术：下．北京：人民出版社，1998：557.

---

① 斯蒂芬·罗宾斯．组织行为学：第7版．孙健敏，李原，等译．北京：中国人民大学出版社，1997：23.

1）职位权力。职位权力是由领导者所拥有的与其职位相应的法定权力，职位权力同职位具有不可分性，有职就有权，去职则无权；职位权力同职位的关系成正比，职位越高，享有的权力就越大。领导者的职位权力主要包括：第一，合法权。合法权是指基于个人在组织中的职位所授予的权力，这种权力决定于个人在组织中的地位。领导者的合法权既来源于其职位及其权力容量，又来源于组织成员的认可。例如，某人被选举为某一组织的领导者，该组织的成员就会明白在具体的日常工作中他们应该遵照此人的指令行事，组织成员对领导者的追随和服从是由于他们确信领导者的权力是合法的。领导者的合法权包括下面将要论及的强制权和奖赏权，但合法权的涵盖面比强制权和奖赏权更为宽泛。第二，强制权。强制权是指领导者通过负面威胁或处罚来影响组织成员的权力。当领导者在组织中具有解聘、减薪、降级、评价的权力时，领导者就拥有了强制权。因此，强制权是建立在担心和恐惧的基础之上的。组织成员如果不按照领导者的意愿和指示行事就可能给自己带来某种消极后果，正是出于对这种可能出现的消极后果的担心和惧怕，组织成员才对领导者的强制权做出了反应。强制权尽管会产生立竿见影的领导效果，但也会伴生抑制和报复、破坏信任、破坏人际关系等负面效果。第三，奖赏权。奖赏权是指领导者为组织成员提供奖金、提薪、升职、赞扬、理想的工作安排和其他任何令人愉悦的东西的权力。对于领导者而言，为了实现组织目标的有效达成，组织条例或制度规定了更多的奖赏内容以供领导者使用。领导者奖赏权的大小在一定程度上取决于他们在组织中所处的职位，职位的高低不同，他们能够给予组织成员奖赏的类型和频率也就不同。

当然，在某些情况下，领导者运用奖赏权也会带来一些问题。例如，组织成员对组织中奖励政策的公平与否的感觉和认识与奖励政策本身同等重要，只有当组织成员认为组织中的奖励政策相对公平时，领导者的奖赏权才能得到有效实施。领导者在运用奖赏权过程中可能产生的另一个问题是，领导者通过运用奖赏权可以使组织成员遵从领导者，但往往无法产生其他的有益结果，例如增强组织成员的归属感、责任心等。奖赏权和强制权实际上是两个相对的概念。如果一个人能够给他人带来某种利益或者可以帮助他人免予某种消极的影响，则说明这个人对他人就拥有了奖赏权；如果一个人能够剥夺他人有价值的东西或者足以给他人造成某种消极影响，则说明这个人对他人拥有了强制权。

2）非职位权力。非职位权力是指职位之外的，基于领导者的特质，如品德、知识、才能、业绩、声望或者其他个人因素而获得的影响他人心理及行为的能力，即个人影响力。领导者的个人影响力是一种具有持久性的，可超越时空地影响、支配、控制他人的力量或能力。领导者的非职位权力在领导工作中的作用是显而易见的。它不是通过强制命令的形式行使领导权力的，而是基于领导者个人的素质和言行发挥领导作用的。有大量的调查研究结果表明，领导者以非职位权力影响追随者，通常会取得良好的领导绩效，追随者的工作主动性、积极性也高。领导者的非职位权力主要包括：第一，专家权。专家权是指基于领导者所具有的专业知识和技能所产生的权力。专家权的核心是领导者渊博的知识和特殊的才华。一个组织的分工越细，专业化水平越强，其目标的实现就愈加依赖于专家的力量。当一个领导者是一个真正的专家时，组织成员就会因为领导者所具有的出众的专业知识技能而认同他的建议。很显然，专家权的形式与领导者的职位关系不大，是由领导者自身的因素所决定的。第二，参照权。参照权来源于领导者的个人特征，其核心是领导者卓越的个人品格，其依据是身体力行。在组织中，当领导者具有出众的人格魅力时，便会得到组织成员的认可和尊敬，组织成员也会在各个方面效法领导者的言行，并将其视为自己行为的榜样，领导者对组织成员的这种影响力就是领导者的参照权。参照权一般有三种类型：其一是个人魅力权。这是一种无形而又难以通过语言描述和概括，建立在对领导者个人素质的认同及对其人格魅力的赞赏基础上的权力。正是个人魅力构成了领导者的权力，从而吸引他人去赞赏并追随领导者。其二是背景权。背景权是领导者基于辉煌的经历或特殊的人际关系背景以及血缘关系背景而获得的权力。其三是感情权。感情权是指一个人基于与被影响者之间的感情融洽和紧密关系而获得的一种影响力。俗话说，聪明的领导者其朋友越来越多，而愚蠢的领导者则其敌人越来越多，充分说明了领导者通过运用感情权提升领导力的重要性。参照权的形成往往需要领导者花费更多的时间和精力，同时，也会产生一定的负效应。在特殊情况下，维持参照权的愿望可能会影响领导者的行为。例如，如果领导者与追随者形成了良好的人际关系，领导者就有可能不惩罚追随者不良的工作表现，因为即使领导者的惩罚行为是正确的，这样做也会在一定程度上破坏领导者与追随者之间的人际关系，从而可能危及追随者对领导者的追随。

2. 领导责任

领导责任就是领导者为了实现领导职能而应承担的责任和所要做的工作，是领导者在行使权力过程中所应尽的义务。对于领导责任，可以从不同的视角进行认识。

（1）抽象视角。抽象地说，组织中的领导者应该肩负四种责任，即政治责任、法律责任、伦理责任和工作责任。领导者工作责任的展开，就是领导责任的履行。刘少奇同志曾经指出：“领导者与领导机关的职责，就是实行正确的领导，就是要正确地了解情况，正确地抓住中心，提出任务，决定问题，正确地动员和组织群众来实行自己的决定，正确地组织群众来审查自己决定之实行的情形。”① 这一认识在一定程度上高度概括了领导责任的实质。

从领导工作的实际情况看，领导责任主要包括：1）调动一切积极因素，不遗余力地去实现群体或组织目标；2）在工作范围内充分、正确、恰当、节制、透明地使用权力；3）恰到好处地利用各种社会资源，尽力减少对这些社会资源的浪费或荒废；4）建立、健全、维护和遵守群体或组织乃至社会的制度和法律；5）对群体和组织乃至社会的信任和委托做出令他们感到满意的回答；6）接受群体和组织乃至社会的监督检查；7）成为清正廉洁、言行一致的实践者和组织成员楷模，当好群体和组织的栋梁和轴心，保证群体和组织崇尚真理和正义，营造良好的道德环境；8）应当确保整个领导行为都有最充分、饱满的服务性质。

（2）系统视角。伴随当代领导科学的发展，许多学者从学科意义上提出了一系列关于领导责任的系统论述。美国领导学者詹姆斯·库泽斯和巴里·波斯纳认为现代领导者应具有五种行为，在五种行为中分别包含有不同的使命。两位学者的领导行为观实际上就是领

① 刘少奇．刘少奇选集．北京：人民出版社，1981：354.

导者应当在实际工作中承担自己应当承担的责任。五种行为包括：1）以身作则。其使命是明确自己的理念，找到自己的声音以及使行动与共同的理念保持一致，并为他人树立榜样。2）拥有共同愿景。其使命是展望未来，想象令人激动的各种可能以及诉诸共同愿景，并感召他人为共同的愿景而奋斗。3）挑战现状。其使命是通过追求变化、成长、发展、革新的道路来找寻机会，进行试验和冒险，以不断取得小小的成功，并从错误中学习。4）使众人行。其使命是通过强调共同目标和建立信任来促进合作，并且通过分享权力来增强他人的实力。5）激励人心。其使命是通过表彰个人的卓越表现来认可他人的贡献，并通过创造一种集体主义精神来庆祝价值的实现和胜利。

而约翰·加德纳的划分更为详细，他提出了领导者的重要责任，即八大任务，分别是：1）拟定目标。2）确定价值。3）激励行动。4）学会管理。5）致力于统领，即化解内部矛盾，保持组织团结，建立相互信任。6）宣导说明。由于人们都想知道问题出在哪里，为什么他们必须做某些事，为什么他们会充满困顿挫折，领导者的责任就是替追随者把话说出来。7）作为象征。8）担任团体代表。如出面谈判，维护体制完整，处理公共关系等。①

综上，在西方领导学者视野中，领导者主要应当承担四种责任：1）拥有愿景；2）提出战略；3）形成联盟；4）激励鼓舞。依据中国具体国情，并置于中国语境，从系统视角出发，国内学者普遍认同的领导责任可以表述为：1）领导决策；2）领导用人；3）沟通与协调；4）激励与鼓舞；5）思想政治工作。其中，领导决策相当于西方国家语境中的拥有愿景、提出战略。领导用人和沟通与协调相当于形成联盟，激励鼓舞则是东西方的共识，而思想政治工作则是我们的传统、优势和宝贵财富。

（3）角色视角。领导责任从角色视角来看，要求领导者在实际工作中应当扮演好两种角色：其一是任务角色，即达成组织目标的角色；其二是社会角色，即协调人际关系的角色。这种对领导责任的双维度阐述，始终是管理学、领导学所关注的话题之一。这在信息技术快速发展，经济全球化步伐加快的今天，仍然具有极其重要的理论价值和现实意义。这就要求领导者在任何时候都应当平衡和处理好两种关系：把多少时间和精力放在扮演任务角色上；把多少时间和精力放在扮演社会角色上。据有关调研资料显示，在许多组织中普遍存在着一种“领导烦恼现象”，即领导者往往要把70%的时间和精力用在处理和协调组织中的人际关系方面，只能用30%的时间和精力来完成达成组织目标的职责，这说明社会角色占据了领导者的大量时间和精力。尽管组织中的“内耗现象”与无休止的应酬令人烦恼，但是，就领导责任而言，协调和处理人际关系并不是领导工作的额外负担。这里需要说明的是，人际关系的实质是利益关系。领导者是组织中众多利益和矛盾冲突汇集的中心，每个群体乃至个体都有自己特殊的利益诉求。尽管从总体上看，达成组织目标可以满足组织全体成员的共同利益，但是具体到每个群体和个体自身利益的实现，则往往有前有后，莫衷一是，具有明显的非均衡性。这就要看领导者如何回应和协调不同的利益诉求，倘若回应和协调不好，必然会影响组织目标的达成。

---

① 朱立言. 行政领导学. 北京：中国人民大学出版社，2004：23-24.

案例 1－2

找到自己的声音

马克斯·德普瑞，Miller 公司——一家密执根的家具制造公司——的前董事长和 CEO，讲述了一个动人的故事，可以很好地说明声音与行动的关系。

“我和妻子伊萨尔有一个外孙女叫佐伊（‘佐伊’在希腊语言中是‘生命’的意思），由于是早产，她生下来的时候只有 1 英镑 7 盎司，很小很小。我的结婚戒指可以从她的手臂滑到她的肩膀。给她做婴儿检查的医生告诉我们说，她可能只能存活 3 天，且机会只有 5%～10%。我和伊萨尔第一次看望她时，她躺在新生儿特护室，肚子上有两个探测器，脚上有一个，她的保温箱两侧各有一个监视器，嘴里插了一根氧气管和一根胃管。

“由于某些原因，佐伊的生身父亲在她出生前的 1 个月跳上船走了。直到发生这个情况后，看护她的护士鲁思聪明地对我说：‘在接下来的几个月中，最起码你就代表佐伊的父亲。我要你每天来医院看望她。你来了以后，我希望你能够用你的手指抚摸她的身体和四肢，与此同时，你应该告诉她你是多么爱她，因为她能够把你的声音和你的触摸联系起来。’

“鲁思的提议非常正确。她没有意识到，她给我最好地描述了一个领导人的工作方式，成为领导人的关键就是把声音和行动联系起来。”

资料来源：詹姆斯·库泽斯，巴里·波斯纳．领导力：第 3 版．李丽林，杨振东，译．北京：电子工业出版社，2004：42.

1.1.3　领导者与管理者的关系

管理和领导是管理学、领导学、组织行为学等学科最基本的概念之一，对这两个概念的含义及相互关系的理解，是正确解读管理者与领导者的内涵及相互关系的逻辑起点。

1. 关于领导与管理关系的不同观点

目前，在领导与管理各自内涵及相互关系的认识上，主要存在四种具有代表性的观点：

（1）管理即领导，领导即管理，领导者也就是管理者，二者没有区别。这种观点在目前的一些出版物中虽然还能看见，但其影响力正日渐式微。

（2）领导是管理的职能之一，管理的范畴大于领导。在管理学界，一般认为管理具有四种职能，即计划职能、组织职能、领导职能和控制职能，所以领导是管理的重要职能之一。这是管理学界比较成熟的观点，也是占主导地位的观点。

（3）管理是领导的职责之一，是完成领导任务的重要手段。这是领导学界很多专家所持的观点。

（4）管理和领导是两个相对独立的范畴，它们各具自己的执行系统和自己独立表达的概念、术语和方式。这是当前最新的观点，本书持这种观点。

2. 领导者与管理者的区别

我们认为管理者与领导者是有区别的：管理者是被任命的，他们拥有合法的权力进行奖励和处罚，其影响力来自他们所在的职位所赋予的正式权力。相反，领导者则既可能是被任命的，也可能是从一个群体中自然产生出来的，领导者可以不运用正式权力来影响他人的活动。在理想的情况下，所有的管理者都应是领导者，所有的领导者都应处于管理者的位置。但事实上，并非所有的管理者都能够成为优秀的领导者，也并非所有的领导者都处于管理岗位上。在具体的组织中，一个人可能会利用职权的合法性而采用强制手段命令别人行动。如果他所依仗的只是自己所处的地位和职权的权威性，这样的人充其量只是一个管理者，却称不上是个领导者。在某些情况下，某个人可能根本就没有合法的地位所赋予的权威性，但是他却能以个人的模范行为来影响或鼓励别人行动。这样，他虽不是一个管理者，但实际上却起到了领导者的作用，可以说他是一个领导者。然而，领导者并不必然具备完成组织管理职能的潜能，一个人能够影响别人这一事实并不表明他同样也能够做好计划、组织和控制等工作。因此，一个人可能既是管理者，又是一个领导者；或者只是一个管理者而不是一个领导者；或者只是一个领导者而不是一个管理者。具体而言，领导者与管理者的区别主要体现在以下几个方面：

（1）权威基础不同。管理者的权威基础是组织的正式任命，而领导者的权威基础是个人魅力。在现实生活中，尽管一个人可以同时扮演领导者和管理者双重角色，但有时候领导者却不一定是管理者，而管理者也不一定是领导者。彼得·德鲁克说："领导者的唯一定义是其身后有追随者。"[①] 这说明，领导者在本质上是一种影响力的拓展，下属与其更多的是一种追随与依从的关系。

（2）存在空间不同。领导者既存在于正式组织中，又存在于非正式组织中；管理者只有在正式组织中才有其活动空间。现实中，有些管理者可以通过其职权迫使人们去从事某一工作，但往往无法有效地影响人们去追随他，这样的管理者实际上并没有扮演领导者的角色；有些人尽管没有正式职权，却能够以个人影响力去影响他人，这些人往往就是实际上的领导者。实践证明，只有那些将管理者与领导者角色真正融为一体的人，才能保证组织目标的达成。

（3）素质要求不同。在任何组织中都存在着两种不同的角色：领导者角色和管理者角色。前者是人格化的领袖，后者更偏重于一种专门化、职业化的职务。由于职能不同，因而对领导者与管理者的素质要求的侧重点也必然不同。一般而言，作为领导者，必需的能力主要包括：决策能力、智慧协调能力、处理人际关系能力、语言表达能力等，即特别强调概念技能和人际技能；对管理者而言，强调的重点是专业化方面的知识和技能。

（4）职能不同。管理是计划、预算、组织和控制某些活动的过程，这一过程或多或少是借助于科技和权威专家来进行的。即是说，管理表现为一套看得见的工具和技术，这些工具和技术建立在合理性和实验的基础上。在各种组织环境中，人们以十分相似的手法使用这些管理工具和技术。人们通常把领导定义为一个目标的实现过程，即领导者主要通过非强制性的方式方法，鼓动一部分人（或一个群体）来实现一个或若干既定目标的过程。领导者的基本职能是拥有远景、提出发展战略、整合队伍、进行沟通和激励，从而实现组织目标。领导者不是管理者那样的技术和效率专家，而是熟知人和社会的人类学家。二者

① 赫塞尔本．未来的组织．胡苏云，储开方，译．成都：四川人民出版社，1998：6.

相比较，管理更规范、更科学，而且也更为普遍，管理是一门科学。而领导则表现出一定程度的多才多艺和灵活性，以适应不断变化和充满矛盾的需求。领导既是科学，又是艺术，是领导科学和领导艺术的有机统一。

（5）功用不同。管理是维持秩序，领导是带来变革。华伦·班尼斯把领导定义为“创造并实现梦想”，认为领导的重点放在做正确的事情上，即与目标方向有关；而管理的重点则放在把事情做正确上，即管理是执行的角色，也即管理者要正确地做事。班尼斯在总结管理者和领导者的区别时认为：管理者寻求稳定，领导者探讨革新；管理者循规蹈矩，领导者独辟蹊径；管理者维持原状，领导者提高发展；管理者注重组织结构，领导者注重人力资源；管理者依赖控制，领导者激发信任；管理者目光短浅，领导者目光远大；管理者重视原因和方式，领导者重视事情和原因；管理者盯着结果，领导者看到希望。

表 1-1　管理者与领导者的区别

管理者	领导者
关注现在	关注未来
保持现状与稳定	引起变化
权力源于正式职位的权威	权力源于追随者认可的权威
对下属冷漠、客观公正	建立与追随者的情感纽带
在组织中有一线的职能	不能通过正式命令链发生作用
可授权于他人	不能将权威转授他人
对组织负责，达到组织目标	对追随者和组织负责，达到追随者和组织目标
实施政策与程序	创造一种共同价值观的文化
理性的	充满愿景的
热衷经营的	热忱的
鼓舞的	铁石心肠的
首创性的	分析的
富有勇气的	结构性的
富有想象力的	深思熟虑的
分享知识的	知识集中的
信任的	防御的
热情洋溢的	冷漠而有所保留的
推动者	执行者
行为像教练、顾问、教师一样	行为像老板一样
做正确的事情	正确地做事情

领导不同于管理，但领导与管理又是统一的，二者的有效结合是组织发展的根本保障。这是由于只有将有效的领导与高效管理相结合，才有助于产生必要的变革，同时使混乱的局面得到控制。同时，只有将有力的管理和有力的领导联合起来，才能带来令人满意

的效果。若两者都不具备或都很弱，便如一只无舵之船再加上船体有一个大洞。如两者只具备其一，不一定能使其境况变好。没有与领导相结合的强有力管理可能会变得官僚主义，令人感到压抑，为了维持秩序而维持秩序；没有与管理相结合的强有力领导会使领导者以救世者自居，形成狂热崇拜，为了变革而变革，甚至变革是朝着完全不理智的方向发展的。

1.2　追随者

作为领导要素之一的追随者的概念不同于传统领导科学中被领导者的概念，追随者也有权力，追随者的权力实质上是一种对领导者的对抗权。领导者与追随者之间是一种具有平等性、互动性、相对性以及制约性的关系。

1.2.1　追随者的含义及权力

追随者作为领导要素之一，是一个能够反映时代精神的新概念，与传统领导学中的被领导者概念相比，更能反映正式组织成员和其他非正式组织成员的能动性、积极性和自主性。

1. 追随者的含义

所谓追随者，是指在领导活动中与领导者具有共同的利益诉求和（或）信仰取向，追求共同组织目标的人。

首先，追随者概念强调追随者所追随的对象不局限于领导者本身，主要反映在组织或群体的共同愿景层面，即在领导者与追随者之间存在着政治、经济等方面的共同利益，或信仰等方面的共同诉求，二者往往是在同一面旗帜下从事着他们认为值得追求的共同事业。

其次，追随者概念能够很好地体现追随者在领导活动中的主体地位。追随者追随的是与领导者共同拥有的未来愿景，他们和领导者一样，既是未来愿景的"编剧"，又是参与表演的"演员"。在领导者与追随者共同演出的过程中，假若领导者的言行违背了共同愿景，不再与追随者拥有共同的利益诉求和价值取向，追随者就会退出领导活动，或者去追随新的领导者。所以，追随者概念不同于被领导者概念，追随者在参与领导活动时，具有独立的意识和选择权。

最后，追随者概念的外延较大，他们既是领导者的信任者、支持者、服从者、拥戴者，又是愿景的编织者、实践者和分享者；他们既可以来自组织内部，也可以来自组织外部；他们不仅仅来自下属，还可能是组织中的每一个成员，甚至是领导者的上级。

2. 追随者的权力

追随者也有权力。罗素在《权力论》中称领导者与追随者都有权力，不过领导者的权力是明显的，而追随者的权力是隐蔽的。即使是在最专制的奴隶社会，奴隶也可以在一定程度上制约奴隶主。

随着时代的发展，追随者的权力在加强，追随者对领导者的影响力称为对抗权力，此权力来自领导者对追随者的依赖。领导者必须依赖追随者，可以分为两种情况：一是在选举制体系中，领导者是由追随者选出和公认的，追随者有权选出和更换领导者；二是在任命制体系中，领导者必须依赖追随者，以达成维持其职务的组织目标，并由追随者对其领导绩效进行评估。这两种情况结合在一起，是不可分割的。

从追随者自身来看，其对抗权主要来自以下几个方面：

（1）追随者的专长。组织中的追随者有特殊的专业才能或技巧，可以增加领导者的依赖性，尤其是当别人无法取代，而其又有机会离开时。

（2）追随者掌握着重要的资源。组织中的追随者与外界有特殊的联系或关系，可以获得组织发展所必需的物质资源，可以增加组织的依赖性。组织中的追随者掌握重要的信息资源，而这些信息资源是领导者决策时所必需的，于是追随者可以对领导者进行说服，以增加领导者的依赖性。

（3）追随者熟悉组织的规章制度。在高度官僚化的组织里，追随者熟悉组织的规章制度也是一项专业才能。规章制度和传统，是追随者合法要求的基础。复杂的规章制度体系，可以使追随者找到理由照章办事，拒不执行领导者的指示。

（4）追随者与领导者关系密切。追随者与领导者关系密切可以潜在地影响领导者，或者成为组织中的特殊人物，从而增加领导者对追随者的依赖性。“近之则不逊，远之则怨。”俗话说，仆人眼里无英雄，距离产生美。追随者对领导者的认同与拥护，危难时刻对领导者的关心与支持，都可能密切与领导者的关系。

1.2.2 追随者的类型

从不同的角度可以将追随者划分为不同的类型。

1. 组织内的追随者与组织外的追随者

根据追随者所处活动环境的不同，可以将追随者分为组织内的追随者和组织外的追随者。组织内的追随者是指与领导者处于同一组织的追随者，而组织外的追随者则是指与领导者不处于同一组织的追随者。前者即通常所称的下属，后者即同盟军。尽管同盟军不与领导者处于同一组织，但是他们与领导者却存在着在某些方面相互联系的利益诉求和价值取向。领导者为了达成组织目标，不仅需要坚定的组织内的追随者，而且需要大量的同盟军的支持。

2. 重要追随者和一般追随者

根据追随者在领导活动中所起作用的不同，可以将追随者分为重要追随者和一般追随者。重要追随者是保证领导者顺利开展工作不可缺少的“左膀右臂”，是领导者达成组织目标不能缺少的坚强支柱，是领导团队中的重要成员。一般追随者是相对重要追随者而言的，他们对于领导活动的诸多环节虽有参与，与组织的文化价值观念和利益诉求也有关系，但对领导活动过程的参与和投入程度有限，在组织中所发挥的作用也很有限。

3. 信仰型追随者和利益型追随者

根据追随者追随领导者目的的不同，可以将追随者分为信仰型追随者和利益型追随者。顾名思义，所谓信仰型追随者就是出于与领导者的信仰相同而自愿追随领导者的追随者，他们与领导者具有共同的信仰需求和价值取向；利益型追随者就是为了满足某种利益需求而追随领导者的追随者，他们的利益需求包括政治利益和经济利益。

4. 长期追随者和短期追随者

根据追随者追随领导者时间的长短，可以将追随者分为长期追随者和短期追随者。长期追随者是指在领导活动中与领导者配合默契，有共同的利益诉求或信仰取向，他们的工作经验、资历以及对领导者的忠诚度都对领导者成就事业非常重要，是领导者应当加以珍视的组织的战略性资源；短期追随者是指因特殊或暂时的利益而产生追随动力的追随者，要使短期追随者被组织文化同化，还需要领导者多做工作加以引导和教诲。

知识库 1-5

追随者的类型

罗伯特·凯利从两个维度描述了不同类型的追随者，一个维度是独立、批判性思维；另一个维度是依赖、非批判性思维。根据凯利的说法，最优秀的追随者独立思考，提出创造性建议甚至创造性的解决方案。在依赖、批判性思维维度中，根据人们在工作中的参与程度可以划分为积极的追随者与消极的追随者。在凯利看来，最优秀的追随者是那些主动做事的人，他们自觉自发地工作，而最差劲的追随者则是消极的，甚至可能逃避责任，因而需要持续不断的监督。凯利基于两个维度，将追随者划分为五种基本类型：

(1) 疏离型追随者。这种人习惯于向他人指出组织中的所有消极方面。尽管疏离的追随者认为自己仅仅是不随大流，对组织所持的怀疑态度也属正常，但领导者往往认为这些人愤世嫉俗、消极、敌对。

(2) 顺从型追随者。这种人在组织中总在说“是的”。尽管他们在组织工作中总是表现得很积极，如果他们所接受的指令与社会行为标准、组织政策相违背，这种人也可能给组织带来危险。这种类型的追随者多半是因苛求、独裁的领导者，或者僵化的组织结构而造成的。

(3) 实用型追随者。这种人很少对自己所属群体的目标有高度的认同感，但他们学会了不去捣乱。因为实用型追随者不愿意引人注目，他们往往在组织中表现平平，阻塞了组织大动脉的顺畅。由于很难洞悉他们对问题的态度和意见，他们给人的印象总是相当模糊，既有积极的一面，也有消极的一面。在组织中，实用主义者可能是精通官僚规则的专家，能利用这种规则来保护自己。

(4) 消极型追随者。这种人不具备楷模型追随者表现出的一种特质。他们依赖领导者为自己设计好一切。此外，他们对工作缺乏热情。消极的追随者缺乏对工作的积极主动性和责任感，因而需要对他们进行持续不断的指导。领导者可能把他们看成是偷懒的、无能的甚至是愚笨的人。然而，有时人们成为消极的追随者，仅仅是因为领导者预期他的下属会以这种方式来行事。

(5) 楷模型追随者。领导者和同事对楷模型追随者的一贯印象是，独立、积极主动并愿意向领导提出异议。即便是在面对官僚制度的绊脚石，或者持消极的、实用态度的同事时，他们仍将自己的才华用于对组织有益的事情上。有效的领导者深知这种楷模型追随者的价值。

资料来源：理查德·哈格斯，罗伯特·吉纳特，戈登·柯菲. 领导学：在经验积累中提升领导力：第4版. 朱舟，译. 北京：清华大学出版社，2004：23-24.

1.2.3 领导者与追随者的关系

领导者与追随者的关系，不同于传统意义上领导者与被领导者之间管理与被管理、领导与被领导的线性关系。早在20世纪60年代，美国学者布兰查德和赫赛所提出的“情境领导法”认为，领导者与追随者之间的关系是“情境领导法”中最关键的可变因素，假如追随者决定不追随领导者，那么，领导者怎么想或者工作怎么要求，对于追随者都是无关紧要的。可以说，没有追随就难有领导。

随着社会的变迁和时代的进步，尤其是组织成员素质的显著提高，领导者与追随者的关系呈现出了明显的时代特征。具体而言，主要体现在以下几个方面：

1. 平等性

在现代组织中，领导者与追随者在人格上具有平等性，他们之间体现的是一种民主、自由和平等的社会关系。追随者不仅追随领导者，而且更是在追随组织的共同愿景。由于对组织成员的行为具有明显的导向功能，因而，组织的共同愿景构成了领导者与追随者之间的心理契约，领导者与追随者之间不再是简单的人身依附关系，而是一种平等的契约关系。

2. 相对性

领导者与追随者的身份处于不断变化之中，他们在身份上具有相对性。在不同组织、不同场合、不同时间，领导者有可能变为追随者，相应地，追随者也有可能转变为领导者。同样，在不同的组织联盟中，领导者与追随者的身份也处于不断变化之中。

3. 互动性

领导者与追随者之间的关系，并不是简单的命令与服从的关系，而是互动与共生的关系。美国领导学者伯恩斯曾经指出，“领导并不是单纯的领导者赤裸裸地行使权力，而是引导追随者按照双方认可的价值和动机去行动”。基于领导者与追随者之间不同的互动目的，伯恩斯将领导分为三种类型：交易型领导、变革型领导和道德型领导。交易型领导是最浅层次的领导，双方相互接近是为了交换某种有价值的东西，这种东西可能是政治上的，也可能是经济上或者心理上的，最典型的莫过于选票交易；变革型领导则以超越交易之上的双方的共同目标为基础，在接触过程中提升双方的动机和道德水平；最高级的类型就是道德型领导，这种领导不仅成功地实现了双方期望的某种变革，而且具备超凡魅力。班尼斯也认为，“好的领导者应该也是好的追随者……，领导者和追随者有很多共通之处：善于倾听，富有合作精神，以及与同伴共同对付竞争的问题”。

4. 制约性

领导者的权威既来自组织所赋予的法定权力，又来自追随者的心理认可和行为支持，尤其是在现代组织中，领导者若缺乏追随者的追随和认同，往往只是有权却无威，难以达成组织的愿景。与此同时，追随者也应当服从自己所认同的领导权威的指挥，与领导者形成一种默契的合作关系，否则，如果追随者违反自己认可的领导权威的指挥，则意味着追随者在违背自己的意志。

总之，领导者与追随者是共生共存的，他们在不同的情境中通过互相影响来达到个人和组织的目标。可以说，没有追随者就没有领导者。从领导者的角度来说，领导者起到的是催化剂的作用。在领导活动中，作为变革的推动者，他们开发和培养追随者，让其不断达到新的高度。从追随者的角度看，他们根据领导者给他们的感觉来追随，通过分享其愿景并在追随中学习技能和完成目标，他们在成长的过程中，逐渐承担起更大的任务，并在其间逐渐满足自我实现和自我超越的需求。但追随者不仅仅是追随而已，他们也常常发挥领导的作用，追随者对于未来的期盼才是推动领导者进行变革的主要动力。最成功的领导者也不过是顺应了追随者的变革要求，在合适的时间、合适的地点发挥了关键性的领导作用。追随者需要追随力，而追随力，其实也是一种主动地去影响领导者达成变革的能力。所以从某种角度讲，追随力其实就是领导力，是下属对上司的有效影响。

1.3 领导环境

领导环境是影响领导者在领导活动中能否取得领导成效的重要因素之一，领导环境具有广狭两义。领导环境具有客观性、复杂性、稳定性、动态性、制约性、风险性等特征。领导环境从宏观上可分为外部环境和内部环境，且各自具有不同的影响因素。

1.3.1 领导环境的含义与特征

组织是人类在生产生活的实践活动中所产生的一种合作形式和合作形态，任何组织必然存在于特定的环境之中。相对于组织来说，环境可以宏观地理解为组织以外的一切事物。组织与环境之间既有区别，又彼此依赖、相互渗透，二者通过不断地交互作用和互动过程，来影响和制约对方的行为和功能，在相互适应和调整过程中保持着一种动态的平衡状态。

1. 领导环境的含义

环境一词是指事物周围的情况和条件。环境的最初含义主要是指空间意义上的范围大小，具有明显的空间边界，即环绕而成的区域。随着社会的发展，环境含义逐渐突破了原有的狭窄的空间属性，具有了越来越宽泛的社会意义和人文意义。

领导环境有广义和狭义之分。狭义的领导环境，是指领导者所在组织的内部情境。广义的领导环境，则是指组织内部情境和组织赖以存在和发展的外部条件的总和。具体地说，领导环境是指独立于领导者之外并能为领导者所认识的客观存在，包括对领导活动产生直接或潜在制约的各方面因素、条件的总和及其所形成的发展态势。领导环境与领导者、追随者共同构成了领导活动的最基本要素。

任何领导活动都是在一定的领导环境中展开的，同样地，任何领导者都是在一定的政治、经济、社会和技术力量变动的开放系统中进行决策、组织、协调和控制活动的。一方面，正是由于领导者受制于一定的客观环境，才使得任何领导理论或领导方式都面临着时空的限制；另一方面，领导者也在塑造着有利于自身的领导环境。领导环境对领导活动有着复杂而深刻的影响，作为领导者必须对环境给予高度的重视，带领追随者积极认识、适应、利用和改造环境。

在现代社会中，组织成功的概率与组织和环境之间的一致性程度呈正相关关系，而一致性程度首先要以认知程度为基础。作为领导活动中的一个基本要素，领导环境是对领导者、追随者和群体目标的一个有效补充，有助于从更为广阔的视角展现领导活动运行发展的过程和规律。领导环境沟通和连接了领导活动中多种表面看来并无联系的要素，为领导科学的研究和发展提供了一种动态的、联系的观察视角和学术思路，这充分说明了研究领导环境的重要意义。

2. 领导环境的特征

（1）客观性。领导环境虽然在一定程度上为领导者所感知，而且，领导者也可能在一定程度上对环境施加某种影响，但归根结底，领导环境是一种不以人的意志为转移的客观实际。领导环境是独立于领导者而存在的，无论领导者能否认识或把握它，领导环境都会发挥各种作用。这就要求领导者应当树立自己的环境意识，在开展领导活动时要充分考虑到各种环境因素。当然，环境也具有部分可塑性，即领导环境也具有可改造性属性。这说明，领导活动并不是领导者消极被动地适应环境的产物。在领导过程中，领导者可以通过完善领导体制、变革组织文化、调整传统组织结构等措施来完善其领导环境，以促成领导目标的达成。

（2）复杂性。如前所述，领导环境是一个由诸多要素相互作用而形成的系统，领导者在领导活动中所遇到的环境非常复杂。首先，领导环境的因素多种多样，常常相互交织，内部环境与外部环境同时作用，导致领导环境情况错综复杂。另外，即使客观环境相同，不同的领导者也不可能做出相同的事情，甚至可能产生截然相反的反应，进而引起不同的领导活动和领导结果。而领导环境不同，即使领导者相同，也不可能产生相同的领导行为和领导结果。领导环境的复杂性决定了领导者在做出行为选择的时候，应当从多方面、多角度了解领导活动所具备的环境。一般而言，领导层次越高，面对的领导环境也就越大越复杂。同时，领导环境因素尽管是多样的，但并不是杂乱无章的。一定类别的环境因素总是与一定领域、内容的领导活动联系在一起的。

（3）稳定性与动态性的统一。领导环境是领导者所面对的周围的全部现实条件和客观境况，既包括领导者所处的组织环境，也包括整个组织所处的社会以及文化条件。一个组织的组织文化及其所处的社会和文化条件具有稳定性。领导环境的稳定性主要体现在领导环境中各个方面、各个因素、各个条件的有序运行和顺利发展，在一定时期的变化相对较小。然而，领导环境也是客观存在的一种态势，具有动态性特征。领导环境始终处于不断变化之中，领导环境发展变化的原因在于领导环境构成要素自身的矛盾运动及领导活动与环境系统的相互作用。领导行为不仅是环境的产物，领导行为选择一旦做出，也会反过来对它赖以产生的环境发生反作用。在动态发展的过程中，领导环境的各种要素相互作用、相互制约，不断派生出诸多矛盾和变化，是导致领导活动中新矛盾、新问题不断出现的重要原因。但是，领导环境的发展变化并不是杂乱无章，而是具有一定的规律性。领导环境的稳定性和动态性是辩证的对立统一关系。一方面，稳定性既是领导活动顺利开展的重要前提，也是领导活动对领导环境的基本要求；另一方面，动态性要求领导者始终具有变革与创新意识，领导者不但要善于审时度势，因时、因地调整和改变自己的行为，而且要在发展变化的环境中，积极探究和恰当利用领导环境动态发展变化的规律，以便更好地利用和改造环境。

（4）不确定性。领导环境具有稳定性特征，表现出了一定的确定性，但与此同时，构成领导环境的各个要素和各种条件都是随着时间、空间的改变而不断变化的，加之，领导者的思维方式和能力水平的不同，也导致了领导者对同一环境不同甚至是完全相反的认识，这些因素决定了领导环境具有不确定性特征。领导环境的确定性和不确定性是辩证统一的：确定的领导环境，隐含着偶然的不确定性；不确定的领导环境，隐藏着必然的确定性。领导环境的确定性和不确定性错综复杂地交织在一起，二者相互影响，往往很难有明确的界限。有的领导环境是完全确定的，有的领导环境是完全不确定的，而大多数则介于确定与不确定之间。

（5）风险性。领导环境既然具有确定与不确定的二重性质，所以利用和改造领导环境，就可能产生某种风险。领导环境越是具有不确定性，利用或改造的风险必然就越大；反之，风险就越小。领导环境不确定的性质不同，风险的类型不同，危害的性质也不同。如果是领导者认识上所带来的对环境的不确定，这是领导环境的认识风险。这种风险是最可怕的，其可能导致领导者的主观自动主义，在领导方向和路线上容易犯错误。环境本身的不确定性，是领导环境的固有风险。这种风险与领导者的主观世界无关，在一定意义上说是无法避免的。领导者只能够通过深化对环境的认识，适时调整领导决策和组织行为，才能有效地回避或减少固有风险。

（6）制约性。领导者的一切活动本质上都是现实、务实、踏实和实际的，也就是说都不能脱离和超越客观的领导环境，而必须也必然始终受制于领导环境所提供的现实依据和条件。领导活动的很多方面都受制于领导环境，主要体现在：其一是领导环境为领导活动的开展提供了前提和基础；其二是领导环境制约和影响着领导目标的实现；其三是领导环境的特性制约和影响着领导方法和领导方式；其四是领导环境影响领导关系的建立和维系；其五是领导环境制约和影响着领导效能的高低。

（7）特定性。领导环境的特定性，主要有两层含义：其一是领导环境只是围绕并适合于领导这种最重要的人类实践活动，而其他一般意义上的环境并不直接构成领导环境，也就是并不对生产活动产生直接、有效的影响。其二是微观领导环境对于特定领导者具有特别适合性。例如，领导者在某一具体的领导环境中工作起来能够得心应手，并取得显赫绩效，但在另一领导环境中却会感到工作起来异常困难，难有成就。这些特定性决定了领导者必须充分依据领导环境并同时针对不同的环境特征而开展领导工作。只有这样才能确保做到审时度势、因地制宜、有的放矢，进而提升领导工作的适应性、有效性、胜任性，提高成功率。

1.3.2　领导环境的类型及其影响因素

领导者在领导活动过程中遇到的环境因素极其复杂，从不同的角度，按照不同的标准可以将领导环境划分为不同的类型。从基本性质看，领导环境可分为自然环境和社会环境；从助益性影响看，领导环境可分为顺境、逆境和沌境；从主观能动性上看，领导环境可分为可控环境、部分可控环境、不可控环境和失控环境；从边界划分上看，领导环境可分为外部领导环境和内部领导环境。以下主要介绍领导环境划分中最典型的一种类型，即内部领导环境和外部领导环境。

1. 内部领导环境及其影响因素

内部领导环境简称为领导活动的内环境，是指组织内部对领导活动产生制约和推动作用的各种要素的总和。领导活动与它的关系最直接、最现实，它直接影响领导活动的效率。内部领导环境与外部领导环境相比，具有影响的直接性、深入性和相对不确定性等特征。美国领导学者弗雷德·菲德勒在研究中认为，微观（内部）领导环境包含三个关键的方面：职位权力、任务结构以及领导主体与领导客体之间的关系。在一般意义上，影响内部领导环境的因素主要有：

（1）组织因素。组织有广义和狭义之别，从广义上讲，所谓组织是指由诸多要素按照一定方式相互联系起来的系统；从狭义上讲，所谓组织是指人们为了实现一定的目标，互相协作结合而成的集体或团体。具有明确的目标、具体的权责结构以及拥有人、财、物和信息等方面的资源是任何组织所具有的显著特征。现代领导科学意义上的任何领导活动都存在于一定的组织之中，即意味着离开了组织，领导活动也就无从谈起。组织的属性、使命不同，组织的目标也往往不同，必然会导致组织内部领导活动内容、方式等方面的差异。例如，在军事组织中，组织存在的根本目标在于维护国防安全、保障民众的合法权益、维护稳定的社会秩序，全部的领导活动都是围绕这一目标而开展的。为此，采取严格的等级制度、下级的天职是服从命令等就成了这类组织领导方式的基本特征。在营利性组织中，领导者非常注重领导方式的灵活性和适应性，给组织其他成员以充分的自由度以对迅速变化的市场环境做出快速反应。由于组织的自身性质会给领导者的实践活动带来不同的影响，这就要求领导者要对组织的类型、性质、目标、使命等有充分的了解和认识。

（2）组织文化因素。组织文化是“组织上下一致信奉和遵循的无形的行为规则，包括价值观、英雄人物、典礼仪式、文化网络等”①。其中，价值观是组织文化的基石，它提供了组织员工共同的思维倾向，并指导着他们的日常行为，决定了组织英雄的类型以及组织文化中的神话、仪式和典礼；英雄是价值观的化身，既是组织文化的集中体现，也是拟人化了的组织文化；举办典礼与仪式是传播和强化组织文化的重要方式；文化网络是组织非正式的沟通渠道，反馈组织文化信息。

知识库 1-6

由于发展历史和成长道路不同，不同组织的组织文化往往凸显出明显的个体差异。阿伦·肯尼迪与雷特·迪尔从感性认识的角度，将组织文化归结为强悍型组织文化、工作娱乐并重型组织文化、赌注型组织文化和按部就班型组织文化。② 约翰·科特和詹姆斯·赫斯克特在实证研究的基础上，从组织绩效与组织文化的关系视角，将组织文化划分为强力型组织文化、策略合理型组织文化和灵活适应型组织文化。

资料来源：约翰·科特，詹姆斯·赫斯克特. 组织文化与经营绩效. 李晓涛，曾中，译. 北京：华夏出版社，1997：2-16.

① 雷特·迪尔，阿伦·肯尼迪. 美国组织文化. 黎红雷，译. 广州：广东高等教育出版社，1989：48.

② 阿伦·肯尼迪，特伦斯·迪尔. 西方组织文化. 孙耀君，译. 北京：中国对外翻译出版公司，1989：25-28.

在一个具体的组织中，领导者与组织文化是相互作用、相互影响的。一方面，在组织文化形成过程中，领导者指导、培育、建设着组织文化；另一个方面，组织文化又反哺着领导者的精神风貌，影响着领导者的处世方式和行为模式。

1）领导者是组织文化的建设者和体现者。领导者的职责之一就是建设组织文化，领导者不仅是组织文化的集中体现者，而且是组织文化的楷模。尽管组织文化有多种来源和构成，但领导者在文化方面所展现出来的价值观、伦理观、组织观在其中居于主导地位。与组织其他成员相比，领导者在整个组织中具有特殊身份，决定了组织在建设自己的文化时，须臾不能离开领导者的导航作用。领导者的导航作用主要体现为：第一，领导者重视、调节和控制组织文化。领导者在领导过程中“注意和赞扬某些事情”，以及“有规则地处理这些事，向组织成员发出强烈信号，告诉他们，什么是重要的和期望他们做的”①。领导者在日常工作中的关注重点，往往向组织成员传达出一种强烈的指示信号，组织成员会自觉或不自觉地倾向于领导者所关注的方向。领导者在领导过程中的重视举动实际上也是对组织文化的调节和控制行为。第二，领导者面对重大危机时的态度及处理方式。在当下复杂、动荡的生态环境中，组织随时都可能遭遇来自各方面、不同形式的诸多危机。当面临危机时，领导者对危机的反应态度及处理方式，往往可以表现出他们的价值观念，有可能增强现有的组织文化，也有可能在某些方面改变原先组织文化的价值观念和行为规范。例如，当组织给社会所提供的产品和服务因存在瑕疵而被媒体曝光时，领导者是隐瞒真相，还是主动承认错误，争取社会公众的谅解，可以反映出领导者的潜在价值观，进而会影响到组织文化的价值观内涵。第三，激励政策和聘人标准。激励政策反映了领导者开展工作时的考虑重点和价值观念，是组织文化的重要组成部分，对于组织成员的行为具有明显的导向作用，特别是额外的激励措施，更容易引起组织成员的注意。可以说，有什么样的激励政策，就会有什么样的组织成员行为倾向。同时，组织招募、挑选、提拔和晋升的标准，向人们传递着领导者用人的基本价值取向。“组织维持一种文化的基本方法，就是招募过程。此外，用以决定派谁承担特定职务和工作，让谁提职和调动的标准，以及为什么让谁以解雇或提前退休的方式离开组织，等等，都加强和表明了文化的基本方面。这些标准是组织内所通晓的，并能够维持和改变现有的文化。”②

2）组织文化对领导者的培育和塑造作用。第一，目标导向功能。如何协调、平衡组织的整体目标与群体目标、整体目标与个人目标之间的矛盾与冲突，是组织领导者所面临的一大挑战。优秀组织的成功案例表明，组织文化的目标导向功能不仅可以很好地协调组织整体目标与群体目标、整体目标与个人目标之间的关系，而且有利于将领导者的价值观念、思想以及道德观念等导向组织所确立的整体目标，使其变为影响领导心理和行为的无形力量。第二，整合协调功能。即文化反映在整合、协调组织中的各种要素与关系，使领导者与组织成员形成共同的信念、理想和价值取向方面的特殊功能。组织是一个开放的系统，其使命、价值观的实现，有赖于组织内部各种要素的有效配置。在特定的组织文化氛

---

①　黑尔里格尔，斯洛克姆，伍德曼．组织行为学：下．岳进，王志伟，俞家栋，等译．北京：中国社会科学出版社，2001：632.

②　同①.

围中，领导者通过切身感受，可以养成职业自豪感和组织使命感，以及对组织的认同感和归属感，始终把自己的思想、感情、行为与组织的命运联系在一起。第三，规范约束功能。组织文化是通过“硬控制”和“软控制”两种方式发挥对领导者行为的规范约束功能的。但是，“硬控制”不是组织文化的主要方面，在“硬控制”与“软控制”之间，组织文化更偏重于“软控制”。“文化是规范性的，也就是说文化组成一套行为准则，人们从中感到必须在某种程序上服从这些准则。可这种规范性不一定是强制的，通常是由价值观，而不是由惩罚来说明为什么一个文化整体的成员必须服从它的总则。对于人类的行为约束，文化的‘软控制’要比依赖强力所完成的‘硬控制’更为持久和强烈。”① 第四，激励辐射功能。激励是通过外部刺激，使个体情绪高昂、奋发进取的管理手段。现代激励理论认为，最出色的激励手段是能够让被激励者感觉到自己确实干得不错，充分发挥了自己的特长和所有潜能的手段。在一般意义上，人的潜能具有无限性。从领导者自我开发的视角看，什么力量才能发挥如此之大的功能？只有依靠精神、意志、信念，也就是“文化的激励”。研究表明，建设良好的组织文化，对内可以创设并维持一种适宜领导事业发展的、有凝聚力的内部环境，让领导者在和谐互动、催人上进的文化环境中心情愉快地学习、工作和生活。对外可以使组织形象得到公众的认同和肯定，从而为组织的卓越成长创造一个健康良好的外部生存环境。

（3）组织成员因素。组织成员，即领导者的下属或追随者，是指在领导活动过程中，能够按照领导者的意图，为达成组织目标而执行组织的决策方案的行动者。组织成员对领导者在领导活动中能否实现既定的目标，具有十分重要的意义。这是由于组织成员既是领导活动得以顺利开展的中介力量，也是组织目标最终得以实现的决定性力量。领导者与组织成员之间的关系具有互相依赖性：一方面，领导者顺利开展工作有赖于组织成员的认可和支持；另一方面，组织成员行为目标的实现，也有赖于领导者的肯定和认同。只有领导者与组织成员之间建立起一种相互信任、相互支持、相互认可和相互监督的良性关系，才能保证领导活动开展的有效性，从而促进组织目标的顺利实现。然而，组织成员的特质往往具有差异性，在一个组织中几乎不可能存在个性特质完全一样的组织成员，这就要求领导者在领导活动中必须考虑组织成员的个性特质，组织成员不同，所采取的领导方式也应当有所不同。②

1）组织成员的成熟度不同，领导方式不同。组织成员的成熟度是指作为个体的追随者对自己的直接行为负责任的能力和愿望状况，主要表现为工作成熟和心理成熟状况两个方面。工作成熟度是指组织成员所拥有的与工作相关的知识、技能和经验的综合程度。工作成熟度高的组织成员由于拥有足够的专业能力和丰富的工作经验，凭借其自身能力就可以完成工作任务而不需要他人的指导。与之相反，缺乏专业知识和工作经验的组织成员，在工作过程中则需要他人的指导，才能有效完成任务。

美国学者赫赛和布兰查德的情境领导理论模型揭示了领导者如何根据组织成员的成熟度进行领导方式的选择。在两位学者的理论模型中，他们把领导者分为任务导向型和

① 胡正荣，黄新民，王宇. 企业文化：现代企业之魂. 北京：中国水利水电出版社，1995：15.

② 金延平. 领导学. 大连：东北财经大学出版社，2007：56-58.

关系导向型两种类型，相应地，领导方式可分为四种，分别是指导型领导方式、推销型领导方式、参与型领导方式和授权型领导方式。任务导向型的领导者关注工作的过程和结果，不关注组织成员的情感和需要，了解组织任务的完成情况是领导者实践行为的目标所在；关系导向型的领导者重视组织中的人际关系，关注组织成员的需求、晋升和职业发展。

赫赛和布兰查德根据组织成员的知识技能状况和工作意愿程度，将组织成员的成熟度划分为四个阶段：第一阶段是低成熟度阶段。处于此阶段的组织成员对执行任务既无能力又不情愿，他们既不能胜任工作，又不被人信任，这时候领导者就应当采用高任务、高关系的指导型领导方式。领导者应经常告诉组织成员如何去做以及何时、何地去做。第二阶段是成熟发展阶段。处于该阶段的组织成员尽管缺乏工作能力，却非常愿意承担工作任务，他们虽有工作积极性，但缺乏相关的专业知识和工作技能，这时候领导者应采取高任务、低关系的推销型领导方式。领导者既要告诉组织成员何时、何地应该如何去做，又要注重组织成员的个人感受，关心追随者的工作态度。第三阶段是中成熟度阶段。处于此阶段的组织成员具有工作能力却不愿意干领导者分配的工作任务，这时候领导者就应采取低任务、高关系的参与型领导方式。领导者与组织成员共同决策，同组织成员进行有效沟通，关心组织成员的工作感受，积极引导和充分激励他们投身于工作。第四阶段是高成熟度阶段。该阶段的组织成员既有工作能力又有工作热情，这时候领导者就应当选择授权型的领导方式。领导者尽量少提供或者不提供工作支持和指导，大胆授权，放心让组织成员自己去干工作。

2）组织成员的参与程度不同，领导方式不同。组织成员的知识结构、个性特征以及个人能力等方面的差异性，影响了不同的组织成员对组织活动参与程度的不同。根据组织成员参与组织活动的不同，领导者在领导活动过程中所采取的领导方式也应当有所不同。

以美国管理学家罗夫·怀特和罗纳德·李皮特为代表的一些学者，提出了三种领导方式，即权威式领导、参与式领导和放任式领导。第一是权威式领导。此类领导者也被称为“独裁式”的领导者：他们几乎决定所有的政策；所有计划及具体的方法、技术和步骤也由领导者发号施令，并要求组织成员不折不扣地依从；工作内容、资源的分配及组合，也大多由他们单独决定；平时他们对组织成员的接触、了解不多，如有奖惩，也往往是对人不对事。大多数权威式的领导者为人教条而且独断，往往借助奖惩的权力实现对别人的领导，对组织成员既严厉又充满要求。第二是参与式领导。参与式领导者一般会在理性的指导下及一定的规范中，使组织成员为了目标做出自主自发的努力，他们往往认真倾听组织成员的意见并主动征求他们的看法。参与式领导者将下属视为与己平等的人，给予他们足够的尊重。在参与式领导者管理的团队中，主要政策由组织成员集体讨论、共同决定，领导者采取鼓励与协助的态度，并要求组织成员积极参与决策；在确定完成工作和任务的计划、方法、技术和途径上，组织成员也有相当的选择机会。通过集体讨论，领导者使组织成员对工作和任务有更全面、更深刻的认识，并就此提出更为切实可行的计划和方案。参与式领导方式按照组织成员的参与程度又可分为三种不同的类型：其一是咨询式。领导者在做出决策前会征询组织成员的意见，但对于组织成员的意见，他们往往只是作为自己决策的参考，并非一定要接受。其二是共识式。领导者鼓励组织成员对需要决策的问题加以充分讨论，然后由大家共同做出一个大多数人同意的决策。其三是民主式。领导者授予组织成员最后的决策权力，他们在决策中的角色则更像是一个各方面意见的收集者和传递者，主要从事沟通与协调。第三是放任式领导。此类领导者喜欢松散的领导方式，极少运用手中的权力，他们几乎把所有的决策权都下放，并鼓励组织成员独立行事。他们对组织成员基本采取放任自流的态度，由组织成员自己确定工作目标及行动。他们只为组织成员提供决策和完成任务所必需的信息、资料、资源和条件，提供一些咨询，并充当组织与外部环境的联系人，而尽量不参与也不主动干涉组织成员的决策和工作过程，只是偶尔发表一些意见，任务的完成几乎全部依赖组织成员的自主工作。这种领导方式虽然控制力较弱，但对专业人员却可以收到不错的效果。

3）组织成员工作的结构化程度不同，领导方式不同。所谓工作的结构化程度是指工作任务是否清晰、明确，完成任务的方法是否固定，与工作相关的信息是否易于收集，按照以往的工作经验能否解决问题。如果组织成员所承担的工作任务比较清晰、明确，方法比较固定，与工作相关的信息收集比较容易，而且按照以往工作经验足以解决问题，则说明组织成员工作的结构化程度高，相反则低。加拿大多伦多大学教授罗伯特·豪斯的“路径-目标”理论认为，领导者的工作是帮助组织成员达到他们的目标，并提供必要的指导和支持，以确保组织成员各自的目标与群体或组织的总体目标相一致。领导者的基本职能在于制定合理的、组织成员所期望得到的报酬，同时为组织成员实现目标扫清道路、创造条件。豪斯认为，一个领导者的职责具体为：其一是在组织成员达成工作目标后，增加报酬的种类和数量，增加吸引力；其二是明确组织成员的工作目标，指明达成工作目标的道路，协助组织成员克服工作过程中的障碍，使他们较易获得这些报酬；其三是在完成工作的过程中，增加组织成员满足其需要的机会。根据“路径-目标”理论，领导行为分为四种：

第一，指示型领导。领导者对组织成员提出要求，指明方向，并为组织成员提供他们应该得到的指导和帮助，使组织成员能够按照工作程序去完成自己的任务，实现自己的目标。第二，支持型领导。领导者考虑到组织成员的需要，对他们的幸福表示关切，平等待人，与组织成员关系融洽，同时，努力营造愉快的组织气氛。当组织成员遇到挫折和不满意时，这类领导行为对组织成员的业绩能产生最大的影响。第三，参与型领导。领导者经常与下属沟通信息，商量工作，虚心听取组织成员的意见，让组织成员参与决策和管理。这类领导行为能提高对组织成员的激励效果。第四，成就型领导。领导者所要做的重要工作是树立具有挑战性的组织目标，寻求改进业绩的方法，深信组织成员愿意实现高要求的目标，并激励组织成员想方设法去实现目标，迎接工作的挑战。豪斯进一步认为，领导者应该根据不同的环境特点来调整自己的领导方式。当领导者面临一个新的工作单位或一项新的工作任务时，他可以采用指示型领导方式，指导组织成员建立明确的任务结构和各自的工作任务。接下来他可以采用支持型领导方式，以利于同组织成员形成一种协调和谐、积极向上的工作气氛。当领导者对组织的情况进一步熟悉，组织正常运行后，则可以采用参与型领导方式，积极主动地与组织成员沟通信息、商量工作，让组织成员参与决策和管理。在此基础上领导者就可以采用成就型领导方式，领导者与组织成员共同制定具有挑战性的工作目标，并且运用各种有效的方法激励组织成员为实现目标而努力工作。这一理论还认为，环境因素与领导风格互为补充，而组织成员的特质决定了他们对环境因素和领导风格的评价。因此，当环境因素与领导行为相比较重复或者多余时，或者当领导行为与组织成员的评价不一致时，领导效果都不会很好。

2. 外部领导环境及其影响因素

外部领导环境是居于一个相对独立的领导系统之外的更大系统中的对领导活动产生直接或间接影响的各种因素的总和。从其地位作用看，外部领导环境是同领导成败得失直接相关的外在条件，是领导主体赖以生存、发展和发挥作用的综合性客观基础和客观条件。反过来，领导者的行为选择又会对外部领导环境产生直接或间接的影响。组织行为学认为，组织存在于不同类型的环境之中，相关学者对组织环境的类型与特点进行了大量的研究。艾默里和特里斯特依据组织的活跃程度对组织的外部环境进行了分类，如表1-2所示。

表1-2　　外部环境及其特点

环境的类型	特点
平静、随机型	环境简单且平静；环境对组织的影响最小；单个的小型组织存在于其中
平静、串型	环境变化不快，可以对因果关系做出概率估计；组织形成等级层次并实行集权化控制
混乱、活跃型	存在许多相似的组织；非常混乱且必须不断变化
动荡型	对内部组织和管理的影响很大；组织高度依赖其研究与开发工作，以适应竞争的挑战

劳伦斯和洛斯奇则主要依据组织的稳定性程度对组织的外部环境进行了分类，如表1-3所示。

表1-3　　外部环境的性质、类型及其对组织的影响

稳定的环境：变化不大，有一定的规律和较大的确定性	该环境中的组织有规范的操作和严格正规的结构
中性环境：不太稳定，也不太动荡	该环境中的组织既要面临稳定的环境，也要面临变化。组织结构不严格，也不正规
动荡的环境：不断变化，很不稳定，结构也不正规	该环境中的组织要面对环境的不断变化，并且要适应这些变化

在一般意义上，外部领导环境的影响因素主要包括经济技术因素、政治法律因素、文化因素和自然生态条件及国际背景因素等。

（1）经济技术因素。整个社会或某一地区、某一行业的经济发展水平、技术发展水平及资源开发状况等，构成领导活动的外部物质环境。领导者所属的组织、部门或单位作为全社会经济技术系统中的一个子系统，其经济发展和技术进步必然受到全系统和相关子系统的制约和影响。领导者的领导实践活动是在市场竞争的条件下进行的，更要受到同行业各相关组织经济技术发展状况的制约和影响，组织领导者应当密切关注“左邻右舍”的环境变化动向。具体而言，组织外部环境的经济因素主要是指作用于组织的物质条件和经济制度，即马克思主义经济理论中的经济基础。公共部门的主要职能是为社会提供公共产品和公共服务，而私营部门的主要职责是在遵纪守法基础上，实现投资者利益的最大化。不管是公共部门的领导者还是私营部门的领导者，其重要的职责之一就是保证组织在生产和管理过程中以尽可能少的经济投入尽可能多地提供公共产品和公共服务以及质优价低的私人产品。这意味着，物质条件的高低直接关系到领导工作的效率和水平，而经济制度和生产关系对领导者的绩效和反应力有着非常重要的作用，在以经济建设为中心的时代更是如此。科学技术是第一生产力，社会的科学技术水平，不仅影响着全社会人们生活方式的变迁，而且是组织在结构形式、管理理念、管理方法等方面进行变革与创新的重要推动力量。

（2）政治法律因素。政治法律因素是指一个国家或地区的政治制度、体制、方针政策、法律法规等方面的影响因素。其中，政治因素主要包括一个国家的意识形态、政治价值与政治哲学、特定的政治观念与政治传统、阶级现状与阶级结构及变化、国家制度与结构、社会制度与结构（包括其性质和稳定程度）、政党制度与结构、政府体制与结构、现实政治气氛、集权和分权的取向与程度、政治模式与治理模式、公共职能与职责的多样性与规范化、公共责任的承担与追究制度、公民参与、平等公开等许多具体情况。法律因素主要包括宪法的功能和地位以及受重视程度，法律的性质及遵守和执行、完善程度以及法律的调整与变化，法制的建设与发展，法治的普遍化与时效性，法制与权力在实际治理模式中的地位比重与关系，政府的委托立法权、行政司法权及其应用，法治精神的社会性，法律法规的制定程序、特别法的制定等。这些因素都制约、影响着组织的领导方式、内部组织结构的设置等，是外部领导环境的重要组成部分。

（3）文化因素。在人类繁衍发展的漫长历史演进过程中，不同民族的人创造了不同的民族文化——一种相对稳定的生活方式、思维方式、人格模式以及社会规范和行为准则。领导作为人类有目的的主体性实践活动，领导者的价值观、思维方式必然会影响组织的战略抉择、人事政策、激励方式等等，而领导者的价值观又深受其所接受的民族文化的深刻影响。

可以说，任何一种管理理论和管理模式都是在其特定的文化背景下形成与发展的，管理理论和管理模式越是与特定的文化背景相吻合，就越能发挥其功效。正如德鲁克所指出的："管理虽然是一门科学——一种系统化的并得到到处适用的知识——但同时也是一种'文化'。它不是一种超乎价值的科学。管理是一种社会职能，并植根于一种文化（一个社会）、一种价值传统、习惯和信念之中，植根于政府制度和政治制度之中。管理受到而且应当受到文化的影响。"①

以完成关于文化差异对管理的影响为目的的最重要的研究，最初是由荷兰文化协作研究所所长霍夫斯坦在 20 世纪 60 年代后期进行的，并在之后的 30 年一直没有中断。经过大量的实证研究，霍夫斯坦认为，在过去 80 年中，理论家和企业家在管理问题上的一个弱点是忽视了文化差异与管理的关系。在他看来，尽管现代管理产生于美国，且二战后几乎所有的管理文献出自美国学者之手，但是，美国的管理理论和管理模式是在其独特的文化背景下形成和发展的，在美国有效的管理理论和管理模式在其他国家和地区并不完全适用。有些国家，特别是一些第三世界国家往往把引进管理和引进技术混为一谈，结果

① 彼得·德鲁克. 管理：任务、责任、实践. 孙耀君，等译. 北京：中国社会科学出版社，1987：5.

造成经济和人力的重大损失。与之相反，虽然日本的管理方法主要来源于美国，但日本在引进时结合本国国情进行了必要的改造，形成了自己的管理特色，并取得了很大的成功。

领导者作为特定社会中的一员，其价值观念和行为模式必然深受该社会文化的影响，从而会影响领导活动。例如，美、日两国文化之间的差异导致了两国企业在管理方式上的不同。个人主义、自由主义是美国文化的最高价值观，也是世界上个人主义、自由主义文化特色最为明显的国家之一，承诺被领导者最大限度地追求个人利益是美国领导理论的逻辑起点。日本是集体主义程度较高的国家。在日本企业中，企业组织的领导者重视伦理规范和行为准则，强调组织员工对组织的忠诚，员工关心集体，并期望在群体中使自己及其家庭的生存、生活与发展得到保障，也愿意通过自己的忠诚对组织做出回报等是日本企业文化的显著特征。显然，美国的领导理论并不完全适用于以集体主义为基本价值导向的日本企业，由于各个国家的文化传统具有很大的差异性，组织结构模式也呈现出多样性的特征。在一个权力差距很大的国家中，人们喜欢决策权限集中化，为了规避不确定性的倾向，则与正规化相关。基于这种关系，像法国和意大利的领导者偏向于设计严格的官僚行政机构，组织的集权化和正规化程度都很高；而印度的领导者偏好高集权化和低正规化的组织；德国人则偏好正规化和分权化的组织；日本人具有高度的集体主义，在这种文化背景下员工喜欢围绕工作团队构筑更有机的组织；中国的领导者有抑制内部竞争和个人冒风险行为的倾向，这与中国传统的集体责任价值观是一致的。

总之，领导活动要受领导者所处的文化氛围的影响，这种影响可以说是全方位、多角度的，文化氛围不仅影响着一个组织大的领导环境，如国体、政体、法律法规等，同时也影响着一个组织内部的领导环境，影响着领导者的行为方式，制约着领导者的管理实践活动。

（4）自然生态条件及国际背景因素。地理生态条件、地域资源状况、气候环境条件等都可以影响领导活动的进行，导致领导方式的不同。领导活动所在地区的自然环境影响到人们的生活质量和水平，自然对领导者的工作积极性和态度有影响。对企业而言，气候、资源、人口、交通等更是影响其生产成本、经营规模、员工素质等诸多方面。如以牺牲生存环境为代价，依靠乱采滥伐森林来增加国民收入，只可能导致洪水肆虐等生态恶果。

国际背景因素是指世界格局以及众多的政治、经济、军事、文化、教育、科技等事件及其产生的影响所组成的总体情况。这些情况总是随着时间的推移而不断发生变化的，必然会引起领导观念和人们对世界的看法不断发生变化。随着世界经济一体化和全球化进程的加快，这种变化已经引起了某一具体社会不断的变迁和转型，进而导致了整个现实社会环境以及领导行为也在悄然随之发生日益深刻的变化。为此，领导者应当具有强烈的国际环境意识，在全球化和信息化广泛推进的各个领域里能够按照国际惯例办事，由此得以主动、充分地影响、改善和利用现实的国际环境，最充分地开发、调动和利用国际社会和国际形势的积极因素，开展积极的国际联系与合作以及合乎规则的良性竞争，赢得更多、更好的发展条件和成功机会，实现领导活动的最大成功和组织的基业常青。

案例 1-3

天时地利的环境

埃塞俄比亚的海尔·塞拉西皇帝为保卫祖国而战，抵御意大利军队的侵略，这是一种社会背景。墨西哥的胡亚雷斯是一个地地道道的印第安人，他致力于在一个受罗马天主教及军队统治的传统社会实现现代化，他所处的则是完全不同的另一种社会背景。

环境的不同在于它对于现任领导者的拥护程度不同。那个在战争中率领一个排的陆军中尉得到的支持是各方面的。战争当时的境况虽然是危险的，但无论是规定、传统还是队伍的凝聚力都是对他的支持。相反，作为一个发展中国家的农民采取抗议政府的行为则没有任何制度上的支持，没有前例可以参照，也很难找到同盟者。

显然，有了天时地利的社会环境，领导者们就会有出色的表现，但是也有很多在不利环境下获得成功的例子。由于成功地执行了克里米亚半岛的救助任务，南丁格尔成了著名的护士。刚被派到那里时，南丁格尔面临着极大的困境：一方面伤亡惨重，死亡率高得惊人，伤病员的供给十分差劲；另一方面，军队的司令部对于像她这样闯入男性世界的女性深恶痛绝，并抓住一切机会阻挠她，但是她仍然成功了。

资料来源：约翰·加德纳. 论领导力. 李养龙，译. 北京：中信出版社，2007：45-46.

3. 外部领导环境与内部领导环境之间的关系

由于任何一个组织都是一个开放系统，随时都要与外部环境之间发生信息、物质等方面的交流与交换，而外部环境又总处于变化常新之中，外部环境的变化既可能给组织发展带来机遇，也可能使组织在未理解和认清变化的实际情况之前就走向失败。组织外部环境的变动具有绝对性，这是由于社会、经济、科学技术、消费者需求、社会回应状况等总是处于不停变化之中。

组织的开放属性，决定了内部环境与外部环境必然处于一个动态的相互作用过程之中。组织内外环境的互动程度，在很大程度上是决定组织发展和领导有效性的重要变量。

（1）外部环境对内部环境产生压力。外部环境的压力往往是一个组织图谋变革的原动力，能否有效地应对外部环境的压力，是衡量组织内部领导有效性的一个重要指标。

随着21世纪知识经济时代的来临和日益加快的经济全球化趋势，以及人类技术创新能力的显著提高与组织所面临社会压力的空前增大，组织的外部环境出现了复杂化、动态化与不确定等时代特征。首先，经济全球化趋势加快。世界经济全球化是随着科技革命在广度和深度上的发展，特别是信息革命的迅速发展和跨国公司在全球迅速扩大对外直接投资与全球市场体系的形成而形成的。经济全球化不仅迫使各国进一步深化产业结构调整，在世界范围内形成生产体系，而且将推动国际间组织的合并和兼并，跨国公司的经营战略也会随之发生变化。与此同时，经济全球化所带来的“大竞争”将必然导致“胜者全胜”的局面。从而，在国家、社会团体和个人之间，由于知识水平和信息拥有量等方面的原因，经济全球化浪潮的驾驭者与落伍者之间的差距变得越来越大。其次，信息技术日新月异。信息技术的迅猛发展和日新月异，对组织成长和发展产生了深刻的影响，一方面，信息技术的快速发展不仅改变了人们的生活方式，也改变了旧的社会和经济秩序，使组织竞争的空间从单一的国内市场转向全球市场，从而为组织更有效地协调多市场业务、加快决策与反应速度提供了可能。在信息经济背景下，一切都处于急速变化之中，真可谓“唯一不变的就是变化”。另一方面，信息作为核心产业的副产品对于组织成功至关重要，以“信息高速公路”为基础的信息技术吸收的投资也远远超过了其他任何领域的投资。再次，社会压力增大。组织行为并不是单纯的经济行为，而是一种可能产生不同影响的社会行为，会对顾客、供应者、竞争者、社区、政府、所有者以及员工等利益相关者产生直接或间接的影响。利益相关者要依赖组织来实现他们的计划，同样，组织也有赖于利益相关者才能取得成功。当下，随着各类组织的大量涌现及不同组织间竞争的明显加剧，组织提供给社会的产品种类和服务类型越来越丰富，再加上消费者消费心理和消费行为的日趋成熟和更加理智，使得组织所面临的外部压力越来越大，主要表现在：第一，保护消费者合法权益问题受到了各国政府的普遍重视，并加强了国际间的有效合作；第二，社会对组织的伦理要求越来越高；第三，培育消费者和员工对组织忠诚的难度增大。

（2）内部环境对外部环境存在着抵制和适应的两重性。由于外部环境不可避免地会对组织的内部环境产生诸多压力，再加上其他因素的深刻影响，内部环境与外部环境有时候在一定程度上会出现不和谐的现象。“经济环境能带来全新的机遇，也能增大竞争压力；政治环境可以带来自由，但也限制个人和组织的权限；而开放系统中的社会环境会给恰当的行为造成更多或者说是不同的预期。”① 这意味着，内部环境对外部环境既有适应的一面，这是领导者有效地应对外部环境压力的结果，与此同时，内部环境对外部环境还有抵触的一面。例如，组织的压力主要来自组织外部环境，经常表现为技术进步、经济冲击、竞争加剧、社会趋势以及世界政治格局的变动等因素。但是，技术进步并非一个单纯的技术问题，它往往包含了新产品的问世、新工艺的采用、新组织的产生、新市场的形成以及新资源的开发。实践证明，技术创新必须要在组织中进行，但是，由于组织深受原先组织文化的影响，技术创新可能会触及一些人的既得利益，从而招致习惯势力的抵制，甚至是激烈的反对。

1.3.3　领导环境的作用与发展

领导环境与领导者以及领导活动之间紧密相关、相互影响而联动。一方面，领导者及其领导活动都是在也必须在某一具体环境中存在，领导环境是领导者和领导活动所必需依赖的平台和载体，也对领导者的思维和行为发挥着各种各样的影响作用；另一方面，领导者可以通过对客观环境的认识、适应、利用和改造，创造出更加适合领导工作需要的客观环境。

1. 领导环境的作用

领导环境对领导者从事领导活动的重要作用主要体现以下几个方面：

（1）领导环境是领导活动的必要条件。领导活动都是在一定的环境中进行的，没有离

---

① 丹尼尔·A. 雷恩，阿瑟·G. 贝德安. 管理思想的演变. 孙健敏，译. 北京：中国社会科学出版社，2002：525.

开环境的领导活动。正如乔恩·皮尔斯所言，“个人不会因为一些特性的组合便成为领导，但领导者个人性格的模式应该与其追随者的性格、活动以及目标有一定的关系。因此，必须根据不断变化的变量之间的相互关系来理解领导。环境特征是一个尤其需要注意的因素”，“发现谁是领导的人选并不十分困难，但把他们安排在能够发挥其领导才能的不同环境中却是另一回事。很明显，对领导的全面分析不仅包括对领导者自身的研究，还应当包括对环境的研究”。[①] 否则，领导者就无法进行正常的领导活动。

（2）领导环境是领导者决策的科学依据。领导者决策总是在一定的环境中进行的，发现问题是领导者进行决策的起点，而问题存在于环境之中。因而不能正确地认识环境，领导者就无法发现组织中存在的问题，而不能发现组织中存在的问题，领导者则难以进行科学决策。如果领导者不能对环境进行科学分析，则会受到环境的惩罚。例如，在第二次世界大战中，1944年盟军决定横渡英吉利海峡，在欧洲开辟第二战场，于是制定了在诺曼底登陆的计划。德军错误地判断了天气，认为天气不利于盟军登陆，由此做出了错误的决策，让军官休假，海空侦察取消，整个德军处于毫无戒备的状态。结果使得盟军在诺曼底登陆成功。通过此案例，我们可以看出环境对于领导者进行决策的重要意义。

（3）领导环境是领导者创新的客观基础。牛顿曾经说过：“如果我看得更远，那是因为我站在巨人的肩上。”所谓“巨人的肩”，就是前人创造的环境。牛顿的创新，是离不开这种环境的，领导者的创新同样如此。任何创造型实践活动都应当是脚踏实地的，否则，只会是空想。优秀的领导者，总是通过正确面对客观存在的现实环境开展领导工作的。美国通用公司总裁韦尔奇曾经说过，“把头埋在沙子里，你的企业也就随之停滞不前”，“把头埋在沙子里，等待你的只有失败。面对现实，你就可以化腐朽为神奇”。[②] 领导者的创新是个人主观和客观相结合的产物。

（4）领导环境影响领导者的素质。不同的领导环境要求领导者具有不同的适应性，因而对领导者素质提出了不同的要求。实际上，领导环境是不断发展变化的，这必将导致领导者所面临的客观形势和基本任务也随之发生变化，领导者如果不能使其素质及时跟上这种变化，那就不能适应变化的环境，也就无法应对组织所面临的新挑战，更遑论完成新环境下的新任务。显然，当领导环境发生变化时，领导者的素质也自然要做相应的改变、提升和发展，但侧重点应有所不同。这即是说，领导环境最主要地决定着领导者的构成材料和质量，极大地影响甚至决定着领导成败的内因即领导者素质，并由此又间接地进一步影响着领导行为和领导效果。

2. 领导环境的发展

领导环境变化的动态特性，要求领导者不仅要有应对变革、驾驭变革的能力，而且更重要的是要有引导变革、制造变革的能力，否则，组织就不可能得到发展，有效领导也难以实现。与此同时，任何组织机构，经过合理的设计并实施后，都不是一成不变的。它们如生物的机体一样，必须随着外部环境和内部条件的变化而不断地进行调整和变革，才能

---

① 乔恩·皮尔斯，约翰·纽斯特罗姆. 领导者与领导过程. 北京华译网翻译公司，译. 北京：中国人民大学出版社，2003：57.

② 罗伯特·史雷特. 杰克·韦尔奇的29个领导秘诀. 孙芳，译. 北京：中国财政经济出版社，2003：16.

顺利地成长、发展，延缓老化和死亡。

所谓领导环境的发展是指领导者通过发挥主观能动性，经过仔细辨识领导者所处的内外环境变化的状况，积极创造有利于充分调动组织成员工作积极性、主动性的全新环境条件，以实现领导环境的创新和优化。领导环境的发展是领导者对环境能动作用的最高体现。这就要求，现时代的领导者既要看到全球一体化与多元化的矛盾，又要看到全新的社会契约与组织的变化，推动组织进行持续创新。

一般来说，领导环境的发展过程包括认识环境、适应环境和改造环境三个方面。第一，认识环境。所谓认识环境就是领导者在周密调研的基础上，对领导环境的各方面情况进行全面研究和分析，以把握客观环境的本质以及发生、发展的规律。第二，适应环境。所谓适应环境是指领导者在认识和熟悉领导环境的基础上，根据客观环境的特性和要求，采取适当的方式、方法开展领导实践活动，使领导活动符合领导环境的情况及发展规律。第三，改造环境，所谓改造环境是指领导者在认识环境、适应环境的基础上，通过发挥主观能动性，促使环境向有利于实现领导目标的方向转化，最终实现领导环境的优化和创新。组织创新的内容随着环境影响因子的变动与组织管理需求发展方向等的不同而各不相同。一般可涉及以下一些方面：其一是功能体系的变动。即根据新的任务目标来划分组织的功能，对所有管理活动进行重新设计。其二是管理结构的变动。对职位和部门设置进行调整，改进工作流程与内部信息联系。其三是管理体制的变动。包括管理人员的重新安排、职责权限的重新划分等。其四是管理行为的变动。包括各种规章制度的变革等。上述开发工作往往需要经历一定的时间，从旧结构到新结构也不是一个断然切换的简单过程，一般需较长的过渡、转型时期。所以，作为领导者要善于抓住时机，发现组织环境变化的征兆，及时地进行组织创新工作。以企业为例，企业组织结构老化的主要征兆有：企业经营业绩下降；企业生产经营缺乏创新；组织机构本身病症显露；职工士气低落，不满情绪增加；等等。当一个企业出现上述征兆时，应当及时进行组织诊断，以判断企业组织结构是否有开发创新的需要。然而，组织创新是组织所进行的一项有计划、有组织的系统变革过程。它应当遵循以下基本原则：其一是必须按照组织管理部门制定的规划来进行；其二是应当使组织既能适应当前的环境要求，又按照规划来进行；其三是应当使组织既能适应当前的环境要求和组织内部条件，又能适应未来的外部环境要求以及未来的内部条件的变化；其四是应当预见知识、技术、人员的心理和态度的变化，以及工作程序、行为、工作设计和组织设计的改变，并根据这些变化，采取相应的措施；其五是调整必须建立在提高组织的效率与个人工作绩效的基础上，促使个人和组织的目标达到最佳配合。

本章小结

本章分三小节介绍了领导要素的领导者、追随者及领导环境。

第一节是领导者。主要讲述了以下三点：第一，领导者的含义及特殊性。由于人们研究视角的不同，关于领导（者）概念的定义，可谓仁者见仁，智者见智。美国著名管理学家、管理学实践学派创始人彼得·德鲁克认为："领导者的唯一定义是其后面有追随者。一些人是思想家，一些人是预言家，这些人都很重要，而且也很急需，但是，没有追随者，就不会有领导者。”本教材认可这一关于领导者内涵的解读。领导者的特殊性主要包括：领导者的地位与作用；领导者的工作范围与任务；领导者的工作能力和工作成效评估；领导者的责任与要求。第二，领导权力与责任。首先，介绍了关于权力的不同认识与解读。其次，阐述了领导权力的层次性、强制性、工具性、对象性、动态性、双向性以及诱惑性等诸多特征。再次，解释了领导权力的构成，包括职位权力与非职位权力：一方面就职位权力而言主要包括合法权、强制权、奖赏权；另一方面就非职位权力来说主要包括专家权、参照权。最后，从抽象、系统以及角色三个视角重点解释了领导责任。第三，领导者与管理者的关系。一方面，介绍了领导与管理关系的不同学术观点；另一方面，说明了领导者与管理者在权威基础、存在空间、素质要求、职能与功能方面的区别。

第二节是追随者。主要讲述了以下三点：第一，追随者的含义及权力。追随者是指在领导活动中与领导者具有共同的利益诉求和（或）信仰取向，追求共同组织目标的人。另外，随着时代的发展，追随者的权力在加强，追随者对领导者的影响力称为对抗权力，此权力来自领导者对追随者的依赖。领导者必须依赖追随者，可以分为两种情况：一是在选举制体系中，领导者是由追随者选出和公认的，追随者有权选出和更换领导者；另一是在任命制体系中，领导者必须依赖追随者，以达成维持其职务的组织目标，并由追随者对其领导绩效进行评估。这两种情况结合在一起，是不可分割的。追随者的对抗权主要来自以下几个方面：追随者的专长；追随者掌握着重要的资源；追随者熟悉组织的规章制度；追随者与领导者关系密切。第二，追随者的类型。从不同的角度可以将追随者划分为不同的类型：首先是组织内的追随者与组织外的追随者；其次是重要追随者和一般追随者；再次是信仰型追随者和利益型追随者；最后是长期追随者和短期追随者。第三，领导者与追随者的关系。主要包括：平等性、相对性、互动性以及制约性。

第三节是领导环境。主要讲述了以下三点：第一，领导环境的含义与特征。领导环境有广义和狭义之分。狭义的领导环境，是指领导者所在组织的内部情境。广义的领导环境，则是指组织内部情境和组织赖以存在和发展的外部条件的总和。具体地说，领导环境，是指独立于领导者之外并能为领导者所认识的客观存在，包括对领导活动产生直接或潜在制约的各方面因素、条件的总和及其所形成的发展态势。领导环境与领导者、追随者共同构成了领导活动的最基本要素。领导环境的特征主要有：客观性、复杂性、稳定性与动态性的统一、不确定性、风险性、制约性以及特定性。第二，领导环境的类型及其影响因素。首先，介绍了内部领导环境及其影响因素。在一般意义上，影响内部领导环境的因素主要有：组织因素、组织文化因素、组织成员因素。其次，介绍了外部领导环境及其影响因素。在一般意义上，外部领导环境的影响因素主要包括经济技术因素、政治法律因素、文化因素和自然生态条件以及国际背景因素等。第三，领导环境的作用与发展。首先，领导环境对领导者从事领导活动的重要作用分别体现在领导环境是领导活动的必要条件、领导者决策的科学依据、领导者创新的客观基础以及领导环境影响领导者的素质等方面。其次，所谓领导环境的发展是指领导者通过发挥主观能动性，经过仔细辨识领导者所处的内外环境变化的状况，积极创造有利于充分调动组织成员工作积极性、主动性的全新环境条件，以实现领导环境的创新和优化。领导环境的发展是领导者对环境能动作用的最高体现。这就要求，现时代的领导者既要看到全球一体化与多元化的矛盾，又要看到全新的社会契约与组织的变化，推动组织进行持续创新。

关键术语

领导　领导者　管理者　领导权力　职位权力　非职位权力　追随者　追随者权力　领导环境　内部领导环境　外部领导环境

复习思考题

1. 简述领导者的含义与特征。
2. 论述领导者的职权与职责。
3. 通过事例说明领导者与管理者的关系。
4. 简述追随者与领导者的关系。
5. 简述领导环境的含义及特征。
6. 论述领导环境的影响因素。

本章阅读书目

[1] 约翰·科特. 变革的力量：领导与管理的差异. 方云军，张小强，译. 北京：华夏出版社，1997.

[2] 约翰·加德纳. 论领导力. 李养龙，译. 北京：中信出版社，2007.

第2章

领导理论的演变及发展

对领导学术研究的回顾表明，现在已涌现出大量不同的理论方法试图解释领导过程的复杂性。有些研究者把领导定义为一种特质或行为，但是另外一些研究者从信息加工方面或相关立场来界定领导。

——彼得·G. 诺思豪斯《领导学：理论与实践》

引导案例

优秀的领导

小米科技创始人　雷军

早在1987年，一本《硅谷之火》点燃了雷军的梦想，后来上大学，雷军为自己定下了两年修完大学所有学分的目标。遇到不解的问题，雷军向学长们请教，由此他也得到了启示：99%的问题都有标准答案，关键就是找个懂的人问问。

在旁人看来颇为困难的自学，在雷军那里不是问题，对于如何搞定自学，雷军称："知识不全是线性的，大部分是网状的，知识点之间不一定有绝对的先后关系，前面看不懂，跳过去，并不影响后面的，后面的学会了，有时候更容易看懂前面的。"

雷军的第二个目标是成为优秀的程序员。当年没有电脑用，雷军只能在机房排队蹭电脑，用纸拓键盘练打字，在纸上写程序，熬了很多个通宵后，雷军逐渐修炼成了同学眼里的"技术高手"，他的Pascal作业被老师编入新版教材。

雷军的第三个目标是在一级学报上发论文。难以想象，他大二时写的汇编语言代码，30多年后仍在被讨论。

据雷军介绍，他的创业梦想早已有之，1989年的暑假，19岁的雷军和朋友王全国一起写出了加密软件 BTILOK，深受程序员欢迎，他们为此赚到不少钱。30 年后，雷军和王全国拍了张照片，纪念他们第一次合作。雷军称："一个人能力再强，也是有限的，找互补的朋友一起干，更容易成功。"

不过，雷军正式步入商场之初却遇到了挫折。大三时，雷军和学长一起创业开办了三色公司，但很快就陷入困境，最惨的时候，靠同事和食堂师傅打麻将赢饭票，最后公司只能关门，这就是雷军第一次创业的经历。

此后的雷军曾在金山公司度过 16 个年头，最终在 2010 年，雷军与谷歌中国工程研究院原副院长林斌、摩托罗拉北京研发中心原高级总监周光平等六人共同创办小米科技，并在 2011 年 8 月公布自有品牌手机小米手机，至此，雷军的商业征程才算有了稳定的锚点。

然而成立小米后，雷军的苦恼或许才刚刚开始。雷军称，小米向高端化探索之路，成为自己近十年最痛苦，也是收获最大的成长。对于高端化是否可行，彼时在小米公司内部的讨论会上引发了激烈争论。

雷军是这样说服所有人的："无论多难，我们一定要坚持使用小米品牌做高端。只有做高端，才能倒逼我们在技术上寻求突破，赢得未来生存和发展的空间。"

小米高端探索之路终于获得回报。回顾自己与小米的成长之路，雷军不无感慨："每一段经历，每一次蜕变，都是一次认知的突破，更是一次关键的成长。"

资料来源：陶凤，王柱力．雷军再开讲 不谈行业谈成长．北京商报，2023－08－15（3）．有改动．

虽然领导作为一种社会现象由来已久，但学术界对领导进行理论研究却是从 20 世纪初才开始的。领导的本质是什么？如何进行有效的领导，一直是领导学研究者们所关注的重要话题。不同的研究者从不同的角度、不同的研究路径研究领导的本质以及领导的有效性问题，希冀发现其内在规律，由此形成了不同的领导理论。领导理论是研究领导本质及其有效性的理论。从其形成与发展来看，大致可以分为四个阶段：第一阶段是从 19 世纪末到 20 世纪 40 年代的领导特质理论，关注的是领导者的素质修养，即领导者需要具备哪些素质，才能成为一名卓越的领导者；第二阶段是从 20 世纪 40 年代中期到 60 年代中期的领导行为理论，探讨的是什么样的领导行为、领导风格才能提高领导绩效；第三阶段是从 20 世纪 60 年代末到 90 年代的领导权变理论或情境理论，研究的重点是影响领导绩效的情境因素；第四阶段是从 20 世纪 90 年代至今的领导理论新发展阶段，这一阶段的研究比较分散，研究者从多方面、多角度研究影响领导绩效的各种因素，产生了多种领导理论。前三个阶段可以称之为传统的领导理论阶段，第四阶段可称之为领导理论的新发展阶段。

2.1　领导特质理论

没有柳传志，就没有联想；没有任正非，就没有华为；没有比尔·盖茨，就没有微软；没有韦尔奇，就没有 GE（通用电气）的重生；没有王健林，就没有万达；没有马云，就没有阿里巴巴，当问及你心目中的领导是什么样的这个问题时，相信大家都可以根据自己的理解列出很多个用来描绘领导特征的形容词。如果你坚信领导与众不同，具有一些平常人所不具备的特征，那么领导特质理论便产生作用了，正所谓"千军易得，一将难求"。

领导特质理论是领导理论中最早形成的一种，是其他领导理论产生的基础。领导特质理论就是通过对大量优秀领导者的考察、分析和研究，从性格、生理、智力及社会因素等方面寻找领导特有的素质或应有的品质的理论。领导特质理论，也称为素质理论或品质理论，是指一个人之所以成为领导，关键在于他具有当领导所具备的特质。换句话说，特质理论重点在于探讨领导所具有的特质，或者说领导是不是具有一些普通人所不具有的特质。这一理论的出发点是：领导效能的高低主要取决于领导者的个人特质。

知识库 2-1

怎样才能产生好的领导者呢？怎样才能成为一个具有领导力的人呢？成为一个卓越领导者的要素是什么呢？为什么推崇“有为而治”和“无为而治”的人都取得同样的成功？这些问题一直是人们关心的问题。如果你问一问走在大街上的普通人，在他们心目中领导是什么样的，你可能会得到一系列的品质特征，如智慧、领袖魅力、决策力、热情、实力、勇气、正直和自信风。一直以来人们都使用领导特质来描述那些强有力的领导者，如拿破仑、毛泽东、丘吉尔、撒切尔、里根等。玛格丽特·撒切尔曾任英国首相，她总是因为自己的领导风格而令人瞩目，人们常常这样描述她：自信、铁腕、坚决果敢、雷厉风行。

其实，不同的情况下，不同特质的领导，能发挥出不同的作用。

资料来源：陈洪安，郑玥，季昌梧，等．微管理：你所不知道的管理世界．北京：清华大学出版社，2014：218.

领导特质理论盛行于20世纪20年代至40年代，也是领导学中最早对领导者及其效能进行系统研究的尝试。根据领导者品质的来源和特征不同，领导特质理论又可以分为传统特质理论和现代特质理论两个阶段。前者认为领导者所具有的特质是天生的，是由遗传决定的，因此，这一时期的领导特质理论把研究的重点放在领导者的测评和选拔上。后者认为领导者的品质和特性并不是与生俱来的，而是在后天的实践中逐渐形成的，因此是可以通过教育和训练培养的。基于此，这一时期的领导特质理论把研究的重点放在对领导者的培训上，通过系统的培训，可以使领导者具备从事领导工作所需的素质。

2.1.1 传统领导特质理论

传统特质理论也叫天赋决定论或伟人论，即领导是天生的，而不是后天培养的。该理论认为一些人之所以成为领导，是因为他们生下来就具有当领导的特质，具有一种超凡的能力与魅力，比如毛泽东、华盛顿、成吉思汗等。也就是说，一个人能不能成为领导，是由遗传所决定的。比如，亚里士多德就认为，一个人从生下来就已经注定治人或治于人的命运。如果你天生具有成为领导的潜质，那么日后你肯定会成为领导。相反，如果你不具有当领导的特质，那么日后成为领导的可能性甚微。从这个角度来看，传统特质理论带有浓烈的宿命论色彩。

那么，究竟具有哪些特质的人才是天生的领导者呢？对这个问题，早期的学者们希望通过对领导者的观察和分析，尤其是通过对大量成功的领导者的分析研究，收集关于他们的各种详细的资料，并对他们的领导品质，包括年龄、体质、智力、动机、主动性和自信心等各种参数进行测量与分析，试图发现领导者所特有的而被领导者缺乏的才能和品质。并在此基础上确定出领导者的特质。比较有代表性的有以下几种：

1. 吉伯的七项领导特质论

1969 年，心理学家吉伯在其研究报告中指出，天才领导者具有七项特质：(1) 智力过人；(2) 英俊潇洒；(3) 能言善辩；(4) 心理健康；(5) 外向而敏感；(6) 有较强的自信心；(7) 有支配他人的倾向。

2. 斯托格迪尔的六类领导特质论

1974 年，被誉为美国领导科学之父的俄亥俄州立大学教授斯托格迪尔在其《领导手册》一书中，归纳出六类领导特质：

(1) 身体特性：身高、外貌等；(2) 社会背景特性：社会经济地位、学历等；(3) 智力特性：决断力、判断能力、知识量等；(4) 个性特性：自信、正直、诚实、适应能力、进取心等；(5) 与工作相关的特性：工作责任感、工作积极性、工作成效等；(6) 社交特性。

知识库 2-2

伟人理论，或称天才论。这种理论认为领导者是天生的，不是后天培养的，他们具有一种超凡的神授能力与魅力。一些重大的政治、经济、社会变革都与伟人联系在一起，历史仅是伟大人物的传说，如毛泽东、华盛顿、成吉思汗等。当代的伟人学派不仅对历史人物详加研究，还把重点放在一些大企业的领导者身上，介绍他们的身世、事业、个性，试图辨析他们在身体与精神上的先天内在品质。

资料来源：范逢春. 管理学. 北京：清华大学出版社，2013：239.

2.1.2　现代领导特质理论

现代特质理论是指 20 世纪 70 年代以后，学者们对领导特质理论进行探讨所形成的观点。与传统领导特质理论不同，现代领导特质理论认为领导者的品质并非全是与生俱来的，而是可以在领导实践中形成，可以通过培训教育获得。因此，现代特质理论也可称为后天习得论，强调更多的是能力。

1. 鲍莫尔的领导特质论

美国普林斯顿大学的威廉·杰克·鲍莫尔教授认为，一个领导者应该具备 10 项基本特质：

(1) 合作精神：愿与他人一起工作，能赢得人们的合作，对人不是压服，而是感动和说服。(2) 决策才能：依赖事实而非想象进行决策，具有高瞻远瞩的能力。(3) 组织能力：能发掘被领导者的才能，善于组织人力、物力和财力。(4) 精于授权：既能大权独揽，也能小权分散。(5) 善于应变：机动灵活、善于进取，而不抱守残缺、墨守成规。(6) 敢于创新：对新事物、新环境和新观念有敏锐的感受能力。(7) 勇于负责：对上级和下级及社会抱有高度的责任心。(8) 敢担风险：敢于承担组织发展的风险，有创造新局面的雄心和信心。(9) 尊重他人：善于接受和采纳别人的意见，不盛气凌人。(10) 品德高尚：品德为社会人士、组织成员所敬仰。

2. 鲍尔的领导特质论

1977 年，麦肯锡公司创始人之一鲍尔在其著作《领导的意志》一书中提出了领导者应当养成的 14 种品质：(1) 值得信赖；(2) 公正；(3) 谦逊的举止；(4) 倾听意见；(5) 心胸开阔；(6) 对人要敏锐；(7) 对形势要敏锐；(8) 进取；(9) 卓越的判断力；(10) 宽宏大量；(11) 灵活性和适应性强；(12) 稳妥而及时的决策能力；(13) 激励人的能力强；(14) 紧迫感强。

3. 吉赛利的领导特质理论

吉赛利研究了 13 种特性，以及这些特性在领导才能中体现的价值，他的研究结果如表 2-1 所示。其中 A 表示能力特征，P 表示个性特征，M 表示激励特征。

表 2-1　领导个人特性价值表

重要程度	价值重要性	个性特征
非常重要	100	督察能力强 (A)
	76	事业心强，成就感强 (M)
	64	才智过人 (A)
	63	自我实现欲强 (M)
	62	自信 (P)
	61	决断能力强 (P)
中等重要	54	对安全保障的需要少 (M)
	47	对下属关系亲近 (P)
	34	富有首创精神 (A)
	20	不要高额金钱报酬 (M)
	10	权力需求高 (M)
	5	成熟程度高 (P)
最不重要	0	性别（男性或女性）(P)

注：价值重要性：100=最重要，0=没有作用

4. 皮奥特维斯基和罗克的领导特质论

1963 年，皮奥特维斯基和罗克两位管理学家出版了一本名为《经理标尺：一种选择高层管理人员的工具》的著作，对成功的领导者的个人特性列举如下：(1) 具备与各种人士就广泛的题目进行交谈的能力；(2) 在工作中既能"动若脱兔"地行动，又能"静若处子"地思考问题；(3) 关心世界局势，对周围生活中发生的事感兴趣；(4) 在处于孤立环境和困难局势时充满自信；(5) 待人处事技巧灵敏，而在必要时也能强迫人们拼命工作；(6) 在不同的情况下根据需要，有时幽默灵活，有时庄重威严；(7) 既能处理具体问题，又能处理抽象问题；(8) 既有创造力，又愿意遵循惯例；(9) 能顺应形势，知道什么时候

该冒险，什么时候谋求安全；（10）做决定时有信心，征求意见时谦虚。

5. 诺斯科特·帕金森的领导特质论

诺斯科特·帕金森总结了成功领导者必备的特性：（1）总是遵守时间；（2）让下属充分施展才能，并通过良好的、恰如其分的管理，而不是靠硬干来达到目标；（3）注意抓住关键，先做最重要的事，次要的事宁可不做；（4）深知仓促决定容易出错；（5）尽可能授权他人，使自己获得时间规划组织未来。

6. 彼得·德鲁克的领导特质论

美国管理学家彼得·德鲁克在《有效的管理者》一书中指出了 5 种有效的领导特性，并指出它们是可以通过学习掌握的，这 5 种特征包括：（1）知道时间该花在什么地方，领导者支配时间常处于被动地位，所有有效的领导者善于系统地安排与利用时间；（2）致力于最终的贡献，他们不是为工作而工作，而是为成果而工作；（3）重视发挥自己的、上级的和下级的长处；（4）集中精力于关键领域，确立优先次序，做好最重要的和最基本的工作；（5）能做出切实有效的决定。①

7. 皮特的研究

美国管理学家皮特从另一个角度来研究领导者，他认为人们可以找到确定的证据来证明某些特性是不成功领导者的品质，这些难以胜任领导的品质可以归结为：（1）对别人麻木不仁，吹毛求疵，举止凶狠狂妄；（2）冷漠、孤僻、骄傲自大；（3）背信弃义；（4）野心过大，玩弄权术；（5）管头管脚，独断专行；（6）缺乏建立一支同心协力的队伍的能力；（7）心胸狭窄，挑选无能之辈担任下属；（8）目光短浅，缺乏战略头脑；（9）犟头倔脑，无法适应不同的上司；（10）偏听偏信，过分依赖某个顾问；（11）懦弱无能，不敢行动；（12）犹豫不决，无法决断。

2.1.3　对领导特质理论的评价

1. 对领导特质理论的批评

毫无疑问，尽管领导特质理论的研究者付出了很大的努力，但研究结果表明不可能有这样一套特质能够将领导者与非领导者区分开来。研究得出的领导特质缺乏一致性，有的甚至是相反的，并非所有的领导者都拥有这些特质，即便具备了这些特质，也不一定能保证实施有效的领导；不具备这些特质，领导未必就会失败。因此，领导特质对领导成效的影响是不清晰的，而且领导特质理论并没有说明领导特质应该达到什么程度，无法分离出完整而有效的领导特质。但领导者确实与他人不同是研究得到的基本结论。因此，可以这么说，具有某些特质确实可以提高领导者成功的可能性，但没有一种特质能够保证成功。

2. 对领导特质理论的肯定

尽管领导特质理论并不能充分解释有效的领导。但领导特质理论确实发现了与领导力高度相关的一些特质，这些研究是较为成功的。研究者发现有六项特质与有效的领导有关。分别是：内在驱动力、领导愿望、正直与诚实、自信、智慧、工作相关知识（如表 2-2 所示）。这对于领导者在实际工作中发展和完善自我有一定的指导作用，同时对于培

---

① 宋晶，郭凤侠. 管理学原理. 4 版. 大连：东北财经大学出版社，2014：260.

养、选择和考核领导者也是有帮助的。

表 2-2　　与领导力有关的六项特质

领导特质	简要描述
内在驱动力	领导者非常努力，有着较高的成就愿望；进取心强，精力充沛，对自己所从事的活动坚持不懈，永不放弃，并有高度的主动性。
领导愿望	领导者有强烈的愿望去影响和统率别人，他们乐于承担责任。
正直与诚实	领导者通过真诚无欺和言行一致在他们与下属之间建立相互信赖的关系。
自信	下属觉得领导者从没有怀疑过自己，为了让下属相信自己的目标和决策的正确，领导者必须表现出高度的自信。
智慧	领导者需要具备足够的智慧来收集、整理和解释大量信息，并能够确立目标解决问题和做出正确的决策。
工作相关知识	有效的领导者对有关企业、行业和技术的知识十分熟悉，广博的知识能够使他们做出睿智的决策，并能认识到这些决策的意义。

资料来源：颜明健. 管理学原理. 厦门：厦门大学出版社，2014：370-371.

2.2　领导行为理论

正是由于领导特质理论对于怎样成为一个好领导者很难获得一个满意的答案，20 世纪 40 年代末至 60 年代中期，领导学研究者们将研究的视角转向了领导者行为，试图从揭示领导者行为是否有什么独特之处来深刻地认识领导者和领导工作，领导行为理论应运而生。领导行为理论认为，一个领导者成功与否，最重要的不是领导者个人的性格特性，而是领导者采用什么样的领导方式，形成怎样的领导作风，领导者具体怎么做。换句话说，领导行为理论主要是通过探讨领导者在工作中所表现出来的行为来说明领导的效果。

2.2.1　勒温的领导作风理论

关于领导行为的研究最早是由美国心理学家勒温进行的。他把群体动力学的理念应用于领导效能的研究，以权力定位为基本变量，通过各种试验，把领导者在领导过程中表现出来的领导方式分为三种类型：专制型领导方式、民主型领导方式和放任型领导方式。

1. 专制型领导方式

专制型领导方式是以力服人，靠权力和强制命令让下属服从的一种领导方式，它把权力定位在领导者手中。其主要特征是：独断专行，从不考虑别人的意见，所有的决策均由领导者自己做出；领导者亲自设计工作计划、指定工作内容和进行人事安排，下属没有参与决策的机会，只能察言观色、奉命行事；主要靠行政命令、纪律约束、训斥和惩罚进行领导，只有偶尔的奖励；领导者很少参加群体活动，与下属保持一定的心理距离，缺乏情感交流。

2. 民主型领导方式

民主型领导方式是以理服人、以身作则的一种领导方式，它把权力定位于全体组织成员。其主要特点是：所有政策都是在领导者的鼓励和协作下由群体讨论决定的，而不是由领导者单独决定；决策是领导者与下属共同智慧的结晶；分配工作时，尽量照顾到个人的能力、兴趣和爱好；对下属的工作，不安排得那么具体，个人有相当大的工作自由度、较强的选择性和灵活性；主要以非正式权力和威信，而不是靠职位权力和命令使人服从进行领导；领导者积极参与团体活动，与下属无任何心理上的距离，沟通顺畅。

3. 放任型领导方式

放任型领导方式是指领导者在工作上事先无布置、事中无监督、事后无检查的一种"无为而治"的领导方式，它把权力定位于组织中的每一个成员。其主要特点是：领导者给予下属高度的独立性，下属自己设置目标和实现目标的方法；领导者对工作听之任之，被动服务，缺乏相应的工作指示、安排和监督，不关心组织目标的实现。实际上是一种放任自流的领导方式。

勒温通过试验发现，三种不同的领导方式对组织成员产生的影响差别很大：民主型领导方式效果最好，专制型领导方式效果次之，放任型领导方式效果最差。

在专制型的领导团队中，各成员虽对领导服从，但各成员之间的攻击性言论较多，自我行为或引人注目的行为较多；团队凝聚力差，人际关系紧张；当受到挫折时，成员常常彼此推卸责任或进行人身攻击；当领导者不在场时，工作效率大为降低。在民主型的领导团队中，团队成员间彼此友好，团队凝聚力强，对团体活动有较高的满足感；在挫折面前，组织成员会团结一致解决问题；当领导者不在场时，团队成员仍像领导者在场时一样工作。在放任型的领导团队中，成员的工作效率最低，完全是凭兴趣工作；成员各行其是，互不影响，冲突较少；在完成任务的过程中，成员间只达到社交的目标，而完不成工作目标。

勒温的领导作风理论以权力定位为基本变量，对领导方式进行了分类，但应该注意的是，这种分类并非是领导方式的全部分类，在实际的领导活动中，领导者的领导方式大多数是一种混合类型（见图 2-1）。① 但勒温的领导作风理论为理想领导方式提供了一定的依据，开辟了一条新的路径。

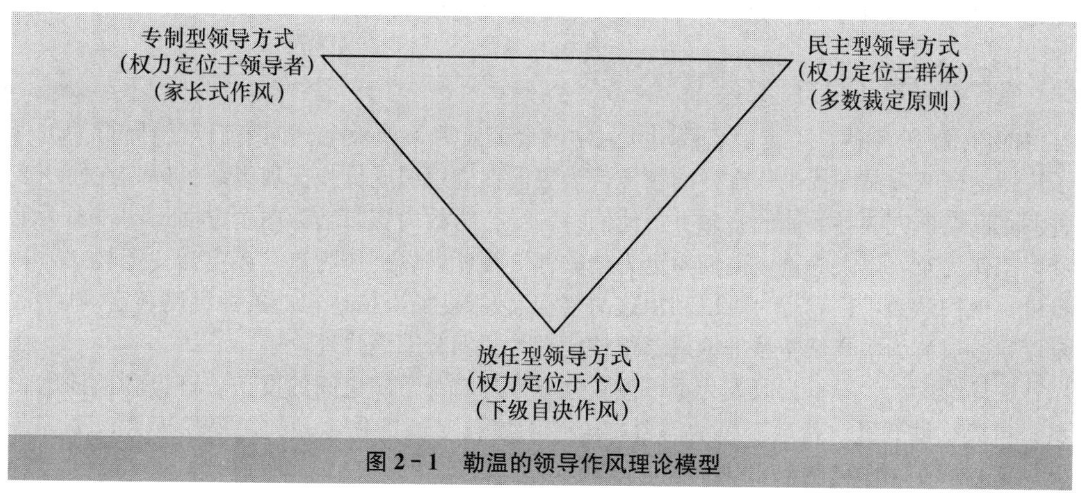

图 2-1　勒温的领导作风理论模型

① 卢光莉．组织行为学．郑州：河南大学出版社，2014：197.

2.2.2 领导行为连续统一体理论

1958 年，美国组织行为学家坦南鲍姆与沃伦·施密特发表了《怎样选择一种领导方式》一文，提出了领导行为连续统一体理论。他们认为，领导方式多种多样，民主与独裁仅是两个极端的情况，在这两种极端类型之间，依据领导者授予被领导者权力的程度和决策方式的不同，存在着以领导者为中心到以被领导者为中心的多种多样的过渡型的领导方式。如图 2-2 所示，从左到右，领导者运用职权的程度逐渐减少，被领导者的自由度逐渐增大，由此形成了一个连续的统一体。

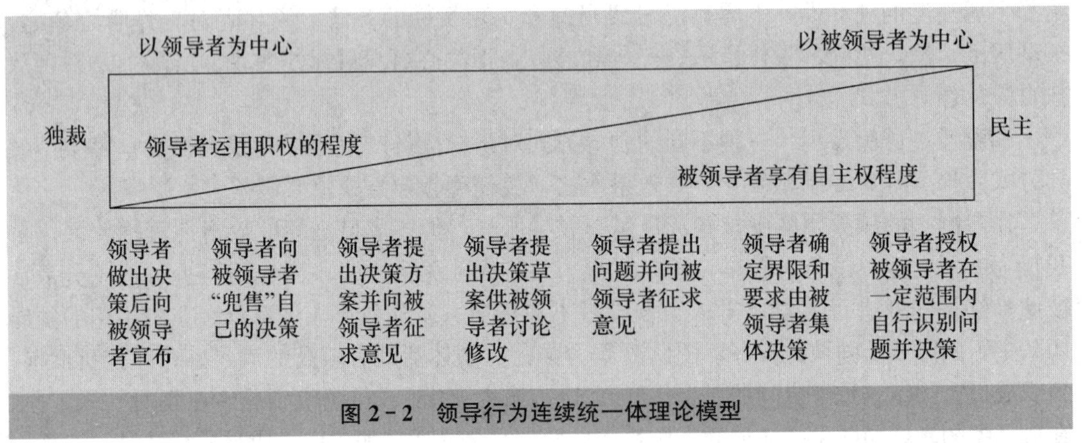

图 2-2 领导行为连续统一体理论模型

对于上述各种不同的领导方式，坦南鲍姆和施密特认为，不能抽象地认为哪种方式是有效果的，哪种方式是无效果的。成功的领导者应该在一定的具体条件下，综合考虑各种因素的影响，从而采取适合的领导方式。因此，1973 年，二人在对领导行为连续统一体理论进行重新研究时，增加了组织环境及社会环境对领导方式的影响，以表示领导方式所具有的开放性质，由此这一模型更强调领导方式与环境因素之间的相互依存性。从这个角度也可以说，领导行为连续统一体理论又是一种权变领导理论。

2.2.3 领导行为四分图模式理论

20 世纪 40 年代，美国俄亥俄州立大学的研究者弗莱西曼与其同事们对领导行为进行了广泛的研究，试图找出什么样的领导行为更能促进组织成员去实现组织目标。在使用多种调查问卷研究领导效能的基础上，他们将领导行为的内容归纳为两个方面，即以人为重和以工作为重。以人为重，他们界定为"关怀"维度，以工作为重，界定为"定规/结构"维度。他们认为，领导行为可以利用这两个构面/维度加以描述，即关怀维度和定规/结构维度，一般称为俄亥俄学派理论或二维构面理论或四分图模式理论。

关怀维度的领导行为以人为重，注重建立领导者与下属之间的友谊、尊重和信任的关系，包括尊重下属，满足下属的需要，给予下属较多的工作主动权，平易近人，平等待人，关心群众，作风民主。

定规/结构维度的领导行为以工作为重，重视工作任务的完成，为了实现组织目标，领导者更愿意界定和构造自己与下属之间角色的倾向程度。领导者通过计划、沟通、安排进度、分配任务、强调期限以及发布命令等手段来强调对组织成员活动的指导，明确上下级职责，确定工作目标和要求，制定工作程序、工作方法和制度。

依据关怀维度和定规/结构维度，可以构成一个领导行为坐标。大致可分为四个象限或四种领导方式，即高关怀与高定规/结构、高关怀与低定规/结构、低关怀与高定规/结构以及低关怀与低定规/结构（见图 2-3）。

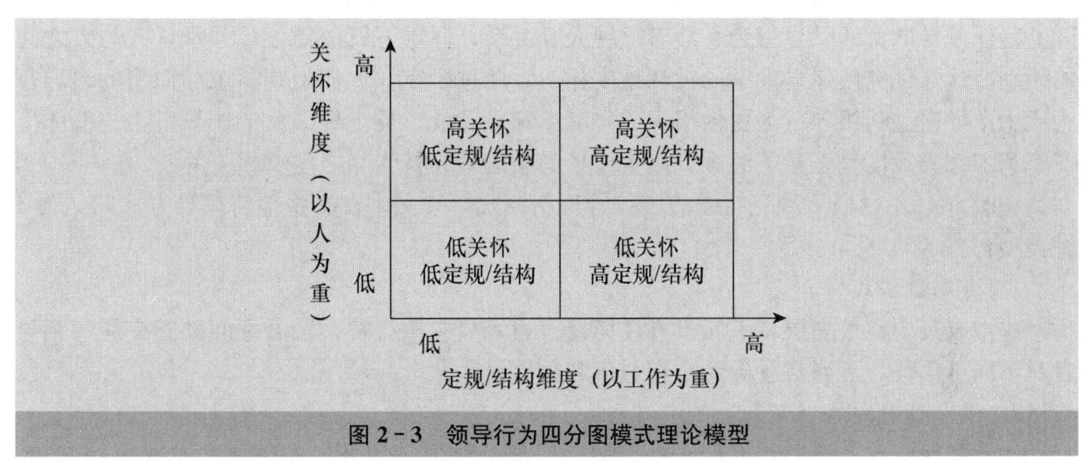

图 2-3　领导行为四分图模式理论模型

1. 高关怀—低定规/结构的领导行为

该种风格的领导者注意关心、爱护下属，经常与下属交流信息，与下属感情融洽，重视营造相互信任和尊重的和谐气氛；但对工作缺乏关心，组织内规章制度不严，工作秩序不佳，这是一类较为仁慈的领导者。

2. 低关怀—高定规/结构的领导行为

该种风格的领导者注重工作任务和目标的完成，注意严格执行规章制度，建立良好的工作秩序和责任制；但不注意关心、爱护下属，忽视人的感情和需要，不与下属交流信息，与下属关系不融洽，这是一类较为严厉的领导者。

3. 高关怀—高定规/结构的领导行为

该种风格的领导者将对人的关心和对工作的关心放在同等重要的地位，注意严格执行规章制度，建立良好的工作秩序和责任制；同时关心、爱护下属，经常与下属交流信息、沟通思想，想方设法调动组织成员的积极性，在下属心目中可敬又可亲，这是一类高效、成功的领导者。

4. 低关怀—低定规/结构的领导行为

该种风格的领导者既不关心人，也不重视工作，不注意关心、爱护下属，不与下属交换思想、交流信息，与下属关系不太融洽；也不注意执行规章制度，工作无序，效率低下。[①] 由此可见，一种领导风格只有将以人为重和以工作为重二者适当地结合起来，才能实现有效的领导。四分图模式理论从两个维度考察领导行为与风格的首次尝试，为进行领导行为的进一步研究开辟了新的途径。

---

① 李传军，杜同爱. 管理学：理论与实践. 北京：北京大学出版社，2014：258.

2.2.4 利克特的四种领导方式理论

20 世纪 40 年代末，美国密歇根大学伦西斯·利克特教授与其同事开始研究什么样的领导行为对提高群体绩效更加有效。经过长期的研究和大量群体比较，他们发现了两种基本的领导行为：生产导向型和员工导向型。前者关心领导任务的完成，强调工作技术或任务事项，并把成员视为达成目标的工具。这与俄亥俄州立大学的定规/结构维度相似，实际上是任务导向型的领导行为。后者重视人际关系，注重下属的需要，并承认人与人之间的差别。这与俄亥俄州立大学的关怀维度相似。通过研究，他们发现员工导向型的领导行为比生产导向型的领导行为更使组织成员满意和更有效，员工导向型的领导行为与群体生产率和工作满意度呈正相关关系，而生产导向型的领导行为与之呈负相关关系。

1961 年，伦西斯·利克特发表了《管理新模式》一文，在文中他将领导方式归结为 4 种类型：

1. 专制独裁式

决策权集中在最高层，下属没有任何发言权，只有执行权，二者之间缺乏交往，领导者对下属不信任，下属对领导者心存戒备和恐惧。

2. 温和独裁式

决策权集中在最高层，但授予中下层下属部分权力，领导者对下属的态度比较谦和，两者之间有一种类似主仆之间的信任，但下属对领导者仍有戒备和恐惧心理。

3. 协商式

重要问题的决策权控制在最高层，中下层有较低层次的决策权，领导者对下属有相当程度的信任，上下级之间有双向的信息沟通。

4. 参与式

领导者对下属完全信任，上下级双方能民主协商、讨论、决策，最高领导者做最后决策。这是伦西斯·利克特的理想领导方式。通过研究，伦西斯·利克特发现，只有参与式的领导方式才能真正实现有效的领导，才能做到在设置和实现目标方面最有效率、最富有成果。他把这种成功主要归于组织成员的参与程度和对支持组织成员参与的实际坚持贯彻的程度。

2.2.5 管理方格理论

在俄亥俄州立大学领导行为四分图模式理论和密歇根大学四种领导方式理论的基础上，1964 年，美国得克萨斯州立大学心理学教授布莱克和莫顿提出了著名的“管理方格理论”。管理方格理论分别以“关心人”和“关心生产”为坐标轴，将每个坐标轴分成 9 等分，然后进行组合，产生了 81 种不同的领导行为类型（如图 2-4），其中包括五种最典型的领导行为：“1，1”型被称为贫乏型管理，就是无为而治；“9，1”型被称为任务型管理，这种领导行为强调工作的完成情况，领导者权力很大；“1，9”型被称为乡村俱乐部型管理，这种领导行为在人际关系上投入很多，但对生产情况关注很少；“5，5”型被称为中庸之道型管理，这种领导行为强调的是稳定；“9，9”型被称为团队型管理，这种领导行为在关心人和关心生产两个方面都很突出。布莱克和莫顿根据自己的研究指出，“9，9”型领导行为的效果最好。

管理方格理论提供了领导风格的概念化分析框架，即一种衡量领导者所处领导行为状态的模式，在实践中，可以使领导者较为清楚地认识到自己的领导行为，指出改进的方向。

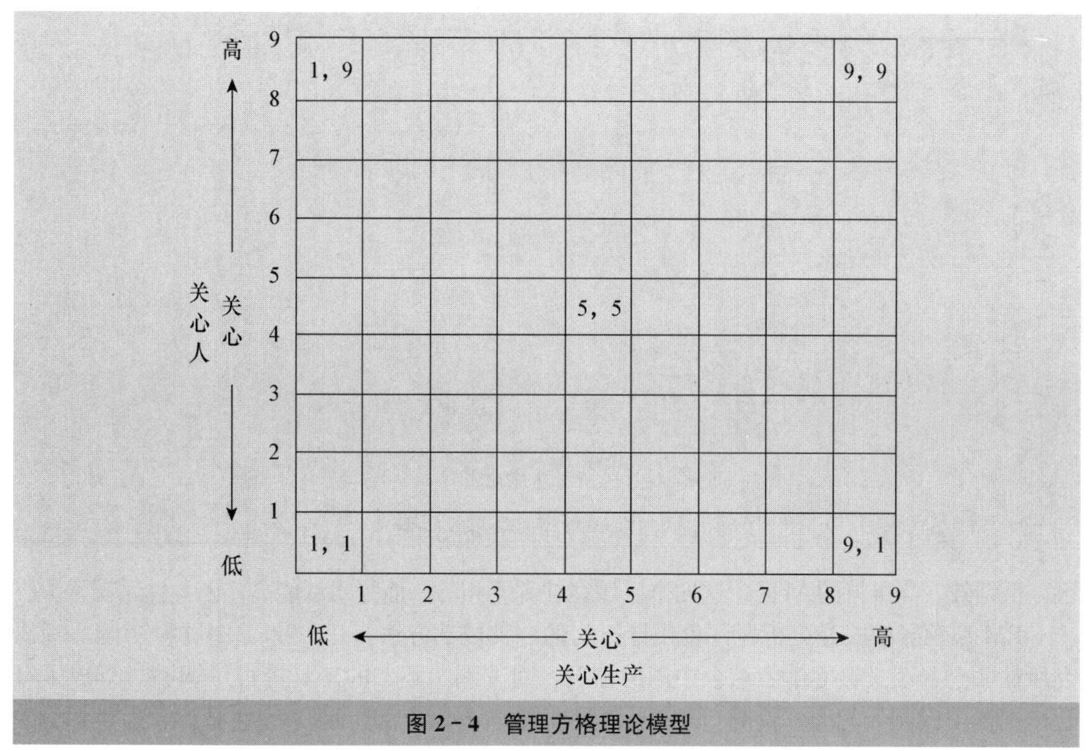

图 2-4　管理方格理论模型

同时，我们也可以根据管理方格理论对领导者进行评价，分别从两个维度找出差距，这就为培训领导者提供了依据。

2.2.6　PM 型和 CPM 型领导模式

PM 型领导模式是由美国学者卡特赖特和詹德在他们合著的《团体动力学》一书中首先提出来的。他们认为，所有团体的组成，或者是以达成特定的团体目标为目的，或者是以维持及强化团体关系为目的，或者兼而有之。为此，领导者为达到不同的目的而采取的领导行为方式可划分为三类：目标达成型（P 型）、团体维持型（M 型）、两者兼备型（PM 型）。1964 年，日本大阪大学的教授三隅二不二在前人研究的基础上发展了这一理论。他认为，P 职能是领导者为完成团体目标所做的努力，主要考察工作的效率、规划的能力等；M 职能是领导者为维持和强化团体所起的作用。他将领导行为方式划分为四种类型，即 PM 型、P 型、M 型、pm 型（如图 2-5 所示）。

为了测量 P、M 的因素，三隅二不二设计了通过有关被领导者的 8 个方面来测定 P、M 两个职能的问卷。这 8 个方面是：工作激励、对福利待遇的满意度、企业保健条件、精神卫生、集体工作精神、会议成效、沟通、功效规划。每个方面 5 个问题，每个问题的回答都采用 5 分制。根据 P、M 分数最后进行统计分析，将结果画在一个两维大的坐标上（P 维、M 维），从而可在 PM 矩阵中找到对应的特征点。

三隅二不二的 PM 型领导理论模型的独到之处在于：它不像四分图那样对称地分为四个等分，它的分割线代表被测群体中所有成员的平均值，因而有一定的灵活性。所分割出的四个区域分表代表低绩效、低维持的 pm 区，高绩效、高维持的 PM 区，高绩效、低维持的 P

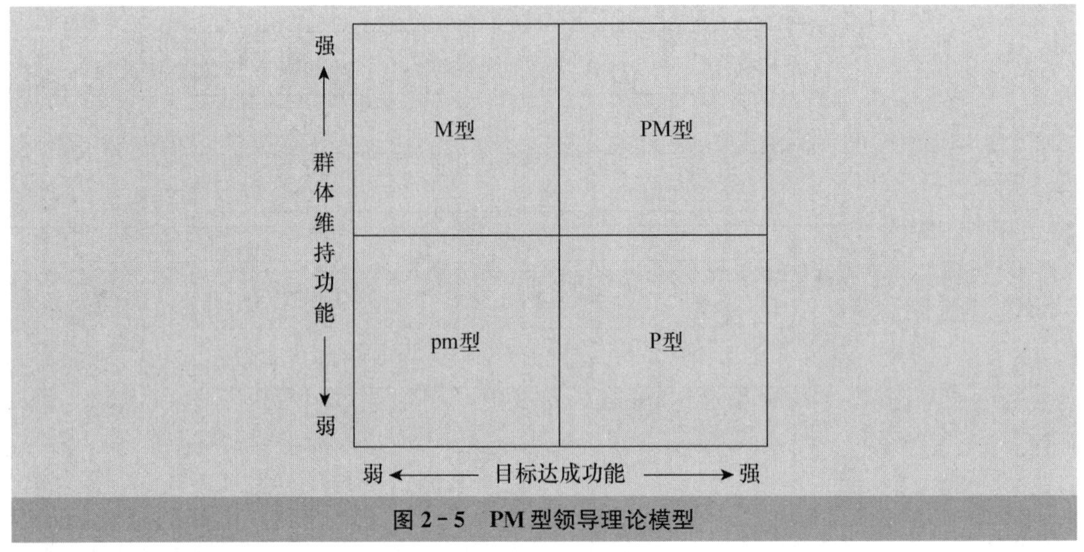

图 2-5　PM 型领导理论模型

区，低绩效、高维持的 M 区。这四个区域往往并不相等，而是水涨船高，因具体情况而异。

PM 型领导模式是分析、评价领导行为的一种成功方法。1983 年，中国科学院心理研究所徐联仓、凌文铨等学者结合中国的情况，对三隅二不二的工具进行了调整，形成了符合中国国情的领导行为评价的 CPM 型领导模式（如图 2-6 所示）。① 在 P、M 因素评价的基础上增加了 C 因素。该理论认为，领导行为评价应该包工作绩效 P、团体维系 M 和领导者个人品德 C。C 因素起着一种模范表率的作用，通过角色认同和内化作用，可以激发被领导者的内在工作动机，使其努力地去实现组织目标。榜样的力量是无穷的，领导者的模范表率作用对被领导者来说，是一种无声的命令，其影响力往往胜于命令、指挥、控制和监督。可以说，C 因素对 P、M 因素起着一种增幅放大的作用。在中国，一个领导者只有正确地处理好 P、M 和 C 的关系，才能最大限度地发挥领导的作用。

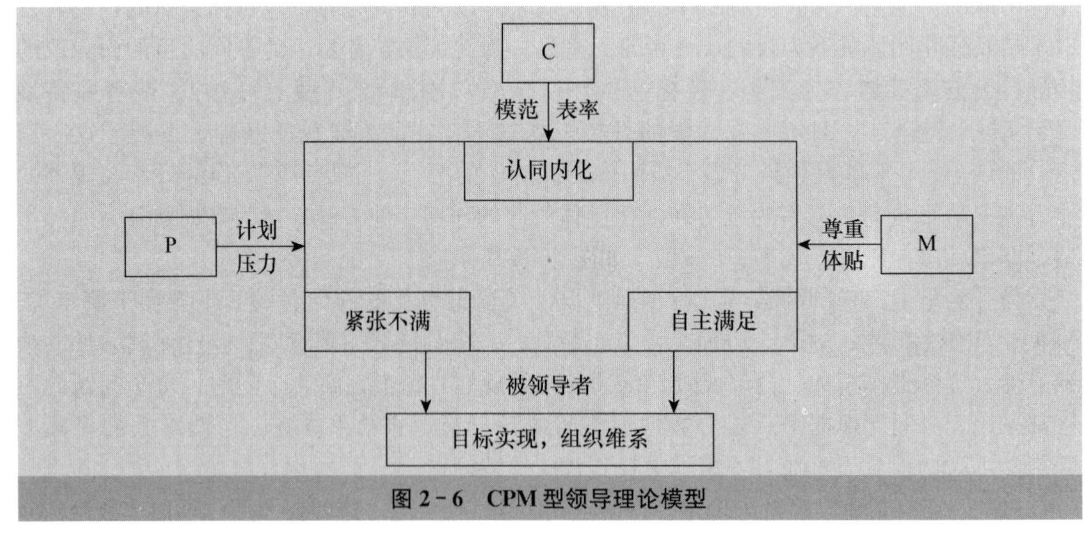

图 2-6　CPM 型领导理论模型

① 刘飞燕，史丽华. 管理学原理. 广州：华南理工大学出版社，2014：194.

2.2.7　对领导行为理论的评价

领导行为理论一改领导特质理论对领导者素质的关注，转而关注领导行为对领导效能的影响，从而建立了全新的领导有效性的理论框架。领导行为理论从行为的维度对领导行为进行分类，试图从中找到最有效的领导行为方式，强调了行为之间的交互影响，有助于增进对各种不同类型领导行为的理解。但领导行为理论与领导特质理论研究一样，两者都属于静态层面上的研究，只注重行为而没有考虑环境因素，因为同样的行为在不同的环境中可能会导致截然不同的结果。这也是领导行为理论的最大缺陷，从而降低了领导行为理论的说服力。也正是如此，才导致了领导权变理论的产生。

2.3　领导权变理论

领导权变理论又称领导情境理论，是 20 世纪 60 年代以来兴起的占主导地位的理论。该理论认为，领导的有效性不仅取决于领导者的素质和领导行为，而且受环境因素的影响很大。领导的有效性是领导者、追随者和当时的环境共同作用的函数：E＝f(L，F,S)。其中，E 为领导的有效性；L 为领导者；F 为追随者；S 为环境；f 为函数关系。

2.3.1　菲德勒的领导权变理论模型

美国伊利诺斯大学教授弗雷德·菲德勒经过长期的研究，创立了领导权变理论模型。他认为，任何形态的领导方式都可能有效，关键在于领导方式与环境是否适应。因此，在他看来，对领导有效性的研究应该更多地关注环境的变量，尽管不存在一种普遍适用的最佳领导方式，但在不同情况下都可以找到一种与特定环境相适应的有效的领导风格。因此，有效地领导首先需要确定领导风格，其次是确定情境，最后是领导风格与情境的匹配。

1. 确定领导风格

弗雷德·菲德勒用一种“最难共事者”（LPC）量表来测定领导者的领导风格，并根据 LPC 量值的高低将领导风格分为关系导向型和任务导向型。如果一个领导者用较为积极的词语描述最难共事者，LPC 的量值就比较高，可以认为该领导者对人宽容、体谅，注重人际关系，说明其领导方式是关系导向型；反之，如果一个领导者用消极的词语描述最难共事者，LPC 量值就比较低，则可以认为该领导者惯于命令和控制，注重工作，说明其领导方式是任务导向型。

2. 确定情境

在领导风格确定之后，弗雷德·菲德勒认为就应该对领导环境进行评估。因为一种在某种环境中有效的领导风格，在另一种环境中就可能不那么有效，所以必须研究各种环境的特点。经过长期的研究，弗雷德·菲德勒揭示了确定情境的三项权变维度：领导者—成员关系、任务结构和职位权力（如图 2－7 所示）。

（1）领导者—成员关系。领导者—成员关系，即上下级之间的关系，既包括组织成员对领导者的情感，又包括领导者对组织成员的关心和爱护程度。如果组织成员对领导者尊

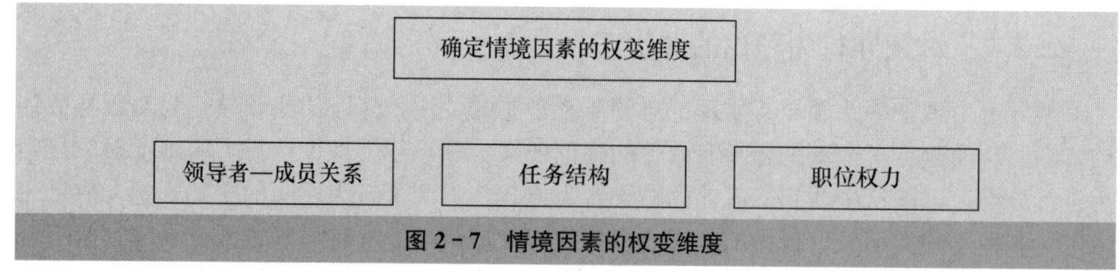

图 2-7 情境因素的权变维度

重，并且乐于追随，领导者关心和爱护组织成员，则上下级关系良好，领导环境就好，反之就差。

（2）任务结构。任务结构是指工作任务的明确程度以及组织成员对工作任务的负责程度。如果工作任务明确，组织成员对工作任务的责任心强，则领导环境就好，反之则差。

（3）职位权力。职位权力是指领导者所处的职位权力的大小。权力越大，组织成员遵从领导的程度越高，领导环境就越好，反之则越差。弗雷德·菲德勒根据上述三种情境因素来评定领导环境，这三种因素的不同组合形成了八种不同类型的领导情境。这八种不同类型的领导情境又可以分为有利的、中间状态的和不利的三种类型（如图 2-8 所示）。

3. 领导风格与情境的匹配

在确定情境之后，就要使领导情境与领导风格相互匹配。当领导风格与领导情境相匹配时，领导有效性最高。经过大量的研究和分析，菲德勒认为，若处于有利和不利的领导情境下，采用任务导向型的领导风格更为有利；若处于中间状态的领导情境时，采用关系导向型的领导风格效果较好（如图 2-8 所示）。

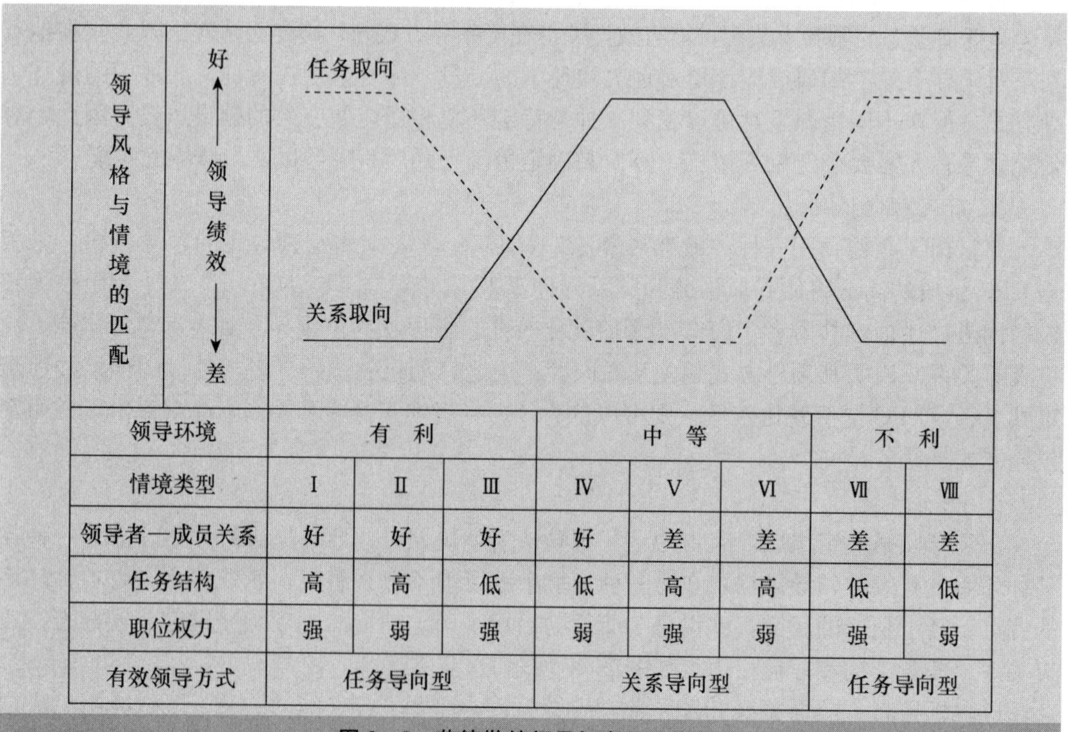

领导环境	有利			中等			不利	
情境类型	Ⅰ	Ⅱ	Ⅲ	Ⅳ	Ⅴ	Ⅵ	Ⅶ	Ⅷ
领导者—成员关系	好	好	好	好	差	差	差	差
任务结构	高	高	低	低	高	高	低	低
职位权力	强	弱	强	弱	强	弱	强	弱
有效领导方式	任务导向型			关系导向型			任务导向型	

图 2-8 菲德勒的领导权变理论模型

菲德勒领导权变理论模型将领导风格与领导情境结合起来，得出了适合特定情境的领导风格和适合特定领导风格的领导情境，只有当领导风格和领导情境相匹配时，领导效果才是最佳的。在弗雷德·菲德勒看来，领导者的领导风格是与生俱来的，不可能改变领导者的领导风格去适应变化的环境。因此提高领导有效性的途径实际上只有两条：替换领导者以适应环境；改变情境以适应领导者。同时，他也表明，并不存在一种绝对的最好的领导方式，有效的领导方式应随着情境的变化而变化。领导者应当努力适应变化的环境，上级领导者也应该根据实际情况选用合适的领导者。这为领导理论的研究开辟了新的方向。当然，弗雷德·菲德勒的领导权变理论模型也存在着一些不足，比如最难共事者问卷背后的逻辑是什么，其测试结果也不够稳定，引发了学者对 LPC 有效性的激烈争论。此外，模型中所界定的情境太复杂，不易操作。最后，弗雷德·菲德勒认为一个人的领导风格是固定不变的并不完全正确。

知识库 2 - 3

测测你的 LPC 分数

回想一下你自己最难共事的一个同事（同学），他可以是现在和你共事的，也可以是过去和你共事的。他不一定是你最不喜欢的人，只不过是你在工作中相处最为困难的人。用下面 16 组形容词来描述他，在你认为最准确描述他的等级上打“√”，不要空下任何一组形容词。

快乐——8 7 6 5 4 3 2 1——不快乐
友善——8 7 6 5 4 3 2 1——不友善
拒绝——8 7 6 5 4 3 2 1——接纳
有益——8 7 6 5 4 3 2 1——无益
不热情——8 7 6 5 4 3 2 1——热情
紧张——8 7 6 5 4 3 2 1——轻松
疏远——8 7 6 5 4 3 2 1——亲密
冷漠——8 7 6 5 4 3 2 1——热心
合作——8 7 6 5 4 3 2 1——不合作
助人——8 7 6 5 4 3 2 1——敌意
无聊——8 7 6 5 4 3 2 1——有趣
好争——8 7 6 5 4 3 2 1——融洽
自信——8 7 6 5 4 3 2 1——犹豫
高效——8 7 6 5 4 3 2 1——低效
郁闷——8 7 6 5 4 3 2 1——开朗
开放——8 7 6 5 4 3 2 1——防备

你在 LPC 量表上的得分是你的领导风格的反映，讲得更具体些，它表明了你在工作环境中的主要动机和目标。

为了确定你的 LPC 分数，将 16 项中的得分相加（其中每项是 1～8 分中的某个数）。如果你的得分为 64 分或更高，那么你是一位 LPC 得分很高的关系导向型的领导者；如果你的得分是 57 分或者更低，那么你是一位低 LPC 的人或者是任务导向型的领导者；如果你的得分在 58～63 分之间，那么就需要你自己决定你属于哪种类型了。

根据弗雷德·菲德勒的理论，了解自己的 LPC 得分能够帮助你找到一个合适的领导风格，因此，有助于你成为更有效的领导者。

资料来源：韩平．组织行为学．西安：西安交通大学出版社，2015：23-239.

2.3.2 领导情境理论

保罗·赫塞和肯尼思·布兰查德在美国俄亥俄州立大学著名心理学家科曼基于领导行为四分图模式理论而提出的领导生命周期理论的基础上，发展建立起一种三因素的领导权变理论，也被称作领导情境理论。他们认为，有效的领导行为应该把工作行为、关系行为和被领导者的成熟程度结合起来考虑。即在管理方格理论的基础上，增加了被领导者的成熟度这一权变因素。所谓被领导者的成熟程度是指被领导者的成就动机、负责任的意愿和能力以及与工作相关的受教育水平和经验等。他们认为，领导者的领导风格，应该依据被领导者的“成熟”程度而定。随着被领导者由不成熟走向成熟，领导行为应该按照下列程序进行，才能取得有效的领导。依次为：高任务与低关系—高任务与高关系—高关系与低任务—低关系与低任务，形成四种领导风格，分成四个象限（如图 2-9 所示）。由此可见，被领导者的成熟水平是领导者决定采用何种领导风格的关键因素。因为无论领导者做什么，其效果都取决于被领导者，由此可见，领导情境理论是一个非常重视被领导者的理论。这也是情境理论与菲德勒权变模型的一个显著区别。

由情境理论模式图可知，领导情境理论包含以下具体内容：

1. 领导风格

领导情境理论认为，在领导过程中有两种典型的领导行为：任务行为与关系行为。任务行为是指领导者用单向沟通方式指示被领导者干什么，在何时、何地，用什么方法完成其所交给的任务；关系行为是指领导者用双向沟通的方式来指导被领导者，并照顾被领导者的感受。任务行为和关系行为按高低进行不同组合，形成了四种具体的领导风格。

（1）命令型（高任务，低关系）：这种类型的领导由领导者进行角色分类，告知员工做什么、如何做、何时做以及在哪做。这种领导方式强调指导和单向沟通。

（2）推销型（高任务，高关系）：这种类型的领导不仅提供指导，还提供相应的支持。领导者在完成任务的过程中与下属共同协商，注重双向沟通。

（3）参与型（低任务，高关系）：这种类型的领导很少通过命令来安排工作，而是与下属共同商量进行决策，强调沟通的双向性和完全性。

（4）授权型（低任务，低关系）：这种类型的领导几乎不提供指导和支持，完全授权，通过授权鼓励下属自主做好工作。

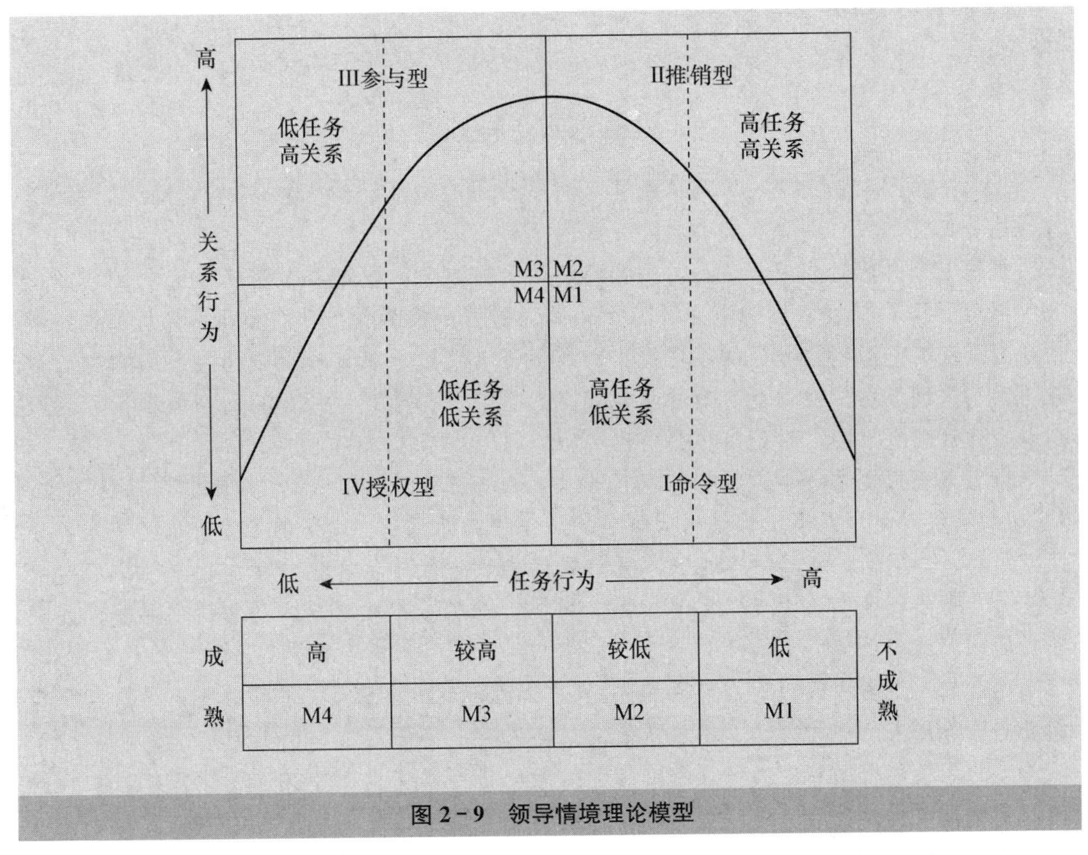

图 2－9　领导情境理论模型

2. 权变因素

与其他权变理论不同的是，领导情境理论所考虑的权变变量是被领导者的成熟度，即被领导者完成某项具体任务所具备的能力和意愿的程度。按照能力和意愿程度的高低不同，被领导者表现出四种不同的成熟度水平。

（1）不成熟（M1）：被领导者既不具有完成任务的能力，也缺乏相应的意愿。

（2）不太成熟（M2）：被领导者不具有完成任务的能力，但完成任务的意愿强烈。

（3）比较成熟（M3）：被领导者具有完成任务的能力，但缺乏相应的意愿。

（4）成熟（M4）：被领导者具有完成任务的能力，完成任务的意愿很强烈。

3. 领导行为的选择

这四种领导风格与不同的成熟度水平如何匹配才最有效呢？领导情境理论认为，随着被领导者由不成熟走向成熟，领导行为会按下列程序逐步推移：命令型（高任务，低关系）—推销型（高任务，高关系）—参与型（低任务，高关系）—授权型（低任务，低关系）。

由此可见，没有最好的领导行为，只有最合适的领导行为，任何一种领导行为都要把领导者的行为和具体的情境需求相匹配。

案例 2-1

谁的方式更有效?

王天是金石电脑销售公司的总经理，随着公司的发展，越来越多的领导问题困扰着他，他一直在寻找一种更有效的领导方式。

根据上个月的财务报告，公司的业绩仍然没有起色，更糟糕的是上个月的销售额比去年同期下降了25%、利润下降了10%，而且顾客的投诉量上升。公司内部员工纷纷跳槽，甚至还有几名销售分店的经理提出辞职，王天经过分析发现问题出在公司内部。这让王天感觉到了尽快找到更有效的领导方式的重要性。于是他通知公司所有部门一定级别以上的管理者开会，讨论解决公司出现的问题。

会上，王天要求每个人提出自己的意见，销售部门的李经理首先提出自己的观点："公司的销售额之所以下滑都是因为员工的工作积极性不高。卖场的工作人员经常在各处站着聊天、打电话，而对顾客视而不见。我们应该采取监督和控制措施，给他们一定的震慑力，不能让他们认为可以蒙混过关。当员工没有履行职责时，警告他们一次，如果不听的话，马上请他们走人。"

而这时人力资源部门的刘经理却说："我认为，我们公司员工积极性不高的原因是我们没有给予员工足够的关怀，没有让他们对公司有一种归属感，因此我们应该积极地了解员工的需求，根据员工的需求制定相关的激励机制，让员工有较高的满足感，并且给他们安排具有挑战性的工作。这样，员工就会更加努力工作，为公司做贡献。"

在公司现阶段所面临的情境下，谁的方式更有效呢？王天思索着。

资料来源：http//blog. sina. com. cn/s/blog_61147fe60400jciv. html.

2.3.3 路径—目标理论

路径—目标理论是权变理论的一种，由多伦多大学的组织行为学教授罗伯特·豪斯最先提出，后来华盛顿大学的管理学教授特伦斯·米切尔参与了这一理论的完善和补充，目前已成为最受人们关注的领导观点之一。

路径—目标理论立足于被领导者，而不是领导者。该理论认为，领导者的基本任务就是发挥被领导者的作用，而要发挥被领导者的作用，就得帮助被领导者设定目标，把握目标的价值，支持并帮助被领导者实现目标。在实现目标的过程中提高被领导者的能力，使得被领导者满足。换句话说，领导者的工作就是利用结构、支持和报酬，建立有利于被领导者实现组织目标的工作环境。路径—目标理论的领导过程如图 2-10 所示。这样就形成了这一理论的两个基本原理：

其一是领导方式必须是被领导者乐于接受的方式。只有能够给被领导者带来利益和满足的方式，才能使他们乐于接受。其二是领导方式必须具有激励性。激励的基本思路是以绩效为依据，同时以对被领导者的帮助和支持来促成绩效。也就是说，领导者不仅要能够

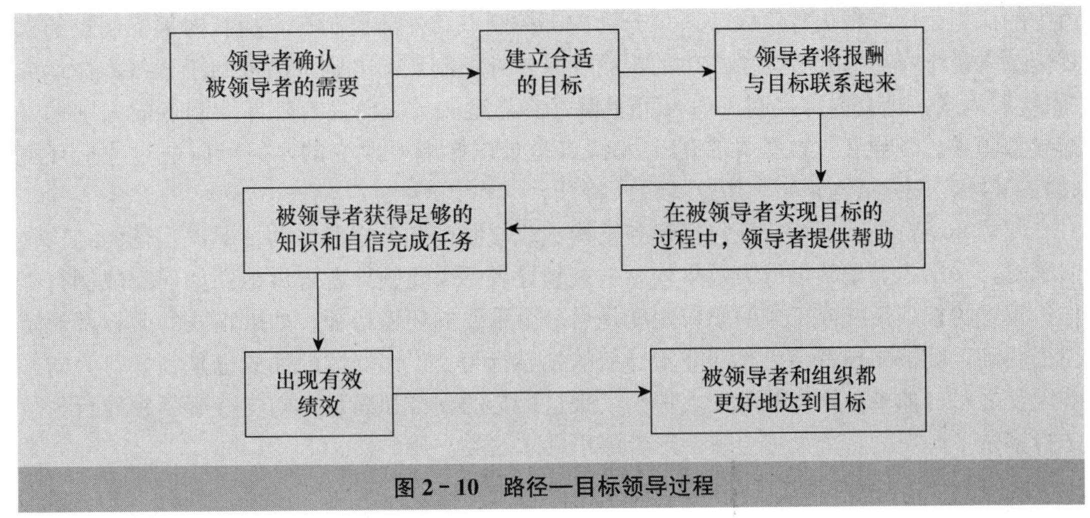

图 2－10　路径—目标领导过程

指明被领导者的工作方向，还要帮助被领导者排除实现目标的障碍，使其能够顺利达到目标，同时在工作过程中尽量使被领导者的需要得到满足。

1. 领导风格

在领导“路径—目标”理论中，罗伯特·豪斯确定了 4 种领导方式：

（1）指导型领导：由领导者明确告诉被领导者他们期望达到的目标以及对完成任务所做的时间安排，他们在被领导者完成任务的过程中，会给予充分具体的指导。

（2）支持型领导：领导者对被领导者的态度是友好的、可接近的，他们关注被领导者的福利和需要，平等地对待被领导者，尊重被领导者的地位，能够对被领导者表现出充分的关心和理解，在被领导者有需要时能够真诚帮助。

（3）参与型领导：领导者邀请被领导者一起参与决策。参与型领导者能同被领导者一道进行工作探讨，征求他们的想法和意见，将他们的建议融入团体或组织将要执行的决策中去。

（4）成就取向型领导：领导者对被领导者期望很高，为被领导者制定很高的工作标准，寻求不断改进工作的方法，同时，信任被领导者有能力制定并完成具有挑战性的目标。

与弗雷德·菲德勒的领导权变模式不同，罗伯特·豪斯主张领导方式的可变性。他认为，领导方式是有弹性的，上述 4 种领导风格可能在同一个领导者身上出现，因为领导者可以根据不同的情况斟酌选择，在实践中采用最适合于被领导者特征和工作需要的领导风格。豪斯强调用某一种领导方式在所有环境条件下实施领导行为，必然导致领导活动的失败。

2. 环境因素

路径—目标理论提出领导方式要适应情境因素。该理论特别关注两类情境因素：一类是被领导者的个人特点；另一类为工作环境。

（1）个人特点。主要包括被领导者对自身能力的认识及其控制点这两个重要特点。如果被领导者认为自己能力不强，则他们更喜欢指导型领导；反之，有的被领导者自视甚高，则可能对指导型领导行为表示愤懑。控制点是一种人格特质，是个体对环境影响自身行为的认识程度。根据程度大小，可分为内部控制点和外部控制点。拥有内部控制点的人相信结果是本身努力和行为所产生的，而拥有外部控制点的人则将结果归于运气、命运或"系统"因素；拥有内部控制点的人可能偏好参与型领导，而拥有外部控制点的人则偏好指导型领导。领导者对被领导者的个人特点是难以影响并改变的，但可以通过改造环境（提供奖励、任务结构化）利用这些个人特征。

（2）环境特征。环境特征包括任务结构、职权制度和工作群体的情况。当任务结构很明确时，采用指导型领导行为效果较差。被领导者不需要领导者告诉他们如何完成例行工作。正式的权威系统或正式的职权制度是另一个重要的环境特征。如果正式的职权都规定得很明确，则被领导者会更欢迎非指导型的领导行为。工作群体的性质也是领导行为的影响因素之一，如果工作群体为个人提供了来自社会的支持和满足，则支持型的领导行为就选择多余了。反之，个人则会从领导者那里寻求这类支持。

3. 领导行为与情境因素的互补性

路径—目标理论认为，领导方式的选择根据环境权变因素和被领导者的权变因素来决定（如图 2-11）。当环境因素与领导者行为彼此重复时，领导效果不佳；当领导方式可以弥补员工或环境的不足时，会对员工的工作绩效和满意度产生积极影响。但是当任务十分明确或员工有能力和经验处理它们而无须干预时，如果领导者还要花费时间解释工作任务，则被领导者会把这种指导行为视为累赘甚至是侵犯。因此在应用路径—目标理论时应坚持领导行为适应环境的原则，图 2-12 说明了在四种情况下，领导行为是如何与环境因素相适应的。

路径—目标理论模型的贡献在于它指出了另外一些权变变量，并且扩展了领导者行为的选择范围，它的独特之处在于所描述的每种领导风格都是明确基于一种激励模型，是对领导过程合理良好的描述。这一理论加深了对领导的理解，一方面要考虑被领导者对任务的把握与理解因素，另一方面要考虑领导者消除障碍对任务圆满完成的作用。将员工满意度作为领导成效的标准，拓宽了对领导研究的视野。尽管这种理论的研究结果并不完全一致，但在众多领导理论中仍是独树一帜。

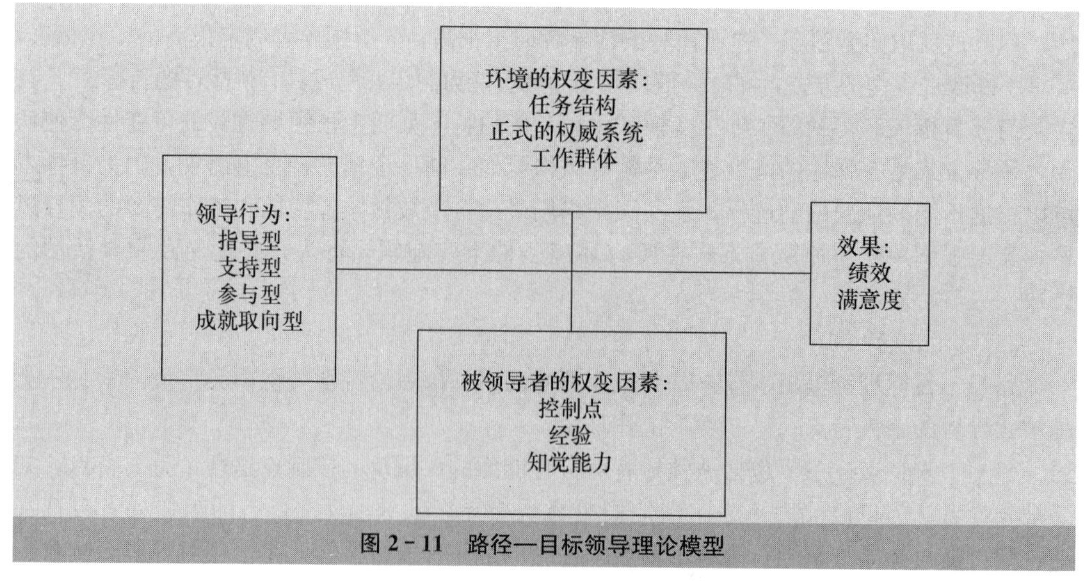

图 2-11 路径—目标领导理论模型

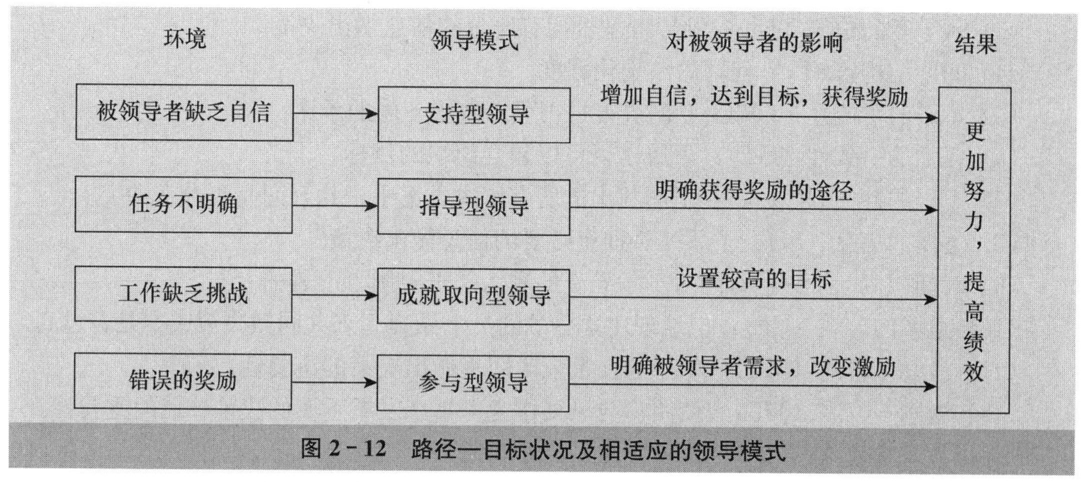

图 2-12　路径—目标状况及相适应的领导模式

资料来源：Gary A. Yuki. Leadership in Organization. 4th ed. Englewood Cliffs，N J：Prentice-Hall，1998：26-40.

2.3.4　领导者—参与模型

领导者—参与模型是由维克多·弗洛姆和菲利普·耶顿两位学者于 1973 年最先提出的，又称弗洛姆—耶顿模型。该理论认为，领导者的重要职责之一就是做决策。然而，由于领导者做决策的对象可能是结构化任务，也可能是非结构化任务，因而需要领导者根据不同的情境确定参与决策的类型和过程，而这就是选择领导风格的过程。可见，该理论将领导行为与决策联系在一起，因此有人也称它为标准决策模型。

1. 领导者的决策方式

该理论的主要观点是领导者应根据不同的情境让被领导者不同程度地参与决策。领导者在进行决策时，根据不同的情况，可以有 5 种不同的领导方式。

（1）独裁Ⅰ（AⅠ）：领导者使用自己手头现有的资料，独立解决问题或做出决策。

（2）独裁Ⅱ（AⅡ）：领导者从下属那里获得必要的信息，然后独自做出决策。在向下属索取资料时，可以告诉也可以不告诉他们要解决的问题。下属的任务只是向领导者提供必要的资料，但不提供或评估解决问题的方案。

（3）磋商Ⅰ（CⅠ）：领导者与个别下属进行讨论，获得他们的意见和建议。在做决策时，可能受也可能不受下属的影响。

（4）磋商Ⅱ（CⅡ）：领导者与下属集体讨论有关问题，由下属提出意见或建议；领导者做出决策，领导者做出决策时可能受也可能不受下属的影响。

（5）群体决策（GⅡ）：领导者与下属集体讨论有关问题，一起提出和评估可行性方案，并争取获得一致的意见。

2. 影响决策方式选择的权变因素

一开始，维克多·弗洛姆和菲利普·耶顿提出了 5 种领导风格和 7 种权变因素。后来，维克多·弗洛姆和亚瑟·加哥又对该模型进行修正。新模型中包括了与过去相同的 5 种领导风格，但他们将权变因素扩展为 12 个。这 12 个权变因素分别是：

（1）质量要求（QR）：决策的重要性。

（2）承诺要求（CR）：获得下属对决策承诺的重要性。

(3) 领导者的信息（LI）：领导者是否拥有充分的信息做出决策。

(4) 问题结构（ST）：问题的结构化程度。

(5) 承诺的可能性（CP）：专制决策是否可以获得下属的承诺。

(6) 目标的一致性（GC）：下属是否可以领会组织的目标。

(7) 下属的冲突（CO）：在下属找出的所有解决方案中，相互间是否存在冲突。

(8) 下属的信息（SI）：下属是否拥有必要的信息做出决策。

(9) 时间限制（TC）：时间对于领导者的制约是否限制了下属的参与。

(10) 地域的分散（CP）：把地理位置分散的员工聚集起来共同做决策成本是否过高。

(11) 激励—时间（MT）：领导者在最短时间里做出决策的重要性。

(12) 激励—发展（MD）：使用参与风格作为工具来发展下属的决策技能的重要性。

3. 决策风格的选择

根据领导者对上述12个问题的不同回答，领导者可以构建一个决策树（如图2－13所示），以决定在面对某个具体问题时应该采取何种领导风格。比如，如果对“是否拥有充分的信息做出决策”的回答是否定的，那么独裁式的领导方式就不可取。同样，如果对“获得下属对决策承诺的重要性”的回答是肯定的，那么两种独裁式的领导方式就不可取。领导者—参与模型的复杂性，导致其在管理实践中的运用存在较大的局限性。

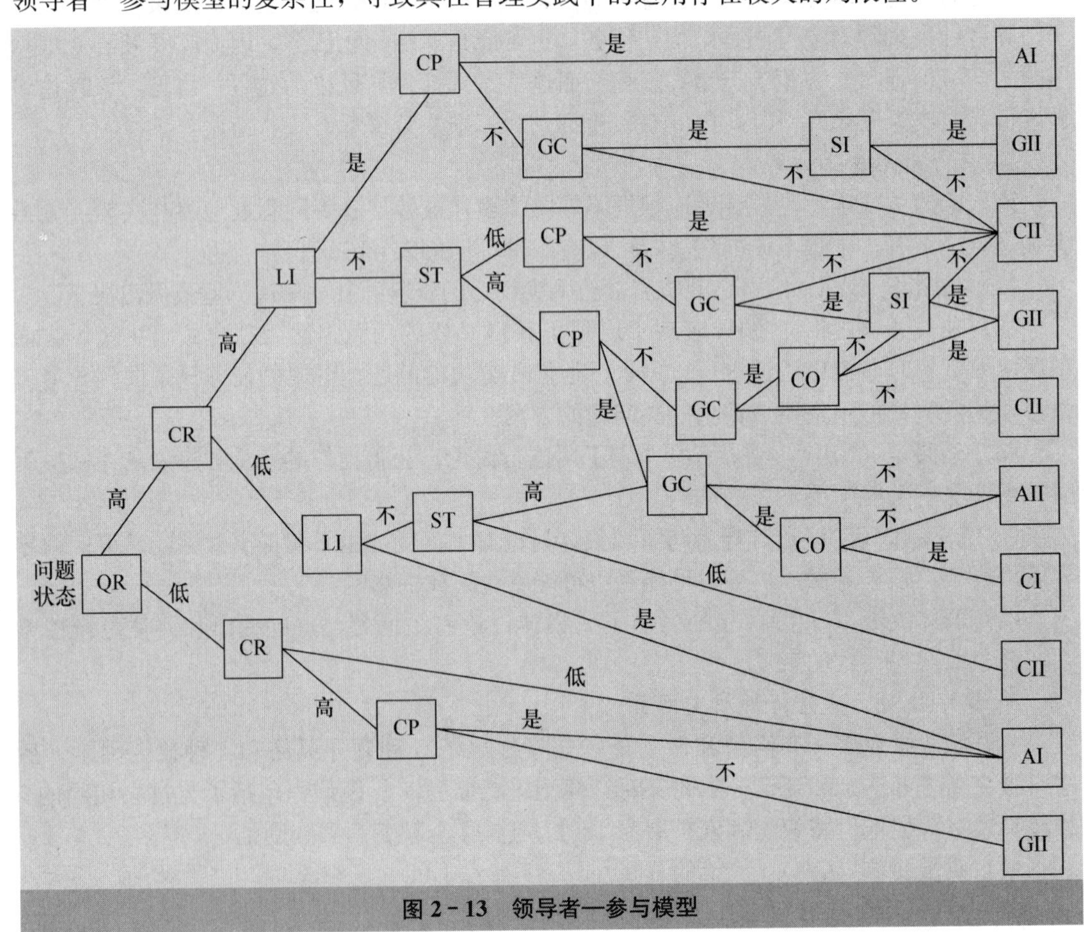

图2－13 领导者—参与模型

2.3.5　领导者—成员交换理论

领导者—成员交换理论是由乔治·格里奥在 1976 年首先提出来的。通过研究，格里奥认为：领导者对待下属的方式是不同的；组织成员关系的集合中往往会包括一部分高质量的交换关系（圈内人之间）和大部分低质量的交换关系（圈外人与圈内人之间）。由于时间压力，领导者与下属中的少部分人建立了特殊关系。这一部分人成为圈内人，他们受到领导者的信任和关照，也得到了更多的特权；而其他下属则成为圈外人，他们与领导者在一起的时间较少，获得令人满意的奖励机会也较少，他们与领导者的关系是建立在正式的权力系统基础之上的。

该理论指出，在领导者与某一下属发生相互作用的初期，领导者就暗自将其纳入圈内或排斥于圈外，并且这种关系会相对稳定，不随时间的推移而改变。领导者到底如何将某人划入圈内或排斥于圈外尚不清楚，但研究发现，那些态度或个性特征与领导相似，有能力，具有外向的个性特点，或相对于圈外人有更高能力的下属成为圈内人的机会较大（如图2-14 所示）。

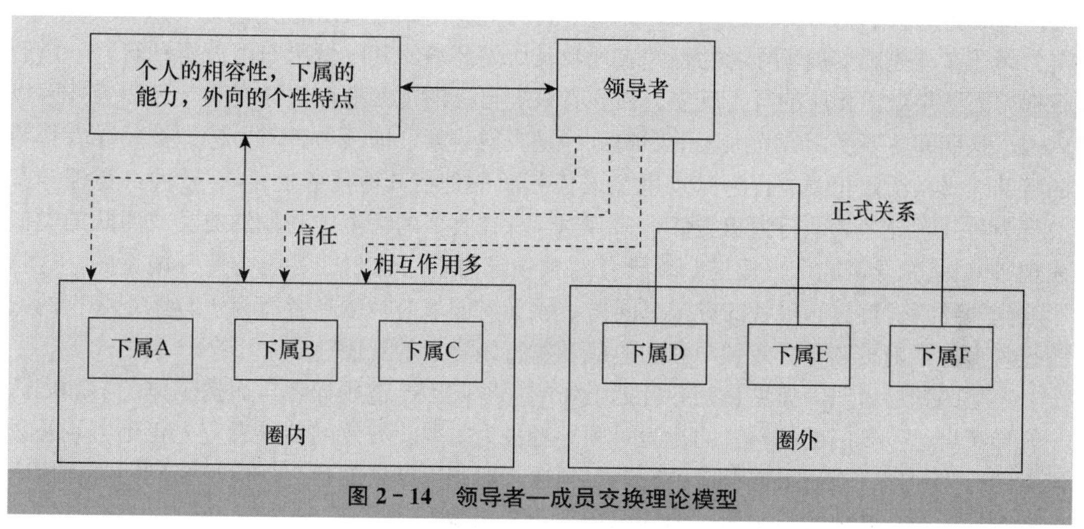

图 2-14　领导者—成员交换理论模型

理论界对领导者—成员交换理论的研究结果是积极的。很多研究都证实，在组织中，领导者确实以不同的方式对待下属。与圈外人相比，圈内人得到的绩效考核结果更高，离职率更低，对领导者更加信任，表现出更多的组织公民行为和更高的绩效水平。这也从侧面说明了为什么大多数员工都希望成为圈内人。①

2.3.6　对领导权变理论的评价

对于领导权变理论，无论是理论研究还是在实践中的运用，都要比领导特质理论和领导行为理论更出色。这是因为，领导权变理论综合了领导现象的复杂性，为我们提供了一套有效的领导方法，从而更加切合领导者实际的工作需要。从某种意义上来说，领导权变

① 卢光莉．组织行为学．郑州：河南大学出版社，2014：206.

理论的提出和发展使其他领导理论黯然失色。当然，过于否定领导的一般规律可能是领导权变理论的不足之处。

2.4 领导理论的新发展

20 世纪 80 年代以来，组织面临的环境发生了巨大的变化，环境更加动荡，全球经济一体化进程加快，各类跨国组织大量涌现，以及信息技术迅速蔓延，改变了组织的管理方式以及人们的工作方式，这些都向领导理论和领导实践提出了各种新的挑战。领导研究又进入了一个快速发展时期，并涌现出一大批新理论。

2.4.1 领导归因理论

归因理论原是社会心理学中关于人们行为原因的理论，这里被用来解释领导行为，从而形成了领导的归因理论，是由米契尔于 1979 年首先提出来的。领导归因理论认为，领导的基础是对人们的行为做出归因，而领导行为只是对归因做出的反应。

领导者首先观察被领导者的行为表现及其所处环境，其次做出归因分析和解释，最后根据归因结果做出相应的行为反应。领导者根据自己的观察把被领导者的行为归为外因或内因，这期间主要受两方面因素的影响：一是观察线索，即领导者需要考虑被领导者行为的特殊性（与绩效相关的行为只发生在该任务而不是在其他任务上）、一致性（与任务有关行为与被领导者其他行为相类似）和普遍性（在类似的情境中其他的成员或团队的类似表现）；二是领导者的个人偏见。领导者对被领导者行为的归因可能是带有偏见的，这将影响到领导者对待被领导者的方式。同样，领导者能够对被领导者行为进行客观公正的归因也将直接影响被领导者对领导者的遵从和执行领导者的意愿。

典型的领导者归因偏见是领导者把工作的失败归因于被领导者，而把工作的成功归因于领导者自己。归因被领导者的行为对领导者极为重要，有效的领导者应先正确鉴别被领导者的行为原因，而后采取相应的行动。领导者对归因结果的行为反应也受到两方面因素的影响，即对所造成的后果影响的认识和领导者的偏见。

领导归因理论的主要贡献在于提醒领导者要对被领导者的行为原因做出准确“诊断”，并“对症下药”，克服归因偏见，才能最终达到有效领导的目的。①

2.4.2 魅力型领导理论

魅力型领导是指领导者利用其自身的魅力鼓励被领导者并做出重大组织变革的一种领导理论。此理论关注具有领袖气质的领导者与无领袖气质的对手之间的行为差异。

20 世纪初，德国社会学家马克斯·韦伯是第一个提出领导魅力的学者。他认为，魅力是一种特殊的人际吸引力，在这种吸引力下可以让组织成员接受自己，并支持相关行为，从而使自己不同于组织中的其他人。20 世纪 70 年代后期，一些学者重新解释了这一

---

① 林英晖. 组织行为学. 上海：上海大学出版社，2014：188.

概念，并进行了深入研究，充实了新的内容。1977 年，罗伯特·豪斯确定了有魅力的领导者具有的三个因素，即极高的自信、支配力以及对自己信仰的坚定信念。罗伯特·豪斯认为，魅力型领导者通过向被领导者塑造诱人的清晰愿景或高水平的目标来获取被领导者的奉献、承诺和动力。他们有很强的自信心，精心为自己创造一种成功和胜任的形象，并利用榜样的作用来影响被领导者相信他们所拥有的价值观。他们对被领导者有较高的期望并相信被领导者的能力能达到他们的期望值（见表 2－3）。国外学者常将美国前总统富兰克林·罗斯福、约翰·肯尼迪，英国前首相威士顿·丘吉尔，美国民权运动领袖马丁·路德·金与美国企业家沃伦·巴菲特、沃尔特·迪斯尼和史蒂文·乔布斯等人，视为有魅力的领导者。

表 2－3　魅力型领导者的特点

愿景规划	他们有一个理想的目标，该目标勾勒出比现实更美好的一个理想状态。
清晰表达	他们会把愿景规划清晰地传达给其他人，让人们对其充满憧憬。
信念坚定	他们坚信自己的理想目标会实现，并会把这种信念传递给其他人。
冒险精神	他们敢冒风险，为了实现目标，不惜做出自我牺牲。
环境敏感	他们能够敏感地感知外部环境的变化并对此做出评估，进而调整自己的策略。
关注下属	他们关注他人的需求变化，并及时做出回应，注重在情感上激励其他人。

魅力型领导者通过给被领导者塑造一个他们认为可以实现的愿景目标，让被领导者成为他们的追随者。在魅力型领导者的带领下，组织成员十分忠诚、充满活力。该种模式下，追随者的角色至关重要，魅力型领导者通过关注被领导者的需求，给予他们精神上的激励，从而与之建立基于情感的关系，这种关系可以组成组织的核心竞争力，下属的满意度是很高的。但是魅力型领导者对于下任领导者的继任会产生消极影响，而且魅力型领导不总是有效的。

2.4.3　交易型领导理论

交易型领导理论是由贺兰德于 1978 年提出的，强调领导是交换过程，领导者与被领导者之间的关系是一种现实的契约行为，目的在于交换特定的有价值的事物。领导行为是在特定情境下，领导者和被领导者相互满足的交易过程。在交换中，领导者给被领导者提供报酬、实物奖励、晋升机会、荣誉等，以满足被领导者的需要与愿望；而被领导者则以服从领导者的命令指挥，完成其所交给的任务作为回报。

交易型领导者通过明确的角色和任务要求来指导和激励被领导者向着既定的目标前进。注重的是日常工作的顺利进行，他们帮助被领导者制定明确的目标并为了完成目标而进行必要的沟通，并且在工作目标达成的过程中对被领导者的行为进行有效控制以保证目标的顺利完成。在此过程中，他们主要通过迎合被领导者的利益需求来激励被领导者，将被领导者的绩效与价值回报联系在一起。他们的权力来自组织的正式职权。

巴斯认为，交易型领导通过三个因素影响被领导者的行为以达到组织目标。

1. 权变的激励

交易型领导将绩效与激励相结合。领导者就工作目标、资源等方面与员工协商，制定双方满意的安排。对被领导者的高绩效进行奖励并认可其成就。

2. 对例外情况的积极管理

交易型领导者对被领导者的工作过程进行严格控制，对不符合规则的组织成员行为进行及时的纠正，以保证最后目标的完成。一般情况下，他们对被领导者的工作和活动不进行干预，只有在被领导者没有达到目标的时候他们才插手。

3. 对例外情况的消极管理

交易型领导者认为，目标、任务、条件和途径都已给予被领导者，具体实施靠被领导者的努力实现，只要检查结果达到标准即可。当组织成员的绩效不符合标准时，交易型领导者就会出面干涉，通常会采取矫正或惩罚的措施。

交易型领导者总是强调组织规则，他们关注组织短期目标的顺利实现，在这种领导风格下，下属更多是执行任务，而没有机会发表自己的意见，因此组织的创造力可能会被压制，不利于组织的长远发展。但是，交易型领导能给组织带来高绩效，通过利用正式权力对被领导者工作过程的严格控制，可以提高组织成员的工作效率。交易型领导者与被领导者之间建立的是一种短暂的物质利益关系，并不能建立基于情感的关系。①

2.4.4 变革型领导理论

变革型领导理论是在 20 世纪 80 年代由美国政治社会学家詹姆斯·麦格雷戈·伯恩斯在他的经典著作《领导论》中提出的一种领导理论。变革型领导理论是在交易型领导理论的基础上形成的。变革型领导者通过让组织成员意识到所承担任务的重要意义和责任，激励被领导者超越自身利益而追求组织利益，他们会对被领导者产生很大的影响。

变革型领导者对于环境有很强的敏感性，能够预测未来的发展趋势，对组织未来的发展形成一个愿景。他们鼓励被领导者以新观念看问题，使群体不断接受挑战并不断学习。他们为被领导者设立具有挑战性的目标并激励被领导者为了实现卓越目标、满足自己的成就感和实现自我的需求而努力工作。变革型领导者关注组织的长期发展，因此，他们寻找提升组织价值的途径，在这个过程中，变革型领导者给予组织成员发挥创造力的空间，并试图打破原有的组织结构、组织文化以满足变革的需要。

变革型领导的研究源于巴斯，他认为变革型领导的主要构成要素包括愿景、智力激发、领导魅力和个性化关怀。

1. 愿景

变革型领导对组织的未来形成一个愿景，该愿景为组织成员提供目标框架的动机利益，以此在精神上把组织成员团结起来，使他们的精力集中在实现崇高的组织目标上。

2. 智力激发

变革型领导者鼓励创新，他们帮助被领导者以新的角度解决旧问题，变革型领导者会积极倾听被领导者的意见，并对被领导者出现的错误表现出高度的宽容。变革型领导者会放弃阻碍新思路的组织规则、惯例，以更好地激发被领导者的创造力。

---

① 夏洪胜，张世贤. 组织行为学. 北京：经济管理出版社，2014：183.

3. 领导魅力

领导魅力是变革型领导者必须具备的一个关键因素。变革型领导者发起的变革必须要有追随者，否则很难执行。领导魅力可以使变革型领导者与被领导者建立基于情感的关系。变革型领导者会利用所有的权力激发被领导者向目标迈进。

4. 个性化关怀

变革型领导者对每一位被领导者的需求给予特别关注。他们接受个体差异，鼓励组织成员提出不同的意见甚至会授权被领导者做出决策，他们扮演着教练、导师、助手、知己的角色。

变革型领导是组织应对不断变化的外部环境的有效途径。变革型领导者需要得到组织给予的支持，从而使组织更好地适应环境的变化，并且实现可持续发展。变革型领导者崇尚创新，在变革型领导者的领导下，被领导者的满意度会更高并且有更高的工作热情和积极性。但是在变革型领导者制造了差异给组织发展带来机遇的同时，也给组织带来了风险，而且组织短期效率也可能降低。

2.4.5　团队领导理论

随着柔性组织发展的需要，团队已经发展成为一种越来越重要的组织形式。在团队中各个成员之间是平等的，大家对团队都有自己的责任与贡献，因此成员自己领导自己。当然，团队会有一个来自外部的领导者，作为团队的对外“发言人”，但是他不同于传统的领导者，因为对团队来讲，他起到的是一个协调者的作用。团队的领导者要拥有充分的保证组织完成目标所需要的资源，并协调组织内部成员之间的关系。一项研究表明，团队成员在活动中感受到的协调者的激励程度与协调者的效能正相关。其他研究也表明，协调领导者的行为预示了积极的团队绩效和满意度。

如图 2－15 所示，团队领导理论模型试图提供领导者能促进团队效率的特别行为。团队领导理论模型表明，为了提高团队的工作绩效，领导者需要对团队进行协调干预。根据团队领导理论模型，领导者的协调干预主要分为三个层次：

第一层次：领导者应该对团队进行监控（目标协调）还是采取行动（行动协调）。

第二层次：若领导者在第一层次选择监控，则在这一层次中要决定继续监控还是根据已有的信息采取行动。若领导者在第一层次选择采取行动，则在这一层次需要决定采取行动的水平是内部领导（任务/关系）还是外部领导（环境）。

第三层次：领导者在对团队活动进行干预时要根据情境确定最恰当的技能。

团队领导理论认为，团队成员不再是传统组织中的成员，他们自己成为自己的领导者，在团队内部，成员之间共享知识、资源，共同解决困难。团队更具有灵活性，更能适应多变的环境。由于组织成员的个人经验，被领导者对独立的需要，“专业”取向以及非常规组织任务的出现，领导者在组织中的作用逐渐被组织成员或被领导者所替代，此时，领导者对于组织成员来说变得没有那么重要了。团队领导者要成为团队的协调者，但是要把握协调和干预的程度，同时通过分析团队所处的环境，确定团队适当的功能和可能出现的问题，为团队的发展提供支持。

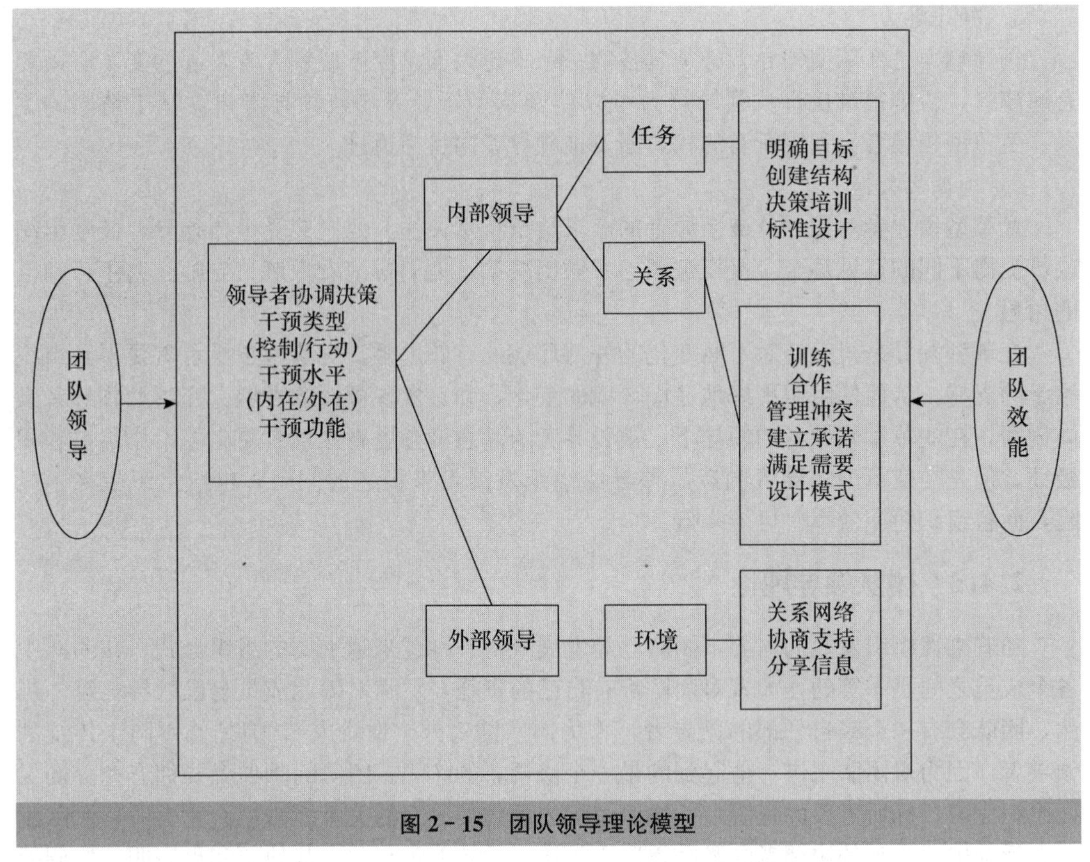

图 2-15 团队领导理论模型

2.4.6 自我领导理论

所谓自我领导，顾名思义，就是自己领导自己，即被领导者如果有了自我控制的能力，就能够以一种负责任的方式来迎接挑战。自我领导就是通过有效的自我控制来不断面对挑战，从而获得成长的过程。自我领导理论是美国明尼苏达州的发明团体创建人理查德·J. 莱德提出的。他认为，任何人都是自己的主导者。由于所有的变化属于自我改变，只有个人才有权去选择确定新的方向，所有的重新组合主要是对自我领导的选择。自我领导理论假设组织成员都是负责的、能干的、主动的，而无需领导者和规章制度的外在约束。只要提供恰当的支持，个体就可以监督和控制他们的行为。

自我领导的支持者提出，个体在很多过程中都可以控制自己的行为。有效的领导者（或称为超领导者）帮助他们的被领导者自己领导自己，他们通过以下方式做到这一点：

1. 使自我领导模式化

练习自我观察，设置具有挑战性的个人目标，进行自我指导和自我强化。然后，在实际生活中表现出这些行为，并鼓励被领导者不断练习直至取得成就。

2. 鼓励员工设立自我目标

拥有一个可以量化的具体目标是自我领导中最重要的部分。

3. 鼓励自我奖励的使用

鼓励自我奖励的使用，以巩固和提高理想行为。自我惩罚反而是应该受到限制的，仅仅当被领导者不诚实或具有破坏性时才使用。

4. 形成积极的思维范式

鼓励被领导者树立心理形象并进行自我对话，以进一步激发自我动机。

5. 形成自我领导的氛围

重新设计工作以增加工作自身的内在奖励机制，并着重于这些内在的奖励特点来激发员工动机。

6. 鼓励自我批评

鼓励员工对自己的绩效水平进行自我批评。

自我领导是领导的精髓，其意义在于，当被领导者的能力和素质得到充分提高后，他们会自然而然地产生一种崇高的使命感和责任感，于是会全身心地投入到工作中，并最大限度地激发自己的创造热情，他们会正确地预知自己工作的效果并加以合适的评估，他们会主动地与他人协作去争取组织的绩效，他们愿意并有能力自己领导自己，从而获得一种成就感。随着组织规模的扩大和组织成员的数量增多，自我领导的重要性也在提高。

2.4.7　在线领导

在互联网时代，许多人在家中或者其他遥远的地方工作，通过互联网技术与组织进行连接。来自全球不同地区的人们可能很少甚至从不会面，但却同属于一个虚拟团队。因此，越来越多的领导者使用电子邮件、即时通信工具、电话会议、视频会议等与其组织成员进行交流和沟通，而不再是通过地理上的临近性保持互动。在虚拟的领导环境中，有效的领导者必须能够设定清晰的目标和进度安排，以明确的成员沟通方式协调好组织成员之间的工作。

对于在线领导的研究主要集中在虚拟团队的管理问题上。罗宾斯根据相关研究提出了在线领导的三大挑战：沟通、绩效管理和信任。

1. 沟通

在线领导者需要学习新的沟通技巧以保障领导工作的有效性。这是由于，领导者要有效地传达信息，需要熟悉并且选择数字化沟通中的言语、结构、语气和风格，机警地表达情感；需要解读消息中的“言外之意”与情感要素；需要掌握在线沟通过程中捕捉他人情绪的能力，即情绪智力，还需要具有对信息中的情绪成分进行解码的技能。

2. 绩效管理

在线领导通过确立、促进和奖励绩效进行绩效管理。

（1）确立绩效。领导者确立绩效时，必须让虚拟组织中的每个成员清楚组织目标、自身在实现目标中所担负的责任以及如何评价实现目标的成效。尽管这也是普通情况下领导者的责任，但对于在线领导者而言，缺失通过面地面的互动来传达期望和谈论绩效问题的条件。

（2）促进绩效。尽管虚拟组织成员的地理位置非常分散，因而给他们分配各种组织资源就变得很困难，但在线领导者同样需要促进绩效，清除实现绩效道路上的障碍并提供充足的资源以完成工作。

（3）奖励绩效。在线领导者需要通过奖励来提高绩效。在虚拟的组织环境中，由于领导者与组织成员并不共处一地，激励就变得异常困难。

3. 信任

建立并维持信任是在线领导面临的最大而又独特的挑战，在线领导者需要学会接受信任挑战。在虚拟的环境下，有许多潜在威胁导致信任问题产生。比如对是否使用电脑系统监视和评价员工，一直存在争议。如果不监视，员工可能存在与朋友聊天等与工作无关的行为，如果监视，则涉及隐私问题并可能导致信任危机，因而需要在线领导者对这些问题进行仔细权衡。

优秀的在线领导者应当是思维开放灵活，具有关注解决方案胜过问题的积极态度和超群的沟通能力的。尽管有效的在线领导者必须掌握如何恰当地选择和利用技术，但是永远不能忘记工作最终是通过被领导者来完成而非技术，应当以人的互动作为成功的关键。建立信任、维护公开的沟通模式、关注人并且注意他人的微妙暗示都是虚拟组织环境中的关键领导素质。①

对领导理论的研究经历了从领导特质到领导行为到领导权变，又重新回到领导特质的过程，从以上对各种领导理论的回顾和简评中我们可以看到，领导现象是一个极其复杂的问题，领导既是科学又是艺术，它既需要理论指导，又必须通过实践而获得经验。只有理论而无经验肯定当不好领导者，只凭经验去领导又容易导致片面化。对于实践中的领导者而言，应该用领导理论来指导自己的领导实践。

本章小结

本章分四个小节来介绍领导理论及其发展。

第一节是领导特质理论，主要介绍了传统领导特质理论和现代领导特质理论。在传统领导特质理论部分主要介绍了吉伯的七项领导特质论、斯托格迪尔的六类领导特质论；在现代领导特质理论部分主要介绍了鲍莫尔的领导特质论、鲍尔的领导特质论、吉赛利的领导特质理论、皮奥特维斯基和罗克的领导特质论、诺斯科特·帕金森的领导特质论、彼得·德鲁克的领导特质论以及皮特的研究成果。

第二节是领导行为理论，试图通过探讨领导者在工作中所表现出来的行为来说明领导效果。主要介绍了勒温的领导作风理论、坦南鲍姆与沃伦·施密特的领导行为连续统一体理论、弗莱西曼与其同事们的领导行为四分图模式理论、利克特的四种领导方式理论、布莱克和莫顿的管理方格理论以及卡特赖特和詹德的 PM 型领导模式和中国学者的 CPM 型领导模式。

第三节是领导权变理论，主要介绍了菲德勒的领导权变理论模型、保罗·赫塞和肯尼思·布兰查德的领导情境理论、罗伯特·豪斯与特伦斯·米切尔的路径—目标理论、维克多·弗洛姆和菲利普·耶顿的领导者—参与模型以及乔治·格里奥的领导者—成员交换理论。

第四节是领导理论的新发展。主要介绍了米契尔的领导归因理论、罗伯特·豪斯的魅

① 杜智勇，解东辉. 组织行为学. 郑州：河南科学技术出版社，2010：341.

力型领导理论、贺兰德的交易型领导理论、詹姆斯·麦格雷戈·伯恩斯的变革型领导理论以及团队领导理论、自我领导理论和在线领导。

关键术语

领导特质理论　领导行为理论　领导作风理论　领导行为连续统一体理论　四分图模式理论　管理方格理论　PM 型和 CMP 型领导模式　领导权变理论　菲德勒的领导权变理论模型　领导生命周期理论　路径—目标理论　领导—参与模型　领导归因理论　魅力型领导理论　交易型领导理论　变革型领导理论　团队领导理论　自我领导理论　在线领导

复习思考题

1. 阐述领导特质理论的主要观点及其优缺点。
2. 简述领导行为理论的内容。
3. 运用管理方格理论对团队型领导的有效性进行评述。
4. 简述领导理论的新发展。
5. 简述领导权变理论与领导有效性的关系。
6. 试述变革型领导理论与交易型领导理论。

本章阅读书目

[1] 李传军，杜同爱. 管理学：理论与实践. 北京：北京大学出版社，2014.

[2] 彼得·G. 诺思豪斯. 领导学：理论与实践：第 6 版. 北京：中国人民大学出版社，2014.

第 3 章

领导体制

领导机关是国家治理体系中的重要机关，领导干部是党和国家事业发展的“关键少数”，对全党全社会都具有风向标作用。“君子之德风，小人之德草，草上之风必偃。”在上面要求人、在后面推动人，都不如在前面带动人管用。不忘初心、牢记使命，领导机关和领导干部必须做表率、打头阵。

——2020 年 1 月 8 日，习近平在“不忘初心、牢记使命”主题教育总结大会上的讲话

引导案例

一个入狱者的忏悔

某省市原政协主席李某因卖官受贿过百万被法院以受贿罪判刑。接受记者采访的时候，李某在忏悔声中吐露了“卖官真言”。

俗话说，“常在河边走，哪能不湿鞋”，李某自从当上某县代县长，就一步一步踏上了这条路。1993 年正好李某的大儿子结婚，低调的李某本不想大张旗鼓，只打算在家里举行个简单的婚礼，但小县城毕竟瞒不住事，许多别有用心的人都来参加婚礼，送来了大大小小的礼金。即便李某拒收了，许多人又通过委托熟人或把钱塞进窗户等方法给他。李某最终还是没能抵抗住诱惑，走上了犯罪的第一步。他想：收了人家的钱，就得给人家好处，看谁送的礼多，给谁的回报就多。

为了回报这些送礼的人，李某在选人用人、升官提职上给他们铺了一条平坦的路。正在服刑的李某说，在调整干部时，组织部都要先考虑符合条件的人，然后把这些人员的名单和评估结果交给主管干部调整的副书记，副书记审核后，会把结果给他过目，没问题的话就将名单上报到常委会。所以，李某的手法是，如果想选用或提拔某些人，他就在干部评估之前召开书记办公会，以这些人的自身条件如年龄、工龄、学历、经历、职务等为基本标准，要求组织部按照这些标准去选人。如果选到的名单上没有李某想找的人，他就以

各种借口让组织部重找。可以说，没有给过李某好处的人根本没有入职或晋升的机会。

从表面上看，这是一个按正常程序走的人事选拔过程，其实质早已内定，是一个不公平、不透明的黑箱。行贿者用金钱换来了自己想要的职权，李某在这种“正常程序”背后，神不知鬼不觉地做起了买卖。

贪官李某的这段“卖官真言”，道出了自己“程序其外，卖官其中”。李某的“真言”让我们思考：要想在利益和权力的诱惑面前把持自我，不仅需要领导者具备优秀的素养，更需要领导体制的引导和监督。

资料来源：夏洪胜，张世贤. 行政管理学. 北京：经济管理出版社，2014：105-106.

3.1　领导体制的内涵及功能

3.1.1　领导体制的含义与特征

1. 领导体制的含义

“体制”是一种制度化、模式化的体系或系统，是包括价值理论、理想目标、制度规范、组织结构、基本行为方式在内的有机整体。具体来讲，体制主要是指人类社会组织在机构设置、权限划分、隶属关系及发挥作用的方式等方面的体系、制度、方法、形式的总称。大体包括三层含义：一是指一种体系构架；二是指一种制度安排；三是指一种相互作用、相互制约的互动关系和模式。

在领导活动中，为了保证领导工作的顺利进行，更好地实现领导效能，必须根据领导者的权限划分设立领导体制。领导体制是指领导系统上下、左右之间的权限划分以及实施领导职能的组织形式和组织制度。它包括两个方面的主要内容：一是领导机构的设置、运行，称为“体”；二是领导制度的建立健全，称为“制”。二者是紧密联系、互为依托的，具体规定了领导的程序、方法，领导产生的方式、领导者的权限划分和活动原则，是领导关系制度化、体系化的结果。领导体制对于领导主体和领导系统功能的发挥具有十分重要的作用，在很大程度上决定了领导效能的高低。

2. 领导体制的特征

领导体制是领导活动的载体，是实现领导的工具，凡是领导活动都离不开领导体制，但在不同历史发展阶段、不同社会形态下，领导体制的内容又各不相同。然而，领导体制作为领导关系制度化和体系化的结果，是比领导素质、领导班子更为重要的问题，一旦形成就带有系统性、根本性、全局性、稳定性的特点。

（1）系统性。领导体制是一个完整的系统，是一个包括各级各类领导机关职责与权限的划分、各级各类领导机构的设置、领导者的领导层次与幅度以及领导者的管理制度在内的有机统一体。在这个统一体中，各种要素之间相互联系、相互制约，发挥着系统整体的最优效用。领导体制的这种系统性特征表明，我们在进行领导体制改革的过程中要综合考虑各种因素，而不能孤立进行，否则就很难取得预期的效果。

（2）根本性。任何社会的领导活动，都必须依赖一定的组织机构、确立一定的领导和管理规则。领导活动的成功与否，归根结底取决于领导者的思想和行动是否符合生产力发展的客观规律。而一套优良并且高效的领导体制，必然是符合生产力发展与科学技术进步需要的。领导体制作为一定领导集团及其所代表的阶级意志和利益的体现，一经形成就具有强制性，广泛地影响着组织成员的思想和行为。不仅如此，它还将逐渐形成一种习惯，一种流行的价值观念，一种社会性的角色规范和角色期望，在全社会范围内影响人们的思想，支配着整个领导、组织活动。领导者在具有强制性的领导体制中展开各种领导活动，其在根本上是符合事物发展的客观规律的。正因为如此，领导体制较之领导者的思想作风和作用而言，更显重要，带有根本性。

（3）全局性。领导体制作为领导系统的权力机构、组织形态、运行模式及其基本制度的总和，在整个领导系统中起着全面性和整体性的作用。一个领导系统的建立完全是根据领导体制设置的，各个领导机构在领导系统的组织网络上虽都占有一定的位置，但都要受到领导体制的影响和制约。作为个体的人，领导者虽然在领导工作中对其组织或部门起着统御全局的关键性作用，但这种影响是局部性的、小范围的，总体上还必须接受领导体制的规范与制约。即便是领导系统的最高领导者，也同样会受到领导体制的影响和制约，甚至领导者也是由领导体制规定的程序和方法选择的。因此，领导体制相对于千差万别的领导者个体来说，更具有全局性的特征与作用。它对各地区、各部门与各行业的所有领导者以及领导活动的全过程都发挥着制约与规范的作用。所以说，领导体制是覆盖着全局的，规范着所有领导者，制约着领导活动的全过程。

（4）稳定性。稳定性是指领导体制的相对静止性。领导者或领导集体是经常变动的，领导者的思想作风与行为方式也是因人而异、因时而异、因地而异的。而领导体制则不然，具有长期稳定性，它一旦建立起来，就处于相对稳定的状态，会在较长时期内保持其根本内容不变。此后，组织的一切权限划分、结构设计、领导程序、领导方法都由领导体制决定，在较长时间内制约着领导行为和领导过程，甚至几十年、几百年一以贯之。这种稳定性带来了领导体制存在的长期性。领导体制既能为灵活多变的领导活动提供一个可供遵循的框架体系，同时又可以不断吸收领导活动中的创造性成果，不断地对自身进行丰富与完善，并在实践中更好地指导组织领导活动的进行。因此，在构建领导体制时，首先要科学地进行机构设置、职责权限划分和人员配置，这样才能促进组织目标的达成。

3.1.2 领导体制的内容

领导体制作为领导活动的载体，其内容主要包括领导组织结构、领导层次和领导跨度、领导权限和责任划分以及领导人员的配置和管理制度。

1. 领导组织结构

领导的组织结构又称领导结构，描述的是领导的框架体系，主要是指领导机构内部各部门之间的相互关系和联系方式，包括纵向隶属和横向协作两方面的基本关系。

（1）纵向隶属关系。领导组织结构中所涉及的纵向关系，主要是指领导隶属关系，即上下级关系。这种纵向隶属关系又可分为直线关系和职能关系，直线关系是指在一切方面都对下属实施领导的隶属关系，如总经理和部门经理、部门经理和其直接领导的下属人员之间的隶属关系等；职能关系则是在某一职能范围内对下属进行领导的隶属关系，如集团公司的财务部对下属子公司的财务部的领导就是这种关系。

（2）横向协作关系。领导组织结构所涉及的横向关系主要是指组织系统内平行的各部门之间的分工协作关系，它一般包括直线式、职能式、混合式和矩阵式等结构形式。组织系统内各部门之间的不同分工和协作，有助于组织形成一个良好的有机整体，提高领导效率，发挥组织效能。如今在许多组织系统中，这种横向协作关系通常体现为以决策为中心建立的信息机构、咨询机构、决策机构、执行机构、监督机构和反馈机构之间的相互依赖关系。

2. 领导层次与领导跨度

领导层次描述的是领导组织的纵向结构，主要是指组织系统内部按照隶属关系划分的等级数量，即一个组织按照多少层级进行领导和管理。一般来讲，有多少等级层次，就有多少领导层次。①

领导跨度又称领导幅度，描述的是领导层次的横向结构，主要是指一个领导者直接有效地指挥下级的范围和幅度。在现代领导工作中，由于专业性的增强，涉及面的宽泛，工作量的扩大，一个领导者能够直接有效地领导与指挥的下属人数往往是有一定限度的。一般原则是：下层领导跨度可以大些，上层则应该小些，呈金字塔式的领导层次。但是领导跨度究竟以多大为宜，至今还是一个没有完全解决的问题。有学者根据统计分析，提出了领导体制“二八律”。即在一般领导机构中，担任正职的领导者一般应有两位副手和八位下属，担任副职的领导者应有两位助手和八位下属。②

在现代领导活动中，确定领导的层次和跨度，通常应把握这样一条规律，即领导层次与领导跨度成反比例关系。也就是说，领导层次越多，领导跨度就越小；领导层次越少，领导跨度就越大。

3. 领导权限和责任划分

领导权限和责任划分是指制定和建立严格的自上而下的领导行政法规与岗位责任制，对不同领导机构、部门之间以及不同领导岗位的职权、职责做出明确的规定。③ 这是领导体制的核心问题，涉及领导活动的几个基本层面问题。

（1）领导权力的授予必须根据实际需要来确定。在领导活动中，领导者的权力是为了完成实际工作而被授予的，领导者的权力大小必须根据实际工作的需要确定，因此，领导权力的授予要有一个科学的标准和实践的依据，不能随意缩小领导者的权力，更不能脱离实际需要而扩大领导者个人的权力。若领导者所能掌握的权力小于实际工作的需要，他在某些场合就无法行使指挥权，也就无从完成工作。同样，若领导者所拥有的权力大于实际的需要，那么他就可能在某些本来不需要他的场合行使权力，从而干扰工作的正常进行，更可能滋生权钱交易、以权谋私的行为。因此，领导者的权力不是一种用来指使别人、满足个人野心的资本，更不是用来捞取个人私利的工具。

（2）领导责任的承担问题。领导者必须对其所掌握的权力负责。权力和责任是一对矛盾的对立统一体，行使权力是履行责任的前提，没有相应的权力就无法履行相应的责任；

---

① 刘银花．领导科学．4 版．大连：东北财经大学出版社，2015：106.

② 王乐夫．领导学：理论、实践与方法．3 版．北京：高等教育出版社，2006：102-103.

③ 金延平．领导学．大连：东北财经大学出版社，2007：67.

履行责任是行使权力的基础，离开相应的责任，权力就会异化。领导者的权力是履行其责任的保证，反过来，领导者的责任又是检验其权力的工具。领导者承担的责任同样必须根据科学的依据和实际的需要来确定。责任的划分必须明确、完整，那种责任不清、责任不明的现象是领导体制缺乏科学性的典型特征。

（3）领导者掌握的权力和履行的责任必须一致。权力和责任必须保持一致，这是领导活动的基本原则之一。权力和责任不一致的极端情形，是只享有权力而没有履行责任，或只履行责任而不被授予相应的权力，这些情形都不是正常的领导活动，都不能实现领导功能，甚至会带来灾难性的后果。权力和责任不一致的一般情形是，权力大于责任、权力小于责任和权力交叉重叠。权责不一致的情形容易造成权力行使方面的滥用，责任承担方面的互相推诿，以及多头管理、无人负责的弊端。①

4. 领导人员配置和管理制度

领导人员的配置和管理制度既属于用人范畴，也属于领导体制范畴，主要是指用何种方式和制度来选举、招考、任免以及监督轮换领导人员。领导者作为领导活动的主体，其自身的素质、能力和工作态度直接关系到领导工作的效率和组织的生存与发展。因此很有必要对领导人员进行科学合理配置和制度化管理，推动组织的健康发展，减少因管理和配置不当造成的损失。随着社会的进步与发展，现在世界各国都十分重视适合本国国情的领导体制的建立，以使领导人员的配置与管理逐步走上制度化、法制化的轨道。因此，领导人员的配置与管理制度也越来越成为领导体制中的一个重要问题。

5. 领导体制的构成要素

领导体制的构成要素包括决策中心、咨询系统、执行系统、监督系统和信息反馈系统五个部分。决策中心是领导体制的灵魂；咨询系统是决策中心的思想库与参谋部；执行系统是决策方案的落实部门；监督系统是领导体制的调节器和平衡器；信息反馈系统是决策中心的辅助部门和助手。②

但需要注意的是领导体制与领导方式、领导机构、领导制度的不同。领导方式是根据社会生产发展和领导的客观需要所采取的形式；领导机构是领导体制内部的机构设置和组织结构；领导制度是组织机构的隶属关系、权限划分、干部等方面的制度。不同的领导方式，形成不同的领导体制类型；同样的领导体制，也可以有不同的组织结构；不同的领导结构也可能产生不同的领导效能。因此，选择科学的领导方式，形成良好的领导结构，建立合理的领导制度，对于实现有效的领导是十分重要的。

3.1.3 领导体制的功能

任何领导活动的开展都离不开领导体制，领导者个体和集体领导作用的发挥，也往往受制于领导体制，因此，领导体制一旦确立起来，就有很大的约束力和稳定性。领导体制作为领导系统的核心和内在机构，在领导活动中表现为一种客观的制约力量。在一个科学合理的领导体制中，领导作用相加的结果是 $1+1>2$，如果领导体制不科学、不合理，领

---

① 苏保忠. 领导科学与艺术. 北京：清华大学出版社，2004：81.

② 刘建军. 领导学原理. 4版. 上海：复旦大学出版社，2013：96.

导作用相加的结果则是 1+1<2，甚至等于零或负数。可见，领导体制在领导活动中具有重要的价值和意义。一个组织的领导活动能否正常进行，主要取决于领导体制的优劣。所以邓小平同志在谈到领导体制改革的必要性时就指出："我们过去发生的各种错误，固然与某些领导人的思想、作风有关，但是组织制度、工作制度方面的问题更重要。"① 由此看来，领导体制对组织的影响远远超过了领导者个人对组织的影响。具体来说，领导体制的作用主要表现在以下几个方面：

1. 是领导活动正常进行的制度保障

领导过程是一个复杂的社会实践活动，在社会化大生产的今天更是如此。复杂的领导活动仅靠领导者个人或领导班子若干人是难以进行的，只有建立一定的领导体制，把各级各类的领导机关组织起来，形成一个有机的领导工作系统，才能保证领导活动的正常进行。如果领导机构没有一定的领导体制为依托，那么，领导行为就无法实现，领导作用也就无从发挥。因此，领导体制是一切领导活动组织、协调的枢纽，是领导意图、作用实施的物质载体，也是领导活动能否正常运行和运行机制效能高低的客观依据。

在现实生活中，领导者的决策、指挥、监督和控制等职能，需要借助于健全的领导体制才能得以顺利实现。任何一个领导者要进行有效的领导，首先要有一个科学的决策机构，这个机构必须人员精干，并具有最佳的整体功能。与此同时，在决策中需要有咨询、参谋机构，为科学决策服务。如一些发达国家的智囊团、思想库，就为组织领导者进行有效领导发挥了重要的参谋作用。当决策机构做出了各项决定或下达了指令后，必须要有一套执行机构去贯彻执行。而执行的结果，还必须要由监督机构根据决策内容和要求实行监督、检查，以保证决策、指令贯彻得准确无误。只有具备这样一套完整的组织体系和机构，领导职能才能更好地发挥，才能圆满地完成领导任务。一个好的领导体制可以充分发挥领导者个体和领导集体的主观能动性，领导体制不好，不仅会压抑他们的积极性和首创精神，而且还可能会使好的愿望走向反面。因此，领导体制对于领导活动来说，比之领导者个人的素质和领导集团的结构具有更为重要的意义。所以有人说，领导体制是个管理场，领导者或领导集团在领导体制中，就像离子和电子在磁场、电场中一样，是不允许自由活动的。领导体制好，领导者或领导集团就如鱼得水，事半功倍；领导体制不好，领导者或领导集团工作再努力，也是难以有作为的。

2. 是领导者与被领导者之间建立关系、发生作用的桥梁和纽带

任何领导活动都是领导者根据实际需要，对被领导者的思想、行动进行引导、规范和约束，而被领导者又影响领导者，形成双向互动，并共同作用于客观实际的领导过程。其中，领导者是主体，在领导活动中起主导作用，被领导者是相对领导者来说的，是指在领导活动中处于被动地位的组织或个人，是领导活动中的基本要素，对领导者来说，被领导者是客体，离开了被领导者，领导者就无法实施其领导活动。领导者和被领导者在领导活动中起着极其重要的作用，是决定领导活动成败的关键要素。科学、合理、有效的领导体制，被认为是领导者与被领导者之间的一座相互联系、沟通的桥梁。② 同时在领导过程

---

① 邓小平．邓小平文选：第 2 卷．2 版．北京：人民出版社，1994：333.

② 苏保忠．领导科学与艺术．北京：清华大学出版社，2004：83.

中，也只有借助领导体制，才能将每个成员组织在一起，形成层次分明、行动统一、目标明确的有机整体。也只有健全的领导体制，才能将领导者的意图、指令、任务和规划层层下达，并将执行情况按照领导体制规定的渠道上报决策层，形成紧密相连、有效反馈的传递系统。当然，领导体制阻塞信息传达、延缓目标实现的情况也是有的，这种情况往往需要通过领导体制的变革和非正式的沟通进行克服。

另外，领导体制又是人们实现组织目标的工具和实体。因为单个人的能力是十分有限的，只有通过领导体制的力量，将众多的人整合到一个组织中，才能形成一种合力。借助于领导体制得以显现出来的群体功能远远大于个体功能的简单相加之和。同时领导体制也是领导者行使职能，推动整个组织发展的重要工具，是领导者和被领导者实现组织目标的保证。

3. 是决定领导效能高低的重要变量

任何领导活动都是在一定的领导体制内进行的。领导体制作为根本性的领导制度、组织制度和领导活动主体的内在机制，从根本上决定并制约着每个领导者、领导集团和工作人员在领导活动中的地位、作用，决定着领导结构和领导方式。它对于领导效能的发挥，必然起着根本性、全局性、稳定性和长期性的作用。

领导体制中的机构设置、职责权限划分以及人员配置是否健全、合理、科学，直接制约和影响着领导效能的高低。所谓领导效能是正确的目标方向与工作效率的乘积，而目标方向尤其是工作效率直接同领导体制密切相关。领导效能包括领导机构的设置是否健全，职责权限的划分是否合理，领导层次与领导幅度是否得当等。如果领导体制科学合理，各类领导机构及其成员就会在领导过程中各司其职、各尽其能、协调配合、互相支持，保证决策能够及时、正确地贯彻执行，从而产生较高的领导效能。否则，就会互相掣肘、扯皮推诿、沟通不畅，导致决策延迟、延误甚至失误，工作效率低下。因此，领导体制是决定领导效能高低的重要因素。

4. 是领导活动规范化、制度化的组织保证

领导体制是关于领导活动中人们基本行为的规范。领导体制主要由规章制度、组织机构和领导者群体等领导要素组成。其中，领导体制具有制度刚性，能够使领导活动或领导者的行为受到制约、引导和规范，是制约、监督领导活动的组织条件，它使领导活动减少了神圣色彩，增加了可操作性。同时，领导体制也是领导活动走向制度化、法制化的组织平台。对于当代中国，建设一个科学、合理、有效的领导体制对于社会主义现代化建设尤其重要。①

3.2 领导体制的类型与环境

3.2.1 领导体制的类型

领导体制是一个社会历史范畴。不同的社会生产力和生产方式，决定了领导体制的类

---

① 苏保忠．领导科学与艺术．北京：清华大学出版社，2004：83.

型必然是多种多样的。所谓领导体制的类型，主要是指领导组织机构的具体内容，尤其是各部门之间的职责与权限划分的模式。

现代领导体制纷繁复杂，按照不同的分类标准，可划分为不同的类型。但是，无论何种领导体制，如果按照不同的领导体系结构及其相互关系所表现的领导方式来划分，大体上可分为首长负责制和委员会制、层级制和职能制、完整制和分离制、集权制和分权制（如表3-1所示）。这些划分类型是领导体制相对固定的形式，规定了领导体制的基本框架和运行规则。

表3-1　　领导体制的类型

划分标准	类型	评价	
		优点	缺点
按照最高决策者人数的多少	首长负责制：在一个组织中，将法定的最高决策权集中于一个领导者手中的领导体制	权力集中，指挥灵敏，责任明确，办事果断，行动迅速，决策效率高，易于考核	个人智慧和能力有限，处理问题难免有考虑不周之处，还有可能导致专制和权力滥用
	委员会制：在一个组织中，法定的最高决策权掌握在两个或两个以上的领导者组成的领导集体手中的领导体制	决策权力属于领导集体，能集思广益；集体决策，考虑周详；利于组织系统内部的协调和统一；既可减轻主要负责人的工作负担又可避免领导者个人专制和滥用权力	参与决策的领导者较多，行动不快、效率较低、权力分散、责任不明；易相互扯皮，贻误时机；可能会出现争功诿过，甚至会发生无人负责的现象
按照一个系统或组织的指挥、监督和控制的方式	层级制：在一个系统或组织内，在纵向上划分为若干层级，每一个层级对上一层级负责，各层级的管理内容大体相同，只是管辖范围随层级的降低而缩小的领导体制	系统内各单位的关系一目了然、职责分明、行动迅速、步调一致、纪律严明，便于领导指挥；利于培养具有统筹安排、综合平衡能力的通才	层级过多，指挥不灵，导致信息阻塞，影响工作效率；易使领导者深陷诸多杂事，草率处理事务
	职能制：一个系统或组织，在横向上按照业务性质的不同平行设置若干职能部门，作为首脑机关的顾问、参谋，辅助最高领导者开展领导活动的领导体制	分工精细，职责明确，各司其职，业务熟悉，工作效率高，有利于培养精通各门业务的专家型领导者	分工过细，易造成机构臃肿；政出多门，无所适从，增加协调和统筹难度；易使领导者业务面狭窄，产生本位主义
按同一层级的各单位接受上级机关的指挥、控制程度	完整制：在一个复杂的组织系统中，同一层级的各机构或同一机构的各组成单位，在权力结构上统一由一个领导机构或一个领导者进行指挥、控制和监督的领导体制	接受统一领导，权力集中，责任明确，工作效率高，便于统筹规划，减少“内耗”，还可以减少独立单位，避免财力、物力、人力的浪费	权力高度集中，易滋生官僚主义，压制民主，影响下级机构主动性、积极性和创造性的发挥；行动迟缓，效率低下，不利于组织目标的实现
	分离制：同一层级的各类机构或同一机构的各组成单位，根据其不同的职能，在权力结构上分属两个或两个以上的领导机构或领导者来领导、指挥和控制的领导体制	权力分散，各司其职，可防止领导者独断专行和滥用职权；机构分离，彼此竞争，便于下级机构积极性和创造性的发挥	易造成各自为政、互不买账、各行其是、相互推诿的现象；易导致事权冲突，人力、财力、物力分散，资源浪费

续前表

划分标准	类型	评价	
		优点	缺点
按照职权的集中和分散程度	集权制：对所有领导工作的最后决策权都集中于上级领导机构或上级领导者，下级机构或下级领导者没有或很少有自主权，只能按照上级机构或上级领导者的决定、命令和指示办事	权力集中，政令统一，统领全局；能最大限度地集中组织系统的物力、人力和财力，完成大型项目	权力集中，下级缺乏主动性、积极性和创造性；统得过死，缺乏应变能力；工作缺乏弹性和灵活性，易滋生以权谋私、权钱交易等腐败现象
	分权制：下级机构或下级领导者在自己管辖的范围内，有独立自主地决定问题的权力，上级对下级在法定权限内决定处理的事情不进行干涉	易发挥下级优势和潜力，发挥下级智慧和才干；可及时、灵活、客观地处理问题，具有较强的环境适应能力	机构独立，政令不统一，易发生矛盾和冲突；易产生本位主义、分散主义，甚至会导致全局失控、有令不行、有禁不止

1. 首长负责制和委员会制

按照最高决策者人数的多少，可以将领导体制划分为首长负责制和委员会制。

（1）首长负责制。首长负责制，又称独任制。它是指在一个组织中，将法定的最高决策权集中于一个领导者手中的领导体制，由领导者个人对上级和监督机关负责，用下级服从上级的原则进行决策和处理问题。首长负责制包含三个方面的内容：一是行政首长对于本单位、本部门乃至本层级的领导和决策具有高度的领导权和最终决策权，并负有主要的或全部的行政责任。二是首长负责制建立在一定的民主讨论基础之上，要受制于各种民主化的规则。三是首长负责制的运作是以分工负责的方式展开的。这种分工包括自上而下的逐层、逐级的权责分工和同一级几个机构之间的权责分工。公共行政部门一般采取首长负责制的领导方式。

首长负责制的优点在于：权力集中、指挥灵敏、责任明确、办事果断、行动迅速、决策效率高、易于考核。但首长负责制也有明显的不足之处：在首长负责制下，由于一个人的知识、能力、经验、智慧和才华毕竟有限，处理问题难免有考虑不周之处。虽然现代领导体制中广泛地增设了专家智囊系统，可以帮助领导者科学决策，但因领导者有着最后的决策权，首长负责制不能完全弥补这一缺陷。另外，在首长负责制下，如果其领导者选择不当，可能会造成领导者独揽大权，导致专制和权力滥用，进而出现营私舞弊的行为，危害国家和集体的利益。

（2）委员会制。委员会制，又称合议制。它是指法定的最高决策权掌握在两个或两个以上的领导者组成的领导集体手中的领导体制，按少数服从多数的原则进行决策和处理问题。

委员会制的优点在于：一是决策权力属于领导集体，能够集思广益，博采众长，可以克服个人领导能力的不足；二是可以利用集体的智慧进行决策，考虑问题相对周详，减少武断，能够保证决策问题的正确性；三是委员来自不同的方面，既能代表各方面的利益，又有利于组织系统内部的协调和统一；四是各委员分工合作，既可以减轻主要负责人的工作负担，又可以避免领导者个人专制和滥用权力。

其不足之处在于：在委员会制下，由于参与决策的领导者较多，存在着行动不快、效率较低、权力分散、责任不明、决策意见难分优劣的弊端，有时因领导者之间意见不一，相互扯皮，使问题久拖不决，贻误时机。另外，在委员会制下，一旦缺乏严谨的法规或规章，可能会出现争功诿过，有时甚至会发生无人负责的现象。

上述两种领导体制各有长短，难以绝对区分优劣，而只能根据不同领导类别和不同环境情势灵活运用。从实践来看，一般行政性的、技术性的、事务性的、速决性的以及突发性一类的领导活动，宜采用首长负责制，以谋求决策及时、指挥果断、管理高效。但这种领导体制对领导者个人素质的要求较高。而立法性、方针政策性、战略规划性、协调性以及综合平衡一类的领导活动，宜采用委员会制，以便充分反映各方的意见和要求，使立法和决策更合理科学。事实上，在采用某一体制为主的同时，可以用另一种体制作补充，以取得最佳的领导效果。在现代领导活动中，首长负责制和委员会制既相互制约又相互融合。例如，在公共行政部门，首长负责制受制于各种民主化的规则，也强调充分发挥集体领导的作用；同时，在具体运作时，首长负责制又通过分工负责来实现，这种分工负责是首长的权力下授，分管领导必须对首长负责。

2. 层级制和职能制

按照一个系统或组织的指挥、监督和控制方式的不同，可将领导体制划分为层级制和职能制。

（1）层级制。层级制是一种传统的领导体制，又称层次制、分级制或系统制、直线制等，是指一个系统或组织，在纵向上划分为若干层级，每一个层级对上一层级负责，各层级的管理内容大体相同，只是管辖范围随层级的降低而缩小的领导体制。在这种领导体制下，领导者与其下属之间有统一的直线关系，指挥和命令从领导系统的最高层，按照垂直方向自上而下贯彻执行，形成了一个从指挥中心到基层连续像台阶那样的指挥系统，即形成直接指挥、监督和控制的渠道，整个组织体系从而呈现出下大上小的金字塔结构，权力分布则呈现出上宽下窄的格局。如我国行政系统中的国务院、省、县、乡（镇），军队系列中的军、师、团、营、连。

层级制的优点在于：在层级制下，系统内部各单位的关系一目了然、职责分明、行动迅速、步调一致、纪律严明，因而便于领导指挥。另外，在层级制下，由于各层次领导者业务性质大体相同，因此人员升迁或平行调动均能较快胜任工作，有利于培养具有统筹安排、综合平衡能力的通才。

但层级制的缺点也很明显：在大型的组织系统中，由于层级过多，指挥不灵，导致信息阻塞，影响工作效率；此外，层级制还容易造成领导者事无巨细，事必躬亲的局面，这一方面不利于发挥下级的积极性和主动性，另一方面，使领导者深陷诸多杂事而不能自拔，难免滥用权力，草率处理事务。因此，层级制的领导体制仅适用于领导场合较小、上下级关系比较单纯的组织或单位。在人类社会长期发展的各个历史时期，无论是行政领导、军事领导还是宗教领导等，大都采用这种领导体制。但是随着历史的发展，社会组织越来越复杂，社会活动的规模越来越大，这种体制就越来越不能适应形势发展要求了。只有军队还始终如一地沿用这种领导体制。①

---

① 苏保忠．领导科学与艺术．北京：清华大学出版社，2004：87.

（2）职能制。职能制，又称分职制、功能制或机能制，是指一个系统或组织，在横向上按照业务性质的不同平行设置若干职能部门，作为首脑机关的顾问、参谋，辅助最高领导者开展领导活动的领导体制。职能制的领导体制最初由美国管理学专家泰勒提出，这是一种为完成某一领导职能或管理业务的专门组织机构。在这一体制下，每个职能部门都以组织整体为管辖对象和服务对象，只是管辖范围和分工不同而已。如我国国务院内部设立的各部、委、办；部队的军部设置的司令部、政治部、后勤部等。

职能制的优点在于：在职能制下，分工精细，职责明确，领导者可以各司其职，在业务上容易熟悉，工作效率较高，有利于培养精通各门业务的专家型领导者。

其不足之处在于：一是在职能制下，职能分工过细，容易造成机构臃肿、机构重叠、人浮于事、互相扯皮的现象；二是政出多门，无所适从，增加领导者协调和统筹的难度；三是各部门只熟悉本部门的业务，不了解全局，会造成领导者业务水平过于集中在本部门，易使领导者业务面狭窄，产生本位主义，忽视全局，增加领导者的协调任务。由此可见，职能制不利于协调各单位之间的活动，不利于有效地把各个职能部门的指示协调起来，不利于解决各种综合性问题。

层级制和职能制各有优劣，因此，在现代领导活动中，需要将二者有机结合起来以达到比较好的领导效果。然而在现代经济、科技、社会高度综合和协调发展的条件下，社会组织的日益大型化，不可避免地会带来这样的问题：一是由于一个领导者所直接管辖的人数有一定限度，在组织规模大、人数较多的机构中，层次必然会增加；二是组织规模的大型化，要求职能部门更加专业化，所以横向部门必然日益增加。因此，需要科学地处理领导体制中层级制和职能制的问题。在实际运用中，可遵循以下原则来指导二者的科学设置：一是目标原则，即以有利于组织目标的实施为前提，根据目标和使命来设置层级和职能部门；二是效率原则，即组织系统层级和职能部门的设置与调整，必须有利于办事效率的提高；三是工作任务原则，即根据组织系统的目标与具体任务设立机构的层级和部门，任务完成后又及时取消这些机构；四是以人为本的原则，即组织系统层级和职能部门的设置与调整要有利于方便组织成员以及民众，为民众和组织成员着想。

3. 完整制和分离制

按同一层级的各单位接受上级机关的指挥、控制程度的不同，可以将领导体制划分为完整制与分离制。

（1）完整制。又称一体制、集约制、一元统属制，俗称一元化领导，是指在一个复杂的组织系统中，同一层级的各机构或同一机构的各组成单位，在权力结构上统一由一个领导机构或一个领导者进行指挥、控制和监督的领导体制。

完整制的优点在于：在完整制中，同一层级各机关，均接受同级组织的统一领导，或者同一机关的各个构成单位接受同一个上级单位的领导，权力集中，责任明确，工作效率高，便于统筹规划，减少相互推诿扯皮的现象，消除各单位之间的工作重复与权力冲突，减少“内耗”，同时还可以减少独立单位，避免财力、物力、人力的浪费。

完整制的缺点在于：一是权力高度集中，容易造成上级机构或个别领导者包揽一切，易滋生官僚主义，特别是高层领导者独断专横，压制民主，影响下级机构主动性、积极性和创造性的发挥，使下级机构养成对上级机构的依赖性等；二是行动迟缓，效率低下，不利于组织目标的实现，而且大权一旦落在品德不好的领导者手里，则会产生恶劣的领导后果。因此，对于完整制的领导体制必须处理好由于权力高度集中而造成的独断专行和下属单位失去自立精神的问题。

（2）分离制。分离制，又称独立制、分散制或多元领导，是指同一层级的各类机构或同一机构的各组成单位，根据其不同的职能，在权力结构上分属两个或两个以上的领导机构或领导者来领导、指挥和控制的领导体制。

分离制的优点在于：一是在分离制中，权力在高层分散存在，领导者各司其职、各掌其权、各负其责，且相互制约，可以防止领导者独断专行和滥用职权；二是各机构相互分离，彼此竞争，便于下级机构积极性和创造性的发挥，有利于培养和发现人才；三是在分离制条件下，即使上级领导机构设置不健全，领导者不称职甚至决策失误，也不至于对组织的全局性工作产生重大影响。

然而，如果分离制运用得不好，其缺点也相当严重，容易造成各自为政、互不买账、各行其是、相互推诿的现象，尤其是在遇到困难时，难以同心协力、同舟共济、共渡难关。此外，在分离制下工作易重复，导致事权冲突，人力、财力、物力分散，资源浪费，影响国家和集体利益。

完整制和分离制在领导体制中是一个矛盾的两个方面，是对立统一体。有效的领导体制应当是完整制与分离制的有机统一，严守完整制或分离制都是困难的。在实际运行中，完整制与分离制的固定形态实际上是不存在的。领导者只有不断地研究新情况、解决新问题，在领导体制结构上表现出动态性管理，才能使完整制与分离制的功能在两方面有机结合中发挥得更好，把两者的负效应压缩到最小限度。在当今世界，不管什么国家，也不管什么社会制度和什么性质的组织，都不可能严格地只实行完整制或分离制，都要因时灵活掌握。

4. 集权制和分权制

按照职权的集中和分散程度的不同，可以将领导体制划分为集权制与分权制。

（1）集权制与分权制的内涵以及各自优缺点。

1）集权制。所谓集权制是指对所有领导工作的最后决策权都集中于上级领导机构或上级领导者，下级机构或下级领导者没有或很少有自主权，只能按照上级机构或上级领导者的决定、命令和指示办事的领导体制。

集权制的主要优点在于：权力集中，有利于政令统一，标准一致，力量集中，领导者能够统领全局；兼顾各方利益，命令容易得到贯彻执行。特别是在系统资源有限的情况下，集权制能够最大限度地集中组织系统的物力、人力和财力，从而完成在其他领导体制下无法完成或完成不好的大型项目。

但是，集权制的优点同时也造就了它的缺陷，集权制把所有决策权集中于上级机构，下级机构没有自主权或很少有自主权，因此，下级机构往往缺乏主动性、积极性和创造性，同时集权制往往因为统得过死而缺乏应变能力，使组织不能因时、因地制宜，缺乏必要的环境适应性。另外，在集权制的领导体制下，领导工作缺乏弹性和灵活性，有时还会助长上级机构或领导者独断专行的歪风，滋生以权谋私、权钱交易等腐败现象。

2）分权制。所谓分权制是指下级机构或下级领导者在自己管辖的范围内，有独立自主地决定问题的权力，上级对下级在法定权限内决定处理的事情不进行干涉的领导体制。

分权制的优点与集权制正好相反，这种领导体制可以使下级机关从实际情况出发，独立自主地开展工作，依据具体情况、具体特点去处理问题，一方面可以充分发挥下级机关的优势和潜力，另一方面也可发挥下级人员的智慧和才干。另外，分权制是按权分级、按级分工、分工负责，这样可以根据客观环境的变化及时、灵活、客观地处理问题，具有较强的环境适应能力。

但分权制的缺点也很明显，主要表现在：各组织机构相互独立，政令不统一，容易发生矛盾和冲突，且难以协调。此外，各个部门从保护自己利益的角度出发，容易产生本位主义、分散主义，有时甚至会发生为了部门利益而牺牲整体利益的情况，导致全局失控、有令不行、有禁不止。

（2）集权与分权的原则。

关于集权与分权问题，从权力配置上看，有两种类别：一种是完整制与分离制所涉及的平行机构之间的集权与分权关系；另一种是集权制与分权制所涉及的上下级机构之间的集权与分权关系。但在多数情况下，集权与分权主要指的是后者。如何处理集权与分权的关系，一直是领导者需要解决的重要问题。从实践来看，处理两者之间的关系，并没有一个固定的模式。但可以坚持以下原则：

1）可能损失原则：如果下级制定某项决策容易失误，决策实施后可能导致严重损失或不良后果时，这种决策宜采取集权的形式，反之，则可以采用分权的形式。

2）责任范围原则：如果一项重大决策引起的责任后果较大，而决策的后果无法准确预计时，则决策权不宜下放。

3）决策范围原则：如果一项决策影响的范围较大，或者决策涉及所有部门与单位时，宜采用集权的形式，反之，部门性决策权则可下放。

4）监督考核原则：凡属考核内容的工作，如监督考核某一层次领导者的工作，应采用集权形式。

5）业务性原则：涉及各地、各部门业务性质相同的工作，一般应采用集权形式，反之，可采用分权形式。

6）地域规模原则：凡是大规模的发展计划和战略规划工作，应采用集权形式；与上述情况相反的，则采用分权形式。

7）下属的成熟度原则：如果下属的自我约束能力较强，自我定位较准确，则决策权下放的可能性就较大，反之则较小。①

无论是集权程度大或是分权程度大，目的都是更好地实现组织的战略目标，充分调动每个成员的积极性，发挥出 $1+1>2$ 的综合优势。但从发展趋势来看，当组织发展到一定水平时，应当考虑采用分权制的领导体制。其理论依据是：

首先，就营利组织而言，随着社会生产力的发展，世界产品市场正逐步由卖方市场向买方市场转移，市场需求向多样化、个性化方向发展，市场划分越来越细，组织对市场变化做出反应的时间要求越来越短，同时，组织做出正确决策所需信息量越来越多，必然要

---

① 刘银花，姜法奎．领导科学．大连：东北财经大学出版社，2006：157.

求它们充分发挥低层组织的主动性和创造性，充分利用其自主权来适应它们所面对的不断变化的情况；就公共组织来说，随着世界各国民众民主呼声的进一步高涨以及民众对公共部门提供公共产品和公共服务需求的多元化变化，客观上也要求以政府为主体的公共部门通过分权、授权等途径强化基层组织的社会管理和公共服务等职能，以适应变革时代公共组织所处环境的全新诉求。

其次，如果决策权集中于最高层领导者，则传递有关决策信息的成本会越来越大，所需时间会越来越长，不利于组织对所处环境变动做出快速反应。

最后，即使最高层领导者经验丰富，判断力极强，但如果决策职能过分集中，则会造成其负担过重，陷入具体事务而不能脱身，也就没有时间做出更重要的决策。

案例3-1

某处张处长毕业于某名牌高校，他崇尚民主思想，主张在管理工作中分权授能，让下属充分发挥积极性和创造性。他把绝大多数权力都分配给了下属机关，自己只负责最重要的事情。他常说，管得最少的领导就是最好的领导，民主才能产生效率。有人找他反映问题，他总是说，这件事不归我管，你去找某某去。他充分信任下属机关，从来不过问它们的具体工作。半年里，他只开了四次会，每次会上他都首先对大家的辛苦工作表示感谢，并对下一步工作提出原则性的意见。后来，上级领导前来检查，发现下属机关之间互相扯皮，人心涣散，很多工作都没有落实。张处长非常伤心，觉得下属辜负了自己的信任，决定把所有的权力都收回来，所有的事情自己一个人说了算。

3.2.2 领导体制的环境

不同结构和不同类型的领导体制，均有自己独特的优缺点，要尽可能发挥其优点，避免其缺陷，这就要了解和掌握领导体制所处的环境，根据领导体制环境，适时、灵活、恰当地选择领导体制的结构和类型。

1. 领导体制环境的含义

领导体制不是一成不变的，随着环境的变化，领导体制也发生相应的变化，力求与环境相匹配，因此，领导体制环境决定了领导体制的结构和类型，是领导体制的客观基础。

所谓领导体制的环境，是指一切对领导体制有直接或间接影响的时间、空间条件和物质、精神因素的总和，是领导体制所面对的周围的全部现实条件和客观境况，是制约和推动领导体制发展及变革的各种自然和社会因素的组合。正确理解领导体制环境的含义，需要注意以下几点：

(1) 领导体制环境是一种客观实际。在一个组织系统中，尽管领导者可以感知到领导体制环境的存在，并在某种程度上可以对领导体制环境施加一定的影响，但领导体制环境是不以领导者的意志为转移的客观存在，有着自身的发展变化规律，无论是利用领导体制环境，还是改造领导体制环境，都必须以正确认识领导体制环境、遵循领导体制环境的客观规律为前提。

（2）领导体制环境是一种态势。影响和制约领导体制的各个方面的因素总是处于动态的发展变化之中，任何因素的变化和发展都势必会造成领导体制的变动，领导体制的变动必然要求领导体制结构和类型进行相应调整，在这一系列的变动、调整过程中，形成领导者和被领导者面临的新情况和新问题。

（3）领导体制环境是一个多层次开放的有机系统。领导体制环境不仅包括组织外的大系统，而且还包括组织内的小系统。就组织内的小系统而言，涉及领导层级、领导幅度等；组织外的大系统涉及整个社会、国家乃至国际环境，这些都影响和制约着领导体制环境。

（4）领导体制环境是一个发展的历史概念。自然界在变化，人类社会也在发展变化，领导体制环境也随之发展变化。

领导体制环境对领导活动有着复杂、深刻和多方面的影响，任何一项领导活动的正常、高效运行，都离不开对领导体制环境的认识、适应、利用和改造。因此，领导者必须高度重视领导体制环境，有效把握领导体制环境的特点，并对其加以改造和利用。

2. 领导体制与领导体制环境的匹配

领导体制的运行直接关系着领导效率的高低，领导体制的类型多样、结构复杂，任何一种类型的领导体制和任一结构的领导体制，都有着自身的优缺点。如何坚持贯彻和良好地运行领导体制，关键在于领导体制的选择和适用要与领导体制环境相匹配。一国领导体制的形成正是一国具体国情等领导体制环境多因素共同作用的结果。

世界上大多数国家实行的总统制，长期以来被视为现代国家民主制度。但中国则不然，创立了崭新的由现代政党、现代国家共同构成的“集体领导”。这就是中国作为一个世界大国治理的领导核心，它是指由多人组成的中共中央政治局常委会及其集体领导的机制。

为什么中国会创新和形成集体领导呢？这既有中国共产党执政历史演变的政治逻辑，也有中国作为超大国家基本国情的治理逻辑：一是中国是世界上人口最多的国家，其人口总数相当于美国和欧盟各国总人口的1.6倍；二是中国是世界上陆地领土非常大的国家，地域广大，远大于欧盟，与美国相当，但是各地发展极不平衡，无论是地区差距还是城乡差距都大于当今欧盟和美国历史上最高的时期；三是中国是世界上政府层级复杂的国家，有五级政府，比美国多出两级，不同层次政府的协调难度大，治理难度更大；四是中国共产党是世界上超大规模的执政党，共产党党员超过8 000万人，人数与世界第十六人口大国的人口数量相当，更需要“党要管党、从严治党”。因此一般国家的制度安排和两党制、三权分立制、总统制、两院制对中国而言过于简单，应用到中国有着极大的局限性和明显的缺陷。从历史上看，许多制度都在辛亥革命之后由历届政府倡导过、移植过、采用过，但先后都失败了，未能解决孙中山先生所痛心疾首的“个个自由、四分五裂、一盘散沙”问题，中国共产党人在建设新中国的长期过程中不断探索、不断试错、不断调整，以适应中国国情，适应发展阶段，“摸着石头过河”，才逐步形成了世界最大的“超级国家机构”及集体领导体制。①

① 胡鞍钢. 集体领导体制的政治优势. 人民论坛，2013（25）：17-19.

知识库 3－1

奥斯本认为，官僚制的政府组织形式之所以在过去的很长一个时期内经久不衰，其原因并非仅仅在于它的高效率，在很大程度上更在于它适应了当时社会的需要，它向人们提供了相对稳定的职业，向社会显示了公平、平等的精神，提供了最基本的社会服务。在经济萧条和两次世界大战期间，官僚制便是以它的中央集权、令行禁止的特征来表现其优势的。然而，今天的社会环境与官僚组织产生的环境大不相同。当官僚组织产生时，人们的生活节奏慢，整个社会处于一种金字塔式的结构之下，居于塔尖上的人们比其他人更能获得信息，做出正确决策。当时劳动力水平较低，手工劳动是主要的形式。地理位置严重影响经济发展，市场很不发达。而这一切在今天似乎都消失了。由此，20 世纪 30 年代和 40 年代形成的官僚体系，中央集权、层次繁多，在变化迅速、信息丰富、知识密集的 90 年代已不能有效运转。

资料来源：刘建军．领导学原理：科学与艺术．4 版．上海：复旦大学出版社，2013：104.

3．领导体制环境的发展和优化

领导体制环境的发展过程就是在正确认识领导体制环境影响力的基础上，遵循正确的原则，对领导体制环境进行优化的过程，主要包括认识环境、适应环境和改造环境。

（1）正确认识领导体制环境。正确认识领导体制环境，是指领导者在周密调查的基础上，对领导体制环境的各方面情况进行全面研究、分析，把握客观环境的本质及发生、发展的规律。正确认识领导体制环境是开展领导工作、改善领导体制环境的前提。领导者只有正确认识领导体制环境，才能根据环境情况恰当地选择领导体制类型，搭建领导体制结构。

（2）充分适应领导体制环境。适应领导体制环境，是指领导者在认识和熟悉领导体制环境的基础上，有意识地根据客观环境的特性和要求，选择适当的领导体制，并充分利用领导体制环境中的有利因素，抓住时机，充分发挥领导体制的优势作用。

（3）主动改造领导体制环境。改造领导体制环境，就是领导者在认识和适应领导体制环境的基础上，通过主观能动性的发挥，促使领导体制环境向有利于领导体制顺利达成和实现的方向发展与转化，最终实现领导体制环境的优化。这就要求领导者根据现有的领导体制环境各要素的特点及其发展规律，制定改造领导体制环境的整体方案，同时明确领导体制环境发展的有利因素和不利因素，利用有利因素，控制不利因素并促使其向良好方向转化。

总之，领导体制环境是一个复杂的系统，它对领导体制会产生这样或那样的影响，当今国际、国内环境情势的日益发展变化，给领导体制带来了许多机遇和挑战。这就需要领导者以全球化视角和战略性眼光来审视周围环境，适时培养和营造良好的领导体制环境，确保领导体制顺利运行。

3.3 领导体制的演变及变革

人类社会是组织的社会，为了达到一定的生产和生活目标，人们必须按照一定的方式组织起来，以实现理想的组织效率。领导体制正是人们寻求改善组织方式、提高组织效率的形式。领导体制的出现，反映了人类社会领导活动的客观必然要求，其形成和发展与生产力发展水平有着密切的关系，并随着社会的不断发展变化，呈现出不断演进更替的趋势。任何一种领导体制，虽然在一定时期内应当保持其相对稳定性，但领导体制总是随着客观形势变化的需要，不断地进行相应的调整和变革。随着现代社会经济和政治领域领导活动的日益繁杂，领导体制也相应地变得更加精细、更加完备，产生了丰富多样的形式。

3.3.1 领导体制的演变

领导体制的形成最早可以追溯到原始社会的原始氏族部落议事会。在原始社会时期，一切成年男女都有权参加部落的议事会议，这种原始氏族部落议事会就是最早的领导体制的雏形。它主要是为适应当时社会对简单协作劳动者的领导和战争指挥的需要，这是一种通过自然组合和习惯调节的自然式集体领导体制。随着社会分工的出现和逐步发展，社会上出现了职业化的领导管理阶层。至此，领导体制逐步规范化。同其他事物一样，领导体制也有其发生、发展的历史演变过程。领导体制的演变与发展，是与一定的生产力发展水平相适应的。一般说来，由于生产力水平的提高，生产关系产生了全新的变化，作为社会上层建筑系统组成部分的领导体制也必将随之发生相应的变化，这样，领导体制的不断演进更替就成为历史趋势。

1. 国际领导体制的演变

从技术的角度看，领导体制的演变大致经历了六个不同的发展阶段，即原始自然式领导体制、家长制的领导体制、经理制的领导体制、“软专家”式的领导体制、专家集团式的领导体制、集中与分散相结合的多极领导体制。

（1）原始自然式领导体制。

早在原始社会，就有了领导体制的雏形，即原始氏族部落的议事会。议事会是氏族内的一切成年男女都可以平等参加的一种民主集会。日常事务由酋长（首领）解决，他是由议事会选举产生的，必须对氏族的全体成员负责，如果他不按氏族成员的意愿行事，议事会可以随时将他罢免。这种领导形式的出现主要是为了适应当时社会对简单劳动者的领导和战争指挥的需要，实际上是一种通过自然的组合和依靠习俗调整来维持的自然集体领导体制。①

（2）家长制的领导体制。

家长制的领导体制是封建社会几千年来一直流传的领导体制。在西方工业革命之前，由于社会组织包括政治、行政和资本主义生产领域之中的组织结构形式单一、工作流程并

① 赵麟斌．领导科学新论．上海：同济大学出版社，2010：100.

不复杂，因而家长制的领导体制基本上能够满足当时管理的需要。① 在当时，企业组织主要以小规模的手工作坊为主，生产力水平低，社会化程度低，所有者和管理者往往融为一体，一切由企业主说了算。在家长制的领导体制下，不仅企业组织的领导实行家长制领导，而且科学技术的领导也是家长制领导。在最早成立的一批研究机构中，科学技术专家担任领导者，领导者既是这个研究所财产的拥有者，又是科技研究的带头人，研究所的成员都是他的雇佣劳动者，一切由他说了算，一切成果归他享有。在19世纪中叶以前，家长制的领导体制一直是各种社会的政治、经济、文化组织中普遍盛行的领导体制。这种领导体制在当时的历史条件下尚可适应，也曾起过积极作用。

家长制的领导体制具有下列基本特征：1）权力高度集中。组织权力不进行划分，整个组织的活动完全受最高领导者的个人意志支配。2）组织管理的随意性。管理主要依靠最高领导者个人的直觉、经验和个性，没有一定的程序和规则，办事无章可循、无法可依。管理一般没有明确的责任和权力分工，缺乏稳定的正式结构，组织活动呈无序状态，经常因为互相推诿、不负责任而使效率降低。3）任人唯亲。选择管理人员以血缘关系或人身依附性的初级社会关系为准，视与最高领导者的私人关系和感情亲疏而定，结果使大量不称职的人员占据组织管理职位，因人设位，管理职位冗杂，并在组织内部形成与组织目标相悖的利益群体。4）终身制。最高领导者一般实行终身制，缺乏正常更换领导者的机制。

在家长制的领导体制下，大多数企业领导者缺乏各种科学知识和技术，也缺乏必要的管理知识，领导者凭借自己的地位、权力和经验，从事领导和管理工作。这种最初的企业领导体制形式，产生于资本主义发展初期，是与当时生产规模小、生产力水平还不发达的状况相适应的，在历史上曾经起过积极作用。现在主要为小型独资（单一制企业）所采用。

案例3-2

福特汽车公司的家族制领导

福特汽车公司的创始人是老亨利·福特。他生于农民家庭，16岁时，来到底特律，在爱迪生照明公司当工人。当时，汽车刚发明不久，从1899年起，他曾两次创办底特律汽车公司和福特汽车公司，但都以失败而告终。后来，他找到了詹姆斯·库兹恩斯这个专家担任经理，第三次办起了福特汽车公司。库兹恩斯采取了三项重大措施：(1) 首先进行市场预测。他认为只有价廉才能多销，于是他定出了一辆汽车850美元的奋斗目标。(2) 采取流水作业法。他认为价廉，必须像当时军事工业那样流水作业，大量生产。由此，世界上第一条汽车流水生产线建立起来，使生产效率由过去的12小时28分钟生产一辆汽车提高到9分钟生产一辆。(3) 建立销售网。到1912年已有7 000家商行从事销售福特汽车。这样，从1908年起价廉耐用的黑色T型汽车冲向世界，使福特一下子成了著名的

① 苏保忠. 领导科学与艺术. 北京：清华大学出版社，2004：88.

汽车大王。成功冲昏了老福特的头脑，他于1915年辞退了库兹恩斯，实行个人独裁。但是，他本人并不懂得如何生产汽车，更不懂得如何管理这一巨型企业。第一次世界大战后，福特汽车公司开始走下坡路，而在此时，通用汽车公司聘用斯隆任经理，斯隆以事业部制这一先进组织体制，使通用汽车公司超过福特汽车公司，成为世界首位汽车生产厂。老福特看到情况不妙，被迫在1928年改为生产A型车，但仍无法挽回局势，1929年福特汽车公司市场占有率下降到31.3%，到1940年跌至18.9%。老福特的家长式领导体制造成了公司管理的极度混乱，他甚至说他的公司“没有组织，没有专门的职责，没有权力的转让，缺少有头衔的人物，也没有什么代表会议”。到1945年，福特汽车公司每月亏损900多万美元，濒临破产。福特公司已到了生死存亡的紧要关头。老福特不得已将大权交给亨利·福特第二。和他的爷爷不同，小福特受过高等教育，很有气魄和胆量。他上台后用重薪聘请欧内斯特·布利奇当总裁，布利奇又将通用汽车公司的高级管理人员刘易斯·麦克纳马拉（后来的世界银行行长）聘来。新领导班子进行了一系列改革，当年就扭亏为盈，经过几年努力，使福特公司在销售上升为美国第二大汽车厂。这时，小福特又犯了爷爷的老毛病，1960年他辞掉了布利奇，到1978年他又解雇了继任者雅科卡，公司在80年代初出现巨额亏损，使公司大伤元气。

资料来源：刘建军．领导学原理：科学与艺术．2版．上海：复旦大学出版社，2005：93-94.

（3）经理制的领导体制。

工业革命后，由于先进机器在工业中的广泛应用，不仅进一步加剧了社会分工，同时工厂代替了手工作坊，劳动生产率大幅度提高，企业生产规模进一步扩大，生产经营的社会化程度日益提升，企业的领导工作越来越复杂、要求也越来越高，仅靠企业主个人经验和能力已不能适应这种组织发展的要求，越来越需要专业化的领导，随之出现了专门从事经营管理活动的经理阶层。由于经理职位通常由一些生产技术高超、才能出众、具有专业知识的人员担任，所以，这种领导体制又称为“硬专家”转行领导体制。① 由此形成了以专业经理人员为核心的管理阶层，产生了所有权与经营管理权的分离，企业的领导者逐步由企业所有者转变为职业经理人。这就是“经理制”的领导体制，又称为“硬专家”领导体制。那些作为“硬专家”的经理们，由于他们在相应的技术领域有专长，对业务工作比那些“外行”的人士更为熟悉，往往能够提出一些有效的办法来改进人、财、物的利用效率，所以这些“硬专家”往往能够在本领域内脱颖而出，成为领导者。经理制的出现是企业经营规模扩大的必然结果，是企业领导、管理体制的一大进步，它推动了近代资本主义企业的发展。

在这种领导体制下，企业主根据财产所有权结构分取红利，并不干涉企业内部的经营管理问题，管理组织日常运营的是各类专业技术人员。这是领导体制上的一次历史性变革，开创了“管理专业化”的新时代。该体制由于表现出极大的优越性，因而在不同组织中得到了迅速的推广，并沿用至今。

① 苏保忠．领导科学与艺术．北京：清华大学出版社，2004：89.

知识库 3－2

经理制的出现与领导体制的变革

1841 年 10 月 5 日，在连接马萨诸塞—纽约的铁路上，两列客车迎头相撞。一名列车员和一名乘客遇难身亡，另有 17 人受伤。舆论哗然，严厉批评老板没有能力领导和管理现代企业。因为事故的原因是这位老板本人对铁路运输管理一窍不通，为牟取暴利，加大行车密度，从而导致了这次事故的发生。在马萨诸塞州议会的督促下，这个铁路公司进行了改革，建立起各级责任制，选拔有管理才能的人担任领导。由于公司的资本大多是这个老板投入的，所以他仍是公司的所有人，但新的管理体制将他排除在企业业务管理之外，只拿红利。公司处于有相关知识的技术人员的管理下，运转良好。这就是美国第一家由全部拿薪水的管理人员以一定的管理机构进行管理的企业，这个改革的实质在于财产所有权与经营权和管理权的分离，这就是所谓的“经理制”。

资料来源：刘建军．领导学原理：科学与艺术．3 版．上海：复旦大学出版社，2007：116.

（4）“软专家”式的领导体制。

随着科学技术和现代化大生产的进一步发展，现代科学技术与生产的结合更加紧密，生产社会化程度越来越高，分工越来越细，组织的规模也越来越大，管理在组织发展中的作用进一步增大，任务越来越重，复杂性越来越强，只精通某一门专业技术的“硬专家”越来越不能适应组织领导的要求。不言而喻，原先组织中的“硬专家”们通晓技术和业务，有较强的逻辑思维能力，对从事领导工作是有利的。但是，他们往往熟悉物而不了解人，对本领域的技术或业务甚为精通，但不擅长运筹和谋划，缺乏全面的知识和才能。所以，这种领导虽然工作效率很高，但却十分“艰苦”，容易造成全局失误和被业务、任务牵着走的被动局面。因此，组织迫切需要具有经营管理专长的职业型“软专家”的领导和管理。所谓“软专家”指的是精通管理专业的专门管理人才。1881 年，宾夕法尼亚大学首先建立了沃顿商学院，专门培养从事经营管理职业的“软专家”。这样以经营管理为专长的职业“软专家”便应运而生，领导从管理中逐步独立出来，真正意义的领导就在这个阶段诞生，并极大地促进了社会生产力和经济发展。

管理与领导的实践要求有“软专家”，高等教育的快速发展又提供了“软专家”的专业化训练途径，因此，职业化“软专家”的领导对经济的发展发挥了重大的作用。据 1976 年美国《财富》杂志调查，美国最大的 500 家工业公司和 50 家商业银行、金融公司的 800 位首脑，一半以上受过商学或经济学高等教育，其中 1/4 曾在工商研究院学习过，还有 2/5 是学金融和法律的。①

这种“软专家”式的领导体制，不仅出现在企业，而且也出现在科学研究机构。当时

---

① 王晓东．现代领导权威学．北京：中共中央党校出版社，2004：176.

美国有些大学的科研工作的组织机构，专门委托一些“科研管理公司”来进行领导和管理就很能说明问题。随着管理的方式和手段发生根本变化，政府部门的管理也从“硬专家”向“软专家”过渡。

（5）专家集团式的领导体制。

第二次世界大战后，特别是近20年来，随着现代社会的加速发展和急剧变化，现代生产和科学技术高度分化与高度综合，科学技术与生产结合的周期也日益缩短，再加上“大企业”“大工程”“大科学”的兴起，使得领导与管理的规模与复杂性都急剧增大，特别是企业战略决策的重要性日益突出，单个的“软专家”已不能胜任纷繁复杂的决策和领导工作。与此同时，在现代科研机构中，随着研究任务的繁重、信息量的增大，个人的领导已无能为力。于是，很多大企业开始实行改革，在大企业最高层首先出现了集体领导的趋势——所有重大问题的决策均由董事会、总经理办公室等形式的机构成员集体讨论作出决定。在领导系统中，这种由各种专家组成的决策组织，称作“专家集团”，由这些专家组成实行集体领导的体制，就是专家集团式的领导体制。具体来说，专家集团式的领导体制，主要是指一种以“软专家”为主体，包括各方面“硬专家”在内的领导集团体制。这种专家集团式领导主要表现在两个方面：一方面，实行集体领导形式，成立了董事委员会、经理委员会等；另一方面，出现了各种类型的参谋机构，诸如“智囊团”“思想库”“外脑公司 ”等组织，这些组织的成员大都占有丰富的科技资料和历史知识，能够为企业的领导决策提供各种可供选择的方案和科学依据。① 如美国1948年建立的“兰德公司 ”，就是一个有名的智囊机构，几十年来，它通过开展各种咨询业务，对国际国内政治、经济的影响越来越大。智囊专家参与决策，标志着领导体制已经发展到一个更高阶段，即由“软专家 ”为主组成的专家集团式领导体制。②

专家集团式领导体制的主要特征是组织的群体领导者按照领导和管理的一般规律，从事领导和管理工作，目的是发挥集体智慧，弥补个人领导能力的不足，尽可能提升领导水平。而实施集团化领导的方式却是多种多样的。有的采取少数服从多数的集体领导办法；有的采取在充分讨论的基础上，由企业全权负责的领导人对各种意见权衡利弊后做出决策的办法；还有的采取主要领导人拥有否决权的方式；等等。③ 在股份公司中，各国法律普遍规定公司有设置股东大会、董事会和监察机构的义务，董事会领导体制已被许多大型组织普遍采用。

（6）多极领导体制。

随着领导体制的变迁，经理制本身也有了很大发展。在经理制发展初期，采取的是直线参谋制，事无巨细，都由经理负责处理，权力过分集中。但是，随着企业经营规模的不断扩大，领导层次逐步增加，产品和服务种类繁多，市场的瞬息万变以及竞争的日趋激烈，组织与外界信息、物资交流范围越来越广，集权式的领导体制逐渐难以适应大生产的要求。④ 无论是家长制领导、硬专家领导、软专家领导还是专家集团领导，从领导体制中

---

① 金延平. 领导学. 大连：东北财经大学出版社，2007：68.

② 王晓东. 现代领导权威学. 北京：中共中央党校出版社，2004：176.

③ 苏保忠. 领导科学与艺术. 北京：清华大学出版社，2004：91.

④ 刘银花，姜发奎. 领导科学. 大连：东北财经大学出版社，2006：154.

决策与管理的结构上看，大都属于集权制。但是，随着这种集权过多的领导方式已经不适应各种问题纷至沓来的形势需要，客观上要求在必要的集中领导下，扩大分散领导的权力，产生了集中与分散相结合的多极领导体制。

在 20 世纪 20—30 年代，一些国家开始寻求新的领导途径，例如美国一些大企业率先提出了实行“集中决策、分散管理”的“事业部制”，主要目的是将经营决策和经营管理分开，使经理等公司一级领导者摆脱日常管理事务，主要致力于研究和制定各种经营方针、政策，而日常生产与销售等具体的管理活动则由各个事业部承担。这标志着领导职能从管理职能中全面分离出来，这样既增加了决策的及时性、科学性，又提高了领导和管理的效率。①

2. 我国领导体制的演变

自新中国成立以来，我国的领导体制也经历了不断的变化，这里主要从我国企业领导体制的变化说明我国领导体制的历史演变过程。具体来讲，我国企业的领导体制经历了以下几个阶段：

（1）一长制阶段。

新中国成立初期，我国全部照搬苏联的企业管理体制，实行一长制。所谓一长制，就是厂长、车间主任、工段长全权决定问题。党委是厂长的附属机构，主要是进行政治动员、思想教育。一长制的优点是厂长有职有权，说话算数，执行系统非常有效，工作效率高，规章制度严。缺点是厂长容易独断专行，形成家长制，特别是在我国这个长期受封建家长制影响的社会里，更容易形成家长制。

（2）党委领导下的厂长分工负责制阶段。

1956 年毛泽东发表《论十大关系》重要讲话之后，对一长制进行了批判，决定实行党委领导下的厂长分工负责制。其主要特点是党委领导，工厂的一切重大事项由党委决定，然后厂长、副厂长分工去执行，都对党委负责。结果是以党代政，实际上成了党委书记一长制。

（3）党委领导下的厂长负责制阶段。

党的十一届三中全会以后，实行党委领导下的厂长负责制。它不同于以前的党委领导下的厂长分工负责制，主要区别在于党委行使决策权，厂长负责管理权，把经营和管理分开了。

（4）厂长（经理）负责制阶段。

1984 年 10 月党的十二届三中全会通过的《中共中央关于经济体制改革的决定》明确指出，在企业里实行厂长（经理）负责制，厂长（经理）具有统一指挥生产经营活动的职权。企业中党组织的任务是积极支持厂长行使统一指挥生产经营活动的职权，保证和监督党和国家各项方针、政策的贯彻执行。在实行厂长（经理）负责制的同时，必须健全职工代表大会制度和各项民主管理制度，充分发挥工会组织和职工代表在审议企业重大决策、监督行政领导和维护职工合法权益等方面的权力和作用，体现工人阶级的主人翁地位。

---

① 刘银花，姜发奎. 领导科学. 大连：东北财经大学出版社，2006：155.

（5）公司制阶段。

从 1993 年党的十四届三中全会以后，我国开始探索实行公司制。按照《中华人民共和国公司法》的规定，董事会领导下的总经理负责制取代原来的企业厂长（经理）负责管理体制。实行公司制的企业要建立股东会、董事会、监事会和经理班子等规范的内部管理机构。这种企业领导体制有利于企业经营决策的科学化、民主化和专业化，能够较好地适应市场经济竞争和社会化大生产对管理现代化的客观要求。

从领导体制的演变、发展的历史看，有许多经验教训值得我们借鉴。1）领导体制不能脱离一定的生产力发展水平而孤立地产生、存在和发生作用。2）每一个国家的领导体制，还受社会制度、政治制度和民族特点以及文化的影响与制约。3）任何一种领导体制都有一个自身演变的过程。

知识库 3－3

政治领导体制的演变

实行什么样的政治领导体制，同社会生产力发展水平和一个国家的社会政治制度有着十分密切的关系。纵观人类历史上政治领导体制的发展过程，大体上经历了原始民主制、君主专制制、分权制衡制和民主集中制等四个阶段。

1. 原始民主制

原始民主制是人类社会最早的一种领导体制，产生和存在于原始社会。当时的社会组织大体有三个层次：氏族、部落、部落联盟，相应地，氏族议事会、部落议事会、部落联盟议事会构成了原始社会的领导系统。氏族议事会是基层领导机构，氏族全体成员参加的民主集会；部落议事会是部落的领导机构，由各个氏族的酋长和军事首领组成；部落联盟议事会则是部落联盟的领导机构，由各个部落议事会的全体成员组成。各级议事会的参与者都享有平等的表决权，所以决定必须一致通过。

原始民主制的领导体制，是与当时十分低下的社会生产力相适应的。随着生产力的进步与社会分工的发展，社会组织日益庞大，社会事务十分繁杂，原始民主制的领导体制便越来越不适应社会发展的需要了。

2. 君主专制制

君主专制制是奴隶社会和封建社会普遍实行的领导体制，它是以农业社会为基础，尤以我国封建社会最为典型。

所谓君主专制制，就是皇帝、国王君临天下，拥有至高无上的权力，不受任何约束和限制。“普天之下，莫非王土；率土之滨，莫非王臣”，正是对君主专制的生动写照。这种领导体制的最大特点是君主绝对集权，专制独裁，大小事情皇帝一人说了算。

3. 分权制衡制

分权制衡制的理论基础是“人民主权”和“三权分立”等资产阶级的民主原则。其基本特征是：（1）实行多党制；（2）实行议会制；（3）政府和行政首长的权力，仅限于执行议会的决议案，并受议会以及司法机关的约束；（4）全国实行自上而下的垂直自治机构，分级分权管理。

4. 民主集中制

民主集中制是社会主义的领导体制。

民主集中制是列宁主义的建党原则，也是中国共产党的根本组织制度。同时我国宪法明确规定，国务院和各级人民政府也实行民主集中制的领导体制。民主集中制是建立在生产资料公有制基础上的，是人类历史迄今为止最为民主的一种领导体制，但由于社会主义的历史不长，民主集中制还需要一个逐步完善、不断发展和充实的过程。

资料来源：梁仲明. 领导学通论：理论与实践. 2 版. 北京：北京大学出版社，2013：48-49.

3.3.2　领导体制的变革

任何一种领导体制，虽然在一定时期内，应当保持其相对稳定性，但是不能永远僵固不变，领导体制总是随着客观形势变化的需要，不断进行相应的调整和变革。只有这样，才能更好地发挥领导体制在领导活动中的积极作用，保证取得较好的领导效果。在社会化大生产和科学技术迅速发展的今天，领导体制能否适应不断变化的新情况，是一个十分重要的问题。

1. 领导体制变革与完善的重要性和必要性

领导体制虽然具有相对稳定性，但其作为上层建筑的一个组成部分，必然要与一定的社会生产力发展水平相适应，与一定的领导环境相适应，一旦这些因素发生了变化，领导体制就要进行相应的变革。

（1）变革和完善领导体制是解放和发展生产力的客观需要。

从领导体制演变的过程看，领导体制是与一定的生产力发展水平相适应的。尽管领导体制一经建立便具有相对的稳定性，长时期地发挥作用，但其必然要随着生产力发展水平的变化而变革，否则，它就会失去生机与活力，就会走向僵化，阻碍生产力发展。领导关系作为一定领导体制的具体表现，一方面有赖于领导体制的改变而改变；另一方面，领导关系的优化对领导体制的完善和发展，也会产生积极的促进作用。

事实上，经济上和政治上遇到的种种问题，其实都与领导体制中存在的弊病及领导关系不顺有着重大的关系。良好的领导体制，有助于建立、维护良好的领导关系，可以充分发挥领导者和组织的主观能动作用，并对领导活动中的不良领导关系起制约作用；领导体制不好，不仅会压抑领导者的积极性、创造性，甚至可能使领导关系发生扭曲，使领导者犯错误，甚至犯严重错误，因此领导体制的改革和科学化就成为必然。

具体而言，领导体制的改革和科学化是指领导组织机构设置、领导权限划分、领导关系规定等制度体系的变革与优化，也就是要把现代领导科学原理贯穿到领导体制、领导机制和领导过程中，填补各种漏洞，防止专制腐败，避免各种错误，理顺各种关系，减少各种阻力，形成最大合力，进而形成强大的领导力和核心竞争力。事实上，科学的领导体制、领导机制和领导过程本身就蕴涵并生产着领导力，推进着领导体制科学化。而领导体制的科学化不仅能直接解放被旧体制束缚的生产力，而且能开发出大量的体制性、机构性领导力和竞争力。

这就是说，领导体制改革和科学化就是一种改革和优化除领导素质以外整个领导系统的重要措施，是谋求使整个领导系统出领导力、出效率效益的要策；是开发和增强领导力和核心竞争力的又一条重要途径，是解放生产力的核心内容和关键举措，是领导发展的客观需要和重大现实取向，因而是十分重要和必要的。

(2) 变革和完善领导体制是领导主体适应领导环境的客观要求。

任何一种领导体制都有一个自身演变的过程。例如西方的企业领导体制，经历了从家长制领导到经理制领导，从“硬专家”领导到“软专家”领导、“软专家”集团领导的变迁过程。在这个过程中，领导者和领导集团面临着领导体制及环境的变化，其活动方式、方法也不断变化，以使领导活动与这种变化相适应。随着领导活动的不断变化、领导经验的不断总结，领导关系所包含的内容、涉及的领域、调节的手段都日益丰富、广泛和多样化。因此，领导体制和领导关系的变化，实际上是领导主体对领导环境变化的适应过程。

(3) 变革和完善领导体制是领导者实施有效领导的必要前提。

领导活动是一种自觉的社会实践活动。成功的领导在于，它是在尊重客观规律基础上充分发挥主观能动性、对客观实际的自觉把握。其重要表现就是，通过领导体制的改革和领导关系的调整，使主观符合客观。这可以通过领导关系、领导方式、领导方法各方面体现出来。首先，在领导关系上，领导者不只是靠命令驾驭被领导者，使之服从；更重要的是，要为被领导者的决策、执行提供保证、提供服务，使被领导者的活动更自觉地服从上级领导做出的全面性决策。其次，在领导方式上，要更多地运用经济手段和法律手段，规范经济社会生活，充分体现经济社会生活的客观要求，不违背客观规律。最后，在领导方法上，把精力集中到主要工作上，充分调动组织成员的主观能动性，实现有效的领导。

案例 3-3

IBM——领导体制创新

“无论是一大步，还是一小步，总是带动世界的脚步。”这是 2005 年 IBM 创新论坛上的一句话，从很多角度而言，IBM 在近代商业史上都是独一无二的：这家拥有 100 年跌宕起伏历史的公司既非最长寿者，也不是表现最为稳定的，同样不是规模最大、市值最高的，但过去的 50 年来，它始终被视为美国的标志之一，原因何在?

IBM 公司即国际商业机器公司，成立于 1911 年，是全球最大的信息技术和业务解决方案公司。IBM 公司创始人老托马斯·沃森在 1932 年投入 100 万美元巨资（年收入的 6%）建设了第一个企业实验室，进行没有特定方向的研究与开发，这个实验室在整个 30 年代的研发让 IBM 远远领先于任何潜在对手。此后，老沃森之子小沃森又投入巨额研发费用，于 1963 年成功推出了 IBM360 计算机，一举垄断了世界计算机市场。进入 20 世纪 90 年代，IBM 找到“服务”这一理念——强调提供客户需要的服务。2006 年初，IBM 提出了创新可以在 6 个层面实现：产品创新、服务创新、业务流程创新、商业模式创新、管理与文化创新和政策与社会创新，被业界广为认可。下面看看 IBM 在领导体制上的创新。

IBM 于 1980—1984 年，进行了 IBM 发展史上从未有过的大规模领导体制创新变革，着手建立 20 世纪 80 年代的“现代经营体制”。IBM 的领导体制改革过程，大致上分成 3 个阶段：第一阶段，进行组织改革试点，在公司设立“风险组织”；第二阶段，全面调整与改革总公司的领导组织，形成新的领导体制；第三阶段，调整与改革子公司的领导体制。

1. 建立风险组织

早在 1980 年，IBM 就开始在公司内设立“风险组织”的试验。3 年内，先后建立了 15 个专门从事开发小型产品的“风险组织”。这种组织有两种形式：独立经营单位与战略经营单位。它们都是拥有较大自主权的相对独立的单位。总公司除了提供必要的资金和审议其发展方向外，不干涉其任何经营活动，故有“企业内企业”之称。

2. 优化指挥系统

IBM 根据专业化、效率化原则，对下属事业部进行了增减、合并或改组，根据地区、市场和产品生产专业化等情况，通过建立自主经营的事业体，把各国的子公司合理地集中起来。

3. 实行有秩序的授权和分权

根据新的领导体制和地区子公司的改组情况，有层次有秩序地扩大授权范围和推进分权管理。形成了集中与分散相统一的管理体制，从而使它有可能用集中决策和分散经营相结合的方式来适应变幻的市场环境。

4. 改善支持系统

IBM 健全咨询会议和董事会下的各种委员会，聘请社会名流参加咨询，接任董事，组成有威望的咨询班子、工作班子和监督班子，同时，严格执行业务报告制度，建立评价与指导系统，实行门户开放政策，建立直言制度。董事长和总经理的办公室大门，欢迎职工来访。设立保密意见箱，鼓励下属直言上诉。这种“进言”制度是一种很好的沟通方式，可以缓和职工不满情绪，有利于防止官僚主义。

资料来源：徐世江，程云，张营. 管理学原理与应用. 北京：清华大学出版社，2011：165-166.

2. 现代领导体制变革发展趋势

领导体制是协调领导机构的根本机制，领导体制的变革，又是实现这一艰巨任务的关键。随着社会化大生产程度的提高、组织规模的不断扩大，旧的领导体制无法适应社会生产迅速发展的新形势、新要求，必然呈现出变革发展的趋势，现代领导体制正朝着专家化、集团化、民主化的方向迈进。

（1）领导专家化。

19 世纪中期以前，工业发展初期的企业，实行资本家的个人领导，企业的经营管理和生产指挥，一切由资本家本人说了算。这种领导方式，在开始时还很适用。因为当时企业规模小，生产技术简单，管理要求不高。同时，第一代资本家有许多是从激烈竞争中拼搏出来的，具有一定的管理经验和能力。但是，随着企业规模的扩大，生产技术日益复杂，以所有者的资格充当企业领导者的领导体制就难以适应新的状况了。19 世纪中期，美国出现了经理制。这种制度就是实行财产所有权同经营管理权的分离，老板只拿红利不管业务，聘请领薪水的经理人员来领导企业。经理制在实践中显示出很大的优越性，从而得到迅速推广。经理制的普及，并不是因为资本家自愿退出历史舞台，而是说明了领导专家化是企业领导体制发展的必然趋势。①

自此以后的一百多年来，领导专家化也在不断地发展，大致经历了“硬专家”“软专家”等不同发展阶段。企业经理由最初精通企业生产技术的“硬专家”担任转向由受过专门经营管理训练的“软专家”担任。但随着新技术革命的到来，企业的复杂化、电子化、技术化程度越来越高，现代企业要求既懂经营又懂技术的“双料专家”来经营管理，他们兼有“硬专家”和“软专家”的双重优点，善于把技术和管理融会贯通在一起。为了实现技术和管理两个轮子的同步高效运转，各大公司争相聘用这样的经理人才。所有这些都说明，现代企业对领导专家化的要求越来越高。

（2）领导集团化。

二战以后，随着技术进步加快、企业规模扩大、市场日益国际化等变化，企业领导工作越来越复杂，特别是企业战略等重大决策的重要性日益被人们所认识，光靠专家个人的知识、经验和能力已经不能适应企业领导工作的要求，于是出现了从个人领导向集团领导的转变，进而呈现出领导集团化的趋势。领导集团化，主要表现为两种形式：一种是领导班子实行集体决策。许多大公司组成了总经理办公室、董事长办公室、管理委员会等作为企业经营决策的核心。另一种是智囊团、思想库等企业领导的参谋、咨询机构的兴起和发展，为企业领导决策提供咨询。

应当指出的是，领导集团化并不等于领导集体在决策时必须实行少数服从多数的表决方式。领导集团化的目的是克服个人领导能力的不足，集思广益，发挥集体智慧。另外，领导集团化并不排斥责任制，它是在专家化基础上发展起来的。② 至于将各种不同意见集中起来形成统一决策的方式则可以是不同的，它可以采取领导班子内少数服从多数的办法来形成统一的决策，也可以在充分讨论的基础上，由主要领导者对各种意见权衡利弊，然后做出决策，或者是采用主要领导者拥有否决权的方式。

（3）领导民主化。

领导民主化主要是指在领导工作中，不仅要注意发挥领导集体和决策机构的集体智慧，而且还要通过各种方式吸收组织成员参加组织的领导工作，参与组织决策的讨论。第二次世界大战以后，由于企业经营情况的复杂，加上为了缓和资产阶级与工人阶级之间的矛盾，资本主义国家的企业开始向职工参与管理的民主化进程发展，企业职工或职工代表在企业决策中的作用增强。例如，原联邦德国的法律规定，在500人以上的企业中，要建立监督委员会（相当于美、日的董事会）。其成员一半是股东代表，另一半是职工代表。监督委员会主席由股东代表担任。表决问题时，如双方票数相等，主席有最后决定权。监督委员会讨论并决定企业经营管理的重大问题，决定管理委员会的人选。再如，最近国际上尤其日本十分流行一种管理模式，叫“走动式管理”。这种模式要求

---

① 顾国祥，包季鸣．企业领导学．上海：复旦大学出版社，1992：37-38.

② 郭跃进．管理学．北京：经济管理出版社，2005：295.

企业领导者经常倾听下级和员工的意见和呼声，经常深入基层，甚至深入到比他低几级的员工中去，体察民意，了解真情，广泛听取意见和批评，多听一些反面意见，而不是只听好的，这样正确的决策思路就在走动过程中逐步形成了。① 除此之外，我国企业也日益重视民主管理，不断改进和加强民主管理的制度和方法，这一方面是由职工作为企业主人的性质所决定的，另一方面也是企业领导工作越来越复杂的特点所必需的。尽管同是民主管理，但资本主义企业的“民主管理”与社会主义企业的民主管理有着本质区别。

3. 现代领导体制变革发展目标——领导体制科学化

领导体制变革的目标就是要实现领导体制的科学化。所谓领导体制的科学化就是指通过将领导体制的形式、结构、机构合理地设置和有机配合，使其符合领导规律的客观要求，从而为领导者提供最佳的活动舞台，保障最佳领导绩效实现。实际上，领导体制的科学化就是减少领导活动的随意性和主观性，增加领导活动的可预见性和可操作性，同时，科学化的领导体制还意味着领导体制必须顺应现代管理活动的大趋势，采用先进的领导方法和手段，既包括领导机构的设置合理，又包括领导制度的安排合理、领导方式合理、领导程序民主，此外，还要体现领导体制的法制化要求。

对于任何一个领导者来说，即使素质再高、能力再强，如果没有科学化的领导体制作保障，其作用也很难发挥出来。因此，领导体制科学化是实现领导活动科学化的重要保障，是现代领导体制变革发展的重要目标，在现代领导活动中具有重要的意义。

（1）领导体制科学化是实现领导科学化的保障。

如果没有领导体制的科学化，那么领导观念科学化、决策科学化、策略科学化和行为科学化等，都无法保障，甚至连机构臃肿、人浮于事和效率不高等积弊都无法根除。领导观念的科学化、决策的科学化和策略的科学化等，说到底，都属于领导范围之中“软件”的科学化，而领导体制的科学化则属于领导范围之中“硬件”的科学化。没有“软件”的科学化，“硬件”的科学化自然毫无意义。而没有“硬件”的科学化，“软件”的科学化也就必然失去保障。

（2）领导体制科学化是保障和促进其他各方面体制科学化的关键。

领导体制科学化从根本上制约着经济体制、科技体制、教育体制和人事管理体制等其他方面的科学化，离开了领导体制的科学化，其他方面体制的科学化就不可能取得最终成功。

（3）领导体制科学化是提高整体领导业绩的重要因素。

领导业绩亦即领导绩效，是领导过程中的效能效率和领导结果与领导标的的一致性，集中体现为领导活动带来的直接经济效益和社会效益。事实上，领导业绩或领导绩效既是对领导者工作态度、能力的反映和评价，又是天时、地利、人和等各种主客观因素综合作用的结果，其中领导体制无疑是一个重要因素。另外，要提高领导业绩，就要确保目标明确、方向正确和运转高效，而这都同领导体制的科学与否直接相关，也就是说，领导体制对于领导绩效的提高发挥着非常重要的作用。

---

① 林桦，徐克强. 当代经济文库：中国企业卷：下卷. 北京：中国经济出版社，1996：1054.

4. 现代领导体制变革与科学化的基本原则

领导体制是实现领导意图和领导职能的根本保证，科学设置领导体制不仅可以保证领导活动正常有序运转，而且还可以提高领导效能。为此，领导体制的科学化变革应坚持以下原则：

（1）目标统一性原则。

任何一个组织的存在与发展，都是由它的特定目标所决定的。组织目标是组织在一定时期、空间条件下达成的目的或要取得的最后成果，是组织的各个组成部分和成员共同奋斗的方向，也是确定组织结构的出发点。领导体制作为组织系统的一个部分，应该与既定的组织目标有关。目标统一性原则是指领导体制变革必须有利于领导目标的实现。因此，在这样的目标主导下，领导体制的变革设计要以事为中心，因事而设置机构和职务，做到人与事的高度配合，避免出现因人设事、因人设职的现象。

（2）权责一致合理明确原则。

在领导体制的变革设计中，既要合理明确规定每一领导层次和每个部门的职责范围，又要赋予其完成职责所必需的管理权限，要求职责和职权必须协调一致、合理明确。要履行一定的职责，必须有相应的职权。只有职责，没有职权，或职权太小，则其领导的积极性和主动性必然会受到束缚，实际上也不可能承担起应有的责任。相反，只有职权而无任何责任，或责任小于职权，将会导致滥用权力，产生官僚主义。科学的领导体制设计应该是使职务、职责和职权形成规范，订出章程，真正做到权责一致、合理明确。只有规定合理明确的职责权限，才能各司其职、各尽其责、互相配合，克服官僚主义，改进领导作风，严明工作纪律，提高工作效率。

（3）稳定性和适应性相结合的原则。

领导体制一旦形成就具有相对的稳定性，可以长时期地发挥作用，但领导系统赖以生存的环境是不断发展变化的，组织本身也处在不断运动之中。因此，组织机构的设立都要因时、因地、因条件而定，真正适应领导任务的需要，适应生产力发展的需要，同时还要有一定的弹性。只有坚持稳定性和适应性相结合的原则，才能保证领导目标的实现。

（4）机构高效和整体效应原则。

一个领导机构是否高效是衡量领导体制是否合理的主要标准。机构精干原则是指从组织部门的设定到人员的配备，都要精干，在服从领导目标所决定的各种活动需要的前提下，力求减少领导层次，精简领导机构和人员，充分发挥领导者的积极性，提高领导效率，更好地实现领导目标。领导组织只有机构精干，工作效率才能提高。如果领导层次太多，就会造成机构臃肿，人浮于事，浪费人力、物力和财力，并容易滋生官僚主义。在机构精干原则前提下，还要保证发挥组织的整体效应，就是要使组织的每一个部分、层次都成为领导机关组织体系必不可少的有机组成部分，并且能够分工合作、协调一致、有序地开展工作。即力求使组织部门及其领导者和组织成员之间上下沟通、左右协调、指挥统一、运转灵活，形成统一、完整、严密、高效的体制。

（5）管辖适度原则。

管辖适度原则是指每一层次的领导者直接指挥和监督的对象范围要有合适的限度，过多了，领导者的能力和精力承担不了，就会误时误事；太少了，势必会增加领导层次和人员，不利于集中统一领导。一般来说，管辖幅度的大小，应以发挥最大效率为目的。领导能力强，领导手段现代化、效率高，管辖幅度就可大些；反之，就可小些。具体来讲，在确定管辖幅度时，可考虑以下几个方面：1）上下级知识的多少和能力的大小。知识越多和能力越大，则管辖幅度可大些，反之，要小些。2）上下级关系的复杂程度。关系越复杂则幅度应小些，反之，可大些。3）下级活动同类性大小。同类性越大则幅度应大些，反之，可小些。4）下级工作分散性的大小。工作越分散，则幅度应小些，反之，可大些。此外，在确定管辖幅度时，还需考虑下级工作的技术性和专业化程度等方面的情况。

（6）信息回路原则。

“回路”一词是从物理学上的电流回路借用来的。这里所讲的信息回路主要是指组织结构内部的功能传输、信息传输构成的回路，也称为信息反馈。一个组织系统只有自身构成回路，才能正常运转并发挥出功效。例如，一个领导者发出的命令、指示、决定等，由下级职能部门或执行机构贯彻实施，其执行的情况和结果如何，必须通过一定的渠道反馈到领导者那里，使之补充、修正或撤回原指令，这就构成了一个反馈回路。只有按信息回路的原则确立领导的组织结构，才能有利于实现正确的联系。

（7）法制原则。

合理的领导权限划分、恰当的领导机构设置、严格的领导工作制度，都要通过法律保障固定下来。只有做到权力依法分配，机构依法设置，制度依法建立，工作依法进行，才能保持更大的领导权威，有效地进行领导。因此，要使领导体制改革与加强立法工作相结合，必须加快立法速度，提高立法质量，维护宪法和法律的权威与尊严，坚持在法律面前人人平等。只有这样，领导体制改革中的机构改革、权限划分、人员配置才能依据法律法规的规定来进行，不各行其是。也只有这样，才能加强领导权力的制约和监督，建立健全对领导的监督机制。

3.3.3 我国领导体制变革的主要内容

改革领导体制就是要除去领导体制中的弊端，我国领导体制的弊端严重阻碍了我国领导体制科学化的进程，妨碍了我国社会主义现代化建设。因此，我们要吸收国外先进经验，总结我国自己的优良传统经验，结合我国的实际情况，建立和完善有中国特色的领导体制，以实现领导体制的科学化。

1. 我国传统领导体制的弊端

尽管改革开放以来，我国领导体制的改革取得了一些成就，但是，在我们党和国家现行的一些具体制度中，还存在不少弊端，必须进一步深入改革，否则会妨碍社会主义制度优越性的发挥。就我国的领导体制来说，主要存在以下几个方面的弊端：

（1）党政不分的情况依然存在。

在我国领导生活中，存在着两套领导系统，一套是政府的领导系统，一套是党的领导系统。两套领导系统相互对应、相互重叠，成为有中国特色的党政领导体制，却也造成了党政不分的难题。改革开放以来，虽然领导体制的改革问题一直是改革的重点，但仍未把党权和政权很好地分开。党政不分的消极后果是以党代政，领导体制一元化，不利于领导体制科学化、民主化、合理化，最终必将有损领导效能的发挥。

（2）领导权力过于集中。

从领导体制的内外部关系来看，领导权力过于集中主要表现在：在横向关系上，权力过分集中于党委领导机关；在党委领导机关内部，权力过分集中于党委书记尤其是第一书记；在中央与地方的关系上，权力过分集中于中央，地方自主权甚小。就领导体制的角度论，权力过分集中有两种具体表现：一是政治上党政不分，以党代政，党委包揽行政领导事务；二是经济上政企不分，各级政府作为管理者掌握着企业相当一部分的权力。我国在较长一段时期内，中央权力过多，地方权力过少，后来，虽经多次改革，但始终未能找到中央和地方权力划分的适度点。

（3）领导权力关系运转不顺。

在领导过程中，领导者与组织内外会经常发生联系。然而，在这种联系过程中，一方面存在着党政领导关系不顺情况，另一方面还存在着政府内部部门关系不顺的情况。前者主要表现在党过多干涉和代替行政部门工作，并设置与行政部门相应的机构，结果机构重叠，冗员增加，加大国家负担；后者主要表现在政府部门之间条块分割、矛盾多、难协调和政府机构设置过多、分工过细造成的职责交叉和职责不清问题。

（4）领导规则不健全。

在我国传统领导体制下，领导规则不健全是弊端的主要表现形式之一，突出表现在法制观念的缺乏上。在传统领导体制下的大部分时间里，行政领导是缺乏规则或有规则而不遵循的，有关领导体制的法规建设远未达到完备程度。例如，有关行政法规的规定较为抽象笼统，缺乏严密的保障制度和手段，这正是后来政府机构重叠和人员激增的原因之一。

产生以上弊端的主要原因，除了战时领导体制的传统影响外，还有我国历史上长期封建统治的影响和新中国成立后长期计划经济的影响等。这些弊端的存在，是我们深化改革的巨大障碍，我们必须根据现代化建设的需要逐步克服，建立和健全科学合理的领导体制。

2. 我国领导体制变革的主要内容

我国领导体制变革是一项复杂的系统工程，涉及面大，制约因素多，内容广泛，其主要内容包括：

（1）转变政府职能，实行政企职责分开，实施机构改革与精简，提高工作效率。

所谓政府职能，是指政府在一定历史时期内，根据国家和社会的发展需要而承担的职责和功能，它反映了政府活动的基本方向、根本任务和主要作用。政府职能又分为维护阶级统治、进行社会管理的基本职能和内容丰富、形式多样、范围广泛的具体职能两大方面。转变职能，尤其是转变政府职能是领导体制改革的核心和关键。转变政府职能，从根本上说，就是要使全能政府向有限政府转变、任意行政向依法行政转变、神秘管理向透明管理转变。在经济管理方面，政府主要实行宏观调控。

实行政企职责分开，就是要按照市场经济的要求，各级政府部门原则上不直接管理企业，让企业享有充分的经营自主权。政府的职责是积极培育各类市场，建立市场规范，健全市场秩序，并依据法律和政策为企业提供各种服务和进行宏观调控与监督。

实施机构改革与精简就是要在转变职能的前提下完成两大任务：一是要依据精简、统

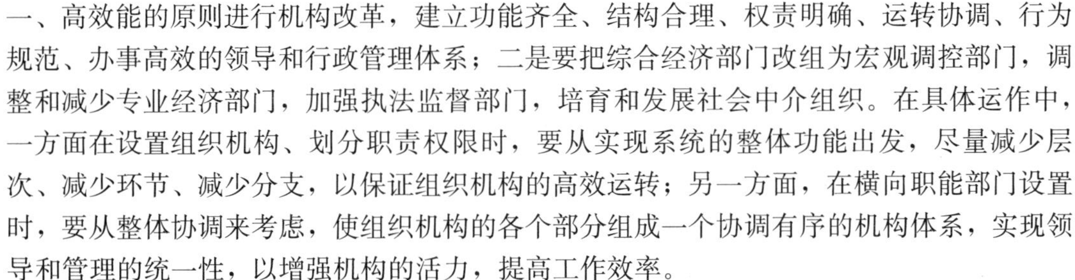
一、高效能的原则进行机构改革，建立功能齐全、结构合理、权责明确、运转协调、行为规范、办事高效的领导和行政管理体系；二是要把综合经济部门改组为宏观调控部门，调整和减少专业经济部门，加强执法监督部门，培育和发展社会中介组织。在具体运作中，一方面在设置组织机构、划分职责权限时，要从实现系统的整体功能出发，尽量减少层次、减少环节、减少分支，以保证组织机构的高效运转；另一方面，在横向职能部门设置时，要从整体协调来考虑，使组织机构的各个部分组成一个协调有序的机构体系，实现领导和管理的统一性，以增强机构的活力，提高工作效率。

（2）建立健全民主决策的制度和程序，增强决策的科学性。

建立健全民主决策的制度和程序，就是要坚持民主集中制原则。民主集中制是我国各级领导机关的基本组织与活动原则，也是领导决策的原则。决策中坚持民主集中制就是要实行少数服从多数、个体服从组织、下级服从上级的原则。然而，要实现决策的民主化和科学化，还必须建立健全各项决策制度，形成民主决策的机制。同时，各级领导机关都要按制度和章程办事。各级领导体制中，都应健全参谋咨询、信息反馈和监督机制，建立相应的组织机构，发挥领导系统的综合整体功能。

（3）加速组织人事制度改革，建立和完善现代组织人事制度。

加速组织人事制度改革，建立和完善现代组织人事制度，首先要健全领导人员的选拔任用制度。健全领导人员选拔任用制度，是我国领导体制改革的一项重要内容。具体地说，就是在进行选拔领导人员的改革时，一要实行注重实绩、鼓励竞争、民主监督的原则，形成优胜劣汰的社会环境，保证各类优秀人才脱颖而出；二要建立和完善开放型的选拔领导人员的基本制度，以及对不同领导人员的选举、招考、任免、考核、监督和轮换等具体的制度，为人民群众实行民主监督和公开监督创造必要条件，实现领导人员选拔的正常化和科学化。

其次是建立健全各类人员的分类管理制度。分类管理，就是根据不同机构、组织的不同性质和职能，将其人员分类进行管理。我国“国家干部”所包含的各类人员，大致可分为国家公职人员、事业单位工作人员、企业人员等三类，对他们应实行分类管理体制，以打破传统的政企、政事不分的管理模式，为科学管理奠定坚实的基础。

（4）完善民主监督制度，保证权力的正常运行，实现领导机关和领导人员的廉政、勤政。

完善民主监督制度，保证各种权力的正常运行，是我国领导体制变革的重要目标。具体来讲，完善民主监督制度建设的重点有三个方面：一是加强对宪法和法律实施的监督；二是加强对党和国家方针政策贯彻的监督；三是加强对各级干部特别是领导干部的监督。其中，执法守纪监督是领导监督的基础，领导监督又是执法守纪监督的保证。

根据上述三个重点，要把政党监督、人大监督、法律监督、社会监督等结合起来，发挥舆论监督的作用，建立健全多层次、全方位的监督制约体系，保障公共权力合法、高效地运行，实现领导机关及领导人员的勤政、廉政，进而实现经济的快速发展和社会的全面进步。①

---

① 朱国定．领导学．上海：立信会计出版社，2006：121-122.

3. 我国领导体制变革与科学化的关键和对策

领导体制变革是一项系统的社会工程，它所涉及的范围、改革的深度，对我国的社会主义建设事业既是巨大挑战又是空前机遇。借鉴国外领导体制变革的经验，结合我国的具体国情，我国领导体制变革可从以下几个方面着手：

(1) 统一思想，提高对领导体制变革的认识和积极性。

领导体制变革是一场深刻的社会变革，由于它会受到生产力发展水平、政治制度、民族文化传统等诸多因素的影响和制约，加上领导体制变革必然会触及和损害一些人的既得利益，使改变领导体制和领导方式成为一件十分困难的事情。领导体制变革的深度、广度、难度远远高于经济体制的改革，要顺利地实现领导体制的变革，就要有正确而又强大的舆论作先导，大力宣传领导体制变革的重要性和必要性，提高领导者和组织成员对领导体制变革的认识，并能积极支持和参与领导体制变革。

(2) 整体推进，从领导职能界定入手进行领导体制变革。

领导体制的整体功能与体制内部结构的科学有序密切相关。进行领导体制变革，要把精简机构和人员、优化权力配置、提高工作效率作为突破口，但是不能忽视其整体性。精简机构和人员、优化权力配置的前提是领导职能的科学界定。机构是职能的载体，职能是机构的灵魂。只有弄清职能界定，才能定好机构和编制。领导机构的设置、组织机构的调整、职责分工的明确、领导关系的理顺和人员编制的确定是一项系统工程，都要以领导职能为基础和前提。特别是要把界定好党政、政企和上下领导机关间的职能和相互关系放在主要地位。这样才能使领导体制的组织机构各要素构成合理的有机体。社会生产力是不断发展变化的，只有领导职能适应社会生产力的发展变化，领导体制变革才能整体推进。

(3) 依法改制，完善领导体制变革。

长期以来，我国领导体制缺乏法制传统，缺少严格的从上而下的行政法规和个人负责制，对领导机关、领导者个人的职责权限也缺少严格明确的规定，以致出现领导工作无规则、无程序和随意性现象，领导者正常录用、奖惩、退职、淘汰的法规制度不够健全，能进不能出、能上不能下的情况仍然一定程度地存在。这些情况造成机构臃肿，而机构臃肿又必然促成官僚主义的产生。改革开放以来，虽然有些法规制度逐步建立、实施，但还要真正对我国现行领导体制进行变革，使之适应经济体制改革的需要和社会主义现代化进程，使领导体制变革做到有法可依、有法必依、执法必严、违法必究、依法行政，以法律形式使领导体制规范化。

(4) 加强队伍建设，提高领导者素质。

领导体制变革能否成功，关键在领导者自身，他们是完善领导制度和工作机制的主体，他们的思想观念、觉悟程度以及工作能力都关系到改革的进程。因此，加强领导者队伍自身建设，提高广大领导者对领导体制变革的适应能力，是顺利推进和完善领导制度和工作机制过程中必须研究解决的重要课题。在加强队伍建设上要注意：领导体制变革要把人员的定岗和领导集体结构优化结合起来，特别要着眼于全面提高领导集体的整体素质；在工作实践中实行动态管理，在保持领导集体相对稳定的情况下实行竞争上岗和人员流动，以形成良性循环；要建立激励机制，调动领导者工作的积极性，激活领导集体的活力；特别要重视领导者的继续教育，加强任职培训，提高领导专业化程度，进而提高各级领导者对领导体制变革的心理适应能力。

本章小结

领导体制是领导活动的载体，是领导关系制度化、体系化的结果。正确有效的领导的实现，除了领导者积极努力、创造性地工作之外，还需要一个好的领导体制。领导体制的健全与否直接决定领导效能的高低，关系领导工作的成败。本章共分三个小节介绍了领导体制的内涵及功能、领导体制的类型与环境、领导体制的演变及变革。

第一节分别阐释了领导体制的含义、特征、内容及其功能。领导体制是指领导系统上下、左右之间的权限划分以及实施领导职能的组织形式和组织制度，包括两个方面的主要内容：一是领导机构的设置、运行，称为“体”；二是领导制度的建立、健全，称为“制”。二者是紧密联系、互为依托的。领导体制具有系统性、根本性、全局性和稳定性的特征。领导体制的内容由五个方面组成：（1）领导组织结构；（2）领导层次与领导跨度；（3）领导权限和责任划分；（4）领导人员配置和管理制度；（5）领导体制的构成要素。领导体制的功能主要表现在：（1）领导体制是领导活动正常进行的制度保障；（2）领导体制是领导者与被领导者之间建立关系、发生作用的桥梁和纽带；（3）领导体制是决定领导效能高低的重要变量；（4）领导体制是领导活动规范化、制度化的组织保证。

第二节介绍了领导体制的类型与环境。现代领导体制纷繁复杂，按照不同的分类标准，可划分为不同的类型。但是，无论何种领导体制，如果按照不同的领导体系结构及其相互关系所表现的领导方式来划分，大体上可分为首长负责制和委员会制、层级制和职能制、完整制和分离制、集权制和分权制。这些划分类型是领导体制相对固定的形式，规定了领导体制的基本框架和运行规则。领导体制环境是指一切对领导体制有直接或间接影响的时间、空间条件和物质、精神因素的总和，是领导体制所面对的周围的全部现实条件和客观境况，是制约和推动领导体制发展及变革的各种自然和社会因素的组合。任何一种类型的领导体制和任一结构的领导体制，都有着自身的优缺点。坚持贯彻和良好地运行领导体制，关键在于领导体制的选择和适用要与领导体制环境相匹配，这就要在正确认识领导体制环境影响力的基础上，遵循正确的原则，对领导体制环境进行优化。对领导体制环境进行优化，就要在正确认识领导体制环境的基础上，充分适应和利用领导体制环境，进而主动改造领导体制环境，以更好地实现领导效能。

第三节介绍了领导体制的演变、变革及我国领导体制变革的主要内容。领导体制的演变大致经历了六个不同的发展阶段，即原始自然式领导体制、家长制的领导体制、经理制的领导体制、“软专家”式的领导体制、专家集团式的领导体制、多极领导体制。

领导体制虽然具有相对稳定性，但其作为上层建筑的一个组成部分，必然要与一定的社会生产力发展水平相适应，与一定的领导环境相适应，一旦这些因素发生了变化，领导体制就要发生相应的变革。现代领导体制正朝着专家化、集团化、民主化的方向迈进，领导体制科学化已成为现代领导体制变革的发展目标。针对我国传统领导体制存在的弊端，我国在以下领域做出了变革：（1）转变政府职能，实行政企职责分开，实施机构改革与精简，提高工作效率；（2）建立健全民主决策的制度和程序，增强决策的科学性；（3）加速组织人事制度改革，建立和完善现代组织人事制度；（4）完善民主监督制度，保证权力的正常运行，实现领导机关和领导人员的廉政、勤政。

关键术语

领导体制　领导结构　领导层次　领导幅度　领导权限和责任　首长负责制　委员会制　层级制　职能制　完整制　分离制　集权制　分权制　领导体制环境

复习思考题

1. 简述领导体制的含义及功能。
2. 简述领导体制的内容。
3. 简述领导体制的类型及其优缺点。
4. 简述领导体制环境及其特点。
5. 领导体制的演化经历了哪些阶段，各阶段有什么特点？
6. 简述现代领导体制的发展趋势。
7. 简述我国领导体制变革的主要内容。
8. 针对当前我国领导体制的弊端，应从哪些方面进行改革？

本章阅读书目

[1] 胡鞍钢. 民主决策：中国集体领导体制. 北京：中国人民大学出版社，2014.
[2] 陈荣秋. 领导学：理论与实践. 2版. 北京：清华大学出版社，2013.
[3] 梁仲明. 领导学通论：理论与实践. 2版. 北京：北京大学出版社，2013.
[4] 刘海藩. 全面创新的领导体制建设. 北京：红旗出版社，2012.
[5] 阎颖. 中国共产党领导体制的历史演变. 北京：中共党史出版社，2007.
[6] 加里・尤克尔. 领导学. 朱舟，等译. 北京：机械工业出版社，2014.
[7] 克劳森. 克劳森领导学. 姜文波，译. 北京：中国人民大学出版社，2009.

第4章 领导决策

领导者提供了榜样，无论在军队还是非军事生活中，组织中其他成员从领导者那里——并不是他们说什么，而是从领导者决定做什么中获得暗示。

——科林·鲍威尔《我的美国旅程》

引导案例

创新的索尼为何坠落?

索尼公司创办于1946年5月，自成立以来，在创始人盛田昭夫与井深大的带领下，以强劲之势迅速发展，占领全球电子消费品市场，索尼品牌已然成为尽人皆知的著名品牌。从索尼公司盛田昭夫的决策理念来看，决策者要有冒险精神，求新、求异，敢为人先。同时，要相时而动，根据实际情况调整策略。此外，还要充分发挥智囊参谋机构的作用。正是盛田昭夫超前的管理意识，才使得索尼在激烈的竞争中脱颖而出。盛田昭夫说："我们的计划是用产品领导潮流，而不是问需要哪一种产品。"一般的经营者的经营宗旨是跟随市场的需求而经营，而索尼却敢于创造需求，使需求随着索尼的新品而出现，随着它发展而增加。索尼公司创造市场的秘诀就是不断开发新产品，以新制胜。1955年到1965年间，索尼生产出领先于世界的半导体收音机、晶体收音机和固态电路的家用电视机，使其获得了先驱者的名声。从1965年到1975年，索尼公司又把彩色电视机等划时代的新产品不断推向市场，其业务蒸蒸日上。索尼公司之所以能够一直走在行业的最前端，不仅由于其重视现代科学技术，更得益于其领导人在索尼发展阶段面临的每个路口所做出的英明决策。

正确的决策可以使一个公司不断壮大，然而错误的决策也可以使其瞬间被摧毁。2001年以来，全球经济衰退、网络泡沫化。索尼自旗下的家用电视游戏机PlayStation开发后，已有10年未再发布独创性的产品；由于其开发的随身听WalkMan不支持MP3格式，而同时苹果推出的IPod在全球热卖，WalkMan的原有地位被取代；因为错估液晶电视的发展，使得拥有液晶技术的夏普（Sharp）、三星（Samsung）取得电视影像领域的领导地位。这一连串的决策失误以及电子产品价格不断压缩等因素，使得索尼在2000年取得空前成功之后，在2002年受到重挫。索尼公司在2000年以前的成功决策可称为上世纪的神话，而2000年以来的诸多决策失误，为现代企业提供了诸多借鉴也敲响了警钟。由此可见，科学的管理决策可以为企业的发展带来效益，而管理决策失误则会让企业陷入泥潭。管理决策是现代管理活动中十分重要的一项工作。决策是管理的核心，整个管理过程都是围绕着决策的制定和实施而展开的。管理决策的科学性与创新对于企业的发展、壮大具有至关重要的作用。

资料来源：戴林．从SONY公司的案例谈管理决策的科学性与创新．杭州电子科技大学学报，2011(6)．

决策是领导者最基本、最重要的职能。领导决策的正确与否，关系到领导活动的方向和成败。在一定意义上讲，领导活动的过程，也就是领导者做出决策、执行决策与评估决策的过程。因此，决策是领导活动的核心，领导者的决策关系着组织的生存与发展，是组织能否保持基业长青的关键所在。所以，每一个领导者，都应当高度重视领导决策，全面掌握领导决策的原则、程序和方法，在充分掌握相关信息并对有关情况进行深刻分析的基础上，用科学的方法来拟定并评估各种决策方案，从中选定最优方案，进而做出科学的、正确的决策，以达到最佳的决策效果。

4.1 领导决策的要素及原则

决策是领导工作的核心，是领导职能中最重要的职能。决策学派的代表人物赫伯特·西蒙在20世纪40年代出版的《管理行为》一书中指出，管理过程就是决策过程。① 决策贯穿于管理过程的各个层面，但在组织的领导高层尤为重要。任何管理工作在开始之前都要先做决策，制定计划实际也就是进行决策，组织、领导和控制也都离不开决策，领导活动实际上就是领导者做出决策和组织员工实施决策的过程。因此，决策贯穿于领导活动全过程，领导活动的每一个环节都是以决策为引领、为核心的。当下，任何组织所面临的外部环境都出现了复杂多变、利益相关者相互依赖度显著提升等鲜明特色，因而，作为当代组织的领导者更需要深刻理解领导决策的含义，把握领导决策的特点，掌握科学决策的原则，尽最大可能做到决策科学化、民主化、法治化。

4.1.1 领导决策的含义及特征

1. 领导决策的含义

“决策”一词在管理学中首先出现于20世纪50年代的美国，当时的英文名称为“de-

① 赫伯特·西蒙．管理行为．詹正茂，译．北京：机械工业出版社，2004：6．

cision-making”。在日语中，译为“意思决定”，其含义是“决定注意”。在我国最早译为“做出决定”，后来被译为“决策”，简练而确切，一直沿用至今。

所谓决策就是决定或制定政策，是指组织或个人，为了实现某种目标而对一个问题产生解决要求，经过思维活动做出行动方案并付诸实施的全部过程。“这个历程很不平凡，是一个实践——认识——再实践——再认识的过程，也是一个不断探索规律、深化认识、统一思想、正确决策的过程。”① 决策是一个提出问题、分析问题和解决问题的完整过程。我们通常所讲的“拍板”，即出主意、定方向、拟计划、提任务、想对策、拿办法等等，都是决策。“决策”有狭义和广义之分，狭义的决策是针对若干行动方案的选择和决定，通俗地讲就是“拍板定夺”，是指决策者在若干个可供选择的方案中，经过全面斟酌，做出最终和最优化的选择。之所以把这种决策称为“狭义”的决策，是因为这种意义上的决策只是指做出决定的这一环节，不包括做出决定之前和做出决定之后的工作。广义的决策则概括了整个决策出台的全过程，包括做出决定的前前后后、方方面面的工作，即包括从对决策目标的确定到决策的实验、实施、反馈、调节等全过程，也就是从决策的整个过程来分析问题的。由此可见，广义的决策包含了狭义的决策，领导决策理论大多采纳广义上的决策概念。当然，也要认识到狭义的决策在整个决策中的重要性。

所谓领导决策，是指领导者在领导活动中，为了实现某一组织目标，通过采用科学的决策方法和技术，从若干个有价值的方案中选择一个最佳方案，并在实施中加以完善和修正，以实现领导目标的活动过程。它既是静态的领导决定，又是动态的决策过程。领导决策是领导者的基本职能和首要任务，是其他一切领导活动的出发点和归宿，凝聚了领导者的意志、权力和权威，是全面展示领导者所具有的领导素质的重要标志。领导决策通常会成为群体或组织乃至社会的行动依据和指针，规划和指导着群体或组织乃至社会的具体行为，直接影响其行为方向、行为内容和行为结果，直接造成群体或组织乃至社会的某种必然。

领导决策在科学原理上与其他任何决策都是一样的，但在一些具体的实质和特征上略微有别于其他决策。这个区别其实仅在于决策主体及其行为影响、行为结果和行为责任上存在一些性质和程度上的差异。领导决策主体就是领导主体，主要是领导者。领导决策的影响和结果均事关组织系统全局。领导决策因决策结果涉及整个组织系统而比其他所有决策的责任都更大、更重。因此要正确地认识领导决策，还需要从以下几个方面来理解它的具体含义。

（1）领导决策是有明确组织目标的领导行为。任何领导决策都是为了实现一定的组织目标，决策目标是领导决策的前提。领导决策本质上是一种以完全明确的目的和目标为核心的组织行为，即领导决策具有明确的目的性，而要达到明确的目的必须要有一定的明确标准，可以定量或者比较，以便衡量和确定决策效果。

（2）领导决策是产生或引发组织行为的特殊行为。任何领导决策的做出，都是为实现一定的组织目标服务的。领导决策一旦做出，实际上就成了组织行动的纲领，代表着组织未来发展所要达到的状况，为组织直接提供了必须兑现的行动依据和动力权威，这样群体或组织就必定在此决策下展开相应的行动，所以说，领导决策是产生或引发组织行为的特

① 习近平．习近平著作选读：第二卷．北京：人民出版社，2023：61.

殊行为。事实上，领导决策是领导活动的基础，是组织行为的“龙头”，没有领导决策就没有合理的领导活动。

知识库 4－1

里奥·艾科曼认为，“每个组织的身体是由4种骨骼组成的。有叉骨，他们把所有的时间都花在了希望别人能完成他们的工作。有下颌骨，他们所做的只是说个不停，做得很少。关节骨敲打其他人想做到的任何事。幸运的是，在每个组织中，也还都有脊梁骨，他们是组织中的核心人物，他们承担起重要决策工作。”

资料来源：理查德·哈格斯，罗伯特·吉纳特，戈登·柯菲．领导学：在经验积累中提升领导力：第4版．朱舟，译．北京：清华大学出版社，2004：235.

（3）领导决策是与领导职能相关并承担严肃责任的领导行为。领导决策是领导者的基本职能或首要任务。从横向上看，包括了领导活动的各个方面，无论是组织管理、选才用人，还是沟通与协调，都需要领导者制定正确的决策来实现既定的组织目标。从纵向上看，领导决策贯穿于领导活动的全过程。从发现问题、确立目标开始，到组织实施结束，都需要领导者自始至终围绕决策进行。因此领导决策的正确与否，对领导活动的成败关系极大，直接影响到领导职能的发挥，关系着领导职责的履行，集中体现为一个群体或组织乃至社会的愿望和要求，承载着相当严肃、重大的责任。一旦决策失误，影响甚大，有时会关乎一个组织的生存与发展。古今中外领导活动的历史证明，决策正确，可以事半功倍，顺利达到预期目标，能很好地发挥领导职能、履行领导职责；决策失误，事倍功半，事业蒙受巨大损失。尤其是那些事关全局的领导决策，一旦失误，后果不堪设想。

（4）领导决策是凝聚领导意志、权力和权威的综合性信息行为。领导决策始终是信息行为，是一个不断收集、整理、加工、判别和决断信息的过程，也是形成和产出具有权威性的新信息的过程。没有信息，就不会有领导决策，可以说，没有信息的领导决策是不存在的。领导决策本身就是信息流，是加入了领导权力、领导权威和领导意志的特殊信息流。权力、权威在这种信息流中已成了特定的标志，并将它彻底界定成了领导行为。作为领导活动，领导决策包含了领导行为所要触及的各个层次、各个方面，诸如用人、指挥等具体领导行为都有决策的问题，充分体现和证明了领导决策的根本性、综合性以及以信息流为基本内容或基本线索的鲜明特征。

（5）领导决策是多阶段、多步骤优选方案的领导行为。领导决策是为实现一定的组织目标而制定行动方案、进行方案优选并执行方案的活动，既是一个提出问题、分析问题、解决问题的过程，也是一个建立在环境和条件分析基础上，为组织未来的行为确定目标，对实现目标的若干可行方案进行选择并决定一个优化合理的满意方案和分析判断的过程。可以说，领导者成功与否首先取决于他能否做出正确的、有前瞻指导性的决策。领导决策其实是一项流程性极强的领导工作：从决策动机到形成决策方案，再到评估决策效果，是一环扣一环的优选方案的领导行为。

（6）领导决策是有因果分析和综合评价的领导行为。任何一个领导决策都有一定的目的性，而实现目的的领导决策可以有多种可行方案，并且每一个可行方案既会对目的的实现发挥某种积极作用和影响，又会产生某种消极作用和影响。因此，必须通过科学的决策程序，对每一个可行方案进行综合的分析和评价，确定出每个方案的实际效果和可能带来的潜在问题，以便比较各个方案的优劣，从中选择一个最有利于组织发展目标的方案。另外，不仅要对每一个方案进行综合评价和分析，而且对任何一个领导决策执行的结果，也要进行多种分析和综合评价，以便评估领导决策的效果。

（7）领导决策是测定领导素质的领导行为。领导决策是领导者最重要的职能，是集领导者全部智慧、激情、才智于一体的行为，依赖于领导者的素质与能力。在当代，领导决策虽已由经验决策发展为科学决策、民主决策，但狭义的“拍板定夺”的决策仍然是高度依赖于领导者素质的领导行为。正确决策的做出，展示的是领导者全面的素质和全方位的才能，是领导者综合素质的体现。事实上，任何一方面的领导素质都能直接影响决策，都是领导者科学、正确决策的内在基础和前提条件。如果说能力素质和智慧素质就是最直接决定领导决策质量和水平的内在条件，那么可以说教育素质、文化素质、职业素质、社会素质、生活素质等则是直接相关的重要基础，而政治素质、思想素质尤其是道德素质则是掌握智慧和能力、调动所有素质及相关资源参与决策的统帅。当然，心理素质和身体素质则为前述所有素质提供基本平台。如缺乏良好的领导素质，就不应该进行决策，否则领导决策就必定错误甚至贻害深远。

（8）领导决策是广泛存在的领导行为。美国学者马文曾在高层管理者中做过调查，并提出三个问题：你认为每天最重要的事情是什么？你在哪些方面花费的时间最多？你在履行职责时感到最困难的是什么？结果有 90%以上的答案都认为是决策。领导决策作为领导者的基本职能，不仅是广泛存在的领导行为，而且是事关重大的领导行为。从另一方面来看，领导决策是领导主体的领导行为，因此，只要有领导主体存在，就一定有领导决策行为发生。由于领导主体广泛存在，所以领导决策也广泛存在。小至一个非正式群体、一个家庭，中至一个企业、一个团体，大至一个政党、一个政府、一个国家、一个社会，都普遍存在领导主体，所以作为领导行为的领导决策就同样广泛地存在，同样广泛地发挥着作用。领导决策水平的高低反映出领导活动的质量和领导水平的高低。①

2. 领导决策的特征

领导决策贯穿于领导活动的全过程。它具有目标性、预测性、创造性、优选性、风险性、执行性、动态性等特点。

（1）目标性。领导决策是为了实现领导目标的活动，这是领导决策的出发点，如果没有目标，领导决策就无从谈起，同样，假设领导目标已经实现，则也无须进行决策。没有领导目标或者领导目标不明确，领导决策就不能称为决策。更进一步说，领导决策总是在确定的条件下寻求优化目标和优化达到目标的途径，因此，任何领导决策都要有明确的领导目标，没有领导目标，领导决策就失去了意义。

（2）预测性。领导决策是面向未来的，是对未来领导活动的目标以及实现它们的方案的抉择以及执行所做的决定，因而领导决策离不开对未来领导活动发展趋势和状况的预测，必然包含着对可能出现的各种情况的估计以及相应的对策。因此在领导决策过程

① 宿春礼. 非权力领导艺术：第 1 卷. 北京：大众文艺出版社，2008：10.

中，要进行科学预测，为领导决策提供科学依据。可以说，科学预测是领导者科学决策的前提。预测在领导决策活动中占据特别重要的地位，这是由于领导决策的执行发生于领导决策之后，决策意味着对未来行为的决定，所以领导决策必须事先预测未来的各种情况和趋势，这是领导决策能够最大限度地产生正效应的前提。领导决策是否正确可行的重要衡量标准，就在于对未来发展趋势的把握是否正确，缺乏预测的领导决策是盲目的。

（3）创造性。领导决策往往是开创性的活动，这是指领导者善于发现并提出新问题、新思想、新方法。领导者只有冲破思维定势的束缚，敢于走前人未走之路，勇于创新，与时俱进，才能有所作为。缺乏创造性，领导决策也就没有意义。

知识库 4-2

创新基因

企业是创新的主体，企业家的天职就是追求成功的创新。在市场竞争激烈、产品生命周期短、技术突飞猛进的当下，不创新，就死亡。这并不是危言耸听，而是在商海摸爬滚打多年企业家们的共识：只有将“创新”的基因，深深植入发展的“骨髓”，才能获得更多成功的机会。

“颠覆式创新之父”克莱顿·克里斯坦森在《创新者的基因》一书中是这样描述的：“创新者将世界看作一个问号，总是在不断思考。”国际国内经验反复告诉我们，创新要能预见未来，创新就要敢为人先，要用创新的思维和办法应对、解决前进路上的新情况、新问题。特别需要注意的是，这种创新不是老生常谈，不是对前人的成果修修补补，而是要在制度、理念、技术、产品等方面激活原始创新的“源头活水”，正所谓“欲流之远者，必浚其泉源”。

当然，创新绝非坦途，它预示着自我否定之后的蜕变，需要披荆斩棘，需要乘风破浪，需要精益求精。哪一个创新没有经历过黎明前的“黑暗”，甚至经历一次又一次的失败。因此，创新也是不断试错，甚至是群体试错的过程。要建立以信任为基础的人才使用机制，允许失败、宽容失败，以消除创新者对创新风险的顾虑和担心。

资料来源：周伟．创业基因．青岛日报，2022-04-20（9）．有改动．

（4）优选性。领导决策总是在既定条件下，探寻优化目标和达到目标途径的活动，为此，领导决策要从多种备选方案中权衡利弊、综合评价，做出最后选择，这也是领导决策的关键环节。一方面要有多种备选方案可供选择，即选择性；另一方面要在多种备选方案中做出唯一选择，即择一性，否则，就无所谓决策。这里需要指出的是，追求优化，并非是追求最优。由于领导决策环境的变化、条件的限制以及领导决策中的不确定因素，因此领导决策只能选择“令人满意”的方案，不可能也没有必要去追求“最优方案”。

（5）风险性。由于客观情况的复杂性以及事物发展变化的动态性，再加上领导者面临的主客观条件的限制，任何决策的后果都带有某种程度的不确定性，这就意味着可能出现领导者不希望的、不好的结果，甚至可能出现“一着不慎，满盘皆输”的决策结果。风险是决策中的必然因素，由于领导决策环境的不确定性，领导者的决策大多是在不确定的条件下做出的。如果领导者因惧怕冒风险而不敢决策，便可能丧失组织发展的诸多机会。

(6) 执行性。领导决策总是要付诸执行的，否则，领导决策就是多余的。领导决策绝不是脱离实际的空想，而是根据执行需要制定的行动方案。领导决策一旦形成，就需要付诸执行，并在执行中检验决策的正误，不断加以修正和完善。离开执行这一环节，领导决策就从根本上失去了应有之义。

(7) 动态性。领导决策是一个从确定目标到执行、评估、反馈的完整过程，包括准备、决断、执行等阶段，是一个动态的过程。此外，领导决策在执行过程中还存在着适当调整和修改的可能性，这也决定了决策具有动态性的特征。

4.1.2　领导决策的要素

领导决策一般由决策者、决策目标、决策备选方案、决策环境和决策后果五个要素组成。

1. 决策者

决策是决策者做出的实践行为。因此，决策者是决策活动的主体，是决策最基本的要素。决策者处在决策系统内外信息的枢纽地位，是决策系统中最积极能动的因素，是决策系统的驾驭者和操纵者。决策者的素质、能力、水平如何，直接影响着决策活动的成败。决策者既包括个人，也包括领导集体。

2. 决策目标

决策目标是指领导决策所要达到的目的。决策目标的确立是科学决策的起点，它为领导决策指明了方向，既为选择行动方案提供了衡量标准，也为决策执行的控制提供了依据。因此，决策目标是否明确，直接关系到领导决策效果的好坏。如果决策目标明确，那么在决策执行中就有明确的方向和针对性的行动。一般来说，决策目标的制定必须满足以下几条检验准则：

(1) 目标要具有针对性，即要解决的问题必须是明确无误的；(2) 目标要具体，即目标要有具体的标准；(3) 目标要系统，即目标要着眼整体并分清主次；(4) 目标要可行，即目标要以现实为基础，不能凭空设想；(5) 目标要合乎规范，即目标要符合特定的规范体系。

3. 决策备选方案

领导决策实际是一种选择方案的活动。方案是实现决策目标的途径和行动路线，没有方案目标就难以实现。因此，方案是领导决策的要素之一。方案应当有两个以上，以备优选，或供不同情况选择使用。对于领导决策的备选方案，选择的目的是追求优化。由于客观情况的复杂性，决定着领导决策目标和行动方案的多样性，因此，对领导决策备选方案的选择就要进行比较、鉴别，选定可行性方案。

4. 决策环境

决策环境是指领导决策面临的时空状态，即决策情势。一个领导决策是否正确、合理和恰当，能否顺利实施，影响效果如何，不仅取决于决策者和决策方案，而且直接取决于领导决策所处的环境和条件。领导决策的环境包括经济环境、政治环境、文化环境、社会环境、国内环境、国际环境等等。决策行为实际上就是决策者的主观因素和决策环境这两方面共同作用的结果。

5. 决策后果

决策后果是指一项决策实施后所产生的效果和影响。一切决策活动，都是为了取得决策的结果。在做出最终决策之前，对每一备选方案的实施后果进行客观、公正的预测和评价，既是保证决策科学化的重要前提，也是方案择优的最终依据之一。决策后果一般以语言、文字、图表、计算机软件等形式表现，这使得决策可以迅速、准确、顺利地得以执行。在做出决策、方案实施以后，对实施后果进行评估，同样是领导决策重要的一环，是判断领导决策得失成败的客观依据。对于领导决策来说，追求良好的决策后果是领导决策的出发点和评判标准。任何领导决策从提出到执行等一系列过程，都是针对现实问题或即将出现的问题而展开的，领导决策通过一系列活动达到所要达到的目的，也是其价值与意义所在。

4.1.3 领导决策的原则

领导决策的原则是领导决策活动中客观规律的体现和具体化。领导者在决策过程中，应当严格遵循领导决策的原则。在当今社会，特别是在当今正处于变革关键时期的中国，要使领导决策正确率不断上升，就必须掌握领导决策的原则，实现领导决策的科学化、民主化、法治化。领导决策主要有以下原则：

1. 客观性原则

客观性原则是领导决策的首要原则。领导决策活动虽然是体现领导者智慧和才能的灵魂性工作，但绝不意味着领导者可以随意决策，领导决策应当建立在对客观实际的正确分析之上。“要深入研究、综合分析，看事情是否值得做、是否符合实际等，全面权衡，科学决断。”① 即坚持实事求是，一切从实际出发，按照客观规律进行决策。

2. 信息性原则

领导决策的最大困难并非在于对决策技术的掌握，而是在对主客观状况概率值的分析估计上。因此，获得尽可能多的情报信息就成为领导者进行科学决策的基础和关键，信息在领导决策中具有十分重要的作用。领导决策的过程就是信息的输入—处理（制定决策）—输出（执行决策）的过程，领导决策的科学性是同信息的准确性、及时性、适用性成正比的。领导决策所需要的信息越准确、真实、可靠和全面，领导决策就越具有科学性。实践证明，只有掌握全面而准确的信息，并对之进行系统地归纳和整理、选择、比较和分析，领导者才能做出科学决策。

领导决策不仅要求领导者掌握决策所需要的充足的信息，而且还要求领导者必须善于发现可供利用的信息。在这一问题上，领导者应注意以下问题：

（1）要拥有“信息权力”。这是由信息的时效性所决定的。在现代信息社会中，对信息的优先掌握便是占据主动的前提，优先掌握信息，就是优先掌握权力，因此有的学者将这一权力称为“信息权力”。

（2）要善于从一般人忽视的信息中汲取决策的智慧，这也是优秀领导者的主要标志

---

① 习近平在中央党校（国家行政学院）中青年干部培训班开班式上发表重要讲话强调 年轻干部要提高解决实际问题能力 想干事能干事干成事．人民日报，2020－10－11（1）.

之一。

（3）要具有正确地分析和加工信息的能力，特别是区分“虚假信息”和“真实信息”的能力，千万不能将决策建立在虚假信息的基础之上。

（4）克服信息收集过程中的选择性倾向。美国管理学家罗格·道森分析了信息收集过程中的八种倾向，它们可能导致领导者偏离正确方向，降低领导决策的有效性。这些倾向分别是：图现成、以自我为中心、排除异己、恋旧、选择性接收、先入为主、喜新厌旧、求同。它们中的任何一种价值倾向都会影响领导者的判断，使领导决策误入歧途。因此，认识并克服这些倾向是保证领导决策正确性的前提。

3. 系统性原则

系统性原则是指必须将领导决策对象作为一个系统来对待，分析系统与系统环境、系统整体与要素之间、内部各要素之间的相互关系，以求领导决策达到整体化、综合化、最优化。其中，整体化就是要求领导决策不能只从事物的某一部分、某一指标来考虑问题，而必须从整体出发，正确处理好局部利益与整体利益的关系、眼前利益和长远利益的关系。当代领导决策所要处理的问题比过去任何时候都复杂，问题中的因素彼此之间盘根错节，互为因果。如果孤立、静止、片面地看待事物，而不能系统、全面地去认识和把握事物，肯定会造成领导决策失误。因此，领导决策必须做到系统全面、严谨规范。只有坚持领导决策的系统性原则，才能使领导决策达到整体化、综合化和最优化。

4. 外脑原则

所谓“外脑”，是一个集社会学和生物学概念于一体的名词。主要指的是在决策过程中，为领导者出谋划策、搜集信息、帮助决策的一些人员或组织。在当今时代，领导决策所涉及的要素越来越复杂，范围也越来越广阔，日益复杂化的领导决策决定了单靠某一个人的智慧已难以承担，于是由各种专家组成的智囊团，便成为领导者进行决策时必不可少的“外脑”，“外脑”在领导决策过程中所发挥的作用愈来愈重要。

5. 集体性原则

领导决策面临的问题一般都是重大的复杂性问题，单靠领导者个人的智慧和能力是远远不能解决的，必须依靠众人的力量，特别是专家、智囊的参与和辅助，才能够保证领导决策的正确。因此集体原则既是民主集中制原则在领导决策中的应用和体现，又是发挥咨询参谋机构的作用，充分调动组织成员参与决策的积极性的重要形式。

6. 对比优选原则

领导决策总是在既定条件下，寻找优化目标和达到目标的基本途径。为此，领导决策要从多种方案中进行选择，否则，就无从优化。实际上，领导决策是一种择优活动。只有从多种决策目标和行动方案中经过比较、鉴别，才能选择出优化目标及其行动方案。因此对比优选既是领导决策过程中的关键步骤，也是一条应当遵守的重要原则。任何决策都必须建立在对多种方案对比优选的基础之上，若无对比，则无从选优。领导者在进行一些重大决策时，要制定出多种可供选择的方案，才有充分的选择余地。否则，一旦失误将无法挽回和补救。

知识库 4-3

领导干部提高决策能力“三要”

改革开放是党在新的时代条件下带领全国各族人民进行的新的伟大革命，是当代中国最鲜明的特色，也是我们党最鲜明的旗帜。面对当前艰巨繁重的改革任务和错综复杂的国际国内形势，领导干部必须具有决策决断能力。

一要敢于面对。“为官避事平生耻。”敢于面对现实，不回避矛盾和问题，是推动改革的第一步。改革，说到底就是利益调整。推动改革必然要触及各种矛盾，甚至会得罪一些人，受到阻挠和责难。特别是一些久拖不决、积重难返的问题，解决起来往往难度很大；在那些利益关系盘根错节、消极腐败现象比较严重的地方，阻碍改革的因素会更多，推动改革的难度会更大。这就要求领导干部必须具有敢于面对的勇气，在困难、问题和尖锐复杂的矛盾面前不退缩、不畏惧，敢于碰硬、敢于坚持。这样，才能把困难攻克、把矛盾化解、把问题解决，从而把全面深化改革的工作部署落实到位。

二要善于决断。“当断不断，反受其乱。”瞻前顾后，怕这怕那，往往会贻误时机，后悔莫及。在现实生活中，一些地方出现矛盾和问题后，由于当地领导议而不决，没有及时采取应对措施，结果“小事拖大，大事拖炸”，最后酿成震惊社会的群体事件，教训不可谓不深刻。顾虑、拖延是决断的大敌。有些决策，特别是一些非常规性的决策，本身就包含着一定的风险，有些问题来得急，需要当机立断。这就要求领导干部必须敢于决断、勇于担当，切不可畏首畏尾、议而不决。

三要勇于创新。创新是动力之源，也是把党领导的改革事业不断推向前进的关键。一个领导干部的能力在很大程度上表现为创新能力。一个干事业、有作为的干部，必然是一个富有创新精神的干部；一个干事业、有作为的领导班子，必然是一个敢于突破陈规，勇于创新的领导班子。当前，我国改革已经进入攻坚期和深水区。推动改革，必须最大限度调动一切积极因素，敢于啃硬骨头，敢于涉险滩，以更大决心冲破思想观念的束缚、突破利益固化的藩篱，始终保持与时俱进的精神状态，大胆解放思想，大胆实践、探索，始终坚持在实践中寻求答案，在创新中寻求出路，在改革中完善改革。

资料来源：王玉堂. 领导干部提高决策能力“三要”. 广西日报，2014-01-02 (10).

7. *灵活性原则*

领导决策事关重大，没有过硬的原则性作保障必定会出现严重问题。然而，领导者所做的决策、所处理的问题以及所依托的领导环境总是错综复杂、千变万化，每种情况都有不同，因而，领导者在决策时不能只看一点而不计其余，不能僵硬、绝对地看待事物进行决策。这样才能在不断变化的情势中找到有利的位置和角度，从容地采取措施，逐步地解决问题。这便要求领导者在进行决策时要解放思想，讲究灵活，防止刻板、保守和简单化。也就是说，领导决策不仅要有原则性，而且要有灵活性。

8. 时效性原则

领导决策是一种在特定情况下，把组织在当前环境中的因素与组织未来的行动联系起来，旨在解决问题或把握机会的领导活动。这就决定了领导决策必然受时间的制约，一旦超出时间的限制，环境因素发生了变化，再好的领导决策也不可能达到预期目标。机不可失，时不再来。领导决策必须做到及时、快速、果断。这事关所做决策是否能够及时解决问题，是否能够迅即产生良好效果和效应。如果领导决策慢慢腾腾、拖拖拉拉，那么就会丧失机遇，进而造成严重损失和其他一系列严重后果。这便要求领导者应当在决策过程中做到及时、顺势应变，追求效率，确保效果。

9. 可行性原则

任何一项领导决策都是为了得到执行，能够执行的领导决策才具有可行性，这是衡量领导决策正确与否的基本标志。因此，领导者应该从实际出发，对现有的人力、物力、财力、科学技术水平等主客观条件进行科学分析，找出事物发展过程中可能发生的各种变化与存在的利弊事实，以及领导决策执行后可能产生的各种影响，经过慎重、全面、科学的论证、审定、评估，做出可行性分析，确定可行性程度，把需要与可能有机地统一起来，在此基础上做出的领导决策才是科学的。由此可见，可行性原则是客观性原则的进一步延伸。

10. 法治化原则

领导决策的法治化原则就是依法决策。领导决策失误是重大的失误，实践中，导致领导决策失误的重要原因之一往往就是没有依法进行决策。因此，领导者要牢固树立法治意识，依法规范领导决策制度，只有这样，才能维护法律的权威，才能进行科学的领导决策。

11. 道德性原则

领导者掌握着权力，居高临下地进行着决策活动和整个领导活动。如果领导者不能容忍组织成员参与决策，则组织成员就不能发挥作用。如果领导者以其私心为自己或者为少数人谋利益，那么在决策过程中就不会使计划或政策倾向于大多数人。这样，领导往往就会变成忘却领导之本的行为，甚至会走向违法犯罪。因此，道德原则在领导决策中具有十分重要的意义。领导者只有坚持以组织为本，全心全意为组织成员服务，特别是在决策时认真为组织成员着想，才能保持领导行为的人本性和合法性，也才能实施正确的领导，并取得实绩和实效。

12. 界度性原则

领导决策要谨防越俎代庖和毫无约束。一方面，决策活动都是在一定的社会环境中进行的，应当受到社会的政治、制度和法律的约束；另一方面，这些决策活动都是针对性很强的具体活动，具有相对明确的决策适用范围和作用对象。这些范围和对象之间都有明确的边界，所以，领导决策应当高度关注有关规范的范围界限和现实可能的边际，尤其要注意决策的界限和分寸，可以适度临界，使决策效能达到最大可能的限度。

4.2 领导决策理论、体系及类型

领导工作的过程在某种意义上就是领导决策的过程。领导决策理论是研究者们关于领导决策原则、过程、类型、评估及方法的较完整的理论体系；领导决策体系是领导决策十分重要的内部环境，是领导者科学决策的重要保证。在全新的历史时期，领导决策对领导者提出了更高的要求，面对当今的复杂形势，领导者不仅要有很强的决策能力，还要能够及时准确地区分决策的不同类型，以便科学领导、合理决策。

4.2.1 领导决策理论

决策行为和理论虽然古已有之，但专门研究决策问题，还是20世纪的事情。20世纪30年代以后，随着经理人员决策重要性的增强，人们才开始把研究重点转到决策问题上来。最早把决策作为领导的主要功能进行研究的是美国管理学者卢瑟・哈尔西・古利克。1937年，古立克在《组织理论》一书中提出了决策是领导的主要功能的观点，而奠定决策科学基本理论框架的则是美国管理学者赫伯特・亚历山大・西蒙。此后，大批学者加入决策研究的行列，并创立了新的决策理论。归纳起来，比较有影响的决策理论主要有以下几种：

1. 传统的理性决策理论

传统的理性决策理论，通常也称为科学决策模式。这种模式深受古典经济学理论的影响，包括以下基本内容：

（1）决策者面临的是一个既定的问题。这一问题同其他问题相区别，或至少同其他问题比较而言，是重要的。

（2）决策者做出决定的各种目的、价值或各种目标是明确的，而且可以按它们的重要性依次排列。

（3）决策者将所有可能的解决问题的方案一一列举出来，以供选择。

（4）决策者运用一系列的科学方法对每一决策方案进行评估，并预测出执行该方案后可能产生的后果。

（5）决策者将每一个备选方案进行一一对比，并按优劣排出先后顺序。

（6）决策者正确地选择能最大限度地实现预定目的、价值或目标的那个方案。

2. 西蒙的有限理性决策理论

有限理性决策理论的提出者是美国卡内基-梅隆大学计算机科学和心理学教授赫伯特・亚历山大・西蒙，他由于“对经济组织内的决策程序所进行的开创性研究”而于1978年获诺贝尔经济学奖。

西蒙认为传统的理性决策模式只是一种理想化的模式，它不符合决策的实际情况。在实际生活中，他认为完全的“经济人”和“理性人”是不存在的，实际上是“行政人”和“有限理性人”。基于此，西蒙提出了决策的满意原则，即以满意决策替代最佳决策。

西蒙进一步认为以往的决策理论着重研究决策结果的合理性，而很少注意决策过程本身。实际上，决策并不仅仅是最后时刻的事情，它包括整个决策过程。西蒙提出整个决策过程可分为四个主要阶段：第一阶段是“情报活动”，即找出制定决策的理由；第二阶段是“设计活动”，即找到可能的行动方案；第三阶段是“抉择活动”，即在各种备选方案中进行选择；第四阶段是“审查活动”，即对已做出的选择付诸实施并评价。

3. 林德布洛姆的渐进决策理论

美国著名经济学家、政治学家查尔斯・林德布洛姆提出的渐进决策理论，是直接针对传统理性决策模式的缺陷，根据实际政策制定的特点，从“决策实际上如何做”而不是“应如何做”的角度出发建立的一套有特色的政策制定模式。

林德布洛姆在对传统的理性决策理论进行批判的基础上，提出了推行渐进决策理论的原因：

（1）渐进决策是与渐进政治相适应的。

（2）渐进决策是技术上的困难造成的。

（3）渐进决策是由现行政策的巨额成本所决定的。

林德布洛姆的渐进决策模式具有以下特点：

（1）渐进主义。林德布洛姆认为政策的制定是根据过去的经验，经过逐渐变迁的过程，而获得共同一致的政策。

（2）积小变为大变。林德布洛姆认为，渐进决策看上去似乎行动缓慢，但它积小变为大变，实际速度往往要快于一次大的变革。

（3）稳中求变。渐进决策步子虽小，但可以保证决策过程的稳定性，达到稳中求变。

林德布洛姆的渐进决策理论在充分考虑决策过程中实际困难的基础上，归纳和提出了一些比较符合决策实际的原则和方法，因而不失为一种灵活的和现实可行的决策制定模式。但是，渐进决策理论比较适用于稳定和变动不大的环境，这是由其保守性所决定的。

4. 埃特奥尼的综合扫描决策理论

在批判传统理性决策理论和渐进决策理论的基础上，美国社会学家艾米特依·埃特奥尼提出了一种既能克服传统理性决策理论和渐进决策理论的缺点，又能综合它们各自优点的综合性决策理论——综合扫描决策理论。综合扫描决策理论首先运用渐进决策理论来分析一般性的决策要素，然后在此基础上运用传统的理性决策理论。一方面，它考虑到了决策者的能力问题，认为决策者并不具备同样的能力，凡是能力较强者，就能进行更广泛的观察，而观察越详尽，决策的过程也就越有效。另一方面，它能适应不断变化发展的环境，从而使决策的制定过程有更大的弹性。然而，对于渐进主义和理性主义如何有机结合，也就是综合扫描决策理论在实践中如何运用的问题，仍有待思索。

5. 拉斯韦尔的权力决策论

权力决策论在国外决策理论中占有特殊重要的地位。美国学者哈罗德·拉斯韦尔通过对决策与权力、决策与个性的研究，将精神分析法和行为主义方法全面引入领导学领域。他认为，决策者一般都有追求权力的欲望，并且善于选择追求权力的机会，而追求权力是为了参与政策制定。权力作为一种价值，在全部决策程序中始终发挥着非常重要的作用。拉斯韦尔的权力决策论既研究了权力的主体，即决策者和掌权者，也研究了权力的运用过程，即决策制定过程。这两方面的研究都具有开拓性，对西方决策理论研究产生了深远影响。①

6. 德鲁克的有效决策论

有效决策论也是西方决策理论中影响较大的一种理论。美国学者彼得·费迪南德·德鲁克在其于 1966 年出版的代表作《有效的管理者》一书中提出，领导者应该是有效的管理者，而有效的管理者应该进行有效的决策。他认为，有效的管理者并非对任何问题都做

① 苏保忠．领导科学与艺术．北京：清华大学出版社，2004：137.

出决定，他们只对具有重大意义的问题进行决策。有效的管理者不应只重视“解决问题”，更应该着眼于最高层次的观念性认识，即正确决策的目标和内容，然后再确定决策所采取的原则。

德鲁克指出，有效的决策方法具有五方面的要求：(1) 要明确问题的实质是否属于常态，以找出能够建立一种规则或原则的决策方案；(2) 要找出解决问题所必须满足的条件，即“边界条件”；(3) 先弄清什么是能够充分满足问题解决的正确方案，然后考虑为使方案得以接受所需的必要的妥协和让步；(4) 要有保证决策得以实施的具体措施；(5) 在执行决策的过程中，注意信息反馈以检查决策的正确性和有效性。①

4.2.2 领导决策体系

领导决策体系，即在领导决策过程中承担决策的机构和人员所形成的组织形式。这里所讲的组织形式，是指包括整个决策过程中的各个层次、各个部门在决策活动中的决策权限、组织形式、机构设置、调节机制和监督方法在内的整个体系。领导决策体系既是保证领导决策效能的中心环节，又是领导决策十分重要的组织内部环境。领导者要进行有效决策，除了领导者自身所具有的高素质外，还需要一个科学的领导决策体系。领导决策体系一般由六大系统组成，分别是决策信息系统、决策智囊系统、决策中枢系统、决策执行系统、决策监督系统和决策反馈系统。

1. 决策信息系统

决策信息系统是设立在不同层级领导决策核心周围，专门搜集、统计、储存、检索、传播、显示有关情报资料信息的组织机构，它充分利用现代通信技术、计算机技术及网络技术，对来自各方面的信息进行综合分析与处理，为正确的领导决策提供坚实的信息基础。及时、准确的有效信息在领导决策中有着重要的作用。一方面，信息构成领导决策的基础。没有及时和准确的信息，领导者无法做出正确的决策。另一方面，领导决策的贯彻和实施，也离不开信息。领导决策的意图需要通过计划和命令等信息形式传达给执行者，领导决策方案需要不断借助反馈信息进行修正和改进，以适应客观情况的不断变化。领导决策的每一个环节和步骤都离不开信息。除此之外，信息还是控制决策实施的依据，是检验决策正确与否的尺度。决策是从发现问题开始的，而领导决策要想发现问题，必须通过各种渠道，采取不同的方式，获取足够多的信息，从信息中发现问题，换言之，发现问题的过程就是获取信息的过程。因此，能否获取准确、及时、适用的信息，关系到整个领导决策活动的成败。可以说，信息系统运转得好，就为决策科学化提供了重要保证。但是，值得注意的是，由于信息本身是杂乱无章、丰富多彩的，所以，对于任何一项领导决策而言，并不是所有的信息都可利用。

2. 决策智囊系统

智囊系统，又称“咨询系统”“思想库”“智库”等，是主要从事决策研究，帮助领导者进行决策的系统，实际上是负责谋划工作，专门为领导决策服务的研究咨询机构，是广泛开发智力、协助领导者科学决策的组织形式，一般由各种不同专业的自然科学与社会科

---

① 苏保忠. 领导科学与艺术. 北京：清华大学出版社，2004：138.

学专家所组成，具有集体性、科学性和相对独立性的特点。它的作用是在调研的基础上，或向领导者提出战略性建议，或应领导者的要求，提供如何决策的意见，或对领导交议的战略报告，提出会审意见，或在领导决策之后，根据需要提出几种可供选择的具体实施方案等。具体来讲，智囊系统具有如下功能：

(1) 决策咨询功能。咨询是现代决策智囊系统的重要功能之一。领导者在决策过程中，难免会碰到自己难以处理的重大问题，应当就这些问题向智囊系统征求意见与建议，必要时召集专家进行“会诊”，找出问题的症结，寻找解决问题的途径。咨询实际上是一个领导者和智囊系统密切配合的过程，反映了现代领导活动的一个重要发展趋势。

(2) 综合认识功能。智囊系统的另一功能体现于对各种问题的综合认识和整体判断上。现代智囊系统的综合认识功能，突出地表现在对社会决策背景的认识上。但凡决策所涉及的内容和知识都是相当广泛的，任何决策的成功都需要多学科的知识、多维视角、“全方位”考虑和对众多因素的相关分析。由于智囊系统是由多学科的专家组成，因此他们的综合分析可以弥补决策者自身的不足，为决策者提供一种宽阔、开放的视野。现代智囊系统的综合认识功能，还表现在对过去、现在和未来的系统研究上，并及时敲响人类社会和组织所面临问题的警钟。

(3) 培养和输送人才的功能。现代智囊系统是一个聚集了一大批专家学者的机构，故它的一个重要功能就是承担了培训和输送人才的部分任务。

(4) 宣传和传播功能。智囊系统因其独特的科学、中立面目而成为有效的宣传机构。无论是哪种类型的智囊系统，都或多或少地具有宣传和传播功能。一般来说，智囊系统的宣传功能都是通过大众传媒等途径实现的。非官方的智囊系统有时会通过制造和左右舆论，从而影响政策。

在现代领导决策体系中，应当高度重视和发挥智囊系统的作用。领导者要做出科学决策必然要发挥智囊系统的作用。不依靠智囊系统的领导者，很难做出科学决策。各级领导者必须把智囊系统的工作看成领导决策不可缺少的重要组成部分，重视发挥决策智囊系统的作用。首先，要多层次、多形式地广泛开展决策咨询活动；其次，要正确处理领导者和智囊人员的关系，二者各有所长，相辅相成；最后，要切实端正领导者对待智囊人员的态度，为他们独立开展决策研究工作提供良好的环境条件。

3. 决策中枢系统

决策中枢系统，又称决策中心，是现代领导决策体系的核心，由负有决策责任的领导者所组成。只有决策中枢系统才有权力就一定范围内的有关问题做出决策。决策中枢系统具有两大特点：一是权威性。即智囊系统提供的备选方案必须经过决策中枢系统的确认和选择，才能转化为一种权威性的力量。由此也可以证明领导者在整个决策活动中的地位是不可替代的。二是主导性。作为核心的决策系统，决策中枢系统主导着决策活动的整个过程，它不仅是决策活动的发动者、组织者、协调者，而且还是决策方案的决断者。具体来讲，决策中心的主要任务是依据信息系统提供的有关信息，对智囊系统提交的各种方案进行比较分析，权衡利弊，拍板决断，对备选方案做出正确的抉择，最后责令下级部门执行决策的方案。大量国内外的领导活动实践证明，从来没有一个决策中枢系统失误而这个决策系统能够获得满意效能的。因此在决策活动中领导者负有的主要职责是：(1) 考虑决策目标的确立；

（2）组织决策方案的制定；（3）负责决策方案的抉择；（4）领导决策方案的实施。

4. 决策执行系统

决策执行系统是指将决策变为现实行动和过程的组织系统，具体来说，是实施决策、执行领导者指令并付诸实施的组织系统。制定决策是为了实施决策，将目标变为现实，决策的有效性体现在执行上，组织内要有高效的执行系统来实施决策，因此，完整的领导决策体系都包括决策执行系统。但决策执行系统的运行需要特别注意：（1）需要雷厉风行的作风，有令即行、有禁即止。（2）需要发动、依靠组织成员的力量。与领导决策体系中其他系统相比，决策执行系统的人员是最多的，能否发动更多更自觉行动的人参与决策的执行、实施，是检验决策执行系统工作效率的一个重要尺度。

5. 决策监督系统

决策监督系统是对决策执行系统贯彻执行决策指令进行检查监督的组织系统。具体来讲，决策监督系统是指对决策的制定、实施的过程进行监督，及时发现问题，纠正偏差的组织系统。决策监督系统具有很强的独立性，一般由决策之外的机构、人员参与并负责实施。没有有力、有效的监督，就没有决策的科学性、民主性。同时，决策监督系统的人员要求具有原则性强、是非感鲜明、勇于担当、敢于坚持正义、不怕打击报复等品质。

6. 决策反馈系统

决策反馈系统的主要任务是把决策实施情况和问题及时反馈到决策中枢系统，以便决策中枢系统根据新的情况或动向对决策指令做出适当的控制和调整，从而使决策保持动态适应。由于现代领导决策涉及面广、不确定因素多，很难完全预料到决策在执行过程中可能遭遇的全部问题，因此，现代领导决策体系必须设置专业人员和机构，采用先进技术和设备，建立决策反馈系统并实现现代化、网络化，保证信息传递的畅通、灵敏、快速、准确，更好地为领导决策服务。

领导决策体系在不同时代具有不同特点。随着决策理论、程序和方法的重大变化，现代决策体系也发生了深刻的变化，突出地表现在以下几个方面：

（1）决策的制定与执行相对分工日益明显。这有助于领导者集中精力研究涉及全局的重大问题，组织制定战略性决策。

（2）决策中的“谋”与“断”的相对分工日益明显。与此同时，在领导者之外，出现了智囊团、思想库等决策咨询机构，为领导者出谋划策。

（3）现代决策越来越依赖全面、准确、灵敏、迅速的信息，因而决策信息系统已成为现代领导决策体系不可缺少的组成部分。

（4）现代领导决策体系越来越依赖于运用先进的科学技术手段和方法。因此，现代决策体系是由现代化的技术装备同具有较高科学素养的人相结合的“人-机”系统。

（5）现代决策体系是高度分工和高度综合的有机整体，在横向上由分工各异的系统组成，共同完成决策任务；在纵向上由多层次的决策系统上下相连，互相配合，使战略决策与战术决策紧密结合，形成完整、健全的领导决策体系。

与此同时，现代领导决策体系也呈现出全新的发展趋势。首先，从“无序决策”向“程序决策”转变。“无序决策”是经验决策的最大弊端，即没有按照一定的决策程序，主观随意性很大。“程序决策”是科学决策的最大特点，即必须按照一定的决策步骤，采用一定的决策手段，使决策建立在科学的基础之上。其次，从“静态决策”向“动态决策”转变。“静态决策”不仅决策是静态的，而且在实施过程中强调“坚定不移”“不折不扣”，不能有半点改动。动态决策则相反，要求在执行过程中，要不断利用反馈原理，调整、补充、修改政策，使其更符合实际，达到最优的目的。最后，从“个人决策”向“集体决策”转变。个人决策表现为“一言堂”；集体决策则要求发扬民主，发挥整体功能和集体智慧。

在现代领导决策活动中，领导者要重视和发挥领导体制的重要作用，尤其是要营造科学决策的体制环境。第一，营造求真务实的社会氛围；第二，坚持执行严格的决策程序；第三，建立完善的责任追究制度；第四，建立科学的信息披露制度。

4.2.3　领导决策类型

领导决策从不同的角度，可划分为不同的类型。了解领导决策的各种类型，有助于领导者合理地进行决策。

1. 战略决策与战术决策

按决策所涉及的范围划分，可以将领导决策划分为战略决策和战术决策。

战略决策也称宏观决策或高层决策，是指对全局有长远、重大影响的决策。战略决策涉及的范围大、因素多，带有明显的整体性、长期性、稳定性等特点，主要表现在路线、方针、政策、规划的制定上。

战术决策也称微观决策，是指对带有局部性的某一具体问题的决策。主要以实现战略决策所规定的目标为决策的前提和标准，是宏观决策的延续和具体化，具有单项性、具体性、定量化等特点。

战略决策和战术决策是相互依存、相互制约、相互影响的。战略决策为战术决策确定了方向和目标，战术决策是战略决策的延续和具体化。

2. 确定型决策和不确定型决策

按决策所具备的条件划分，领导决策可分为确定型决策和不确定型决策。

确定型决策又称常规性决策，是指在自然情况比较清楚，依此提出的不同方案的结果也比较确定的前提下，根据决策目标所做出的肯定选择的决策。这类决策相对地看是比较简单的，但若可供选择的方案很多，找出最佳方案也不那么容易，往往需要求助于线性规划、排队论、库存论等数学方法。

不确定型决策也称非常规性决策，是指决策者面临的可能出现的自然状态有许多种，对各种自然状态出现的可能性也无法做出主观准确的分析和估计的决策。由于事物发展变化的不确定性，领导者在决策过程中对其发展条件、影响因素等不能完全控制，只能对发展的可能性进行概率性统计。常用处理不确定型决策的方法有：悲观法（小中取大准则）、乐观法（大中取大准则）、折中法（乐观系数准则）、最小遗憾法（大中取小准则）、平均法等。

3. 经验决策与科学决策

按决策的方式分类，可把领导决策划分为经验决策与科学决策。

经验决策是决策者依靠个人的经验、智慧和胆略做出的决策。经验决策是历史的产物，并且随着历史的发展和人类社会的进步而逐渐丰富完善，对现代科学决策有着重要的借鉴作用。

科学决策是指在现代科学理论和知识的指导下，决策者依靠专家和群众，采用现代科学技术手段所做出的决策。科学决策是伴随着社会化大生产的产生逐步发展起来的。社会化大生产一方面创造了空前的生产力，另一方面又使社会生活变得空前复杂和多变。这种客观现实迫切要求领导者采用现代决策技术手段进行科学决策。系统理论的出现和电子计算机的广泛应用，为科学决策提供了必要的条件。

经验决策与科学决策的本质区别在于决策方式方法的不同。经验决策的主体一般表现为个体，而科学决策是集体智慧的产物；经验决策主要凭借决策者的主体素质，科学决策则尽可能采用先进的技术和方法；经验决策带有直观性，而科学决策虽不排斥经验，但注重在理论的指导下处理决策问题。因此，应该把经验决策与科学决策结合起来，实现决策的科学化。

4. 集体决策与个体决策

按决策主体分类，可以把领导决策划分为集体决策与个体决策。

集体决策，是由领导集团制定并控制实施的决策。集体决策的长处在于集思广益，提高决策优化的概率，不出或少出决策漏洞，同时也可以防止个人专断。集体决策的局限性在于沟通过程、协调意见需要很长的时间，有时会因意见不一致而久议不决，贻误时机。

个体决策，就是最后由一个人做出决断的决策。个体决策的长处是决策者能够迅速、灵活、机动地做出决策，在贯彻执行中也便于集中统一指挥，提高工作效率。个体决策的局限性在于决策者个人素质决定着决策质量，如果缺少必要的制度保证，或者决策者主观专断，很可能导致家长制、一言堂。因此，采用集体领导和个人分工负责制，是把两种决策方式结合起来的最佳方式。凡属重大问题，如方向性、战略性、规划性、政策性、协调性的重大问题，都应该由集体决策；而日常工作中应急性、具体性、技术性、执行性、随机性的事情，则由分工负责的领导者个体决策。

5. 最优决策、满意决策和待定决策

按决策认可度，领导决策可分为最优决策、满意决策和待定决策。

最优决策，是最符合决策者理想状态中所达到的最优目标的决策。但由于理想与现实之间的距离，现实条件的变化或意料不到的人为、偶然等因素的出现和作用，最优决策往往很难百分之百地实现。

满意决策，是指决策者根据现实条件，不求最优，但求经过努力，还可以实现并得到令人满意结果的决策。著名管理学家赫伯特·西蒙认为，最优或最佳的概念只有在纯数学和抽象的概念中存在，而在社会的现实生活中是不存在的，现实生活中大量存在的是可行的、满意的或合理的决策。

待定决策是指那种一时拿不出更好的决策，或在对已经出台的决策不甚满意的情况下所做的有保留余地的决策。

6. 常规决策与非常规决策

按决策出现的频率，领导决策可分为常规决策和非常规决策。

常规决策，亦称程序性决策。是指领导工作中的一般性决策，它们常以相同或基本相同的形式反复出现，通常是决策者有章可循的决策，其产生的方式、步骤一般是规范化的。

非常规决策，亦称非程序性决策。是指决策者在突发条件、偶发条件或首发条件下进行的决策。这类决策一般没有常规可循，也没有先例或现成的模式可循，例如新产品设计、重大技术革新等。领导者的经验、才能、性格等因素对这类决策有重大影响。

7. 定量决策与定性决策

根据决策问题的量化程度，可以把领导决策分为定量决策与定性决策。

定量决策是指领导决策问题可以用数学模型表示，并可借助于电子计算机进行定量分析的决策。这类决策可以用数学方法寻求最优解。

定性决策是指影响领导决策的因素很多，难以用数学模型表示，主要依靠领导者的丰富经验、智慧、直觉和分析判断进行的决策。

8. 单目标决策与多目标决策

根据决策目标的多寡，可以把领导决策划分为单目标决策与多目标决策。

单目标决策是指领导决策所要达到的目标只有一个。

多目标决策是指领导决策时要考虑多个目标的要求，而且这些目标相互联系、相互影响。由于决策目标较多，因而衡量方案优劣的标准也多，必然会给领导决策带来诸多困难。在现实生活中，多目标决策是经常遇到的、大量的决策类型，而单目标决策则较少。

9. 单项决策与序贯决策

根据决策关联问题的多少及其相互关系，领导决策可分为单项决策与序贯决策。

单项决策也称静态决策，它处理的是在某一时间阶段或某一时点条件下，某问题应达到的可能状态和结果。它所要求的行动方案只有一个，即使这一方案中有多个决策目标和决策变量，它们之间的关系也只是平行的。

序贯决策也称动态决策，是处理一连串在时间上有先后顺序且有相互联系，呈串联结构状态的问题的决策。序贯决策有三个特点：(1) 做出的决策是一串，而不是一个；(2) 一串决策并非彼此毫无关系，而是相互影响、相互制约的，前一个阶段的决策能够影响到以后的决策；(3) 整个决策的效果并不是各阶段决策效果的简单叠加，而是相互影响、组合而成的总效果，领导者关心的也正是这一整串决策的总效果。

10. 高层决策、中层决策和基层决策

按领导决策的级别，可分为高层决策、中层决策和基层决策。

高层决策是由最高领导集团所做出的决策，其决策的性质属于战略决策和宏观决策，具有全局性和整体化的特征。

中层决策是由中层领导集体做出的决策，介于战略决策与战术决策之间，中层决策服从于高层决策。

基层决策是由基层领导者做出的决策，其性质一般属于战术性的、微观性的决策，是为了落实高层决策与中层决策而进行的决策。

4.3 领导决策程序、方法与评估

4.3.1 领导决策程序

领导决策程序指的是领导决策过程中的决策环节或决策步骤。一般而言，领导决策主要包括以下步骤：

1. 提出问题

领导者将针对什么问题进行决策，在决策前需要清晰、明确。因此，提出问题是领导决策的第一步。即通过调查研究、预测和信息反馈等方法，发现问题并对问题进行深刻的分析，抓住问题的本质，把握事物的发展方向，确定需要解决的问题。

2. 确定目标

确定目标既是领导者的重要职责，也是领导者进行科学决策的关键环节。领导者根据存在和需要解决的问题，在系统分析的基础上确定目标。所谓目标，是指在一定的环境和条件下，在预测的基础上所期望的结果。目标是领导决策的基础，没有目标，就无所谓领导决策，而目标选择的正确与否，则直接关系到决策的成败。这是一个将问题具体化和明确化的过程，是领导决策的出发点和归宿点。但是，确定目标，需要对有关事物进行定性、定量、定时的分析，为此，必须采用行之有效的科学预测方法和调查研究技术。一般来讲，决策目标有四个特征：（1）单一性。目标是单一的，只能作一种理解。（2）定量性。目标的成果或程度是可以计量的。（3）明确性。设立目标必须具体明确，目标应当是可以计量成果、规定时间、确立责任的。（4）目标必须区分主次。当决策目标不止一个的时候，领导者就要权衡轻重，列出先后次序，分为“必须达成的”和“希望达成的”目标。

3. 收集信息

要使领导决策做到正确有效，收集信息是不可缺少的条件之一。信息是领导决策的基本依据，信息是否准确、充分而及时，会直接影响到领导决策分析的质量。可见，收集信息在领导决策过程中有着极其重要的作用。

知识库 4－4

根据信息源和信息采集途径的差异，信息有动态信息与静态信息、公开信息与非公开信息。信息采集的方法也因信息的类型不同而有所不同，一般而言分为以下两种：

一是正常渠道收集法，也就是我们熟知的实地考察法。由收集人员在具有权威性的网站或委托专门的调研机构通过发放问卷、面谈、电话、调查等方式收集、整理并分析第一手资料。二手资料毕竟不是以所关心的具体问题而做出的，因而往往缺乏针对性和时效性，在很多情况下只能作为参考性材料。第一手资料的最大特点是真实可靠、针对性强、时效性强。正常渠道收集法通常用问卷调查和访问交谈的方式进行信息的收集。

二是非正常渠道收集法。收集人员通过收买相关人员、索要等非正常手段去收集情报，通过非正常手段获得非公开信息。非公开信息的使用价值很高，对行政决策的影响也是极大的。通过非公开信息就能掌握主导权，做到知己知彼。从而使决策能更具有科学性。非正常渠道收集法主要包括交换索要法、委托收买法、抢劫窃取法、技术拦获法等。

资料来源：汪永太．市场信息学．大连：东北财经大学出版社，2007：135.

4. 确定价值标准

价值标准就是建立评价标准，以此作为方案选择的衡量尺度，其目的是为确保领导决策实际效益而设置必要的限制性条件。价值标准是领导决策的规划依据、论证准则、仲裁规则和检查标准，因此价值标准应当尽可能科学、规范、可行。这需要领导者和有关专家共同协商，进而形成领导决策所要依凭的权威参照和公正准则。确定价值标准需要两个最基本的现实依据：一是未来行动以进取创业为基本取向；二是未来行动以守成分享为基本取向。这两种不同的领导决策取向界定出了两种不同的基本决策类型，即计划和政策。显然，能够权威地界定和指导这两种决策的具体科学标准必定是不同的。因而，领导决策标准就有两个基本的类别和系列。在这样的基本范围里，各决策者和决策参与者就可以明确地制定适合自身实际情况的具体的科学标准。

5. 拟订方案

拟订方案就是寻找达到决策目标的有效途径。它包括对各种历史和现实资料进行分析研究，而后制定出各种可供选择的方案，而且多个方案之间必须要有原则的区别，而不只是细节上的差异。拟订方案是一个复杂的过程，是领导决策的核心，方案的质量和数量直接关系到领导决策的成功与否。因此拟订方案时需要做到：(1) 头脑清醒、理智，不能感情用事；(2) 要为最后的决策提供多个方案；(3) 拟订方案要先易后难；(4) 方案的表达要清晰、明确，不要含混不清；(5) 方案的内容要具体。

6. 分析评估

制定出各种可行方案后，接下来是分析评估，选择一个最有利于实现目标的方案。对所拟定的各个方案，都应从定性和定量两个方面加以分析、评估。定性分析主要是直接利用人们的知识、经验和能力，根据已知情况和现有资料，对领导决策方案做出相应评价。对一些受社会经济因素影响较大、所含因素错综复杂而多变、综合性较强的战略决策，定性分析具有极为重要的作用，但这类方法往往主观成分较强、论证不很严密，需要用定量分析方法作补充，把两种方法结合起来予以应用。在分析评估的基础上，权衡、对比各方案的利弊得失，并将各种方案按优先顺序进行排列，提出取舍意见，送交领导者。一般来讲，评估方案的标准有两个：一是是非标准，即“对不对”；二是价值标准，即判断方案的优劣，也就是“好不好”。领导决策追求的目标是是非标准和价值标准的有机统一，即追求“既对又好”的目标和方案，但这两种标准之间并不是一一对应的关系，有时优的不一定是对的，对的也不一定是优的。不同学者对领导决策方案的判断标准有不同的论述。归纳起来，评价的基本标准有：(1) 目标正确；(2) 方案可行；(3) 代价最小；(4) 副作用最小。

7. 方案优选

方案优选，是领导决策过程中决定性的一环。即在对各种方案分析、评估的基础上，根据目的性、可行性、时效性等原则，选定一个最佳方案。这就是人们所说的“拍板定夺”的环节，即狭义的决策，也是领导决策的关键所在。在这里，领导者通常依据经验、实验和分析，去做最后选择。在对各种备选方案的权衡中，并不一定各个指标都优的就是最好的方案，往往是主要指标较好，而能兼顾其他指标的方案才是领导者所要选择的方案。此外，在选择方案过程中，领导者要认真听取各方面的不同意见，包括一些尖锐的反对意见。因为，不少好的方案都是根据对立的观点提出的。高明的领导者往往不是在众多方案中选取一个方案，舍弃其余方案，而是善于摄取各种方案的优点和长处，综合出一个最佳方案。在方案优选环节中，需要领导者做到：(1) 充分发扬民主，允许有不同意见的争论，营造畅所欲言的舆论氛围；(2) 要求汇报者如实汇报，不得弄虚作假；(3) 善于归纳，择优融合；(4) 关键时刻要敢于定夺。

8. 贯彻实施

制定决策方案的最终目的是贯彻实施，实现预定目标，因此，在决策制定以后，便进入决策实施阶段。当方案选定以后，必须进行局部性试验，以验证其可行性与可靠性。通过模拟试验，进一步证明最佳方案切实可行后，就不失时机地进行大规模实施。只有付诸实践，才能最后检验领导决策是否合理与有效，才能发现新问题。如果试验成功，就可以普遍实施。在普遍实施的过程中，要做好四项工作：(1) 编制具体实施计划，把决策方案具体化；(2) 动员组织成员力量，调动组织成员的积极性、主动性和创造性；(3) 落实责任，建立严格的责任制；(4) 建立检查监督制度。

9. 追踪检查

在领导决策付诸实施之后，要随时检查验证。这是因为在决策实施阶段，由于外部环境可能急剧变化，或者由于决策本身的严重错误，原有决策方案在实施中表明已脱离实际，甚至危及决策目标的实现时，就必须对原有方案进行根本性的修正，对此我们称为追踪决策。即要按照领导决策的方案，一步一步对比检查，对没能达到预期效果的项目要找出原因。因为决策是人做的，人的错误总是难免的，再高明的领导者，也有失误的可能。所以，在进行追踪决策时，领导者要有一定的勇气，敢于承认现实，正视现实，克服阻力，尽可能地减少损失，弥补失误。

实际上，领导决策的每个环节就是具体的领导决策步骤，每个步骤都很重要，不可相互取代，缺少哪个环节都会直接破坏领导决策的科学性。领导决策的每个步骤先后连贯，构成完整的科学领导决策程序和领导决策过程，是一个领导者具体做出计划、出台政策的真实过程。

知识库 4-5

领导决策的六大陷阱

一是“沉锚”陷阱。考虑做一个决定时，我们的大脑会对得到的第一个信息给予特别的重视。第一印象或数据就像沉入海底的锚一样，把我们的思维固定在了某一处。

二是“有利证据”陷阱。例如，别人一次成功或失败的经历都可能成为束缚我们决策的证据，这种“有利证据”陷阱会诱使我们寻找那些支持自己意见的证据，躲避同自己意见相矛盾的信息。

三是“框架”陷阱。趋利避害是人的本能，为了确保安全，领导者倾向于接受事物最初的框架，而不愿意冒险突破框架，尝试新的可能性。无论是你自己或是别人创造了问题的最初框架，都千万不要自动地接受它。要对一切所谓的经验、模式、规律、习惯、习俗等敢于怀疑，敢于说“不”。

四是“霍布森选择”陷阱。1631 年，英国剑桥商人霍布森贩马时承诺：买或是租我的马，只要给一个相同的低价格，可以随意选。其实这是一个圈套。他把马圈只留一个小门，大马、肥马、好马根本就出不去，出去的都是些小马、瘦马、赖马。霍布森允许人们在马圈里自由选择，可是大家挑来选去，自以为完成了满意的选择，到最后却仍然得到一个最差的结果。可以看出，这种选择是在有限的空间里进行的有限的选择，无论你如何思考、评估与甄别，最终得到的还是一匹劣马。人的思维有时也是如此，常常受到自己"一亩三分地"的局限和影响，导致思维的自我僵化，当然不会有创新。所以它是一个陷阱。

五是"布里丹选择"陷阱。有一个叫布里丹的外国人，他的驴子饿得咕咕叫，就牵着驴子到野外去找草吃。看到左边的草很茂盛，他便带驴子到了左边，又觉得右边的草颜色更绿，他就带他的驴子跑到右边，但又觉得远处的草品种更好，他便牵着驴子到了远处。布里丹带着他的驴子一会儿左一会儿右，一会儿远一会儿近，始终拿不定主意。结果，驴子被饿死在寻找更好的草的路途中。

六是"群体思维"陷阱。集体决策是科学决策的基本方式，但不等于科学决策。在集体决策时，即使经验再丰富的管理者组成的团队也有可能犯下幼稚的错误，共同选择一个失败方案，并带来灾难性的后果，这就是所谓的群体思维的陷阱。

4.3.2　领导决策方法

所谓领导决策方法，就是进行领导决策的手段，包括宏观和微观两类。宏观方法一般用于对领导决策目标的确定、方案设计框架的设定、决策后果的预测等；微观方法主要用于对数据计算的处理。在领导决策过程中，由于每一个阶段的具体要求不同，因此领导决策方法的使用在各个阶段也不尽相同。主要领导决策方法有：

1. 德尔菲法

德尔菲是古希腊传说中可以预卜未来的阿波罗神殿所在地。管理学中借用德尔菲来比喻高超的决策能力。德尔菲法是直观预测法的一种，它要求先由预测机构选定专家，通过书面的方式向这些专家提出所要预测的问题，得到答复后，将意见集中整理，然后匿名反馈给各位专家，再次征询意见，然后再加以综合和反馈。如此多次循环，最终得到一个比较一致并且可靠性较大的预测结果。运用德尔菲法大体有下述四个基本步骤：

（1）设计调查表。就需要解决的问题，通过设计调查表来贯彻调查目的。设计的基本要求是：必须明确所提问题，避免理解上的歧义；问题要选择得当，必须与目的相关，要注意相对集中；问题不宜过多，一般应在 25 个之内；方式尽量简化，尽可能用选择或填空的方式；要留有发表各自意见的余地。

（2）选择应答者。这也是与目的相关的内容，对象选择错误必然导致结论的错误。选择应答者包括选择谁、如何选择以及选择的规模与范围。

（3）委托征询意见。将调查表分别发给（寄给）应答者，征求他们对问题的看法，这一步通常要经过四轮：首先，调查表只提出问题，围绕问题由应答者发表各自的看法，如对某个城市的旅游规划，应答者可以不受任何拘束地畅谈自己的看法。其次，将第一轮搜集的意见集中后，列出主要问题一览表，放弃次要观点，集中主要或共同的看法。如上例中有关一个城市的主要景区的确定和定位、交通安排和服务设施建设、旅游品牌战略和功能设计、旅游专业人才培养等都属于主要问题，而诸如某个景点的局部设计则为次要问题。将上述结果再分发给应答者，要求他们提出看法并陈述理由，有些决策的分歧是很大的，如修建三峡工程，反对者和赞成者针锋相对。这说明科学意义上的决策很少见到“一致通过”或“坚决拥护”的情况。再次，再重复第二轮的过程。最后，要求应答者根据现有资料，提出最后意见和理由。

(4) 写出结论。

德尔菲法耗时费力，一般不适用于日常的领导活动。

2. 头脑风暴法

头脑风暴法又称专家会议决策法，是指依靠一定数量的专家的创造性思维来对领导决策对象未来的发展趋势及其状况进行集中的判断。在头脑风暴法的实施中，主持人要注意会场的布置，创造一个有利于自由发表意见的氛围，并制定相应的会议规则，主要包括：(1) 不允许对别人的意见提出批评，只可以坚持自己的看法；(2) 所有发言不分发言者地位高低，一律记录在案，会后统一整理；(3) 不准个别交换意见，所有的见解必须公开化；(4) 主持人不发表自己的看法。

头脑风暴法有四个特点：其一，能够发挥若干专家所组成的团体的宏观智能结构效应，而且这种效应往往大于团体中各个成员单独创造能力的总和；其二，通过多个专家的信息交流而引发思维共振，可以在较短的时间内取得可喜的创造性成果；其三，专家会议有助于专家的相互交流，通过相互启发和提示以及内外信息的交流与反馈，来弥补个人意见的不足，并将所产生的创造性逻辑思维活动集中于战略目标，从而为重大的战略决策提供依据；其四，专家会议的信息量大，提出的方案更具体、更全面。

与德尔菲法相比，头脑风暴法更多是通过群体意见的交流得出事物的结论，但在细化方面存在不足之处。

知识库 4-6

头脑风暴法四个原则：

一是自由奔放地去思考，要求与会者尽可能解放思想，无拘无束地思考问题并畅所欲言，不必顾虑自己的想法或说法是否“离经叛道”或“荒唐可笑”；欢迎自由奔放、异想天开的意见，必须毫无拘束，广泛地想，观念愈奇愈好。

二是会后评判，禁止与会者在会上对他人的设想评头论足，排除评论性的判断。至于对设想的评判，留在会后进行，也不允许自谦。

三是以量求质，鼓励与会者尽可能多地提出设想，以大量的设想来保证质量较高的设想的存在，设想多多益善，不必顾虑构思内容的好坏。

四是“搭便车”，见解并无专利，鼓励借题发挥，根据别人的构思联想另一个构思，即利用一个灵感引发另外一个灵感，或者把别人的构思加以修改。

资料来源：李长江. 人力资源管理：理论、实务与艺术. 北京：北京大学出版社，2011：362.

3. 回归分析法

回归分析法是根据事物发展变化的因果关系，运用处理变量的数学原理对事物的未来发展进行预测的方法。事物之间的因果关系有两类：一是确定的函数关系（如牛顿定律、欧姆定律等表述的变量之间的关系）；二是非确定的函数关系，即变量之间既存在着密切关系，又不能由一个变量的值精确地求出另一个变量的值，对于这种关系应当运用回归方程，通过对大量统计数据的分析，找到它们之间的相关性，预见其未来的发展状况。

4. 系统工程法

系统工程法是一种现代的科学决策方法，也是一门基本的决策技术。系统工程法把要处理的问题及其有关情况分门别类、确定边界，又强调把握各门类之间与各门类内部诸因素之间的内在联系和完整性、整体性，否定片面和静止的观点和方法。在此基础上，它没有遗漏、有区别地针对主要问题、主要情况和全过程，运用有效工具进行全面的分析和处理。

系统工程法是一种完备的基本决策手段，包括目的、可行方案、模型、费用、效用和评价标准六项基本要素。它要求对这些要素都以系统的观点加以分解，得出每个要素的系统构成图，并在这些要素的范围内对决策方案进行全面的检测评价，这实际上就是对领导决策全过程进行系统、全面的把握、分析、设计、论证和检测评价。其实用化、操作化就在于要将领导决策的全过程变成固定、必经的决策程序，从而使领导决策具有高度的科学性。它能够建立技术模型（形象模型、模拟模型、数学模型等）来进行基本的技术处理，然后找到最佳的决策方案，使领导决策更加科学化。

5. 运筹学方法

运筹学是应用数学的一个分支，它研究的是在物质条件（人、财、物）已定的条件下，为达到一定的目的，如何统筹兼顾整个活动各个环节之间的关系，制定出有数量依据的、最佳的方案。运筹学方法被广泛运用于领导决策中，是进行领导决策的一种有力工具，在领导决策实践中发挥了重要作用。

运筹学应用数学手段，在解决各种不同类型问题的过程中，形成了一些具有不同功能的方法，如规划论、对策论、排队论，以及网络分析、投入产出法等，用以解决各种不同性质和特征的问题。

6. 价值分析法

价值分析法是用价值大小来评价领导决策方案优劣的方法。所谓价值是指人们在从事活动时，投入和取得的成果之比率。人们要想取得某种成果，总要付出一定的代价，如买一件东西，要付出一定的钱；生产一件产品要花费一定的劳动时间。所以人们常常要盘算，“合算不合算”，“划不划得来”，并力争用较小的投入取得较大的成果。买东西要价廉物美，生产某种产品要降低成本，提高产量和质量。

7. 多媒体决策会议法

多媒体决策会议法是将不同会场的与会人员活动情况、会议内容以及各种数据和信息及时传递给每个与会者，实现实时多媒体信息交互，进行实时讨论和共同设计。多媒体决策会议利用计算机强大的信息处理能力，可有效地进行协同工作，处理音频、视频、协作数据等大量信息，在一定程度上能取代传统的会议，是一种高效、经济、方便且将会广泛应用的新方法。

8. 建模方法

从现代科学活动和社会活动的具体操作来看，建模方法是一种高度科学化而非经验化的决策方法。这个方法的实质就是一个建模的过程。在这个过程中，对于规律性明显的决策问题和情况，它能够通过建立技术模型首先进行基本的技术处理，然后找到最佳的解，即理想的决策方案。

建模方法主要有如下一系列特征：（1）对实体的抽象或模仿；（2）由与分析系统相关的主要因素构成；（3）能集中表明这些主要因素之间的关系；（4）能有效反映被描摹事物或决策对象所蕴含的关系和规律；（5）多次反复使用或运作而效果相同，可以验证，科学性极其充分、鲜明；（6）在决策过程中成为决策信息的科学处理器，为决策提供科学处理结果或决策参考；（7）最终目的是要帮助决策者科学地形成最优化的决策方案。

9. 程序决策法

程序决策法是一种科学经验式的决策方法，由美国当代著名管理学家彼得·德鲁克创造。程序决策法主要有以下五个具体的步骤：

（1）领导决策时必须了解、确定问题的性质：是一再发生的日常问题，还是偶然发生的例外问题。（2）领导者必须了解决策应遵循的规范。决策的目标是什么？最低限度达到什么目的？应该满足的条件是什么？用科学的术语说，就是决策时所谓的边界条件。一项正确的决策必须符合边界条件，必须足以达到目的。（3）领导者必须认真研究能够解决问题的正确决策是什么，而不去研究能够被人接受的决策方案是什么。（4）领导者必须把决策化为行动，这是决策过程中最难的一步。（5）领导者应该在决策中建立资料反馈制度，以便经常检验决策的适用性和有效性。

10. 危机决策法

危机的出现一般是偶然的、突发的、出人意料的，对事物的危害是严重的，甚至是致命的，这就要求领导者必须有较强的应变能力，领导者应付危机的对策就叫危机决策。要应付危机，领导者要增强危机意识，平时要防微杜渐、居安思危、不骄不躁、谨慎从事。只有时时有危机感，一旦危机出现，才会临危不乱、处变不惊、沉着应对、变害为利、转危为安。

知识库 4-7

危机决策是一种特殊类型的决策。与常规决策相比，危机决策通常具有四个方面的特点。

一是决策目标动态权变。危机发生之前的事前决策的主要目标是以预防为主。人们通过对组织结构的合理优化以及有效防控监督，把危机事件尽可能消灭在萌芽状态。事前的决策主要是以常规决策和程序化决策为主。决策的问题一般都具有良好的结构，可以广泛征求大家的意见，充分发扬和体现民主决策。危机一旦发生，危机决策的目标就会随着危机事态的演变而变化，人们需要不断地做出调整和修正。决策的第一目标是控制危机的蔓延和事态的进一步恶化，这时决策者通常以经验和灵感决策为主。通常，在决策的过程中由于情况紧急，往往是将权威决策者的决定作为最后的决策结果。在这种决策情境下，危机往往是一次性的非例行活动，所以在决策的过程中一定要做到“因时而定”“因地而宜”“因事而论”，防止两种极端的出现。一种是照抄照搬以前的决策结果，产生南辕北辙的现象；另一种是有病乱投医的现象，要么在危机面前乱了手脚，要么是优柔寡断下不了决心，延迟耽误了最佳的决策时机。

二是决策环境复杂多变。决策环境可分为组织外部环境、组织内部环境以及决策者的心理环境。组织外部环境通常指存在于组织边界之外并对组织产生直接或间接影响的因素（如政治、经济、人口、生态等因素）。相对常规的外界环境，危机决策的外界环境具有高度的不确定性，这种不确定性主要表现在状态的不确定性、主观认知的不确定性以及后果影响的不确定性。因此，决策变量具有一定的模糊性、随机性和未知性，要求决策者充分运用已有的经验知识，勇于创新。

三是决策信息严重不对称。危机决策信息具有高度的不对称性。这种不对称性主要表现在信息的不完全、不及时以及不准确三个方面。

首先，信息不完全。危机的形成以及危机态势的发展具有很大的未知性和不确定性。危机信息随着危机态势的发展而不断演变，决策者不可能完全掌握危机的态势信息。另外，由于人们对危机本身机理认识的有限性，也导致了决策者对危机信息认识的不完全。决策者在做出决策之前，要对信息进行价值和时效性分析，尽可能掌握关键信息。

其次，信息不及时。信息不及时主要是指信息的采集和传递不及时，以及由于对信息加工处理的拖延而导致时间的滞后。通常情况下，危机信息从危机现场传递给决策者时，要经过一些中介环节，因此，最高决策者对信息的掌握就可能出现滞后。另外，提取、加工进而得到有用的信息，是要花费一定的时间的，这在一定程度上也占用了决策者用于决策的思考时间。因此，要尽可能缩小信息的时间滞后差。

最后，信息不准确。人们可将危机决策的过程看作是一个信息由输入到输出的过程。在这个过程中要经过发现问题、确定目标、选择评价标准、拟订方案、评估方案以及最后的方案实施等步骤。信息在传递和反馈的过程中可能会造成失真，难以保证信息的准确性和有效性，因此，在危机决策过程中应尽量减少中介环节。另外，要加强监督，建立严密有效的监督网络。

四是决策步骤非程序化。决策程序是决策规律的概括和总结。按决策问题的性质，可将决策分为程序化决策与非程序化决策两种。程序化决策是指所解决的问题结构良好，可按固定的程序和方法进行。非程序化决策又叫做非定型化决策或非结构化决策。非程序化决策所要解决的问题结构不良，无法用常规的程序和方法来进行。当决策缺少程序化决策特征中的某一项时，我们即可将其作为非程序化决策处理。从上面对危机决策的界定我们可以看出，危机决策是典型的非程序化决策，没有固定的决策模式可供遵循，而且决策过程往往表现为新颖、无结构，甚至使人感到似乎没有规律可循。因此，在进行危机决策时应该尽量简化决策步骤，抓住关键步骤和步骤中的关键环节，因势而定，靠自己的经验、洞察力和直觉，果断地做出决定，在分析和处理非程序化决策时要大胆，要敢于创新。

资料来源：郭瑞鹏，孔昭君．危机决策的特点、方法及对策研究．科学管理研究，2005（8）．

4.3.3 领导决策评估

领导决策评估是修正决策的前提和基础，是领导决策的重要组成部分。它既能决定决策的走向、资源的配置，又能提高决策的质量，为今后进行决策提供借鉴。具体来讲，领导决策评估的作用主要在于：首先，有利于提高领导决策的科学性；其次，有利于总结经验，为以后进行领导决策积累经验；最后，有利于提高领导决策水平。当然，领导决策评估不是最终目的，而只是一种手段，是为了更好地实现领导工作的目标。

1. 领导决策评估的标准

领导决策评估的标准主要包括以下几个方面：

（1）决策投入。领导决策投入是指决策资源在决策过程中的使用和分配情况，包括资金的来源与支出、执行人员数量的多少以及工作时间的长短等。

（2）决策效益。领导决策效益是指达到决策目标的程度。确立决策效益标准的目的，是在对决策的实际结果和理想结果进行比较之后，对决策所达到预期目的的状况进行程度上的分析。决策的效益标准比较复杂，在具体运用时要考虑到各种要素的影响。首先，效益是根据预定目标衡量出来的，因此，确定一个明确而具体的决策目标是效益评估的重要前提。其次，要高度重视决策实施完成任务的充分性，充分性不仅表现为解决问题的深度，还表现为解决问题的广度。再次，决策效益是决策实施后所获得的某种结果，这种结果是一种客观性的存在。最后，在对领导决策进行效益评估时，既要看到它的正效益，又要看到它的负效益。

（3）决策效率。领导决策效率表现为决策效益与决策投入之间的量的关系和量的比例。主要包括两个方面。一方面是指决策执行机构及其组织成员的工作效率，包括以最短的时间和最小的工作量完成某项活动，解决某个问题，或在决策资源有限的条件下，尽量扩大决策效益。另一方面是指决策的全部成本与总体效益之间的关系。一项决策的最终效益归根结底是由该决策的直接成本、间接成本与决策实施后所产生的积极后果之间的比例关系决定的。

（4）决策回应度。所谓决策回应度是指特定决策实施后，满足与之相关的特定组织成员的利益和需求的程度。如果决策对象认为该决策满足了自己的利益和需求，那么积极性就会发挥，意味着决策的回应度较高；反之，决策的回应度就低。一项即使有较合理的投入和较高的效率与效益的决策，如果它的回应程度不高，那么也不能被认为是一项成功的决策。

2. 领导决策评估的程序

（1）评估的组织和准备。这一阶段的任务主要包括以下方面：1）选择、确定评估对象；2）明确评估目的；3）确定评估标准，选择适当的评估方法；4）设计和制定评估方案，明确评估的时间、进度以及评估经费的来源和使用等情况；5）确定和培训评估人员。

（2）评估的实施。评估的实施是整个决策评估过程中最重要的组成部分，其主要任务是利用调查手段全面搜集有关决策制定和执行的第一手资料，并在此基础上进行系统的整理、分类、统计和分析，采用恰当的评估方法，根据评估标准，对决策的制定和执行状况做出客观、公正的评价。在实施评估过程中，评估者要始终坚持材料的完整性和分析的科学性，力争避免受各种主观因素的影响，以求全面、正确地反映出决策的实际效果。

（3）总结和撰写评估报告。总结和撰写评估报告是决策评估活动的最后一个环节，主要包括两个方面的内容：一是总结；二是撰写评估报告。总结是通过对决策评估活动的全面回顾，评价决策制定和执行的优、缺点，以便总结经验、吸取教训，为以后的决策活动提供借鉴。撰写评估报告是将评估结论以书面报告形式反映出来，提交有关决策者或实际部门，使其应用于以后的决策实践，为实现决策的科学化服务。

3. 领导决策评估的方法

领导决策评估的关键是对决策效果的评估，它包括评估决策的完成程度、实施后的影响、实施后诸环境条件的变化，以及实施决策所投入的各种成本。因此，决策评估一般采用对比分析方法，主要是对决策前后的各种要素以及情况进行对比，以判断决策实施所带来的效果。

4. 领导决策评估面临的困难

领导决策评估所面临的困难主要包括以下几个方面：（1）决策目标的不确定性；（2）有关人员的抵制；（3）获取数据和信息的困难；（4）决策资金的混乱与决策的重叠；（5）决策的沉淀成本；（6）决策影响的广泛性；（7）决策评估缺乏效果。

本章小结

本章分三个小节来介绍领导决策的相关内容。

第一节是领导决策的要素及原则，主要介绍了领导决策的含义、特征、要素以及决策原则。领导决策是指领导者在领导活动中，为了实现某一组织目标，通过采用科学的决策方法和技术，从若干个有价值的方案中选择一个最佳方案，并在实施中加以完善和修正，以实现领导目标的活动过程。它既是静态的领导决定，又是动态的决策过程。领导决策贯穿于领导活动的全过程。它具有预测性、执行性、目标性、创造性、优选性、风险性、动态性等特点。领导决策一般由决策者、决策目标、决策备选方案、决策环境和决策后果五个要素组成。领导决策的原则是领导决策活动中客观规律的体现和具体化。领导者在决策过程中，应当严格遵循以下原则：客观性原则、信息性原则、系统性原则、外脑原则、集体性原则、对比优选原则、灵活性原则、时效性原则、可行性原则、法治化原则、道德性原则、界度性原则。

第二节是领导决策理论、体系及类型，主要介绍了六种比较有影响的决策理论，领导决策体系的六大组成系统，以及不同的领导决策类型。六种有影响力的领导决策理论有：传统的理性决策理论、西蒙的有限理性决策理论、林德布洛姆的渐进决策理论、埃特奥尼的综合扫描决策理论、拉斯韦尔的权力决策论、德鲁克的有效决策论。领导决策体系一般由六大系统组成，分别是决策信息系统、决策智囊系统、决策中枢系统、决策执行系统、决策监督系统和决策反馈系统。领导决策从不同的角度，可划分为不同的类型。按决策所涉及的范围划分，可以将领导决策划分为战略决策和战术决策。按决策所具备的条件划分，领导决策可分为确定型决策和不确定型决策。按决策的方式分类，可把领导决策划分为经验决策与科学决策。按决策主体分类，可以把领导决策划分为集体决策与个体决策。

按决策认可度，领导决策可分为最优决策、满意决策和待定决策。按决策出现的频率，领导决策可分为常规决策和非常规决策。根据决策问题的量化程度，可以把领导决策分为定量决策与定性决策。根据决策目标的多寡，可以把领导决策划分为单目标决策与多目标决策。根据决策关联问题的多少及其相互关系，领导决策可分为单项决策与序贯决策。按领导决策的级别，可分为高层决策、中层决策和基层决策。

第三节是领导决策程序、方法与评估，主要介绍了领导决策程序、领导决策方法以及领导决策评估。领导决策程序指的是领导决策过程中的决策环节或决策步骤。一般而言，领导决策主要包括以下步骤：提出问题、确定目标、收集信息、确定价值标准、拟订方案、分析评估、方案优选、贯彻实施、追踪检查。领导决策方法，就是进行领导决策的手段，包括宏观和微观两类。宏观方法一般用于对领导决策目标的确定、方案设计框架的设定、决策后果的预测等；微观方法主要用于对数据计算的处理。主要领导决策方法有：德尔菲法、危机决策法、程序决策法、建模方法、多媒体决策会议法、价值分析法、运筹学方法、系统工程法、回归分析法、头脑风暴法。领导决策评估是修正决策的前提和基础，是领导决策的重要组成部分。它既能决定决策的走向、资源的配置，又能提高决策的质量，为今后进行决策提供借鉴。领导决策评估的标准主要包括以下几个方面：决策投入、决策效益、决策效率、决策回应度。

关键术语

决策　领导决策　领导决策的原则　领导决策理论　领导决策体系　领导决策程序　领导决策方法　领导决策评估

复习思考题

1. 阐述领导决策的含义及其特征。
2. 简述领导决策的构成要素及原则。
3. 试述西蒙的有限理性决策理论。
4. 简述领导决策体系的六大组成系统。
5. 阐述德尔菲法主要内容及其优缺点。
6. 试述领导决策过程。

本章阅读书目

[1] 理查德·哈格斯，罗伯特·吉纳特，戈登·柯菲. 领导学：在经验积累中提升领导力：第 4 版. 朱舟，译. 北京：清华大学出版社，2004.

[2] 朱立言，孙健. 领导科学与艺术. 2 版. 武汉：华中科技大学出版社，2013.

第 5 章

领导沟通

领导＝建立关系＝沟通。从这个公式中可以看出，领导过程实际上就是一个领导者不断进行沟通的过程。

——戴维·平卡斯、尼克·德波尼斯《身在高层：世界上最卓越的领导者》

引导案例

沟通：优秀领导者的体现

在 2001 年 9 月 11 日那个灾难性的日子里，数小时之内，总统和副总统由于受到特勤保护而不能公开露面，此时，纽约市市长朱利安尼成为事实上的美国领导人。他的城市遭到了狂妄无耻的攻击。在世贸中心的废墟上，他调度消防人员、警察和搜救人员，向遇难者家人致哀，与州政府和联邦政府官员会面，自始至终处在媒体的聚光灯下，应付自如地回答问题，竭尽所能地向公众报告消息。他的表现堪称卓越。

朱利安尼相信，公开露面正是他的职责所在，他说："我必须露面，我是纽约市市长。我应对危机的方法就是亲临现场并掌控局面。如果我没在电视上出现，对这个城市将更加不利。"曾有谣言说，第一个塔楼坍塌时市长已经殉职，这使得他的公开露面尤为重要。

朱利安尼在世贸中心遭到攻击时的表现可谓领导沟通的入门教材。在他的著作《领导力》一书中，他一次次细致入微地阐述了沟通的重要性。他坚持让媒体也参与进来，并且保证他们随时都可以找到他。从废墟现场到临时指挥中心的路上，他竟然还边走边指挥了现场直播的采访。而那个指挥中心，同样也是消防人员、警察、救援人员和政府工作人员之间进行现场沟通协调的一个实例。

在朱利安尼的描述中，在那命运攸关的一天中遇到的那些人的名字，他都不厌其烦地罗列出来。这不仅仅反映了一个政治家记名字的天赋，更体现了他的沟通精神。优秀的领导者都知道，你所期望的行动不会自动发生，而只能通过他人的行动来促成。如果你希望别人为你坚持工作，你就必须表明自己清楚他们是谁、他们做了什么以及他们做得有多好。

简单说来，领导沟通就是在领导层面上产生的沟通。它以领导者本人的性格和组织的价值观为基础。它既是一种个人素养的表达，也是坦率、正直和诚实风气的体现。

资料来源：http://study.ccln.gov.cn/fenke/guanlixue/glxkdt/glyjzs/41387.shtm.

5.1 领导沟通的含义、功能与类型

沟通既是一种领导能力，也是一种领导艺术，作为一个组织的领导者，应当高度重视组织内外的沟通问题。在某种意义上讲，没有沟通，就没有领导。在领导实践活动中，沟通具有传递信息、调节人际关系、激励、协调、改变人的态度与行为等重要功能。因而，领导者不仅要重视沟通的功能，还要坚守沟通的基本原则，以期更好地达成组织目标。

5.1.1 领导沟通的含义及特点

1. 领导沟通的含义

“沟通”一词最早见于《左传·哀公九年》：“秋，吴城邗，沟通江淮”，原指开沟而使两水相通，后泛指彼此相通。“沟通”在《辞海》中的本义是通过挖沟开渠使两水相互流通畅达。在拉丁语中“沟通”意为“分享、传递共同的信息”；在英语中是和“交往”“传播”十分接近的一个词。沟通是人类生活中最普遍、最重要和最复杂的活动。桑德拉·黑贝尔斯和里查德·威沃尔在《有效沟通》一书中认为，“沟通是人们分享信息、思想和情感的任何过程”①。罗宾斯说，“沟通必须包括两个方面意义的传递和理解”②。孔茨则把沟通解释为“信息从发送者转移到接收者那里，并使后者理解该项信息的含义”③。克里斯·科尔说，“每天，我们以许多方式进行沟通。我们交流思想、情感以及我们的期待”。著名管理学家巴纳德认为，“沟通是一个把组织的成员联系在一起，以实现共同目标的手段”。

“沟通”在字面上具有接触、联系、交流之义，沟通不仅具有在人与人之间传递信息的意思，而且还具有表达赞赏、不快，提出自己的见解等意思。沟通的基本内容如下：其一是事实；其二是情感；其三是价值取向；其四是意见观点。上述内容可以将沟通概括为意义的传递和理解两个方面，缺少任何一个方面，它都不能成立。关于沟通的解释据不完全统计有一百五十多种，但概括起来大体有以下几类：

其一是共享说。强调沟通是传者与收者对信息的共享。其二是交流说。强调沟通是有

---

① 桑德拉·黑贝尔斯，里查德·威沃尔．有效沟通．李业昆，译．北京：华夏出版社，2001：5.

② 斯蒂芬·罗宾斯．组织行为学：第7版．孙健敏，李原，等译．北京：中国人民大学出版社，1997：1.

③ 哈罗德·孔茨，西里尔·奥唐奈，海因茨·韦里克．管理学．黄砥石，陶文达，译．北京：中国社会科学出版社，1987：768.

来有往的双边活动。其三是影响说。强调沟通是传者对收者通过说服施加影响的行为。其四是符号说。强调沟通是符号或信息的流动。综合而言，我们可以将沟通定义为：将某一信息传递给对方，并期望对方做出预期效果的反应的过程。

人是社会性的动物。沟通在人的实践活动中不可或缺，是人的内在本质需要的反映。人只有在沟通中才能学习知识、增长才干、开展工作，通过沟通才能成为一个成熟、快乐的人。对于一个组织来说，它要生存和发展，领导者的沟通能力是关键。戴维·平卡斯和尼克·德波尼斯在《身在高层：世界上最卓越的领导者》一书中，提出了一个公式：领导＝建立关系＝沟通。① 从这个公式中可以看出，领导过程实际上就是一个领导者不断进行沟通的过程。

领导沟通作为沟通的一种特殊形式，是指在领导活动中，组织与组织之间、个人与组织之间以及个人与个人之间通过信息传递获得相互了解，以达到团结一致、密切合作的过程。简单说，领导沟通就是领导者推行领导工作所需要的信息传递和信息了解的过程，包括领导者发出的存在于一个组织的价值观念与文化基础之上的信息，这些信息对于组织成员具有重大的影响，影响着组织的愿景、使命和变革。领导沟通的主要意图就是要在领导者和组织成员之间建立相互信任的关系，更好地实现组织目标。

知识库 5－1

沟通是指不同的行为主体，通过各种载体实现信息的双向流动，实现行为主体的感知，以达到特定目标的行为过程。

知识库 5－2

领导需要沟通能力。领导者即使有再好的思想，如果不善于将其推销出去，也不是一个称职的领导者。

2. 领导沟通的特点

领导沟通与其他沟通相比，往往具有以下一些明显特征：

（1）从领导沟通的性质来看，领导沟通是管理的内容之一。的确，领导沟通是一种沟通，也一定是管理活动的沟通。但正像沟通发生在任何其他情况下都会形成相应的沟通类型或形式一样，发生在领导活动中的沟通，也必然是一种独特类型或形式的沟通。这种沟通是领导干部在履行管理职责过程中有效执行管理职能的一种工作交流活动。因此，领导沟通不仅与管理有关，其实它本身就是管理的内容。

（2）从领导沟通的形式来看，领导沟通是一种制度体系。领导沟通不但表现为人际沟

① 戴维·平卡斯，尼克·德波尼斯．身在高层：世界上最卓越的领导者．廖月娟，译．北京：时事出版社，1998：27-30．

通、个别沟通、正式沟通、非正式沟通等，它更应该包括现代组织的信息活动与交流的一般管理要求和现代管理方法等在内。这意味着领导沟通不仅是一个活动，也是一个制度或系统。具体来说，就是组织结构的制定和组织制度、体制的建设要为有效沟通提供便利。

(3) 从领导沟通的内容来说，领导沟通是规范性的活动和过程。作为领导活动的沟通，与任何随机、私人、非计划、非标准的沟通不同。虽然领导沟通可能是交流信息、想法、感受、意见等，但这些交流与组织目标、任务和要求密切相关。任何领导沟通的实施和部署都是一个以组织目标为指导的有计划、有意识、规范的活动和过程。

(4) 就其必要性来说，领导沟通是有效领导的本质要求。领导是使跟随者一起执行任务以实现复杂和大量通信活动的目标的过程。据统计，沟通占领导者的大部分时间和精力。因此，领导沟通是领导者的基本责任之一，是管理行为的基本要素。不仅如此，领导沟通作为一种新的现代管理理念，在当代文化管理、软管理、学习型组织、团队合作、忠诚、共赢、共同成长和复杂的系统建设与运行等一系列新兴管理理论和理念的支撑下，被强调为领导学的核心内容。

5.1.2 领导沟通的功能

领导沟通对于组织的管理和运作具有十分重要的意义。如果一个组织没有良好的领导沟通，那么，无论是组织与部门之间还是组织与个人、个人与个人之间都无法达到真正的融合，领导工作也就不能顺利开展，更谈不上组织目标的实现。所以，领导沟通对于组织而言是组织存在和发展的基本条件，凡是富有生机的组织都是具有良好领导沟通特性的组织；而严重缺乏领导沟通的组织，不仅组织总体的目标不能很好地达成，即便是组织的存在也将受到严重的威胁。

由此可见，领导沟通在组织系统中占有重要地位，发挥着重要作用。具体来说，领导沟通的功能主要体现在以下几个方面：

1. 组织存在与发展的前提和基础

任何一个组织都是由人及其相互之间的关系构成的，具有明确的目标，因此，当人们相互作用以达成组织目标时，必然要依靠组织各部门、各层次领导之间的相互沟通与协调，组织正是在相互领导沟通的基础上，来维持和实现组织的有效领导和规范运作的。管理学大师彼得·德鲁克就明确把沟通视为管理的一项基本职能。无论是计划的制订、工作的组织、人事的管理、部门间的协调，还是与外界的交流，都离不开领导沟通。无数实践证明，良好的组织必然存在着良好的领导沟通。正如美国未来学家奈斯比特指出的那样，“未来竞争是管理的竞争，竞争的焦点在于每个社会组织内部成员之间及其与外部组织的有效沟通”。而组织内各部门、各成员之间的有效沟通正是建立在良好领导沟通的基础上的。

2. 领导决策科学化的充分保证

当今，决定一个组织事业成败的关键，除了严密的日常管理工作之外，更重要的是决策的正确性。而一项科学、正确决策的制定，需要领导者掌握足够的信息，在此基础上对信息进行传送与解析，最后才能做出选择。如果领导者没有充分沟通，就不可能得到足够有效的信息，也就不能发现问题、确定目标、提出正确的解决方案，不能进行科学的决策。有关研究表明，我国企业管理中70%的错误是由不善于沟通造成的。实质上，决策本身就是一个领导沟通过程，领导沟通贯穿于整个决策过程的始终。在决策过程中无论是问题的提出及认定，还是各种可供选择方案的比较，都需要组织内外相关的情报支持。事实证明，许多决策的失误，都是由于资料不全、领导沟通不畅。因此，没有领导沟通就不可能有正确的决策，组织决策的任何一个步骤都离不开有效的领导沟通。

3. 增强组织内聚力的有效手段

当组织做出某一项决策或制定某一项新的政策时，由于所处的位置不同、利益不同、掌握信息的多少不同、知识经验不同，组织成员对决策和政策的态度是不可能一样的。为了使人们能够理解并愿意执行这些决策，就必须实行充分而有效的领导沟通——交换意见、统一思想、明确任务、统一行动，通过领导沟通促进组织内各个部门及其成员之间的相互了解，在组织内创造一种和谐友好、积极向上的环境氛围。对组织成员来说，加强领导沟通可以使他们深切地感受到自己在组织中的主人翁地位，从而产生对组织的认同感和集体荣誉感，这对增强组织内聚力来说是异常重要的。因此，领导者要因势利导，鼓舞士气，积极创造融洽的组织氛围，促进成员之间的精诚团结，以期共同为组织目标的达成贡献自己应有的努力。所以，没有领导沟通就不可能有协调一致的行动，也不可能实现组织目标。

4. 组织保持良好人际关系的催化剂

组织是以人的发展为最终目的的体系。组织如果把人的全面发展作为自己的根本宗旨，就必须时刻保持良好的人际关系，激发组织成员的士气，引导其发挥潜能、施展才华。研究表明，一些规模中等、制度健全的公司，其组织成员平均只将15%的潜力施展在工作之中，主要原因是公司没有良好的领导沟通，缺乏和谐的人际关系，组织成员缺乏对组织目标、愿景的了解和理解。而一个组织内人际关系如何，主要取决于领导者的沟通水平、态度和方式。一个领导者作风好，经常深入基层，能够虚心听取组织成员的意见，关心组织成员的生活和工作，就能够实现有效的领导沟通，在组织内建立起一种良好的人际关系。因此可以说，在组织的发展过程中，针对人的需要进行合理的领导沟通是促进人际关系和谐的催化剂。良好的领导沟通能够使组织成员产生对组织的依赖感和满意感，可以将组织成员的个人目标内化为组织目标的实际工作动力。一个组织如果缺乏领导沟通，要么使组织变成一潭死水，要么使组织成员之间人人自危、相互提防，从而使组织丧失生机与活力，最后影响到组织目标的实现。所以领导沟通既是领导者的重要任务，也是形成良好人际关系的关键要素。

5. 保持组织内外关系协调的必要环节

组织是一个开放系统，时时刻刻都要同外部环境进行物质、能量以及信息等方面的交流与交换。任何一个组织都是在一定的环境中存在和发展的，组织的环境包括组织的内环境和外环境，它是组织内部有机联系的各个部门以及组织以外其他所有组织与物质条件的总和。首先，组织要保证内部各个部门之间相互关系的顺畅、工作关系的协调，需要领导沟通；其次，组织要与其他组织保持有机的联系与协调，不断地从其他组织中获取先进的管理经验，增进组织的科学管理，并以其他组织的教训作为组织管理和组织发展的前车之鉴，不断调整组织管理与运作的方针和策略等，也需要领导沟通。因此，领导沟通是保持组织内外关系协调的必要环节。

6. 提高组织效率和绩效的途径

卡梅隆于 1988 年对一个还在进行大规模调整的大型制造公司进行调研时，设计了两个问题：一是在组织调整实施过程中遇到的最大问题是什么，二是你过去进行组织调整的成功经验中最关键的因素是什么，得到的答案都是沟通。由此可见沟通在组织中的重要性。领导沟通作为沟通中的一种，其重要性可想而知。在任何一个组织中，组织成员都有表达意愿、交流思想、提出建议的需求，领导者有了解成员、获得理解和支持的期望，这都离不开良好的领导沟通。良好的领导沟通不仅可以增进组织成员之间的相互了解，消除组织运行中的冲突和矛盾，变不利因素为有利因素，提高组织效率，而且还可以使组织成员在一个共同的组织目标下，协同一致地工作，提高组织绩效。因此，有效的领导沟通不仅能使个人的自我价值得到提升，而且是组织高效运行的重要保证。

知识库 5－3

沟通是管理的一项基本职能。彼得·德鲁克在《管理：任务、责任、实践》一书中提出：管理是一种工作，它有自己的技巧、工具和方法；管理是一门科学，是一种系统化的并能到处适用的知识，同时也是一种文化。

知识库 5－4

金·S. 卡梅隆，耶鲁大学博士，密歇根大学 Ross 商学院组织行为与人力资源管理教授兼教育学院高等教育学教授，是《组织的生命周期和效益标准》的作者之一，和罗伯特·E. 奎因提出了著名的组织文化评价量表。

5.1.3 领导沟通的类型

领导沟通是领导活动必不可少的过程，由于领导沟通的目的、性质、对象的差异，领导者往往会因时、因地、因人而异采用不同类型的领导沟通，但不管哪一种类型的沟通形式，其目的都是追求和确保最佳组织目标的实现。领导沟通依据不同的标准，可以划分为不同的类型。

1. 单向沟通和双向沟通

根据信息沟通的方向，领导沟通可分为单向沟通与双向沟通。

（1）单向沟通。单向沟通是指在领导沟通过程中，一方只发送信息，另一方只接收信息，接收信息者不再向发送者反馈信息，在沟通时信息的发送者和接收者的地位不发生变化的沟通。这是一种非交流性的信息活动，如做报告、发指令、演讲等。单向沟通具有速度快、秩序好、干扰少、条理清等优点，但缺乏信息反馈，信息发送者不能及时了解接收者的意念和行为，有时还容易使信息接收者产生抗拒心理。因此单向沟通比较适合下列几种情况：其一是问题简单，但时间较紧；其二是下属易于接收解决问题的方案；其三是下属对问题缺乏足够的了解，在这种情况下，反馈不仅无助于澄清事实，反而容易混淆视听；其四是上级缺乏处理负反馈的能力，容易感情用事。

（2）双向沟通。双向沟通是指在领导沟通过程中，发送信息者不仅要发出信息而且还要听取信息接收者对信息的反馈，发送和反馈可进行多次，直到双方有了共同的理解为止。在沟通时信息的发送者和接收者的地位不断发生变化，这是一种交流性的信息流动，如讨论、交流、商量、谈判等。双向沟通速度慢，易受干扰，但由于存在信息反馈事实，所以有利于调动领导沟通双方的积极性，增加沟通容量，使沟通的信息更加准确。双向沟通比较适合于下列情形：1）时间比较充裕，但问题比较棘手；2）下属对解决方案的接收程度至关重要；3）下属能对解决问题提供有价值的信息和建议；4）上级习惯于双向沟通，并且能够建设性地处理负反馈。

2. 下行沟通和上行沟通

根据信息沟通双方的地位，可以将领导沟通分为下行沟通和上行沟通。

（1）下行沟通。下行沟通是一种自上而下的沟通，是领导者运用其拥有的权力，通过向下属发出指令、提出建议等形式所进行的沟通。它是传统组织内最主要的一种沟通形式，也是组织和领导者使下级了解其意图、统一思想和行动的一种重要手段。由于下行沟通往往要经历多层中继环节，沟通渠道会受到不断干扰，这样，沟通中继环节越多，信息损失的可能性愈大，保真度也会愈低。同时，也会出现逐级增添一些解释细节的情况，而这种解释往往与原有信息有出入。一项研究表明，企业董事会的决定经过五个层次的向下传递后，信息损失平均达到80%。具体情况如表5-1所示。因此，在进行领导沟通时，要解决好下行沟通的保真性问题，一是要保证所有传递信息的中继人员具有较高的素质，二是要有一套有效的信息检测机制。

表5-1　　信息传递中的信息损失情况

层级	董事会	副总裁	高级主管	工厂主管	总领班	员工
信息接受百分比	100%	63%	56%	40%	30%	20%

（2）上行沟通。上行沟通是一种自下而上的沟通，是下属向上级反映意见的沟通方式。如下属向上级呈送材料、反映情况等下情上达和反馈交流等。上行沟通也是领导者进行下行沟通的前提与保障，只有上行沟通渠道畅通，领导者才能掌握全面的情况，从而做出符合实际情况的新决策。同样，上行沟通的信息也有损耗现象，上行沟通中继环节愈多，信息的细节被抽取的可能性会愈大，也会出现讹传或扣压信息的现象。因而，在群众信访工作中，经常会发生有人为避免自己的信息被忽视或扣压，越级直接上书的现象。例如，某市政府设立的市长专线电话，直接听取了市民的各项建议、意见，这一做法大大减少了上行沟通的信息损耗。

3. 正式沟通与非正式沟通

根据沟通渠道的不同，可以将领导沟通分为正式沟通和非正式沟通。

（1）正式沟通。正式沟通是指按照组织明文规定的渠道进行信息传递和交流的沟通方式。正式沟通要求依法办事，有章可循，具有较强的连续性和稳定性。如国家政府官员之间的会谈，领导者与被领导者或代表其他机构的领导者在特定的场合的交谈、协商等都属于此类领导沟通。在正式领导沟通中，按照信息传递的方向，又分为上行沟通、下行沟通和平行沟通。正式沟通的有效性既取决于沟通者之间的关系、问题的难易程度，也取决于沟通者本身的可信性以及组织压力等情境因素。若沟通者之间缺乏信任感，或沟通的问题超出了沟通者的能力范围，或者情境压力之下沟通者言不由衷，就会影响信息的准确性和真实性。因而，正式沟通应有有效的组织和技术保证，使其不致流于形式。

正式领导沟通方式的传递线路是多样的，它们又被称为沟通网络。大致有五种模式：轮式、Y式、链式、环式及全通道式。这五种模式各有特点，轮式代表最中心化网络，Y式为次中心化网络，它们有中心人物处于支配地位，负责收集和传递信息，发挥领导协调作用；其他三种属于非中心化沟通网络形式，它们没有中心人物起支配作用，但它们沟通线路较多，获取信息的能力较强，尤其是全通道式的沟通是一种四通八达的多线路、多向度的沟通形式。随着社会交往的加深与频繁，领导沟通的跨度会愈来愈大，网络会愈来愈多样化。

正式沟通的优点是沟通效果较好，比较严肃，有较强的约束力，易于保密，可以使信息沟通保持权威性，因此重要和权威的信息的传递适宜采用这种领导沟通方式。其缺点是：依靠组织系统层层传递，因而传递速度比较慢，比较刻板，不够灵活。因此要想更好地开展组织工作，除了依赖正式沟通途径外，还应当利用非正式沟通以弥补正式沟通的不足。

知识库5-5

轮式沟通，属控制性网络，大致相当于一个主管领导直接管理几个部门的权威控制系统，集中化程度高；Y式沟通，大致相当于从参谋机构到组织领导再到下级之间的纵向关系，容易导致信息扭曲或失真；链式沟通，属控制性结构，信息容易失真，平均满意度有较大差异；环式沟通，畅通渠道不多，组织成员士气高昂，具有比较一致的满意度；全通道式沟通，属开放式的网络系统，沟通渠道多，平均满意度高且差异小，士气高昂，合作氛围浓。

（2）非正式沟通。非正式沟通是指在正式沟通以外的信息传递和意见交流，是建立在组织成员之间的社交及感情基础之上，由于人与人之间的交互言语行为而产生的信息传递和意见交流形式。非正式沟通是正式组织的副产品，它一方面满足了组织成员精神方面的多元化需求；另一方面也弥补了正式沟通系统的不足。非正式沟通的表现形式多种多样，其主要形式有组织成员之间私人往来与社交、非正式的聚会和闲谈、谣言和传闻等，因此非正式沟通具有多变性和动态性特征。由于非正式沟通方式接触点多、通道多样、灵活便易、信息传播速度快，因而不像正式沟通那样受到组织的压制和控制，而是比较松散、自由的，参与者往往情趣相投、互相吸引、自由组合，传递的信息一般是大家感兴趣的话题，因而非正式沟通常常表达了交流者的真实思想和意见。另外，由于非正式沟通缺乏有效的组织监督，信息传递者没有心理压力，有时其身份具有一定的隐匿性，从而使其责任感降低，加上人际关系和自我表现意识的影响，非正式沟通提供的信息往往容易失真，来源不可靠，很容易产生流言蜚语。

非正式沟通的优点是沟通方便、内容广泛、方式灵活、速度迅捷，而且由于在这种沟通中比较容易表露思想、情绪和动机，因而能够提供一些在正式沟通中难以获得的信息，在组织活动中发挥着重要作用。主要表现在：1）可以满足组织成员情感方面的需要。2）能够弥补正式渠道的不足，组织中的领导者为了某些特殊目的，往往不便于通过正式渠道传播信息，此时非正式渠道便会发挥作用。3）可以了解组织成员真正的心理倾向与不同需求。通过正式渠道，组织成员可能心存戒备，不便透露真实想法，而通过非正式渠道，便可以在很大程度上克服这个问题。4）可以减轻领导沟通双方的沟通压力。5）可以防止领导者滥用正式渠道，有效防止正式渠道中的信息“过滤”现象。

非正式沟通的缺点主要是信息的真实性和可靠性欠缺，有时甚至会歪曲事实，出现以讹传讹的现象，导致小集体、小圈子的出现，影响组织的凝聚力和人心的稳定。非正式沟通是一个正式组织中不可能消除的沟通方式，往往起源于人类爱好闲暇的特性。闲聊时的信息称为传闻或小道消息（并非谣言）。小道消息具有如下特点：1）不一定都是不确切的信息；2）传递的速度非常快，同时也容易消散；3）很难追查到信息的来源；4）具有新闻性和现实性。因此，如果组织的正式沟通渠道出现某种阻碍时，那么传闻和小道消息就有可能盛行。传闻和小道消息有时对组织的危害是显而易见的。

传统的领导及组织理论并不承认非正式沟通的存在，认为即使发现这种现象，也有必要将其消除或减少到最低程度。当代领导者已经认识到，非正式沟通现象的存在是根深蒂固、无法消除的，因此，要正视其存在，采取有效行动以发挥其积极作用，避免消极影响。对于非正式沟通应采取的立场和对策是：1）应尽可能使组织内的沟通系统较为开放或公开；2）对于已经产生的谣言，要想阻止其传播，与其采取防卫性的驳斥，或说明其不可能的道理，不如以事实说话，则谣言会不攻自破；3）保证组织成员有合理的工作量与紧张程度；4）培养组织成员对组织管理当局的信任和好感；5）在对组织领导人员的培训中应增加对于非正式沟通方面的训练。

案例5-1

杰克·韦尔奇的非正式沟通之道

通用电气公司的CEO杰克·韦尔奇最成功的地方，是他在通用电气公司建立起了非正式沟通的企业文化。通用电气公司上下，包括韦尔奇的司机和秘书，以及工厂的工人都叫他“杰克”。韦尔奇最擅长的就是提起笔来写便条和亲自打电话。

曾经有一个人在韦尔奇手下当经理人，因为不愿意女儿换学校而拒绝韦尔奇对其调职和升官。韦尔奇知道后写了一张便条给他：“比尔，你有很多原因被我看中，其中一点就是你与众不同。你今天的决定便证明了这点……祝你合家安康，并能继续保持生涯规划的优先次序。”你想当比尔收到公司大老板的亲笔信时，有什么感想？韦尔奇对员工的关怀，已从主管和下属的关系，升华为人与人之间的关系。这种非正式沟通，实在是最好的沟通。韦尔奇常常“微服出游”，和总部外的员工见面。他最常引用的例子，就是要大家拿出开“杂货店”的心态来经营通用电气，杂货店的特色是顾客第一，要的货都有，价钱公道，店员没有架子，随叫随到，没有那么多繁文缛节，这些就是韦尔奇奉行的非正式沟通的精髓所在。

资料来源：郭丕斌，陈红．成就出色的领导者．北京：经济管理出版社，2006：245-246.

4．言语沟通和非言语沟通

根据沟通工具的不同，可将领导沟通分为言语沟通与非言语沟通。

（1）言语沟通。言语沟通是指通过正式语言符号所进行的沟通，即以语言文字为信息载体所进行的沟通。它又分为口头言语沟通和书面言语沟通两种形式。1）口头言语沟通。口头言语沟通是指以口头语言为信息载体所进行的交流，主要包括会谈、讨论、会议、演说、访问、电话联系等形式。人类不需要特殊的训练、教育，只要生活在群体中，便可以学会使用口头语言。口头语言是一种灵活而简便的语言，是人类信息沟通的日常手段。口头言语沟通的优点在于比较灵活、速度快，双方可以自由交换意见。在这种方式下，信息可以在最短时间内被传递，并能够在最短时间内得到对方回复。但口头语言的表述在传递中，由于没有文字根据，因而容易误传信息，其保留信息的时间短，易于遗失。2）书面言语沟通。书面言语沟通是指主要以书面语言为载体所进行的沟通，通常包括布告、通知、刊物、书面报告、工作手册、互联网络以及其他任何传递书面文字或符号的载体。口头语言的局限性，往往需要以书面语言加以弥补。书面语言的产生和运用，对人类文明的进步和延续、人类思维的发展起着巨大的推动作用，除了人类之外，至目前为止，尚未发现任何动物有能力使用这种工具。在现代生活中，大量的、复杂的、精确化的、具有再生能力的信息的传播、沟通、储存都要依靠书面语言。但书面言语沟通对语言文字的依赖性强，要受沟通者的语言文字修养的限制，它的表述和理解，也与每个人的受教育程度相关。此外书面言语沟通耗时长，过于严肃，在领导沟通中容易造成文山会海。因此在领导沟通过程中，为取得最佳的沟通效果，可以将口头言语沟通和书面言语沟通混合使用。

（2）非言语沟通。言语沟通在信息传递中发挥着非常重要的作用，但这并不说明非言语沟通不重要。有关资料表明，在面对面的沟通过程中，那些来自语言文字的社会意义不会超过35%，[①] 换句话说，至少有65%是以非言语沟通形式传达的。因此，我们在强调言语沟通的同时，也要注意非言语沟通的效果。非言语沟通是指借助于非正式语言符号所进行的沟通，即凭借动作、姿势、面部表情及声调变化来与他人交流信息。心理学家艾伯特·梅拉比安曾提出一个公式：信息的全部表达＝7%语调＋38%声音＋55%表情。假如声音全属言语因素，而语调与表情都属非言语因素，那么，人际信息沟通就有62%是靠非言语方式进行的。若上述公式中的数字较可信，便可以说明非言语方式在沟通中的重要地位。言语行为往往规定了意义的指向，而非言语行为形象直观地反映了话语的思想和情感。除此之外，非

① 林瑞基．组织传播学．长沙：湖南文艺出版社，1990：153.

言语行为还有直接替代言语，乃至表达言语所难以表达的思想感情的作用，在许多场合，弥补了言语沟通的不足。当人们以千言万语难以表达自己的思想感情时，用眼泪、眼神、感叹，或微妙的手势、身姿，可以准确地予以传达，通常在同一场合中的接收者无须言传便能心领神会。

知识库 5-6

肢体语言，是指通过头、眼、颈、手、肘等人体部位的协调活动来传达思想，借以形象地表达感情的一种沟通方式。当事人以肢体语言表达情绪，别人也可由之辨识出当事人用其肢体所表达的心境。

非言语沟通像言语沟通一样，运用物质手段，显示出人的意识对外界的表示或反应，负载着丰富的信息。非言语沟通又可分为动态无声沟通、静态无声沟通和有声无形沟通三类：

1）动态无声沟通。所谓动态无声沟通是指借助于点头、微笑、手势、眼神等身体的无声动作所进行的沟通。人的面部表情是传达意义的重要方式之一。在交往中，面部是人们观察最多的部位，也是一个最敏感的部位，经验教给了每一个人，通过察言观色，可以掌握别人的思想情感。在面部表情中，眼睛的动作特别令人重视，甚至可以说是人际间最能传情达意的非言语沟通方式。

2）静态无声沟通。所谓静态无声沟通，是借助于一定的服饰、姿势等所进行的沟通。在人际沟通时，个体的空间以及距离是沟通心理的反映，也是一种沟通的非言语方式。这种行为的心理基础是，个体对其身体周围的空间有领域的控制欲，将这领域视为归属于自我的一部分，因而对具有不同亲疏度的对象有保持相应距离的潜意识，若对对方具有正向的情感，对方进入自己的空间时，自己就会有亲切感；反之，若对对方具有负向情感时，对方进入自己的空间，自己就会产生不安全感甚至厌恶感，从而在行为上也会做出趋近或逃避反应。

3）有声无形沟通。所谓有声无形沟通是指借助于音乐、语调的变化等所进行的沟通。

人类除了运用口头语言之外，还可以发出非言语性的声音来表达特定的信息。例如，用强烈的语调表示感叹，用鼻声表示傲慢等。语调的抑扬顿挫、音节的快慢、哭、笑、呻吟都可以表示特定的含义。虽然它们经常伴随着口头语言出现，然而不属于语言文字体系，是语言的辅助成分。

知识库 5-7

美国心理学家爱德华·霍尔曾提出四种人际距离带：①亲密带（0～0.5 米），如亲子行为、恋人、角斗、护理、抚慰、保镖等；②个人距离带（0.5～1.25 米），其中 0.5～0.8 米是亲密朋友交往的距离带，0.8～1.25 米是普通朋友交往的距离带；③社会带（1.25～3.5 米），未曾相识或一般相识、公事公办、应酬或初步了解的人之间；④公共带（3.5～7.5 米），如庆典、演讲时的主持者与听众、交警与行人等。当然，个体之间的亲近距离，也会因文化背景和社会地位的不同以及性格、情绪乃至性别的不同而有差异。

5.2　领导沟通的构成要素、原则及方式

领导沟通是领导者的一种实践活动，它是领导信息传递与理解的关键。一个组织的领导者要想进行有效的信息沟通，达到理想的沟通效果，必须遵循一定的沟通原则，采用适当的沟通方式。

5.2.1　领导沟通的构成要素

领导沟通作为沟通的重要形式之一，主要由以下九个要素构成：

1. 信息源（领导者）

信息源回答“谁正在发起行动（沟通）”“信息是从哪里发出的”“为什么要信任他”等问题。提供信息源的发信者的动机、态度及其可靠性对沟通效果有着重要作用。

2. 接收者（下属）

接收者即信息接收者。对这一要素，要考虑的问题包括：是什么促使他们接收和理解这些信息；他们对信息发送者建议的态度是积极的还是消极的，或者是不冷不热的；有一个还是几个关键的听众；那些会受到发送者信息影响的次要听众是谁；有没有还没考虑到的听众。

3. 编码和译码

编码是发送者将信息译成可以传递的符号的过程，发送者的词汇和知识在这里起着重要的作用。专业化的信息可以用专业术语传递，也可以用任何人都能理解的形式传递。译码指信息接收者的思维过程，是信息接收者根据自己已有的经验和参考的框架进行解释的过程。在这一过程中，接收者得到的信息与发送者的本意可能相似，也可能不同。发送者应明白，不管自己的期望如何，在接收者头脑中所进行的解码只反映了接收者自己的情况。

4. 目标

这是指通过沟通想寻求的结果。当人们接到一个指示或产生一个好主意时，尽可能清晰地把它记下来，并把它与实现的成本进行比较。然后要思考：目标有价值吗？它和同等重要的其他目标相冲突吗？沟通的双方将怎样评价其风险和成果？简言之，即要回答“怎样才算沟通成功”的问题。

5. 信息

这是指沟通主体（发送者和接收者）要分享的思想和感情。这些思想和感情通过评议和非语言两种符号来表达。关于信息这一要素，要考虑的问题包括：针对特定的听众，提供什么信息可实现沟通的目的；他们需要多少信息；他们可能会产生何种疑惑；你的建议将会对他们产生何种利益；怎样使你的信息具有说服力并让被接收者牢记在心里；怎样组织你的观点才最有说服力。

6. 沟通渠道或媒介

这是发送者把信息传递到接收者那里所借助的手段，如面谈、电话、会议、计算机网

络、政策条例、计划、工作日程等。哪种媒介能把信息最有效地传递给每个重要听众？是写信、发电子邮件，还是召开会议、发传真、播放录像，或是举行记者招待会？实际上"媒介本身就是信息"，在做出媒介选择时就已经在传递着相应的信息。例如，你送给办公室同事一份备忘录，可能表示你不愿与他面对面交谈。在参加面谈时通过整齐的职业装、自信的目光和尊重的语气这些非言语信号，发送出比求职信更为丰富的信息。

7. 反馈

这是信息发送者和接收者相互间的反应。沟通是为达到某种结果而进行的动态过程，一个信息引起一个反应，而这个反应又成为一个信息。反馈意味着沟通的每一个阶段都要寻求听众的支持，更重要的是给他们回应的机会。只有这样，信息发送者才会知道自己的听众在想什么，才可能相应调整自己发布的信息，使接收者更有可能感觉到参与了这个过程并对发送者的目标做出承诺。比如，你的同事向你诉说一件倒霉的事，你会安慰他几句；你批评下属工作质量下降时，他会竭力为自己争辩，这些都是反馈。由于反馈能让沟通主体参与并了解信息是否按他们预计的方式发送和接收、信息是否得到分享，所以它对沟通效果的好坏是至关重要的。相比之下，两个人面对面的沟通使沟通主体有了最大的反馈机会，而在一个礼堂或报告厅里所进行的演说，不论演说者还是听众，其反馈都十分有限。总之，交流中包含的人越少，反馈的机会就越大。①

8. 噪声

这是影响接收、理解和准确解释信息的障碍。根据噪声的来源，可将它分成三种形式：外部噪声、内部噪声和语义噪声。外部噪声源于环境，它阻碍人们听到和理解信息。最常见的噪声就是谈话中其他干扰的声音：车间里机器的轰鸣声、课堂外的喊叫声、隔壁邻居家装修房子的声音等。不过这里所说的噪声并不单纯指声音，它也可能是刺眼的光线、过冷或过热的环境。有时在组织中，成员之间不太友好的关系、过于强调等级和地位的组织文化等也是有效沟通的障碍。内部噪声产生于沟通主体身上，比如注意力分散、存在某些信念和偏见等。语义噪声是由人们对词语情感上的拒绝反应引起的，如许多人不听带有亵渎语言的讲话，因为这些词语是对他们的冒犯。

9. 背景或环境

这是指沟通发生的时间和地点（时空背景）。人们的任何活动都不是发生在真空中的，环境或背景对沟通效果能产生重大影响。沟通在什么地方进行，本身就有很多意味。正式的场合适合于正式的沟通，而在非正式的场合，人们的言语交谈则要随意得多。在很多情况下，当环境变化时，沟通也随之变化。众所周知，大公司和小公司由于结构和规模上的差异，组织沟通的方式和风格也大相径庭；而一个组织处于稳定发展阶段时的信息沟通，与处于变革时期的信息沟通，不论在内容还是手段上都会有很大的区别。

5.2.2　领导沟通的原则

领导沟通的原则是存在于沟通过程中的一些本质性、规律性的要求，是每一个领导者在沟通中必须遵守的。具体地说，有效的领导沟通应遵循以下原则：

---

① 孙健. 领导科学. 天津：南开大学出版社，2008：150.

1. 准确性原则

领导沟通中的信息及其传递方式都要保证沟通内容的准确性，即领导者在沟通中传递和交流的信息必须能够准确地被接收者所理解，只有这样，沟通才有价值。它包含两个方面的内容：其一是领导者首先要能够将所要表达的信息准确地表示出来；其二是信息接收者能准确地理解信息中所包含的内容。这一工作看似简单，实则不易。它要求领导者有较强的语言和文字表达能力，并熟悉信息接收者所使用的语言，在进行信息编码的时候，力争用对方容易理解的方式将所要传达的信息准确地表达出来。只有遵循这一原则，才有可能克服领导沟通过程中存在的各种障碍，尽量避免相互之间的误解。对接收者而言，在领导沟通过程中必须集中注意力，运用自身所具有的各种知识努力去理解领导者传达的信息，只有这样才能尽量避免领导沟通过程中的信息扭曲和失真现象。任何领导沟通只有贯彻准确性原则才有价值，因为领导沟通的目的就是发送者要使自己的想法和信息被接收者正确理解和接受，以便组织成员能够更好地相互合作去实现组织目标。

2. 明确性原则

与准确性原则不同的是，明确性原则不仅要求领导者语言表达的准确，而且进一步要求领导者在沟通过程中积极主动、直接明确地表达他们对所要解决问题的态度和想法，不能含糊其辞、模棱两可。美国学者杜威曾说，问题得到明确叙述，便解决了其本身的一半。只有领导者本身建立了清晰的概念，认清了问题的本质，才能将其所要传达的信息准确地传达出去，并有可能被接收者准确接收，否则，就有可能导致信息接收者的困惑。此外，明确的态度可以增强说服力，有助于问题的解决。

3. 完整性原则

完整性原则是指领导者在信息传递和交流的过程中，要保证信息的完整性，不能是只言片语，也不能断章取义。在日常的领导沟通过程中，由于各种各样的原因，有时领导者会有意无意地筛选和过滤掉一些有助于沟通的信息，导致信息失真和扭曲，影响领导沟通效果。当然，在某些非正常情况下领导者出于领导决策的需要可以采用这种方法对下级“保密”，但是通常的领导沟通必须要保证信息的完整性。而要保证信息的完整性首先要保证沟通信息内容的完整性，其次还要保证信息沟通过程的完整性。只有这样，领导沟通中所传递的信息才是全面的、完整的，从而实现有效的沟通，达成组织目标。

知识库 5-8

信息失真是指“信息偏离了客观事物的真实状况与一定的衡量标准”。在信息的反映过程、传输过程和理解过程中，都有可能出现信息的失真。一般来说，信息失真，一是因为信息接收者为了某种企图故意夸张、削弱或者改变信息内容的意义；二是由于信息接收者个人的态度、经验、期待等不同，对信息的知觉、理解带有一定的选择性和倾向性，根据自己的理解继续往下传递，从而造成信息失真；三是由于信息接收者遗忘造成的信息失真。

4. 一致性原则

一致性原则是指领导者在发送信息时，不能出现相互矛盾、模棱两可的现象。也就是说，领导者针对同一个问题在不同地点、不同场合、不同时间或以不同形式传达的信息应该是一致的。例如，组织中规章制度应以正式沟通的形式颁布出来，领导者在进行口头沟通时，面部表情等非言语沟通方式所传递出来的信息不能与通过言语沟通表达出来的信息相反。

5. 及时性原则

及时性原则是指在领导者沟通过程中，应准确地把握信息流动和传递的时效性。信息的流动和传递具有很强的时效性，过了时限，信息就会失去价值，问题也得不到有效解决。因此，在领导沟通过程中，应十分注意及时性原则，这是及时发现问题、做出决策、解决问题的关键。在领导沟通过程中，不论领导者向下沟通还是下级向上沟通都必须保证领导沟通的及时性。这一原则可以使组织的领导者获得最新的有关政策、目标、计划、资源和人员配备等信息，使组织成员及时掌握最新的领导决策信息并尽快反馈各种意见和信息，从而提高领导效率和效能。

6. 灵活性原则

灵活性原则是针对领导者如何选择沟通方式和方法而提出来的，是领导沟通艺术性的具体体现。方法是为目的服务的，一个卓越的领导者，不应拘泥于某种特定的沟通方式和方法，而应针对具体情况做出恰当的分析和选择适当的沟通方式。例如，一般来说，非正式沟通渠道的消息对完成组织目标有一定的不利影响，但也有有利的一面。在不违背组织原则的情况下，尽可能通过各种渠道把消息传递出去，是防止那些不利于组织目标实现的小道消息传播的有效措施。在很多时候，非正式组织在领导沟通中有着很重要的作用，只有当领导者使用非正式组织来补充正式组织的信息沟通时，才会产生最佳的领导沟通效果。因此，在正式组织之外，还应该在一定程度上鼓励非正式组织传达并接收信息，以辅助领导者做好组织的协调工作，共同为达到组织目标而努力。

7. 互动性原则

领导沟通本身就是沟通双方进行信息传递、情感交流的一个互动过程，只有充分沟通，领导者才有可能获得充分的信息反馈，组织成员才有可能充分理解接收的信息。双方的互动程度越高，则信息理解的准确性就越高，反馈效果就越好，也就更有利于问题的解决，否则，领导沟通的效果会大打折扣。一个卓越的领导者应当具有高超的技巧，在领导沟通过程中能够充分激励和调动组织成员的积极性，使领导沟通在良好的互动氛围中有序进行，只有这样，才能保证组织目标、决策获得最广泛的支持，并得到很好的贯彻执行。

8. 策略性原则

领导沟通最重要的原则是策略性原则或权变性原则，领导者应使用最为适当的方式和语言去开展沟通。例如，有时应使用正式或官方的沟通方法与渠道，有时应采用非正式或非官方的沟通方法与渠道。甚至沟通的时机和语言选择都要贯彻策略性原则，否则会出现“话不投机半句多”的情况。这一沟通原则最主要的是指当领导者在不便使用正式或官方的沟通渠道时，应该设法使用非正式或非官方的沟通渠道去获得或发布信息，因为这样会产生更好的沟通效果。

案例 5 - 2

沟通：沃尔玛的成功之道

美国沃尔玛公司总裁萨姆·沃尔顿曾说过："如果你必须将沃尔玛管理体制浓缩成一种思想，那可能就是沟通。因为它是我们成功的真正关键之一。"

沟通就是为了达成共识，而实现沟通的前提就是让所有员工一起面对现实。沃尔玛决心要做的，就是通过信息共享、责任分担实现良好的沟通交流。

沃尔玛公司总部设在美国阿肯色州本顿维尔市，公司的行政管理人员每周花费大部分时间飞往各地的商店，通报公司所有业务情况，让所有员工共同掌握沃尔玛公司的业务指标。在任何一个沃尔玛商店里，都定时公布该店的利润、进货、销售和减价的情况，并且不只是向经理及其助理们公布，也向每个员工、计时工和兼职雇员公布各种信息，鼓励他们争取更好的成绩。沃尔玛公司的股东大会是全美最大的股东大会，每次大会公司都尽可能让更多的商店经理和员工参加，让他们看到公司全貌，做到心中有数。萨姆·沃尔顿在每次股东大会结束后，都和妻子邀请所有出席会议的员工约 2 500 人到自己的家里举办野餐会，在野餐会上与众多员工聊天，大家一起畅所欲言，讨论公司的现在和未来。为保持整个组织信息渠道的通畅，他们还与各工作团队成员全面注重收集员工的想法和意见，通常还带领所有人参加"沃尔玛公司联欢会"等。

萨姆·沃尔顿认为让员工了解公司业务进展情况，与员工共享信息，是让员工最大限度地干好其本职工作的重要途径，是与员工沟通和联络感情的核心。而沃尔玛也正是借用共享信息和分担责任，适应了员工的沟通与交流需求，达到了自己的目的：使员工产生责任感和参与感，意识到自己的工作在公司的重要性，感觉自己得到了公司的尊重和信任，积极主动地努力争取更好的成绩。

资料来源：钟佩华. 团队沟通：切忌缺"胆"少"肺"没有"心". 人才资源开发，2007 (5)：89.

5.2.3 领导沟通方式

领导沟通方式是多种多样的，一样的领导，一样的沟通内容，由于选用了不同的沟通方式，最后沟通效果会大不一样。因此，领导者要依据不同的沟通对象、内容和目的，采用有效的、灵活的沟通方式。在领导沟通中最常用的沟通方式有发布指示、会议、演讲、会见、谈判和危机沟通等。

1. 发布指示

发布指示是一种最常见的领导沟通方式，它是指领导者要求组织成员在一定的环境下作为或不作为，隐含着从领导者到组织成员之间的直线指挥关系。发布指示作为一种领导沟通方式，也可理解为领导者发布指令，这种指令具有强制性。如何才能使组织成员乐于接受和正确执行指示，与其领导者选择发布指示的方法密切相关。一般来说，领导者在选择发布指示的方法时，应当根据其对周围环境的预见能力以及组织成员的响应程度，主要从以下三个方面考虑：

（1）一般的或具体的。一项指示是一般的还是具体的，主要根据领导者对周围环境的预见能力以及组织成员的响应程度来判断。如果实施指示的所有周围环境是领导者不可预见的，大可采用一般形式。如果指示的实施远离领导者监督，不宜下达具体的指示。但在某些紧急情况下，领导者对自己要做什么和应该如何做心中有数，并希望组织成员按照规定的特定方法去做时，可以使用具体指示。

（2）书面的或口头的。在决定指示形式是书面还是口头的时候，应该考虑的问题有：领导者与组织成员关系的持久性和相互之间的信任程度，指示内容的责任大小和执行指示的时间长短以及避免指示重复和司法上的纠纷等。一般来说，在临时性机构中要使用书面指示，需要较长时间执行的指示和责任重大的指示要尽可能使用书面指示。

（3）正式的或非正式的。对领导者来说，准确地选择正式的或非正式的发布指示的方式是一种领导沟通艺术。领导者要正确采用非正式的方式来启发组织成员，用正式的、书面的或口头的方式来命令组织成员。

2. 会议

会议是一种围绕特定目标开展的、组织有序的、以口头交流为主要方式的群体性活动，也是领导者为发挥特定功能进行多项沟通的一种方式。它既是组织内部正式沟通中应用最频繁的一种方式，也是领导者传达政策、沟通思想、征求意见、讨论问题、布置工作的主要手段。尽管召开会议占用时间、兴师动众，成本很高，但会议也有自身的优点：其一是时效性，会议沟通传达信息比较及时，如开会传达上级指示比书面传达或个别传达要及时、迅速；其二是直观性，会议沟通能使与会者较为直观地、准确地理解会议传达的思想、意见和工作安排，避免执行中走样；其三是双向性，会议沟通可以使与会者面对面当场交流思想、交换意见，不清楚的地方可以及时询问、商讨；其四是创造性，会议沟通可以实现领导者和与会者的双向交流，互相启发，进一步活跃思想，有所创新。正是由于会议具有的优点，所以无法全部通过其他沟通方式予以代替。

一般来讲，一个富有成效的会议应包含目标、与会者、组织、领导、信息、会议时间、会议地点七个要素。会议的成功取决于这七个要素的有机协调配合，但是严格来说，有效的会议必须符合以下三点：其一是目标具有价值。会议沟通实际上就是实现某种目标的活动。因此，测评会议是否有效，最重要的指标之一就是评价会议之前所制定的会议目标是否具有价值。其二是短时间内实现目标。绝大多数人认为，能在越短时间内实现会议目标越好。其三是与会者对会议满意。与会者对会议的满意并不仅仅是对会议内容和议题感到满意，更重要的是在会议中感受到被重视和被尊重，得到了发表意见和沟通的机会。从这个角度出发，为使与会者对会议满意，应尽量为他们提供表达的机会。

3. 演讲

演讲又称演说或讲演，是领导者常常会遇到的一种特殊的沟通形式，是指领导者为了达到沟通目的，在特定的时间、环境中借助语言和非语言手段，面对特定的对象，有目的地阐发思想、宣传政策、布置工作、解释决策、启迪认识、鼓舞和激励听众的一种口头语言表达活动，同时也是一种发表意见、抒发情感，从而感召组织成员的现实性的、技巧性的领导沟通方式。演讲对领导工作的成功起着重要的作用：

（1）提高效能。演讲可以提高领导者工作效能。演讲本身并不是目的，而是为了达到目的的一种手段，是传递信息、相互了解、有效沟通的重要工具。领导者通过精彩的演讲，可以将大量的信息、思想和指示宣传、灌输到组织成员的意识中，使他们与自己达成共识，从而为实施有效的领导和管理提供条件。

（2）联络感情。演讲是领导者阐述主张、申明是非、传递思想情感的有效表达方式。语言是传递信息的工具，也是表达、沟通、融洽感情的重要工具。领导者运用富有感染力的语言进行成功的演讲，可以对组织成员的心灵产生巨大的情感冲击，引起组织成员感情上强烈的共鸣，这对加强领导者与组织成员之间的关系，增进相互的了解和吸引具有极大的帮助。

（3）了解下情。演讲可以使领导者直观地把握组织成员对其的态度和反应，加深对组织成员情绪的了解，体察下情。因为领导者的演讲直接面对的是组织成员，他们的情绪、对演讲内容的反响，领导者可以一目了然，为领导者了解下情提供现场直接真实的感受。

（4）树立形象。演讲是领导者塑造自身形象、提高威信、增强领导效能、强化领导凝聚力的有力工具。领导者演讲有别于领导者的一般讲话、发言，演讲一是要“讲”，二是要“演”。演讲者恰当、得体的“表演”，包括手势、形体的动作，可以产生令人振奋、沉思、感慨的美的效果，放大领导者的形象，提升领导工作的效能。

（5）提升素质。演讲是领导者提升自身素质的有效方法。领导者的演讲大多属于“权力性讲话”，是在正式场合，以领导身份，象征一定权力的讲话，绝不是随随便便、三心二意就可以对付的事情，需要领导者精心准备。从酝酿到决定演讲的主题、从修改到最后定稿的全过程，是一个艰苦的、颇费脑力的精神再生产的综合过程，是对领导能力特别是对思维能力全方位的考验。一般情况下，好的演讲应具备以下三个特征：1）简洁性。由于受时间因素的限制，领导者在演讲时要特别注意对时间的控制，做到言简意赅。例如美国总统林肯一生中最著名的演讲——葛底斯堡演讲虽然只有500多个字，但言语清晰、有力，对美国的社会发展产生了深远影响。2）鼓动性。领导演讲是一种面对面的宣传鼓动形式，这种形式一方面灵活可变，易于调整，而且使得领导者更有鼓动性；另一方面要求领导者本人诚恳和有耐心。3）艺术性。领导者是通过运用语言与非语言手段来影响组织成员的，因此，演讲内容的哲理化、语言的文学化、姿态的戏剧化都要不同程度地渗透于演讲中。

知识库 5－9

葛底斯堡演讲是美国前总统林肯最著名的演说，也是美国历史上为人引用次数最多的演说。1863年11月19日，林肯在宾夕法尼亚州的葛底斯堡国家公墓揭幕式上发表此演说，哀悼在长达五个半月的葛底斯堡战役中阵亡的将士。

4. 会见

会见是指领导者为了达到预定的目的而有组织、有计划地开展的交换信息的活动。或者说会见是正式的见面或谈话，这主要是基于会见的目的性而言。会见是领导者获取信息最常用、最直接、最有效的领导沟通方式之一，更是一门非常有效的沟通技巧。会见就其内容和性质来说，有礼节性的，也有实质性的。礼节性的会见时间较短，话题较宽泛，气氛也较轻松活泼；实质性的会见则往往会就政治、经济、军事、文化以及其他内容中的一方面或多方面交换意见，因而时间较长，话题比较集中，气氛也更严肃。会见作为一种领导沟通方式，有以下特点：

（1）目的性。这是会见区别于一般闲聊的基础，也是会见的关键所在。它是一种"有目的的对话"，因此，其主要的目的是就主题而发挥，尽量取得合适的资料。在会见的过程中，确定目的是首要一环。

（2）计划性。会见是领导过程中一项正式的活动。它要求参加者严密地组织、有计划地展开。因此，要根据会见的目的，制定会见的实施预案，确定会见的目的、人员、时间、地点、过程。对每一次会见的准备、实施与总结，都要求严密组织、有计划地进行。

（3）互动性。会见和其他的领导沟通方式一样，是一种双程式的沟通，所以，要想有一次成功的会见，双方都必须愿意聆听、倾诉及分享意见。同时，在会见的时候，会见者以及应邀者之间也会随着会见的过程而做出若干反应，由此可见会见是一个动态的领导沟通过程。

（4）技巧性。一次好的有效的会见要具备若干要素，其中最重要的就是要有一个善于主持会见的领导者，用专业技巧来主持会见，被会见者能否合适地回答问题，往往取决于领导者的会见技巧。

5. 谈判

谈判作为一种领导沟通方式，不仅包括一切正式场合的谈判，而且已经引申到各种协商和交涉活动之中。任何一个组织与社会都有着广泛而又频繁的联系，为了协调和改善组织与其内外的关系，争取相互合作、支持和谅解，双方进行磋商，这就是谈判。判断一次谈判是否成功，主要取决于三个方面的内容：

（1）目标的实现程度。从本质上说，谈判的直接原因是参与谈判的各方有其自身的需要，或者是各自所代表的组织有某种需要，而一方需要的满足又可能会涉及和影响他方需要的满足，所以要在谈判中交换观点，进行磋商，共同寻找使双方都能够接受的方案。由于谈判的双方都会有各自的需要和目的，因此谈判成功与否在很大程度上取决于是否实现了谈判的目标。成功的谈判应当是既达成了协议，又尽可能接近预先制定的最佳目标，这是评价谈判成功的首要标准。

（2）谈判的效率。所谓谈判的效率是指谈判实际收益与谈判成本之间的比率，成功的谈判当然应该是效率高的谈判。

（3）互惠合作关系的维护程度。精明的谈判者往往具有战略眼光，他们不过分计较某次谈判的得失，而是着眼于长远，着眼于未来。在谈判中应当重视建立和维护双方的互惠合作关系，不要轻易去做那种"过路买卖"的事情。

综合以上三个评价标准，一场成功的谈判应该是：谈判不仅使本方的需要得到满足，也使对方的利益得到承认，双方的互惠合作关系得到进一步巩固和发展。从另一个角度来讲，谈判的实际收益远远大于谈判的成本，因而谈判是高效率的。

6. 危机沟通

对于一个组织的发展来说，偶尔会有些事件危及整个组织及其成员，这就是管理学视野中的危机。具体来说，危机是指能够潜在地给组织的声誉或信用造成负面影响的事件或活动。危机往往会使组织陷入困境，因此，领导者在危机刚出现时就应加强沟通，全力以赴地投入危机处理。

（1）危机沟通的要件。一般来说，危机沟通具有以下要件：1）危机沟通的时效性。鉴于危机发生时的意外性，以及发生后效果的迅速蔓延性，只有在最短时间内和利益相关者进行沟通并共享那些必须让对方知道的信息才能迅速控制局势，这就要求危机沟通必须具有时效性。2）危机沟通的渠道和组织。在发生危机时，领导者必须针对危机事件的实时发展进程，确定沟通对象和范围，并且同时选择适当的沟通渠道。3）危机沟通的对象和范围。把对象和内容控制在危机沟通中非常重要。一般来讲，危机沟通的对象有五类，即内部员工、受害者、新闻界、上级有关部门以及其他公众。领导者要针对不同的沟通对象制定不同的沟通对策。沟通的范围除了沟通对象之外还包括不同权限的沟通内容。未经过梳理和排序的信息是无效率的，而且大多数受众并没有专业人员那样分析信息和理解沟通内容的习惯，所以把所有原始信息一下子透露给所有人是不明智的。这样做反而会造成对沟通内容的误解，甚至会使危机雪上加霜。

（2）危机沟通的原则。对于一个组织领导者来说，在进行危机沟通时，要坚持以下原则：1）真诚原则。真诚是危机沟通的基础。当面对危机时，真诚就显得更加重要。所有关于危机沟通的建议都会提到真诚的重要性。真诚包括诚实地承认发生的问题，报告正在采取的措施，公开可能会出现的后果，以及责任追究等。2）利益相关者定向原则。利益相关者是指在危机中领导者需要与之沟通的人或组织，或者说是和危机的发生有着利害关系的人或组织。利益相关者可以大致分为内部利益相关者和外部利益相关者。内部利益相关者是指组织内部的信息接收者；外部利益相关者是指组织外部的信息接收者。在危机中，每一个细分的利益相关者都需要接受一系列不同的信息，内部利益相关者和外部利益相关者应当受到同样重视，领导者应该站在利益相关者的角度考虑问题，列出所有信息，以确认什么信息发送给什么人，这样可以在很大程度上消除利益相关者的不满和顾虑。3）快速反应原则。在危机沟通中，有关专家认为，危机发生以后的 24 小时是最关键的，即领导者应该在获悉危机发生后的 24 小时内启动危机管理机制，做好相关的资源协调工作，做好应对危机的准备工作。危机发生后，如果领导者延迟发表意见，经常会给组织带来灾难性的后果。4）核心立场原则。核心立场原则强调组织对危机事件的基本观点和态度不动摇。危机一旦爆发，组织应该在最短的时间内针对事件的起因、可能趋向以及影响做出全面评估，并参照组织一贯秉承的价值观，明确自己的核心立场。5）信息对称原则。在危机处理过程中，应努力避免信息不对称的情况，理想的状态是在对内、对外两个层面上，保持信息通道的双向畅通。

案例 5-3

失败的危机沟通

2000 年 12 月，武汉野生动物园购买了一辆奔驰轿车，不到 3 个月却接二连三地出问题。武汉野生动物园只好将车送回北京修理，但问题没有解决。该奔驰轿车仍问题不断，奔驰代理商此后四次派人维修，但一直没有彻底解决问题。武汉野生动物园向经销商和奔驰公司提出换车或退车，遭到拒绝。随后，武汉野生动物园决定：一年的保修期将满，如果不能退车将砸毁该车，奔驰公司没有答复。武汉野生动物园遂当众将价值百万的奔驰车砸毁。奔驰公司对武汉野生动物园的砸车行为评价是“极端的没有必要的行为”“非理性而没有意义的行为”。此后又有奔驰车出现质量问题而被砸毁。2002 年因奔驰车质量问题得不到解决的受害者成立了“奔驰汽车质量问题受害者联谊会”，并于其后在北京约见了部分媒体。2002 年武汉野生动物园再一次当众砸毁了另一辆奔驰车。奔驰公司对此的反应是发表了一份声明，对武汉野生动物园的行为表示遗憾和震惊，再次强调其行为是非理性的，并以外交恐吓的方式强调：希望砸车行为不会给中国的国际化造成不良影响。作为回应，奔驰汽车质量问题受害者联谊会进行了北京维权行动，举行了记者招待会，武汉汽车协会对受害消费者表示了声援。整个事件造成了严重的不良影响。

资料来源：https://wenku.baidu.com/view/19d3ffe2f90f76c661371a12.html.

5.3　领导沟通的过程、障碍与策略

领导沟通就是领导者作为信息发送者通过特定的沟通渠道把信息传递给信息接收者的过程。如果这个过程中存在偏差或障碍，就会出现沟通问题，即所谓的沟通障碍，会导致沟通无法有效顺利地进行。克服领导沟通障碍的有效办法是根据沟通的目标、对象、内容、场合等选择恰当的领导沟通策略。

5.3.1　领导沟通的过程

对于任何一个组织来说，要想很好地实现组织目标，都必须进行有效的领导沟通，而要进行有效的领导沟通，就必须存在一个完整的领导沟通过程。任何沟通过程都必须有沟通的主体和渠道，领导沟通中的信息发送者（或信息源）和信息接收者（或信息终点）是领导沟通的主体，领导沟通双方在领导沟通过程中需要通过一定的渠道去实现信息的交换和思想的交流。一般来讲，整个领导沟通过程主要由 6 个要素构成，包括信息源、信息、通道、信息接收者、障碍或噪声、反馈等。这 6 个因素之间相互联系，相互作用，共同构成了领导沟通过程（如图 5-1 所示）。

1. 信息源

信息源是指具有信息并试图进行领导沟通的人，即信息的发送者。领导沟通过程中的

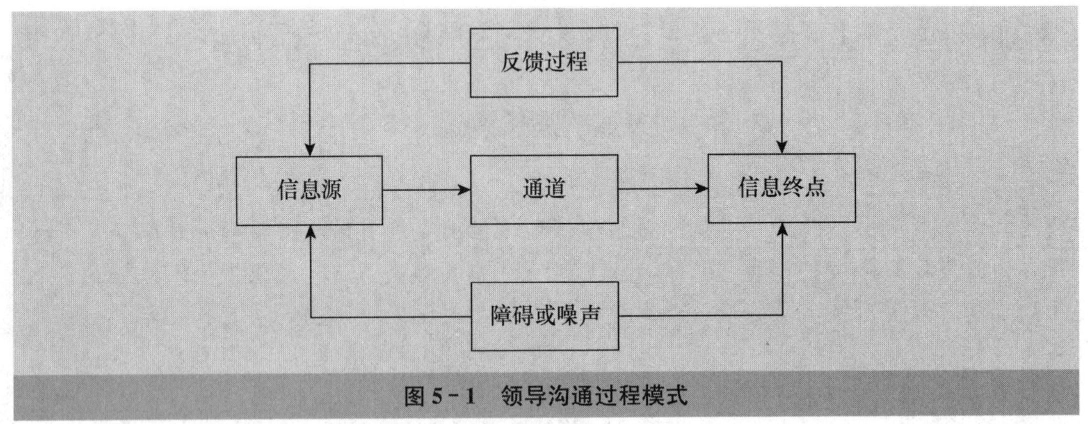

图5-1 领导沟通过程模式

信息发送者首先要确定所要沟通的信息或想法，就是在领导沟通中努力使对方接收和理解的东西，也即信息发送者实际要发出的信息或思想的核心内容。但是，信息发送者有了这些真实的想法和信息并不能直接发送出去，它们只是原材料，还需要经过编码进行加工处理，把自己的思想转化为某种能传递给接收者的形式。例如，组织成员向组织领导者提交一份工作规划，组织成员要通过文字或语言向领导者阐明规划中的内容，也就是自己的观点或见解，这时他就是信息发送者，即信息源。

2. 信息

信息是指领导沟通中经过编码传送出去的有用信息，如语言、文字、图片、动作、表情等。所谓编码，是指选择某种符号来代表信息表达者试图表达的内容，而这种符号是能够被信息接收者理解的。编码过程在很大程度上决定领导沟通的有效性。

3. 通道

通道是指领导沟通中由信息发送者选择的、用以传递信息的媒介物，它是信息的载体、中介和桥梁。在领导沟通中，信息发送者在完成编码以后还需要选择合适的领导沟通渠道和发送方式，以便将信息传递到接收者那里。领导沟通发送渠道的选择是整个领导沟通的关键，信息发送者要根据所传递信息的特性和接收者的具体情况，以及沟通中传递渠道的噪声和干扰等情况来决定发送渠道，特别要综合考虑发送渠道的畅通性、有效性、合法性、抗干扰性、反馈性和人们的习惯等各方面的因素。与此同时，领导沟通中信息的传送过程还必须选择正确的传送方式，包括是书面传送还是口头传送，是集体传送（如开大会或群发电子邮件）还是个体发送（如单独面谈或单独发邮件），是当面传送（面谈）还是打电话等。发送方式的选择往往会直接决定领导沟通的效果和沟通双方相互理解的程度。

4. 信息接收者

信息接收者是指接收信息的主体，即信息到达的终端。当信息发送者通过传递过程将信息或思想发送给接收者时，接收者应当全面接收对方传送过来的代码，而不能有任何遗漏或打断对方。特别是在面对面的领导沟通中，接收者首先要仔细倾听对方的陈述，全面接收对方用口头语言和肢体语言传递的代码。然后接收者对已经收到的全部代码进行信息加工，把信息转化为可以理解的形式，这个过程就是解码。所谓解码就是给符号赋予某种意义。例如信息接收者将外语翻译成中文的过程，将方言或暗语及手势转化为能够理解的语言的过程都属于解码，这是保证领导沟通双方相互理解不可或缺的一个步骤。接收者通过汇总、整理和推理的过程，全面理解那些已经完成接收和解码过程的信息或思想，即理解发送者的信息或思想，是领导沟通过程中最为关键的一步。

在实际的领导沟通中，有一些领导者往往会在组织成员没有说清楚的时候打断人家，甚至对组织成员的说法或报告断章取义，在解码的过程中猜忌和妄断人们的说法，结果使得整个理解出现问题，最终使整个领导沟通出现障碍。

5. 障碍或噪声

噪声既是恰当理解和准确解释领导沟通信息的障碍，也是妨碍领导者有效沟通的重要因素，它存在于领导沟通过程的各个环节，并有可能造成信息失真。这里的“噪声”并不仅仅是声学意义上的噪声，也包括各种其他的噪声。例如，在某军队的主要领导者正在向下级传达和说明军队领导班子集体讨论的最新战略决策时，另外一位有不同意见的领导者出来宣传自己的不同意见，这就是一种“噪声”。

知识库 5-10

领导沟通中的噪声有很多，一般来说主要来源于三个方面：一是外部噪声，包括因领导沟通背景、地点、条件、文化等因素，阻碍信息接收者接收或正确理解信息；二是内部噪声，这种噪声也可能源于信念、观点或偏见，如有些领导者因某个组织成员出现过工作失误，从此就不放心将重要的任务交给他，即使他有能力干好这件事；三是语义噪声，如许多人缘于自己的价值观或情感因素，对一些信息持否定态度，从而阻碍了他接收和理解该信息的内容。语义噪声有时也会因文化背景不同、语言文字习惯不同，而使信息接收者产生错误的理解，导致领导沟通出现障碍。

6. 反馈

反馈是指领导沟通中的信息接收者把信息返回给信息发送者，这是一种双向的领导沟通过程。如果信息接收者能够充分地解码，并使信息融入领导沟通过程之中，就会有反馈的产生。反馈可检验领导沟通的效果如何、接收者是否正确接受并理解信息，在没有得到反馈之前，我们无法确认信息是否得到了有效的编码、传递、解码。如果反馈显示信息接收者接受并了解了信息的内容，可以将这种反馈称为正反馈。当然，反馈也不一定全部来自对方，也可以是自身的改变，如当某个领导者或组织成员发现自己说的话不能被对方接受时，可以自己调整说话方式，这是自我反馈。反馈是领导沟通过程中必不可少的一个环节，如果没有反馈，领导沟通就成了单向沟通，就没有办法真正实现双方的相互理解。

在领导沟通中，反馈十分有助于领导者和组织成员之间提高相互理解的程度和速度，只有这样才能够使领导沟通继续下去。另外，领导沟通中的反馈并不一定都是直接的发问或回答与解释，眼神和表情以及各种手势与身体语言都属于领导沟通反馈的信号和做法。

除此以外，领导沟通所发生的场合，即领导沟通情境也是领导沟通过程中一个极为重要的因素，也能对领导沟通产生较大的影响。领导沟通的情境不同，领导沟通的方式、策略以及渠道的选择都会有很大的差别。正式场合适合严肃、重大、关键问题的沟通；非正式场合适合轻松话题的沟通。情境不仅是领导沟通的前提，还是制约领导沟通、影响领导沟通的一个重要因素。

领导沟通的上述基本过程，每一个环节都很重要，环环相扣，只要一个环节没有组织好、处理好，都会影响领导沟通的效果。

5.3.2 领导沟通的障碍

领导沟通要取得良好的效果，就要弄清楚影响沟通效果的障碍。在领导沟通过程中，存在着各种各样的干扰因素，会导致领导沟通无法顺利进行。这些干扰因素可能来自信息发送者、信息传递过程中、信息接收者以及组织内部等方面，具体可概括为以下几种：

1. 知觉障碍

所谓知觉，即人对现实的认识。世界上找不出两个接受过完全相同的训练和拥有完全相同的生活经验的人，因此也没有人能够对事物拥有完全相同的看法。人们的生活背景、经历、社会地位和身份、受教育水平和训练程度不同，会形成不同的知觉（认知）模式，并进一步影响到他们对事物的理解和认识，从而使他们对所传递的信息产生不同的甚至是截然相反的认定。在这种情况下，领导者的原意与组织成员的解读并不一定完全一致，甚至在领导沟通过程中，组织成员会主动选择某一方面的信息，而忽略其他方面的信息，有时还会把自己的兴趣和期望带进信息之中，产生了不同的知觉，便会出现领导沟通障碍。

2. 语言文字障碍

领导者表达他们的思想，经常会使用语言文字形式，语言文字是领导沟通的基础，而语言文字本身又很容易产生若干困窘之处。语言是通过人的思维反映客观事物的符号，与客观事物之间只存在间接关系，而客观事物与人的思想意识又是复杂多变的，导致语言的表达范围有别和语言文字的多义性，因此对相同对象可能会产生不同的理解，甚至同一句话，语气语调不同，反映的情感也不同，把握不好就会妨碍有效领导沟通。具体来说，领导沟通中的语言文字障碍表现如下：

（1）语言障碍。语言障碍主要是指口齿不清、词不达意、乡音过重以及误传等所造成的领导沟通障碍。主要包括：1）口齿不清。有些领导者讲话咬字不清楚，由于很多字的发音相近，如果领导者讲话咬字不清，意思就会被误解，传达的信息也会被扭曲。2）词不达意。领导者在进行口头沟通时，如果抓不住要点、长篇大论，不仅达不到领导沟通的效果，还会引起组织成员的反感，更没有人能够了解其真正含义，徒然浪费唇舌。3）乡音过重。在一个组织中，领导者常常来自不同的文化背景，有着不同的语言习惯，加之方言众多，有些领导者讲话家乡口音太重，使一些组织成员不易听懂，也会造成领导沟通的障碍。4）传播谣言。有些领导者在进行口头沟通时，因为不见诸文字，讲话时无原则地添油加醋，使得原有信息的意思变质，甚至成为谣言，对组织成员可能造成伤害，大大损害了领导沟通的效果。

（2）文字障碍。文字障碍则是指以有限的文字表现无限的意思，往往由于不能尽言而造成的领导沟通障碍。如果领导者对所用的语言文字的解释与组织成员不相同，领导沟通障碍就会产生。主要有：1）以有限的文字表达无限的意思，领导者也经常会产生表达困难的感觉，汉字虽有四五万，但常用字也不过四千余。2）不同行业的领导者，对同一名词的解释不同。3）个性与人格不同的领导者，对文字的了解与解释也不同。4）文言文的障碍，使得一般组织成员不易理解。

3. 地位障碍

地位障碍是指一个人在组织中的不同级别所导致的领导沟通障碍。组织是一个层级节制的体系，上下级之间，由于地位高低的不同，看待问题视角的不同，对事物的观点与认知等也就会有差别。一方面，对于组织成员来讲，他们不仅会判断信息而且还会判断信息发送者，信息发送者的层次越高，组织成员便越倾向于接收信息，这必然会影响到领导沟通的目的，甚至盲目接收；另一方面，如果某个组织成员在组织中的层级较低，便会在领导沟通中表现出担忧、恐惧、紧张等心理反应，影响其接收能力，因而也会造成领导沟通障碍。具体来讲，地位障碍主要表现在如下几个方面：

（1）领导者不了解沟通的重要性，对此不作有计划的推行；（2）领导者多存有“自以为是”的观念，认为自己一切都比其他组织成员强，所以不让组织成员发表意见和看法；（3）领导者有“民可使由之，不可使知之”的观念，认为组织成员只要听从命令就可以，不必多问；（4）组织成员的自卑感作祟，认为领导者并不重视其地位与意见，所以不必多向领导者报告，以免引起领导者厌烦；（5）领导者对组织成员的宣传停留在官样文章，经常只是宣传一番，不承认错误，也不讲困难所在；（6）组织成员对领导的报告，多流于吹牛拍马，专讲好话，歪曲事实，虚报数字，隐瞒真相；（7）领导者的需要与组织成员的需要不一致，观念不同，利害不一，成为领导沟通的障碍。

4. 组织障碍

组织障碍主要是指组织机构过于庞大、中间层级太多，在领导者传达信息或获取信息反馈的过程中导致信息过滤太多，产生信息的“累积性损失”，即信息失真，这不仅会浪费大量时间，而且信息辗转相承，影响传递的速度和效率。因此，如果机构臃肿，组织结构设置不合理，各个部门职责不清、分工不明、多头领导，就会在领导沟通过程中引起信息传递的扭曲，从而失去领导沟通的有效性。

5. 文化障碍

文化障碍主要是指不同文化背景的领导者之间或领导者与组织成员之间的沟通障碍。它包括两个方面的含义：一是在中外文化条件下进行领导沟通，由于沟通者与接收者的不同文化背景而产生的沟通无效，也可称之为跨文化沟通障碍。例如，外资企业中来自不同文化背景的领导者之间或领导者与组织成员之间的沟通障碍。二是不同区域或不同价值观念下的领导沟通中产生的障碍。例如，来自沿海发达地区和中西部地区的领导者之间可能由于某种文化背景不同而形成沟通障碍。这里尤其要强调的是前者，即跨文化沟通障碍。马歇尔·麦克卢汉早在四十多年前就提出了“地球村”的概念，他认为，信息传播速度的加快会使得地球与几个世纪前的小村庄类似。“生活在地球村”这一现象也融入组织背景和领导沟通中，组织已经突破了国界，同时向其他国家扩展业务，这意味着组织领导者不得不提高自己的沟通能力，以便与国外领导者进行有效沟通。在国际化背景下，文化差异、民族优越感、语言差异、非语言差异等因素使得领导沟通显得更加复杂，同时也影响了领导沟通的效果。

知识库 5-11

我们在谈及文化时，经常会谈到组织文化的概念。所谓组织文化，是指控制组织内行为、工作态度、价值观以及关系设定的规范。简单地说，组织文化是指组织成员的共同价值观体系。

6. 沟通渠道障碍

沟通渠道障碍是指由领导沟通中信息传达渠道的不当所引起的沟通障碍。在日常生活中，领导沟通主要是视听沟通，同时还有以电视、广播、报纸、电话、网络等不同媒体为中介的领导沟通。沟通渠道的干扰会使领导沟通过程中的信息传递受阻或不畅通，从而影响领导沟通效果。习近平总书记强调："领导干部要学网、懂网、用网，了解群众所思所愿，收集好想法好建议，积极回应网民关切。要高度关注新业态发展，坚持网上网下结合，做好新就业群体的思想引导和凝聚服务工作。"①

5.3.3 领导沟通的策略

一个成功的领导者应该具备沟通中的"科学"和"艺术"。第一个方面是领导沟通中的"科学"，它是由一些基础性技巧构成，诸如演讲、谈判，以有序表现自我风格为指导方针，坚持明确的主旨并简洁地表达协调的信息。这些基础性技巧即"科学"，有助于人们形成对领导者个人的正直品质和诚信的印象。另一方面才是领导沟通中的"艺术"，它包含一些高深的、有时是来自本能的技巧，如观察倾听者的反应、解读对方的情绪从而了解事实真相、因人而异地采取说服策略、应用对整个组织有利的方法来解决组织管理中出现的问题并找出产生问题的根本原因。这些技巧即"艺术"决定了组织成员对领导者的信服程度。关于"科学"方面的技巧前文已有论述，这里主要介绍领导沟通中"艺术"方面的技巧。

1. 善于倾听

倾听是指通过感官（视觉、听觉、触觉等）媒介，接受、吸收并理解对方的思想、信息和情感的过程。倾听不是人们平常所说的听或听见。听见是一个生理过程，取决于耳朵如何对声波的振动做出反应，是一种被动的行为。倾听则是一个将注意力集中于当前声音的有意识行动，具有个体主观努力的特征，与个体的主观感受有关，是一种主动的行为。

善于倾听对于领导者来说尤为重要。有人认为一个成功的领导者应该花 65%的时间倾

---

① 习近平在中央党校（国家行政学院）中青年干部培训班开班式上发表重要讲话强调 筑牢理想信念根基树立践行正确政绩观 在新时代新征程上留下无悔的奋斗足迹．人民日报，2022-03-02 (1).

听，25%的时间发言，10%的时间用于阅读和写作。由此可见，善于倾听不仅是领导者的必备素质之一，而且也是领导者水平高的一个标志。一般来说，成功的领导者，大多是善于倾听的人。但要做到积极主动倾听须做到以下几点：其一是要专注，要集中精力；其二是要换位思考，尽量去揣摩说话者的意思而不是你理解的意思；其三是尽量保持信息传递的完整性，并做到及时反馈。

知识库 5-12

倾听的技巧——在人际沟通中，我们要学会倾听和了解他人，只有懂得倾听，才能使沟通顺利进行。一般来说，高效沟通有十个有效技巧：一是鼓励对方先开口；二是营造轻松、舒畅的氛围；三是控制好自己的情绪；四是懂得与对方共鸣；五是善于引导对方；六是与对方保持视线接触；七是给予对方真诚的赞美；八是适时提出疑问；九是恰当运用肢体语言；十是暗中回顾，整理出重点，并提出自己的结论。

2. 学会幽默

幽默作为一种激励艺术，不仅在日常的交往中而且在领导沟通中都有着非常重要的作用。在富有幽默艺术的领导者周围，很容易聚集一批为他效力的组织成员，领导者的幽默会化解许多尴尬情境，维护组织成员的自尊。在日常生活中，如果领导者能不时地与组织成员开个玩笑，幽默一下，下属必然会觉得领导者很随和，非常愿意接近他。这样领导者才能真正了解下属，与他们更好地进行沟通，这对于提升领导力来说也是极为重要的。

运用幽默进行领导沟通，往往可以取得很好的领导效果。美国领导学者针对1 160名领导者的调查结果显示：77%的人在组织会议上以讲笑话来打破僵局；52%的人认为幽默有助于其开展业务；50%的人认为组织应该考虑聘请一名“幽默顾问”来帮助组织成员放松；39%的人提倡在组织成员中“开怀大笑”。一些著名的跨国公司，上至总裁下到一般部门经理，已经开始将幽默融入日常的领导活动当中，并把它作为一种崭新的培训手段。

任何一个组织成员都喜欢与幽默的领导者一起相处，在西方，没有幽默感的领导者，简直就是没魅力、愚蠢的代名词。幽默的领导者比古板严肃的领导者更易于与组织成员打成一片。幽默作为领导者的一种优美、健康的品质，恰如其分地运用会激励组织成员，使之在欢快的氛围中度过与领导者相处的每一天。当然幽默是一种创造性的本领，要随机应变，根据对象、环境以及刹那间的气氛而定，但也需注意技巧。一是不要随意幽默，幽默并不是随时随地都可以运用的，应在某些特定的场合和条件下发挥幽默。二是幽默要高雅才好。三是不幽默时无须硬要幽默。

幽默也是一个领导者智慧的表现，是修养、学识等方面才识的结晶。幽默不仅能给我们的生活带来笑声，带来欢乐，而且能拓宽领导沟通领域，增长才干，是成功领导的一项重要素质。美国心理学家赫伯·特鲁写过一本名为《幽默就是力量》的书。他认为，幽默就是领导者运用其幽默感来改善与组织成员关系的一种艺术。一般来说，组织成员愿意和幽默风趣的领导者接近，乐意接受其安排工作。

3. 了解兴趣，引起共鸣

了解组织成员的兴趣爱好，并表示出一种共鸣，这不仅是对组织成员的尊重，而且也是对组织成员的有效激励。在领导者与组织成员以及外部利益相关者的沟通中，探明对方的兴趣所在并以此作为沟通的一个话题，用不着太多的客套就能立刻找到共同语言，引起共鸣。这不仅使每一方都能从自己的亲身经历中认识和欣赏对方，而且共同的兴趣爱好也会使沟通双方能够找到更多的共同活动的机会，从而有助于领导者与组织成员建立良好的沟通关系。所以，对于领导者来讲，很值得花费一点时间来拓宽自己的兴趣范围，以保持领导沟通中的兴趣共鸣点。

4. 适当控制信息传递的数量

在领导沟通中，由于分级主管领导的角色不同，每个组织成员所考虑的问题不同，所以，在信息传递时，要适当注意量的控制。这就是说，应该让组织成员知道的信息必须尽快传递，适用范围有限的信息则力求保密。在这方面，要注意两种倾向：一是信息过分保密的倾向。同行各组织、各部门之间或组织各部门之间过分保密，会妨碍彼此了解和相互协调。有些本应共享的信息材料，由于人为地严格保密，结果没有向下级部门及时传达，从而使信息阻塞，出现了无端猜疑，影响了个人社会需求的满足。二是随意扩散信息的倾向。在传递信息时，不考虑信息的保密程度，不选择信息传递的对象，将所收集的信息随意扩散，导致信息混乱。对于领导者来说，也要注意信息的审查与清理，不能将所有信息全部捅到会议上，增加会议负担，引起心理疲劳。总之，这两种倾向都会导致谣言和小道消息，不利于组织的团结，影响团队士气和工作效率。对信息沟通的控制是一门领导艺术，也是改善经营管理的重要一环。领导者要提高领导水平，必须做好信息沟通的控制和管理。

5. 保持持续沟通

领导沟通在多数情况下并非一次能够完成，应该是持续不断的。组织正是在内部各部门之间以及组织与外部环境之间信息传递和交流的过程中不断调整自己，并发展壮大的。尤其是在变革和危机时期，持续沟通的重要性尤为突出。如果组织成员无法通过正当的沟通渠道获得他们所需的信息，小道消息就会满天飞，即使它们毫无根据，也会严重影响组织成员的情绪。相反，如果领导者注重并致力于保持领导沟通的持续性，即使组织偶然出现决策或执行上的失误，也会被组织成员谅解。

6. 善用反馈

反馈是领导沟通中的一个必要环节，良好的反馈不仅能使沟通过程更加完整，而且可以通过不断印证双方的观点，从而改善领导沟通的效果。反馈有正反馈与负反馈之分。一般而言，正反馈有良好的效果，但这不是说负反馈就不能使用。如果科学正确地使用负反馈，同样会对沟通产生良好的影响。但需要注意以下几点：反馈要有针对性而不是泛泛而谈；及时反馈；负反馈应是描述性的，尽量不带有个人价值判断；负反馈应针对可控制的行为。

7. 加强沟通技能的训练

美国管理者协会曾提出一些沟通过程中应该注意的事项，这些事项也适用于领导沟通过程，被称为“良好沟通十戒”。一戒沟通前概念不清；二戒沟通目的不明；三戒忽视沟通环境；四戒沟通内容不完整；五戒沟通手段不适当；六戒沟通信息繁杂无用；七戒沟通后不跟踪、不督促；八戒沟通后不注意后果；九戒言行不一致；十戒我行我素。应该说这十条注意事项无疑都是领导沟通的有效策略。

案例 5－4

适当的幽默是领导沟通中的润滑剂

2017 年 4 月 1 日，中共中央、国务院决定设立河北雄安新区，承接北京部分非首都功能。对此，不少国有大型企业纷纷研究在雄安设立分支机构，星球银行也不例外，也准备在雄安地区设立雄安分行。未来设立的雄安分行将从现有保定分行中划走一部分网点和客户，势必对保定分行有一些替代效应。如何有效调动保定分行来筹建一个自己未来可能的竞争对手，是星球银行高管层比较纠结的地方，弄得不好容易内部竞争造成资源内耗。在最近一次董事会上，星球银行的董事长对保定分行能不能客观公正地筹建雄安分行、未来能否科学合理地分割客户和网点提出了疑问，众多董事也对此深表担心，整个会场陷入僵局。这时保定分行行长站起来汇报：“董事长，我们就您一个董事长，都是从您这里领取工资，请相信我们看在钱的份上也一定能够精诚团结，一致对外。”一下子使会场上的氛围轻松了很多。剩下的决策也顺利进行。

本章小结

本章首先详细解释了领导沟通的定义，指出沟通是成功领导者的必备技能，然后从确保组织得以存续、提升决策科学性、增强组织内聚力、保持良好人际关系、保持内外关系协调和提高组织效率与绩效等六个方面强调了领导沟通的功能。再按照不同的标准，将沟通划分为单向沟通和双向沟通、下行沟通和上行沟通、正式沟通与非正式沟通、言语沟通与非言语沟通、电子沟通等四种类型，并借助通用电气的案例，分析了非正式沟通的重要作用。在此基础上，介绍了沟通的原则和方式，指出有效的领导沟通一般应遵循准确性、明确性、完整性、一致性、及时性、灵活性、互动性和策略性等八项基本原则，并以沃尔玛的成功之道验证了上述原则的必要性。

在介绍领导沟通的基本原则后，指出不同的沟通方式会带来不同的沟通结果，详细介绍了发布指示、会议、演讲、会见、谈判、危机沟通等六种沟通方式。

在本章的最后一部分，介绍了沟通的过程、可能存在的障碍以及相应的沟通策略。在沟通过程方面，指出领导沟通是一个闭环，强调了反馈的重要性。随后分析了知觉障碍、语言文字障碍、地位障碍、组织障碍、文化障碍和沟通渠道障碍；针对可能存在的沟通障碍，指出了相应的应对策略，比如善于倾听、学会幽默、了解兴趣引起共鸣、适当控制信息传递数量、保持持续沟通、善用反馈和加强沟通技能的训练等。

关键术语

领导沟通　领导沟通的功能　单向沟通　双向沟通　非正式沟通　信息失真　谈判　危机沟通　沟通过程　反馈　沟通障碍　噪声　沟通策略

复习思考题

1. 什么是领导沟通，领导沟通的类型有哪些？
2. 领导沟通中应坚持哪些原则？
3. 领导沟通具体方式有哪些？
4. 领导沟通过程包括哪些环节？
5. 领导沟通障碍的影响因素有哪些？
6. 如何进行有效的领导沟通？

本章阅读书目

[1] 戴尔·卡耐基. 沟通的艺术. 刘双，译. 天津：天津社会科学院出版社，2010.

[2] 罗纳德·B. 阿德勒，拉塞尔·F. 普罗科特. 沟通的艺术：看入人里，看出人外：插图修订第14版. 黄素菲，李恩，译. 北京：世界图书出版公司北京公司，2015.

第6章

领导用人

用一贤人则群贤毕至，见贤思齐就蔚然成风。……要改进考核方法手段，既看发展又看基础，既看显绩又看潜绩，把民生改善、社会进步、生态效益等指标和实绩作为重要考核内容，再也不能简单以国内生产总值增长率来论英雄了。要树立强烈的人才意识，寻觅人才求贤若渴，发现人才如获至宝，举荐人才不拘一格，使用人才各尽其能。

——2013年习近平在全国组织工作会议上的重要讲话

引导案例

从黄克功案看中国共产党成功之道

上世纪30年代中期，中国的天空战争阴云密布，正在此敏感时刻，国共两大阵营相继发生青年军官枪杀女性事件。先是1935年，32岁的国民党军队上校团长张钟麟怀疑新婚仅两年的妻子吴海兰不忠而在西安将其枪杀，后是1937年10月，26岁的红军师团级领导者黄克功因逼婚未遂在延安枪杀了陕北公学女学员刘茜。

这两起事件，在当时的西安和延安都分别引起了满城风波，但两人接下来的命运并不一样：张钟麟杀妻后，虽然被判处死刑，但蒋介石表示不予执行，“校长”以国家急需人才、将功赎罪为由，将自己的得意门生释放了，官复原职，上了战场。相比之下，黄克功案的判决则是“从重从快从严”，他在1937年10月5日夜间枪杀刘茜后，翌日被逮捕，10月12日经陕甘宁边区高等法院判决死刑立即执行。黄克功案发生时，红军已改编为八路军，在泾阳誓师后开往前线抗击日寇。各部队到前线后迅速壮大，都向延安打电报要求多给他们派些领导者。像黄克功这样立过大功又能打仗的领导者，自然很受欢迎。但是，找毛泽东说情的，还有建议减刑的，都被拒绝了。

1940年，在贫瘠的延安，毛泽东说过一句话："延安作风打败西安作风。"从黄克功案，人们似乎看到了共产党成功的秘诀，那就是对广大党员铁一般的纪律要求，不管是初入军旅的战士，还是战功赫赫的将领，如果品格上、纪律上出现问题和纰漏，不管个人才能有多么出色，都会得到来自组织的惩罚。至今忆起，依然经典，依然警醒。

资料来源：上海社会科学院院史办公室．重拾历史的记忆：走进雷经天．上海：上海社会科学院出版社，2008：56.

当今世界，人才在经济社会发展和综合国力竞争中的地位和作用显得日益突出，人才已经成为一切资源中最重要的战略性资源。用人是领导者针对岗位的要求和人才的特点，通过行政规范和程序，以岗定人并委人以特定的使命，以实现人尽其才、才尽其用的领导行为。领导用人成效是领导主体所做的人事决策的正确性、妥当性、有效性和影响力的综合结果，主要包括正成效、零成效和负成效三种；领导用人一定要追求和达成正成效，避免零成效和负成效，确保把用人工作做好。领导用人成效的基础包括内在基础和外在基础两个方面：内在基础是用人成效的主要原因、症结或根源，外在基础的实质是现实基础，其中用人标准起着核心作用。

6.1 领导用人成效的类型、改善以及领导用人基础

6.1.1 领导用人成效的类型

领导用人成效是领导主体所做的人事决策正确性、妥当性、有效性和影响力的综合结果，亦即领导主体进行人力资源开发和管理的实际绩效与结果。在领导用人活动中，不同的用人做法将会产生不同的用人成效。这些成效主要有三种。

1. 正成效

正成效就是用人正确到位并由此带来积极、良好的影响，最主要是对事业成功、社会进步都发挥出重大作用并产生丰硕成果。正成效有高成效和低成效之分，用人高成效就意味着领导高水平，用人低成效就意味着领导水平较低。但是，无论是高成效还是低成效，在总体上都显示和证明领导是正确的和有水平的，而且都必定带来非常现实的正效益和正向激励。

这里所谓的正向激励，等于正激励与负激励（如批评、教育、激将法等）之和，本质都是正确导向和积极力量对人的心理与行为实施的正激发与正推动，必然形成积极的需要和动力，产生积极的运动与结果。

2. 零成效

用人的零成效也即用人无效，是指这样一种情形：领导者用人昏昏然，似用非用或不用，人才或者浪费或者被看成多余。

知识库 6－1

现代人才测评理论与领导用人

现代人才测评，是运用心理学、管理学、行为科学、统计学和计算机技术等相关科学的研究成果，通过心理测验考试面试、评价中心等对人才的能力、水平、个性特征等因素进行的测量与评价。现代人才测评是人才管理工作的主要组成部分，也是人才管理的基础和重要环节，为人员的选拔和使用等提供技术支持和参考依据。

3. 负成效

用人的负成效是指领导用人不正确或者严重错误，导致严重的不良用人后果，给事业造成严重的冲击和破坏，给群体和单位造成极大的伤害，影响极坏，恶果极重，损失和代价极其巨大且不可挽回，不仅没有带来进步和发展，而且还造成了倒退和灾难。负成效显示和证明的是领导者极端无水平、完全不胜任工作和失职、渎职。在负成效下，该用的人未用，而不该用的人却用了；素质低劣、不足以当领导者的而得用；并非领导人才，仅仅是凭关系而得用等情况，其结果多会引起广泛深远的不满和怨恨、裂隙和矛盾、斗争和冲突，这种用人形式从开头就埋下了隐患并最终会酿成不可避免的失败与祸患。

以上三种不同的用人成效与领导绩效、领导水平、执政能力、政绩高低、领导的得失成败及领导者自身命运都密切相关。

事实上，不少领导者在用人上都存在问题，如：任人唯亲，以人划线，拉帮结派，凭印象用人，依感觉用人，靠经验用人，甚至听信谣言或谗言来决定用什么人和怎样用人，用人的随意性和个人主观特点非常极端化。随意用权除严重挫伤人才的积极性和创造性之外，还会导致整个组织的萎缩、瘫痪和衰败。

正是由于人才的关键作用，有远见的领导者都极为重视人才问题。毛泽东曾经说过，政治路线确定之后，干部就是决定的因素。邓小平也曾在多种场合强调人才问题的重要性。他说："改革经济体制，最重要的、我最关心的，是人才。改革科技体制，我最关心的，还是人才。" 1992 年他在南方视察讲话中强调说：正确的政治路线要靠正确的组织路线来保证，中国的事情能不能办好，社会主义和改革开放能不能坚持，经济能不能快一点发展起来，国家能不能长治久安，从一定意义上说，关键在人。

案例 6－1

领导用人的艺术

古人云，"用人者，取人之长、避人之短"。这是领导的用人艺术。据《史记》记载，汉高祖刘邦在登上皇位时，讲起自己能战胜强大的楚霸王项羽的原因时说："夫运筹帷帐之中，决胜于千里之外，吾不如子房；镇国家，抚百姓，给饷馈，不绝粮道，吾不如萧何；连百万之众，战必胜，攻必取，吾不如韩信。此三者，皆人杰也，吾能用之，此吾所以取天下也。”从刘邦的这番话中，我们可以体会出，用人一定要用其长处，要根据各自的特长，把他们安排到合适的岗位上去，充分发挥其才智与能力。

在寓言《西邻五子》中，西邻公有五个儿子：一个质朴老实，一个聪明伶俐，一个双目失明，一个驼背，一个跛子。按说，五个孩子有三个残疾，西邻的生活该够艰难了。但是他安排得好，让五个孩子各展所长：质朴老实的去务农，聪明伶俐的去经商，双目失明的去做卜医，驼背的去搓麻绳，跛足的去纺织。结果五个儿子都不为衣食发愁。用人须扬长避短，而且重点在于充分扬长。用人必须根据使用对象的特长，区别对待、因人而用。这种特长适用于哪个领域，按照人的特长派用场，使被使用干部的工作与他的特长相适应。只有把人才放在最合适的地方，使其“英雄有用武之地”，才能让人才最大限度地发挥作用。善于用人的领导者，总是巧用其长、妙避其短，针对干部的领域特长，安排适宜的工作，分派适合的任务，从而更好地发挥出干部的特长优势。

资料来源：张梓群．领导用人的艺术．共产党员，2022（3）：42－43．有改动．

6.1.2 领导用人成效的改善

领导用人成效的改善和提高，对改善和加强领导，提高领导绩效和领导水平，建设高素质领导队伍和工作团队具有极其重要的意义。改善和提高领导用人成效的策略主要有以下方面：

1．总策略

党的二十大报告指出，要“坚持把政治标准放在首位，做深做实干部政治素质考察，突出把好政治关、廉洁关。加强实践锻炼、专业训练，注重在重大斗争中磨砺干部，增强干部推动高质量发展本领、服务群众本领、防范化解风险本领。加强干部斗争精神和斗争本领养成，着力增强防风险、迎挑战、抗打压能力，带头担当作为，做到平常时候看得出来、关键时刻站得出来、危难关头豁得出来。完善干部考核评价体系，引导干部树立和践行正确政绩观，推动干部能上能下、能进能出，形成能者上、优者奖、庸者下、劣者汰的良好局面”①。基于此，领导用人成效改善的总策略可以归结为：抓住素质基础，提高领导用人成效。具体而言是指抓住双重素质基础，从培养到考评到监督再到控制约束，应从大力、全面地提高领导素质、转变领导方式、改善领导质量、提高领导水平，进而全面和大幅度地提高领导用人成效。

2．具体策略

（1）善于抓住并充分获得领导用人的事实根据。这些根据包括：1）需要根据，主要指开展工作的现实需要；2）素质根据，主要指被领导者的实际素质；3）绩效根据，主要指被领导者的实际绩效；4）制度根据，主要指组织人事制度。

（2）善于最充分地把握和运用领导用人的理论根据。这些理论根据主要包括：1）素质理论，这是最主要的理论根据；2）绩效理论，这是关键性的理论根据；3）人才理论，

① 习近平．高举中国特色社会主义伟大旗帜，为全面建设社会主义现代化国家而团结奋斗．人民日报，2022-10-16.

这是基础性的理论根据；4）人力资源开发与管理理论，这是实质性的理论根据。

（3）实行和坚持一整套相互配合协调和相互支持保证的用人原则。

（4）逐步改善领导用人环境，逐步净化影响领导用人的社会风气与腐朽文化。

（5）发展、完善和应用素质测评的专业理论、技术和工具。

（6）全面优化组织人事工作者的素质。同时，更为重要的是，还要尽量全面而大力地提高被领导者的素质。

（7）全面提高领导者素质，这是提高领导用人成效的先决条件。只有全面发展的高素质才能帮助领导者摆脱心态障碍，诸如嫉妒、偏见、传谣、偏听、势利、人情关系、非事业导向、帮派取向、私利标准或小集团利益标准等，大胆、正确而有效地用人。

（8）坚持正确的用人标准，不断改进和完善用人标准。具体包括：1）从科学和操作方便上着眼，把用人标准改进得更加完善、更加内在协调一致且具体可依；2）引入正确的人才观与政绩观，把这些思想转变成具体、明确、便于操作的用人标准内容或条文；3）引入新的社会科学成果和现代科技手段，形成以素质基础为主体、非常完善和便于操作的用人标准体系和用人标准实施体系，引入素质考评、绩效考评的理论和技术，使之转化为具有客观性、公正性和权威性的评价机制与方式，为领导用人提供科学有效的工具手段。

（9）建立和推行有效的领导用人监控机制。具体包括以下措施：1）监控用人标准在实际用人过程中的执行情况，防止其松动、走样、变味、被践踏或被废弃。对已存在或发生的问题，必须非常及时、迅速地采取纪律措施和组织措施来严加纠正。2）监控用人原则在实际的用人过程当中是否遭到违背、践踏或废弃，是否有走样、变味或腐败的问题，是否有人在欺骗组织、欺骗群众，是否有人在搞“一手遮天”、“打擦边球”、假公开竞争、假公示透明，是否有人在继续搞拉帮结伙、谋私图利、权钱交易、卖官鬻爵、黑暗腐败，是否有人保持偏见而继续嫉妒人才、歧视人才、压制人才、打击人才和迫害人才。对已存在或发生的问题，必须非常及时地采取果断的组织措施、纪律措施乃至法律措施来严加纠正。3）监控领导用人本身的程序是否科学、民主和合理，发现问题要及时、果断地进行处理，包括纪律处理、组织处理和技术处理或改进。由此确保切实引入和应用最新的相关社会科学成果、相关自然科学成果和相关技术成果，切实改进用人的方式、方法，提高用人的水平和质量。

知识库6-2

对领导用人的认识，我国古代早已有之。如汉高祖刘邦就说过：“夫运筹帷幄之中，决胜于千里之外，吾不如子房。镇国家，抚百姓，给馈饷，不绝粮道，吾不如萧何。连百万之军，战必胜，攻必取，吾不如韩信。此三者，皆人杰也，吾能用之，此吾所以取天下也。项羽有一范增而不能用，此其所以为我所擒也。”

6.1.3 领导用人的基础

领导用人的基础包括两个方面：内在基础和外在基础。

1. *内在基础*

内在基础，即内在条件或个人条件，其实质是素质基础。素质基础是领导用人成效的决定因素。领导素质是领导用人优劣成败的根本原因，决定着领导用人的水平、绩效和结果。

领导素质可以显示和解释一切领导用人的表现和结果的内在原因。有什么样的领导素质，就会有什么样的领导者或领导人才，进而就会有什么样的领导用人的行为、方式和方法，最后就会有什么样的收效和结果。它体现相应的素质水平、用人水平和执政水平。

2. 外在基础

外在基础，即外在条件或环境条件，包括文化背景和领导环境、用人机制、用人政策和制度、用人标准和原则、人际关系、运作方法和具体手段等。主要包括以下几个方面：

(1) 完善选才用人制度。从长远来看，选才用人最根本的是要建立有利于发现、选拔、使用、保护及培养人才的各种机制，形成人才辈出、茁壮成长的社会环境和社会风气。

(2) 选拔录用制度。它要求根据工作需要和人才类型来确定选才用人的方法，也可以综合运用各种方法。这样，可以取各种制度的长处，弥补其短处，最充分地开发和利用人才资源。

(3) 考核检查制度。人才考核是领导者对人才的政治表现、思想品德、业务能力、工作态度以及工作绩效的定期考察和评价。考核的内容主要包括德、能、勤、绩四个方面，其中最重要的是考绩。要通过各种有效的形式和渠道，全面真实地考核人才的政治水平和业务能力，以利于形成合理的竞争、淘汰机制。

(4) 奖惩升降制度。奖惩升降制度是考核制度的继续。经过考核，优者受赏，给予荣誉或提职提薪；劣者要罚，取消荣誉或降职降薪。奖惩升降的目的是弘扬正气、打击邪气，增强各个岗位人才的责任心和荣誉感，提高工作效率，保证各项工作的顺利完成。

(5) 教育培训制度。教育培训是根据工作需要和人才状况而进行的再学习、再教育。为了适应时代发展的需要，对各类人才进行正规化培训具有一定的战略意义。人才培训要从实际出发，注重质量，防止单纯追求指标、追求学历。

(6) 实训挂职制度。一是领导干部深入基层制度；二是领导干部交流制度；三是在工人、农民和知识分子中发现、教育和培养人才的制度；四是把经过实践考验证明合格的优秀中青年干部及时提拔到领导岗位上来的制度；五是选拔优秀高校应届毕业生下基层锻炼培养的制度。

(7) 岗位责任制度。要明确岗位职责和权利，包括共同职责与权利和具体职责与权利。明确职责，确立工作目标，有利于培养人才的事业心、责任感，调动其主观能动性和创造性。对于人才的职责、权限要有明文规定，这也是依法考核的依据之一。

3. 优化人才成长环境

(1) 根据需要确定组织目标。领导如何在特定时间、地点、条件下，通过战略、目标、规划、措施的正确制定，使时代需求能够具体、明确地表现出来，使人们找到自己的努力方向，这是使时代需求的内在抽象转化为具体外显的根本条件，也是使人才成长效益增长的外部环境优化的表现。邓小平指出："我们不是没有人才，而是被按住了。对于一些优秀人才为什么不能上来，怎样解决挡路的问题，非常需要认真想一想，采取有效的措施。""我们要开出一条路来，让有才能的人很快成长，不要老是把人才卡住。""要创造一种环境，使拔尖人才能够脱颖而出。改革就是要创造这种环境。"要善于根据时代要求，具体规划组织目标，激励人才奋发努力，自觉将个人发展与组织发展结合起来。

（2）人才选用要引入竞争机制。把竞争引入人才机制，可以拓宽选人、用人的视野，能够有效地防止在选人、用人上的不正之风，把选拔干部时“选错人”的可能性降到最低程度。具体操作中，要注意严把以下几个关口。第一，资格审查。资格审查应严格依据有关要求，对竞争者的年龄、身份、任职条件、专业、文化程度等进行严格审查，对破格竞争者的条件更应从严掌握。第二，考试答辩。对命题考试和面试答辩这两个环节都要严格要求。第三，民主测评。民主测评要体现群众公认的原则，竞争者一定要得到多数群众的认可才能上岗。第四，组织考察。这是竞争上岗选拔干部的终结环节。应根据岗位要求的录用条件，对考察人员、考察内容、考察范围、考察方法、考察制度等各个方面严格要求，坚持选贤任能。

（3）完善激励机制，形成尊重人才的氛围。所谓激励，就是领导者对人才的激发和鼓励，使各类人才发挥最大的积极性、主动性和创造性，做出超乎寻常的成绩。行为是受动机驱使的。每个人都有物质和精神方面的种种需要，满足这些需要的愿望构成人的行动的内在动机。但人的需要必须通过社会提供的各种条件和机会才能获得满足。激励便是由领导者在所能管辖的范围内，为各类人才提供这些条件和机会，从而使个人目标与国家、集体的长远目标密切地结合起来，发挥最大的工作效率。现代领导者必须掌握激励的原则，学会运用各种具体的激励方法，善于运用各种激励艺术。常用的激励方式有思想政治激励、任务激励、情绪激励、物质激励等。各种激励方式要综合起来加以运用，才能达到较好的激励效果。

6.2　领导用人的标准与原则

6.2.1　领导用人的标准

人才标准，自古有之。在任何组织中，每个领导者都有自己识人用人的标准，但万变不离其宗，领导者识人用人的基本思路是一致的：人才之谓，先看“人”，后谈“才”。所谓人是人品，所谓才即才干。由于才干可以在后天的生活、工作中习得，而人品往往已经定型，几乎难以被外界改变，因而，人品的优先度是高于才干的。

知识库6-3

从严把好选人用人关，是干部工作的底线，是从严治吏的重点。全国组织工作会议提出，要坚持德配其位、才配其位选用干部，做深做实干部政治素质考察，突出把好政治关、能力关、廉洁关，把新时代选人用人正确导向鲜明树立起来。

1. 德才兼备的含义

（1）德。德即品德，是领导者选才用人的首要方面，它是指人的政治觉悟和道德品质。它主要包括以下内容：坚持正确的政治方向，坚持党的路线、方针、政策；具备正确的价值观，正确处理群众利益与个人利益、全局利益与局部利益、长远利益和眼前利益的关系；具备较高的理论修养水平。在德的标准中，政治态度、政治觉悟是最核心、最本质的方面，它影响和制约着道德品质。衡量一个人的德时，应当把政治观点放在首位。党的二十大报告指出，要“坚持把政治标准放在首位，做深做实干部政治素质考察，突出把好政治关、廉洁关”①。

（2）才。才是领导者选才用人的另一个重要方面，它是指从事某方面工作所必须具备的专业知识和专业能力，即所谓“真才实学”。衡量一个人才的标准是具有从事现代化建设的实际才能。由于社会分工的不同，各行各业对于才的要求彼此各异，没有一个通用的标准。一个人的真才实学主要表现在以下两个方面：第一是既要有专长，又要有较宽的知识面。现代化建设的问题，几乎都是综合性的、复杂的，涉及许多具体科学技术部门，需要多学科的知识和多学科的人才综合协作来完成。如果一个人的知识面太窄，就会在遇到一些复杂问题时无能为力，或者不能较好地同其他专业的人才协作配合。如果各类人才能做到专与博的统一，就会大大提高他们解决实际问题的本领。第二是要有较高的智力水平。智力是人们运用知识去分析问题与解决问题的能力。在社会主义人才的个体结构中，除必须具备的专门才能外，还应包括观察才能、记忆才能、综合分析才能、创新才能等，这样才能提高运用知识解决问题的能力。

2. 德才兼备并非德才等量

强调德才兼备，并非说二者可以等量齐观。德才兼备是一个统一而不可分割的原则。只注意一个方面，忽视另一个方面，都是错误的，会造成不良后果，德和才是统率和被统率的关系，德才相比，德是第一位的。我们在选人用人时，一定要坚决贯彻德才兼备的标准，而且更注重于德的方面。被马克思称为中世纪最后一个哲学家的但丁曾经说过：“道德常常能填补智慧的缺陷，而智慧却永远填补不了道德的缺陷。”一个人如果德优才弱他可以通过努力提高自己的才能，而如果有才无德的话，则不可救药。宋代司马光从对历史的纵览中得出“才者，德之资也。德者，才之帅也”的精辟结论。他告诫世人，要“审于才德之分而知所先后”。“审于才德之分”要防止两种倾向：其一，“蔽于才而遗于德”，即“以才代德”的倾向；其二，“以德代才”的倾向。

3. 现实意义上的“德”与“才”

关于德才辩证关系的更为深刻的内容，还在于将德才的抽象性还原为具体的“德”与“才”，这种具体性的客观体现就是“工作实绩”。事实上，德似无形，实则有形。它是通过一定的工作实绩而表现出来的。离开一定的工作实绩，德就成了不可捉摸、虚无缥缈的抽象物；而工作实绩本身也是才的直接产物。德和才通过“工作实绩”这一主观见之于客观的东西而具有一致性。每一特定社会中的“才”总是以一定形式的社会结果表现出来的，而每一种形式的社会结果又都与一定的社会生产方式相联系，并服务于一定的阶级，服务于一定阶级的政治。总之，没有纯思辨意义上的德和才，也没有纯思辨意义上的德才关系。德才的内容和关系总是建立在一定的现实社会基础之上的，这正是我们理解德才关系的钥匙。

① 习近平．高举中国特色社会主义伟大旗帜，为全面建设社会主义现代化国家而团结奋斗．人民日报，2022-10-16.

6.2.2　领导用人的原则

是否能用好人才，这是一个关系到事业全局得失成败的重大现实问题。为了解决这个问题，确保领导用人必能达成正成效，从领导实践来看，总的要求就是必须确保领导用人着眼大局、科学合理、规范得体、公道正派、真诚爱才、信任团结和认真负责。这些要求也可以直接等同为正确用人的总原则。领导用人要坚持以下八条原则：

1. 竞争择优原则

在人才选用中所说的竞争择优，就是指在公开平等的条件下，让求职者依靠自身的素质进行竞争，用人单位择优选用人才。用公开竞争的方法选人，比起古人传统的“伯乐相马”的方法有着更多的优点。一则它拓宽了选人的视野，开辟了“赛场选马”的天地，使用人单位能够在更广阔的范围内享有充分挑选人才的权利；再则它将选用工作置于人们的监督之下，增加了选用工作的透明度，可以防止和克服在用人问题上的不正之风。

在人才选用中坚持这一原则，应将竞争贯穿于选用工作的各个环节，即从报名、资格审查，到笔试、面试，以及考核、体检等，要使求职者“过五关、斩六将”，始终处在一种激烈的竞争状态。这样，经过层层筛选，最后根据工作的需要，择优选用合适的人才。

2. 重才用人原则

人的知识、智慧、思维、气质、性格、能力等是有差异的，各有其长短、兴趣爱好，用人关键是人尽其才，才尽其用，这才能充分发挥他们的积极性。此原则具体来说有以下三层含义：

(1) 人尽其才。领导者的眼睛不能仅仅盯在被领导者的缺点、不足上，应善于发现他们的优点、特长。如果某人在此处不能发挥作用，考虑是否另有发挥其作用处，绝对不能简单地视之为“无用之人”。

(2) 量才适用。量才适用即根据人的才能、特长来安排适当的工作，使职、能统一起来。小材大用，必力不胜任，虚占其位，贻误工作；大材小用，能力过剩，浪费人才。优才劣用、高才低用、大材小用、专才别用等，都是对人才的压抑和浪费。

(3) 责权相应。担任什么职务就应负什么责任。责任是核心，权力是履行责任的手段，责权是统一的。光有责任而没有权力，就难负起责任；光有权力而不负责任，就可能出现瞎指挥的现象。

3. 尊重信任原则

人受到社会和他人的尊重时，就会产生一种向心力和合作感，就会与其他人保持和谐一致的行动。但当人的自尊心受到其他人的伤害时，就会本能地产生一种离心力和强烈的情绪冲动。过度的刺激和过度的情绪作用都会对社会和个人产生极为不良的后果。因此，只有尊重别人的人格、尊重别人的劳动成果，才能团结别人并受到别人的尊重。领导者要带头尊重人，使组织内部人人感受到别人对自己的尊重，从而和睦相处，齐心协力完成组织的共同任务。

领导者在对人才量才授职之后，应充分信任他们，放手让他们大胆地开展工作。用人不疑，给予信任，可以给人以巨大的精神鼓舞和无形的力量。当然，这种信任不是盲目的、无根据的，而是经过仔细的观察和审慎的选择的。由此可见，信任别人的人才能得到别人的信任。在用人问题上、将信将疑、顾虑重重的做法是不符合用人原则的。

4. 扬长避短原则

俗话说："金无足赤，人无完人。"人各有所长，各有所短，如果求全责备，挑剔缺点，就很难识别人才。列宁指出，人们的缺点多半是同人们的优点相联系的。因此，对人的长短要辩证地分析，尺有所短，寸有所长，人的长与短总是相对而言的。在此为长，在彼为短；此时为短，彼时可能为长。因此，不能把人的长短绝对化、凝固化。

作为领导者，选才用人首先考虑的是这个人的长处是什么，让他干什么最能发挥他的长处。扬长避短，无一人不可用；用短弃长，则无可用之人。如果一个领导者只能见人之短，不能见人所长，或只能用才能比自己低的人，不能用才能比自己高的人，那他的工作肯定不会长进，事业也不会成功。当然，短处毕竟是短处，我们强调用人扬长避短，不是说不管其短甚至护短，而是要在发挥人才长处的同时，清醒地看到他的短处，并且通过教育帮助他逐步克服短处，以利于更好地发挥其长处。

案例 6-2

建安二十年（215），曹操西征张鲁，东吴孙权见有机可乘，率军攻打合肥。镇守合肥的三员大将是张辽、李典、乐进。他们三人论资历、能力、地位、职务，不相上下，也正因为这样，所以三人互不服气，在讨论破敌决策时，意见不一。此刻，形势异常紧张，合肥危在旦夕。就在这节骨眼上，曹操派遣护军薛悌从汉中送来一个木匣，里面是曹操对合肥的防御作战做的具体安排，指出："若孙权至，张、李二将军出战，乐将军守城。"

曹操做出这一安排，是基于他对三位将军的深刻了解。张辽，文职武职都担任过，有胆有识，能顾大局；乐进是名猛将，但脾气暴躁；李典，举止儒雅，不爱争功，但难以独当一面。如果让张辽、乐进一同出战，让李典守城的话，两员猛将可能会有争执，而李典恐怕也难当大任。所以曹操做出了让张、李出战，乐进守城的安排。

果然，在张辽的带动下，三人各负其责，协调一致，大破孙权。

资料来源：建安二十年——中国历史纪事年鉴查询，http://www.xuexila.com/zw/sucai/gaozhong/3239818.html.

5. 整体功能原则

领导者应注意组织系统内在年龄、知识、专业、性格、气质等方面合理配置、相互补充，使组织系统具有最佳整体功能。人们只有将不同的音符组合，才能谱出优雅、和谐的乐曲，只有将不同的色调合理搭配，才能画出生动的图画。如果组织系统的所有工作人员不能在上述若干方面做到互补，就可能出现内耗丛生、个体功能相互抵消的现象，各成员之间发生矛盾、冲突，个个心神不安，整个组织的任务就难以完成。一位中央领导曾指出，搭配一个班子，要车、马、炮俱全，有熟悉一方面情况的，有敢闯的，还有掌握全面情况、善于决策的，要考虑整个班子的智力结构，形成一个“联合体”；要选一个能拧成一股绳的班子，能干事的班子；有的班子增人是加强，有的班子减人也是加强。

实践证明，在组织内部，如果领导者能够根据不同素质特点合理搭配各种人员，可以使整个组织产生凝聚力，这种凝聚力通过领导者的积极引导，可以极大地提高工作效率。

现代管理学家、日裔美籍教授威廉·大内提出的“Z 理论”中的精髓是建立一种充满信任、微妙性和亲密感的人际关系。关于微妙性，大内认为，人与人之间的关系总是复杂和不断变化的。一个好领导班子很熟悉本组的人员，了解每个人的个性，能够决定哪些人在一起干活最为恰当，因而可以组成效率最高的搭档。这种微妙性是无形的，不是可以轻易捉摸到的，官僚主义是根本办不到的。大内所说的微妙性也就是巧妙地使各种人员搭配起来相互协调，以提高组织的整体功能。这一原则，同样适用于领导班子内部的人际关系。

6. *层次授权原则*

领导者不可能只靠自己就能把方方面面的工作都做好，特别是有些专业性很强的工作，领导者可能远不如下属做得好。但是，高明的领导者却善于通过授权和调动下属的积极性来做好千头万绪的工作。这就是说，授权是必要的。在任何单位工作中，不仅有各项重大任务，而且还有许多具体事务性的工作，作为领导者，不可能也没有能力去总揽一切事务，这样就必须把许多工作交由下属办理。交给下属任务，必须授予下属一定的权力，否则任务就很难完成。于是，在授权中，就出现了单位内部集权与分权的矛盾。

从单位工作的整体性来说，必须统一决策、统一指挥和统一行动，需要集权。从领导者有限的时间、精力和能力来说，不可能事必躬亲，因而必然实行分权。分权弥补了集权的不足，调动了下属的积极性和创造性，增强了单位的内在活力和适应外界环境变化的能力，但也可能损害单位工作的整体性。集权与分权这种既对立又统一的性质，集中体现在授权上。因此，所谓授权艺术就是在集权与分权的对立中把握二者的统一，使领导者能够做领导者的事，下属能够做下属的事；使单位内部的各项工作统而不死、活而不乱。

授权不是交权，也不是“大权旁落”，而是授予下级相应的权力和责任，从而使每一个层次的人员都能司其职、尽其责、使其智、成其事。领导者除了把握大的方向和原则外，对下级无须干预太多；如果事必躬亲，必然成为事务主义者。特别是高层次的领导者，其职能不是纠缠于具体的事务中，而应该是组织、指挥、协调下属去办事和成事。

7. *激励爱护原则*

人的行为是受人的思想动机制约的，而思想动机又来源于人们对社会的需求。人们的需要内容和程度不同，激励的方式也应该有所不同。有的人侧重于物质需求，则采用物质激励方式，通过钱物激励那些超额劳动者和有突出贡献者；有的人上进心、荣誉感强，他们强烈希望得到同事们和领导的称赞，则通过正面表扬、发奖状、授予光荣称号等方式给那些突出贡献者以激励。各种各样的锦标赛、国际上的诺贝尔奖，均起了极大的精神激励作用。

在贯彻这一原则过程中，领导者应做到以下几点：一是主动地、真心实意地关心和爱护被领导者；二是公正、客观地评价他们工作中的功过是非；三是要礼貌待人、一视同仁，不能亲疏有别；四是不能嫉贤妒能；五是以身作则，推功揽过。这几点做好了，被领导者心情必然愉快，在工作中就会积极奋发。

8. 称职适时原则

称职原则是“德才兼备”标准和“量才任职”原则的引申和具体化，只有胜任现有职务并确实获得成绩者，方可予以提升。

适时原则要求，对于具有较高才能的下属，应当予以及时的发现和确认，并把他们及时放到更合适的位置上，甚至提拔到更为重要的岗位上，使之得以尽早脱颖而出，最充分地发挥出他们的作用，进而使他们的才能不被淹没、浪费或扼杀。

总之，为了选到和用好为事业所需要的各种人才，实现人与事的科学结合，更好地推动事业发展，就一定要在用人过程中切实遵循和践行以上用人原则。只有这样，才能早出人才、快出人才、出好人才。

6.3 领导用人的方法与艺术

领导者要想得到真正的人才，必须拓宽视野，给各类人才以施展才能的机会，采取多种方法选拔人才。

6.3.1 领导用人方法

1. 鼓励自荐

鼓励自荐法就是鼓励人才自己把自己推荐出来。实践证明，领导者鼓励人才自荐是发现人才的一个重要方法，能发现没有名声和地位的潜在人才。领导者应克服一些世俗偏见，把这种出于公心、实事求是的自荐看作一种难得的品格，以给自荐者施展才能的机会。

2. 员工评议

员工评议法就是在考察和选拔领导者时，充分征求组织员工的意见和看法，以求达到对一个人思想、品质、能力等方面的全面认识和了解。

3. 聘任

聘任法是用人单位通过签订契约或合同的形式来选拔、招聘人才的方法。实践证明，这种方法能打开人才能进能出的通道，有利于人才的竞争，可以扩大用人单位选才用人的自主权，也可以使一些用非所学的人才合理流动，有利于发挥人才的特长。

4. 公开招考

公开招考法就是通过考试的方法来选拔人才。这种方法既有利于在公开竞争中发现和选拔一批能人，促进人才的成长，也有利于遏制“走后门”等不正之风，摆脱关系网和裙带关系，是一个比较奏效的选才用人的方法。

5. 试用观察

试用观察法是通过试用一段时间来观察选拔人才的方法，是实践检验真理标准在选拔人才问题上的具体运用。实践证明，这种方法有利于保证人才的质量，克服使用人才的盲目性，能给备选人才以充分展示其才能的机会。

6. 委任

委任法主要是依靠组织、人事部门通过对人才的日常考核，在充分掌握情况的基础上由上级决定是否录用。运用这一方法时，必须认真坚持民主集中制原则，把这一方法与群众评议、民意测验、书面考试等方法有机地结合起来。

6.3.2　领导用人艺术

1. 虚己重士

(1) 谦虚为怀。中国古代领导用人之道的精髓，首先在“虚己”，即“以无用为用，以不能为能”，是领导艺术和用人法则中的最高境界。它指领导者不一定会某项具体的工作，但靠部下却能完成这项任务。即领导者必须具备弃细务，识大体，变自己的“不能”为“万能”，从而成就一番事业的能力。为此，领导者首先要分清领导与追随之间的关系，认清领导者与追随者在事业中的不同职责。荀子曰：“人主者，以官人为能者；匹夫者，以自能为能者也。”即领导者以知人为本，以管理部下为能；部下以知事为本，以自己会干为能。也就是说，领导者以会用人为才能，部下以出谋划策为才能；领导者以善于听取大家的意见为才能，部下以知无不言、言无不尽为才能；领导者以赏罚分明为才能，部下以身体力行为才能。一个领导者，只有深谙这个道理，才算领悟了领导艺术的真谛。

知人与知事是领导者和被领导者的分水岭。一个称职的领导者在工作中的责任，就是以“一味调五味”，即以协调部下使之形成合力为职责。正如无形的东西才是有形之万物的主宰，好比鼓不干涉五音，却能为五音之首一样。汉高祖说：“运筹帷幄之中，决胜千里之外，我不如张良；定国安邦、安抚百姓、供应军需、保证粮道畅通，我不如萧何；统领百万大军，战必胜，攻必克，我不如韩信。这三个人，都是人中的精英。但是我会使用他们，这是我夺取天下的资本。”刘邦正是深谙知人与知事的道理，他才能把不是自己的才能当成自己的一样来支配使用，从而拥有江山万里。所以，一个领导者只要掌握了知人与知事之间的辩证关系，就可以不去做部下各自负责的具体事情，却能成就一番伟业。正如荀子所言：“做帝王的射箭要想做到百发百中，就不如用后羿；驾车要想做到驰骋万里，就不如用王良；治国要想做到一统天下，就不如任用贤明正直的能人。这样做省心省力，所成就的功名却极大。”

(2) 重视人才。重士，是古代领导者事业成功的基础。从古至今，得不到贤德之士辅佐而建立功业的人，可以说从未有过，所以，历代有识的统治者无不以重士为治国平天下之本。《尚书》曰：“能自得师者王。”意思是说若能得到贤人、能人并拜他为师，则可以称王天下。而领导者的人格和政德，对下属（人才）的心理和行为往往具有无形的、内在的凝聚力和驱动力，这种力量体现在用人之道上，则是一种看似无形实有形的人格御人法则，这也正是行王者之政的精髓之一。

古代帝王治国御人之道有三，一曰王者之政，即靠人文教育；二曰霸者之政，即靠刑法的威力；三曰强权政治，即靠暴力镇压之法。治国之道如此，御人之道亦然。用人之道，御人之法，虽然不一而足，然而能真正征服人心之道，则只有人格御人之法。这也正是行王者之政的先贤明主所刻意追求的。如《反经》曰：“王者制人以道，降心服志。”意为贤明的君王唯有用仁德和令人崇敬的品格，才能征服被统治者的心。而行强权之政者则不然，他们在御人时崇尚暴力手段，这也正是他们常常失败的一个重要原因。

纵观古今领导者治国御人之道，不难得出这样的结论：一个领导者或管理者，如果品德高尚、正直公正、言行一致、以身作则、关心他人、严于律己，就会使人感到亲切，易受人敬佩，就能产生一种无形的、巨大的道德力量，拥有一种人格感染力，从而有效地影响人们去完成组织的目标。具体而言，一个有效的领导者，在塑造自己的人格力量时，应注意以下几方面：

一要尊重下属人格。领导者在通过人格御人之法御人时，首先必须尊重下属的人格和自尊，对待部下应彬彬有礼，尤其是要避免当众训斥下属，乱发脾气。一个不能控制自己情绪和脾气的领导者，也是不能控制自己的部下的。只有态度友善，懂得尊重他人人格和自尊心的领导者，才能赢得下属的爱戴。

二要善于精神激励。精神激励是塑造领导者人格力量的一种有效方法。尽管人们对物质利益的追求是必不可少的，但也往往珍惜精神上的鼓励与赞美。很多人在取得一定成绩以后，只是希望上级能及时给以肯定或者拍拍肩膀，嘉奖他一番也就心满意足了。可见，领导者运用精神激励的手段，在调动下属的内在积极性时非常重要。

三要公道正直。领导者在处理日常事务，特别是与下属利益相关的事宜时，是否公道，是否能一碗水端平，是否不为亲疏关系左右，往往是衡量领导者人格品质的一个重要标准，也是下属是否心甘情愿、尽心尽力工作的一个重要原因。而领导者以身作则，在利益面前能摆正位置，不为私利蒙蔽眼睛，对树立人格权威至关重要。否则只能引起下属的反感和不满，不但难以发挥下属的积极性，甚至还会压抑人才的积极性和创造性。

四要精明果断，富于创新。当今时代瞬息万变，大量的管理工作是在匆忙中进行的，问题错综又复杂，如果领导者缺乏敏锐的观察力和果敢的判断力，事情一旦发生，不知所措，或者朝令夕改，下属必然会对这样的领导者失去信心。对任何事情都墨守成规，因循守旧，没有创新的意识和改变现状的雄心，下属就会感到跟这样的领导者干，是没有前途和希望的，自然也就难以安心工作，而真正有才能的人才，则会离你而去。反之，如果一个领导者或管理者具有精明果敢的能力和勇于创新的魄力，不仅下属会觉得这个组织充满活力，尽心竭力发挥自己的才智，而且还会吸引更多的有识之士为之效力。

2. 知人善任

(1) 敏于知人。知人是一个领导者的首要职责，而要知人则必须论士，必须对各类人才的确切定义有个基本的认识，对部下的品行才能有个基本的估量，才能正确使用这些人。然而，知人实非易事。有的人看似庄重，实际上并不正直；有的人看似温柔敦厚，却十分奸诈阴险。难怪孔子有“凡人心险于山川，难于知天”的感慨。对此，三国时代的诸葛亮对论士品才很有一番心得，他在《心书》中指出：“知人之道有七焉：一曰，问之以是非，而观其志；二曰，穷之以辞辩，而观其变；三曰，咨之以计谋，而观其识；四曰，告之以祸难，而观其勇；五曰，醉之以酒，而观其性；六曰，临之以利，而观其廉；七曰，期之以事，而观其信。”正因为诸葛亮深谙品才之道，方能有七擒孟获、智服姜维之举，为蜀汉江山的安定和延续奠定了基础。

综合来看，所谓“知人”强调必须从以下几方面去观察、分析人：1）看一个人对国家、社会、集体和他人的态度及行为方式，如是否热爱集体，为人是否诚实、正直，对人是否有同情心和富有感情，对人对事是否有正义感，是否有牺牲精神，等等，这是论士品才的根本点。2）看一个人对劳动、工作、学习的态度及行为方式，如是否有事业心与责任感，是否有敬业、爱业精神，是否勤劳和兢兢业业，是否有刻苦钻研的精神和严谨的学风。3）看一个人对新知识、新观念、新方法的态度和行为方式，如是否排斥新生事物，是否有开拓和创新的意识，是否唯上、唯书，是否勇于否定过去等，这是现代人才至为重要的标志。4）看一个人对待自己的态度和方式，如是否有上进心、自尊心、自信心、自爱心，是否谦虚谨慎，是否有自知之明，是否有自我批评的精神，是否廉洁自律等。5）看一个人仕途顺利时他所尊敬的人是谁；显达的时候他所追求的目标是什么；得到重用或青云直上时他提拔的是些什么人；富裕的时候他是否奢侈，是否帮助别人。

（2）明于任人。俗话说："尺有所短，寸有所长。"一个领导者如果想成就一番事业，用人就必须遵循这个道理。因为，善用人的长处，是一个领导者因人成事的第一要务。众所周知，人的才能有长短之分，有高低之别。因此，各朝各代统治者，无不把识人、选人并用其长作为治国平天下的第一要务。

《淮南子》曰："麋之上山也，大章不能企，及其下也，牧竖能追之。"意思是说麋鹿上山时，就是善于奔驰的大獐也追不上它，而等它下山的时候，就是牧童也能追上。这就是说，在不同的环境中，人的才能有长短之别，只有用其长，才能顺应环境。正是基于这一观点，魏武帝曹操在评价历史时，才说了这样几句名言："夫有行之士，未必能进取。进取之士，未必能有行也。陈平岂笃行，苏秦岂守信耶？而陈平定汉业，苏秦济弱燕者。"其意是说有进取心的人，未必一定有德行。有德行的人，不一定有进取心。陈平有什么忠厚的品德？苏秦何曾守过信义？但是，陈平却奠定了汉室基业，苏秦却拯救了弱小的燕国。原因就在于他们都发挥了各自的长处。

1）任长之道，以观其性为先。领导者只有对人才的个性有深刻的认识，人才方不会错位。如性格刚正、志向高远的人，既要看到他志趣恢宏远大的一面，又要看到他处理琐碎小事的粗心和大意；严厉亢奋的人，既要看到他做事讲究法理、有理有据和正直公平的一面，也要看到他处理事时的呆板和不灵活；宽容迟缓的人，既要看到他宽厚文雅、群众基础好的一面，也要看到他办事不讲效率和不善于把握时势；好奇求新的人，既要看到他敢于开拓和创造性强的一面，又要看到他行事违背常规和不够稳重。

2）任长之道，以观其趣为次。领导者在对人才性格了解的基础上，观察、认知人才的兴趣就显得尤为重要。因为，兴趣是一个人对一定的事物所抱的积极态度，它能使一个人对一定的事物优先产生注意。不同的人，有着不同的兴趣，所热衷的事业也就不同。兴趣在一个人的生活实践中具有积极的助推作用，它往往是推动一个人积极地去认识或处理某种事务的一种内在动力，可以激励一个人积极地获取知识，攻克难关，完成任务。

3）任长之道，以观其专为本。一个人的才能是多方面的，每种才能之间既有质的差异，又有量的差异。如有的人长于自然科学，有的人专于社会科学；有的人善于分析，有的人精于总结。凡此种种，只要发挥了他们的长处，他们都会促进社会和事业的发展。否则，就会造成人才错位，用非所长，既伤害了人才的感情，扼杀了人才的才能，不利于人才的成长，又妨碍了事业的发展，甚至给事业带来损失和灾难。因此，领导者必须识别人才的各种才能，掌握人才的专长，并合理用之。

3. 励才容过

（1）善于激励。一个有效的领导者，必须是一个懂得激励手段的人，即知道用行之有效的手段，激发人才的心理欲望，满足人才的心理需求，从而调动人才的积极性、创造力和潜在的能力，实现事业的最大成就。古人云：重奖之下必有勇夫。其重奖之意无外乎一是金钱的诱惑，二是官位的吸引，其本质是抓住人的贪欲和成就感的心理，利用这种心理实现组织和集团的利益。随着人类社会的进步、人们的生存环境的不断改善和人们对精神世界的更高追求，这种封建统治者常用的御人之术，便演化为激励理论的最原始的基础。

在实际用人中，一个成功的领导者，无不精研激励之道。然而，现实之中，有许多领导者虽然深知激励的重要性，并努力去寻找激励的方法，但往往以自身的价值取向为标准，认为只有晋升和金钱奖励才是真正的激励之道，因而往往适得其反。而激励之道的不统一性和非唯一性，又决定了激励手段和时间的随意性，因此，一个在事业上有所追求的领导者，在运用激励之道时，必须在因人因时因事而异的基础上，去掌握激励之道的实质，把握激励之道的常规。故在运用激励之道时应注意这样几方面：

一是从人的需求出发。众所周知，人的动机是由“需求”引发的，因此，领导者在激发人的工作动机时，必须深入了解和研究下属的需求，只有不断地满足其正当合理的需求，才能有效地激发下属的内在动机，从而引发其自觉行为和积极性。

二是目标设置要适当。目标是人们一个时期追求和奋斗的方向，它对人具有吸引和激励作用，故而在设置目标时，要把目标和下属的物质或精神需要紧密相连，使他们在目标中看到自己的利益，认识到自己的人生价值，进而激发其潜在的力量。另外，在目标设置时，还要考虑目标的可行性，让下属看到实现的可能性很大，而不是空中楼阁，只有这样才能发挥目标的激励作用。

三是在工作中要适时赋予挑战性。一个有真才实学的下属，不会沉溺于平淡的工作，平淡会抹杀激情，也会抹杀开创和进取的雄心，故领导者在给其分配任务时，要适当地增加一些难度，引起其挑战欲，激发其创造力。

四是要及时肯定其成绩。下属做出了成绩，领导者要及时予以承认和肯定，可以从两个方面表达：一是外在的有形的激励，包括福利、晋升、授衔以及其他物质嘉奖等形式，这种奖励应该有所规范，使其成为所有人的预期。二是内在的精神的激励，即通过适当的表彰、赞赏使下属体会到自身价值实现的氛围，增强其成就感。这一点往往比有形的奖励还重要，因为大多数人虽然都希望得到和付出的劳动相当的物质报酬或社会地位，但是他们更想得到社会和周围环境的客观、公正的评价，而真诚的赞美就是其中十分重要的一部分。

一个深谙激励之道的领导者，应是能够正确处理外在激励和内在激励之间关系的人，只有真正掌握了这层辩证关系，才能灵活运用各种激励手段，进而使下属或团体始终保持活力和创造性，实现组织或集团的最大利益。

（2）敢于容过。人非圣贤，孰能无过。但如能正确地评判部下所犯的过错，分析人才犯错误的原因，即品过，并用宏大的胸襟容纳这些犯错的部下，保护他们的自尊和积极性，就能激发他们的拼搏和上进之心，就能给事业的发展带来源源不断的动力。故而，如何“品过”，是检验一个领导者是否真正善于御人的重要标准，也是衡量一个领导者能否成就大业的重要标准。孔子曰：“人之过也，各于其党，观过斯知仁矣。”意思是说由于所处的政治、经济、文化氛围不同，人自然也不一样，因此，人所犯的错误也是各种各样的。什么样的人就会犯什么样的错误。仔细考察这些人所犯的错误，就能知道他们是什么样的人。

换言之，小人不能做君子所能做的事，当然也不会犯君子所犯的错误。这并非是说小人犯了错误就可以宽恕和原谅，就可以不责备，而是必须先观其过的原因。孔子的这一观点，数百年后得到了司马迁的认同。太史公云：“昔管仲相齐，九合诸侯，一匡天下。然孔子小之曰：‘管仲之器小哉！岂不以周道衰，桓公既贤，而不勉之至王，乃称霸哉？’”司马迁的意思是说，管仲在齐国做宰相时，辅佐齐桓公，曾九次主持与诸侯的会盟，使得天下得以匡正，可孔子还是小看他，说管仲的器量狭小，胸怀不大，因为他没有努力辅佐齐桓公统一天下，成就王业，却只是成就了霸业。在这里孔子是把管仲当作一流人才来看，才惋惜他没能成就更大的事业。这则史事告诉我们，对不同的人，要求应不一样，如果对一般的人才，也像对管仲那样要求，那么普通的人才就一点可取之处都没有了。

诚如此，一个当代的领导者，是否善于“品过”，是否精于“品过”，是检验其御人艺术高低的试金石，也是洞悉其事业成就大小或成败的晴雨表。善于品过的领导者应该：

一要有量才的慧眼、用才的度量。一个领导者，在用人之前，必须对身边之人细心考察，仔细甄别，把欲用之人分门别类，深入认识人才的表象和内涵潜质，然后量才而用，用之有度。否则，就难免犯这样的错误：说马很有力气，这本是无可厚非的，也是正确的，但如果说马能驮千钧，马就会被压死。如果这样，实乃用人者之过，而非人才之过也。

二要有容错的襟怀。物质世界千变万化，运动是永恒的。特别在这个飞速发展的信息时代，许多变化是人的意识不能预期的，这就给人的工作带来了许多不可测的风险和不稳定的因素。如果一个领导者不能认识到这一客观存在，在人才犯错或失误使事业受挫时，把所有的过失都加诸人才头上，势必严重挫伤人才的积极性，而且也会令其他人才望而生畏，不敢创造性地开拓进取，若如此，则人心死也，事业毁也。因此，一个领导者，必须具备容纳过错的胸襟，在人才受挫和犯错时，不是责备，而是鼓励其继续开拓创新，就像美国硅谷的人从不言错，从不怕犯错，并将其视为一种硅谷文化一样，若能如此，何愁事业不兴。

三要有敢于承担过失的胆识。人无完人，人无全才，人才可以创造惊天地、泣鬼神的功绩，同样也可能失误，甚至犯较严重的错误，给事业带来损失，这都是不能回避和不可避免的客观存在。而领导者在对待人才的功过上，是推过揽功，还是推功揽过，对人才的心理产生的是截然不同的两种效果。前者只会令人才心灰意冷，要么跳槽另觅明主，要么意志消沉，沦为碌碌无为之辈，最终结果只能是人才被扼杀，事业受损。后者则正好相反。其实人才工作犯错或过失，除了客观因素外，领导者本身负有用人不当或用非所长的责任，勇于承担责任，正是领导者的明智之举。这样做的结果，人才在佩服领导者的胆识的同时，会怀有深深的感激之情，在未来的工作中，热情会更高，也会更精心，而且往往会不计个人名利得失。诚如此，人心所向，事业振兴之时不远。

本章小结

用人是领导者针对岗位的要求和人才的特点，通过一定规范和程序，以岗定人并委人以特定的使命，以实现人尽其才、才尽其用的领导行为。

领导用人成效是领导主体所做的人事决策的正确性、妥当性、有效性和影响力的综合结果，主要包括正成效、零成效和负成效三种；领导用人一定要追求和达成正成效，避免零成效和负成效，确保把用人工作做好。

领导用人成效的改善和提高，对改善和加强领导，提高领导绩效和领导水平，建设高素质领导队伍和工作团队具有极其重要的意义。领导用人的基础包括两个方面：内在基础和外在基础。领导用人的标准是德才兼备，同时，领导者在用人过程中还需要坚持竞争择优、重才用人等原则。

领导用人需要把握一定的方法，同时，领导用人更是一种艺术。领导用人方法主要有：鼓励自荐、群众评议、聘任、公开招考等，中国古代虚己重士、知人善任、励才容过的思想都值得领导者借鉴。

关键术语

领导用人的基础　　用人标准　　用人原则　　用人方法　　用人艺术

复习思考题

1. 什么是领导用人的基础？
2. 领导用人应遵循哪些原则？
3. 如何正确理解德才兼备的用人标准？
4. 如何理解领导用人方法与艺术？

本章阅读书目

[1] 安弗莎妮・纳哈雯蒂. 领导艺术与科学：第 6 版. 笪鸿安，冯云霞，龙昕，等译. 北京：电子工业出版社，2012.

[2] 周国剑. 毛泽东的智慧与当代领导艺术. 北京：时事出版社，2016.

第7章

领导绩效

必须树立正确政绩观，解决好政绩为谁而树、树什么样的政绩、靠什么树政绩的问题，多做打基础、利长远的事，不搞脱离实际的盲目攀比，不搞劳民伤财的形象工程、政绩工程，真正做到对历史和人民负责。要发扬求真务实、真抓实干的作风，以钉钉子精神担当尽责，树立“功成不必在我”的境界，一件事情接着一件事情办，一年接着一年干，脚踏实地把既定的行动纲领、战略目标、工作蓝图变为现实。

——2018 年 1 月 5 日，习近平在新进中央委员会的委员、候补委员和省部级主要领导干部学习贯彻习近平新时代中国特色社会主义思想和党的十九大精神研讨班上的讲话

引导案例

用好考核指挥棒 树立正确政绩观

2020 年 10 月，中央组织部印发《关于改进推动高质量发展的政绩考核的通知》（以下简称《通知》），旨在引导各级领导干部牢固树立正确政绩观，贯彻新发展理念，推动高质量发展。

高质量发展，就是能够很好满足人民日益增长的美好生活需要的发展，是体现新发展理念的发展。目前，我国已转向高质量发展阶段。中央组织部有关负责同志说，《通知》的出台是贯彻落实习近平总书记重要指示批示精神和党中央决策部署的要求。习近平总书记强调，必须加快形成推动高质量发展的指标体系、政策体系、标准体系、统计体系、绩效评价、政绩考核；党的十九届五中全会提出，“十四五”时期经济社会发展要以推动高质量发展为主题；中央深改委审议通过《关于推动高质量发展的意见》，中办、国办印发了高质量发展综合绩效评价办法，国家发改委、中央组织部、国家统计局制定了高质量发展综合绩效评价指标体系。

“组织工作应当朝大局聚力、向中心聚焦，干部考核必须坚持党中央部署什么、强调什么，就重点考核什么。”该负责同志说，出台《通知》是进一步完善衔接配套的政策体系的重要举措，也是贯彻落实新时代党的组织路线的具体体现。

此外，出台《通知》也是落实《党政领导干部考核工作条例》（以下简称《条例》）的要求。该负责同志说，2019 年中办印发的《条例》专门提出，落实新发展理念，突出高质量发展导向，构建推动高质量发展指标体系，改进推动高质量发展的政绩考核。《通知》贯彻《条例》要求，针对改进推动高质量发展的政绩考核，从考核导向、内容指标、方式方法、结果运用、组织实施等方面进一步作出了明确具体的规定。

一分部署、九分落实。据了解，《通知》印发后，各地第一时间组织传达学习、深入贯彻落实。

…………

许多地方还根据不同地区、不同层级领导班子和领导干部的职责要求，设置了各有侧重、各有特色的考核指标，把有质量、有效益、可持续的经济发展和民生改善、社会和谐进步、文化建设、生态文明建设、党的建设等作为考核评价的重要内容。

资料来源：江琳．用好考核指挥棒 树立正确政绩观．人民日报，2021－01－19（11）．有改动．

7.1 领导绩效概述

近年来，领导绩效问题既是领导学、管理学领域研究的一个前沿课题，也是各类组织管理中亟待解决的一个重大课题。实现有效领导，取得良好的领导绩效，始终是一个卓越领导者的奋斗目标。因此，正确理解领导绩效的含义，掌握领导绩效评估的原则、程序和方法，全面探索提升领导绩效的途径，对不同组织、不同层级的领导者而言，都是一个至关重要的现实话题。

7.1.1 领导绩效的内涵

领导绩效是领导活动过程追求的最终目的，是领导工作发展的推动力，既是领导活动中的一个重要话题，也是领导学研究中的一个重要内容，更是领导活动的出发点和归宿。为此，首先需要认真研究和理解领导绩效的含义、特征及内容。

“绩效”一词自古有之，在中国古代的官员选拔制度中就有关于“绩效”的记载，如《后汉书·荀彧传》中就曾提到“原其绩效，足享高爵”，意在说明官员的绩效优势是确保其能担任高级官职的重要依据；《旧唐书·夏侯孜传》中提到“录其绩效，擢处钧衡”，已建立起官吏的绩效记录存档体系，根据现实的要求对符合情况的官吏进行提拔。

对于高效率的追求是人们进行各种实践活动的现实动力，而工作绩效的形成则寓于工作活动的开展过程中，从这个角度来看，人们的实践活动本身就受到多种因素的制约，与外部环境的变化息息相关，因而作为工作绩效重要组成部分的领导绩效的取得，也必然受到多方面因素的影响，从总体来看，是内外部环境因素综合作用的结果。

对于绩效，有许多不同的界定，主要表现为三种典型的定义：第一种定义认为“绩效是结果”，是指在特定时间内，由特定的工作职能或活动所创造的产出。第二种定义认为“绩效是能力”，是一种个体具有的潜在特点。第三种定义认为“绩效是行为”，是一套与组织或个体目标相关的行为。[①] 然而，将绩效定义为结果所导致的突出问题是对结果的过分重视从而会忽略一些非常重要的过程因素和情境因素，而这些因素对于领导效果或组织的有效运作同样是非常重要的。

从20世纪90年代开始，西方学者基于绩效是一种行为的观点，着手研究绩效的结构问题，并且提出了不同的绩效结构模型。从通俗的意义上来说，绩效是指特定组织中个体或群体的工作行为和表现及其直接的劳动成果、工作业绩和最终效益的统一体，可以用公式表示为：绩效＝目标×效率，即组织目标和效率之间的乘积。从此公式可以看出，绩效取决于两个因素：一是组织目标，二是工作效率。只有目标方向正确，工作效率高，才会产生高的绩效。目标方向是决定绩效的前提，如果目标方向规划错误，则必然不利于组织卓越成长，更遑论绩效问题。在这种情况下，效率与绩效是直接冲突的，目标错了，干劲越大，损失越惨。目标和效率均有正、负、零三种情况，无论两者如何组合，只有当两者均为正值时才能有效，其他任何情况都是无效或负效。

组织整体行为的无效或有效，主要责任承担者应该是领导者。领导者是组织发展的导航者，首要职责就是把握正确的目标方向。目标不正确导致的无效，往往表现为领导决策失误，责任当然在于领导者；目标正确，没有效率导致的无效，也不能说一定就是领导者的责任。因为领导者的决策，包括了制定决策和推动他人去执行决策。其中，“制定决策”解决组织目标和组织发展方向问题，“推动他人执行决策”又影响、制约管理者如何去执行决策。决策不论制定得如何正确，执行不力同样影响效率。一个有效的领导者所追求的是一方面决策目标正确，另一方面又能推动追随者高效率地实现目标，前者通过决策科学化来达到，后者通过发动追随者来实现。决策和发动正是现代领导者的基本职能，决策艺术和发动艺术也是现代领导基本的领导艺术。可见，评估领导者的工作成效比较复杂，必须也只能以绩效为标准。彼得·德鲁克在其《卓有成效的管理者》一书中所提及的“有效”，实际上就是指领导绩效，其中明确表达了“效率”和“有效”（即绩效）是两个不同的概念。所谓“效率”，他认为是“把事情做对”的能力，而不是“做对的事情”的能力[②]，而“有效”就是“做对的事情”的能力。

综上所述，领导绩效是衡量领导者履行其职责的领导能力、领导水平、领导方法和领导艺术的综合性标准，即达成组织目标的领导能力和所获得的领导效率与领导效益的系统综合。领导者始终是组织绩效的主要责任承担者，正如彼得·德鲁克所说：“如果一个企业运转不灵了，我们要去找一个新的总经理，而不是另雇一批工人。”[③]

---

① Guzzo R. A，Dickson M. W. Teams in organizations：recent research on performance and effectiveness. Annual Review of Psychology，1996，47（1）：307－338.

② 彼得·德鲁克. 卓有成效的管理者. 许是祥，译. 北京：机械工业出版社，2005：2.

③ 彼得·德鲁克. 管理实践. 帅鹏，刘幼兰，丁敬泽，译. 北京：工人出版社，1989：16.

知识库 7-1

领导绩效如何，取决于领导者如何去履行自己的职责——决策和发动，其中主要包含三个要素：

A. 领导能力。

领导能力即领导者的行为能力，它是领导者胜任领导工作、行使权力和承担责任的基本条件。领导能力主要以一定的知识、经验、素质为基础。

B. 领导效率。

效率通常是指工作量与时间之比。领导效率是指已经实现的领导任务（或目标）与时间之比，即完成一定数量和质量的领导任务（或目标）的速度。领导效率主要受领导者的能力、工作态度、领导环境以及追随者的积极性等因素的影响。

C. 领导效益。

效益一般是指投入与产出之比。领导工作的成效直接或间接地表现为经济效益和社会效益的多少。一些领导者往往是通过创造实际效益来体现其领导效益的。

7.1.2 领导绩效的特征

领导活动作为一项特殊的社会实践活动，反映在领导绩效上也有其本身的特点。领导绩效是领导者运用领导的理论、原则、职能、方法、艺术等影响并率领追随者作用于客观环境所取得的领导实绩与效果。要全面认识领导绩效，必须正确把握其特点：

1. 目标性

领导活动是社会活动的有机组成部分，而且是一种有组织的社会实践活动，有着明确的目的性。任何领导活动，都要保证组织目标的实现。这就要求领导者在实施领导过程中，包括方针、政策的制定，领导职能的实施，领导方法的运用，领导班子的组合，领导成员的配备，等等，都要以实现组织目标为出发点和归宿。

然而，组织的目标具有多层次性。在结构上最高的部分是组织存在的终极目标，亦即组织的社会责任，其次为部门目标或小组目标，最底层是个人目标。一个组织的目标体系往往环环相扣，相互关联。目标是对于所期望成就的事业的真正决心，没有目标，就不可能去做任何事情，也不可能采取任何步骤，只能在事业发展途中徘徊，永远到不了想要到达的任何地方。

领导绩效具有的目标特征主要是指组织目标必须为促进社会发展服务，要集中反映时代的发展水平，适应时代的发展要求。前文的绩效公式（绩效＝目标×效率）表明，只有目标正确，高效率才会产生好效果；如果目标错了，效率再高，也只能产生负效应。比如一个工人在一定时间内生产的产品质量好、数量多，则可以肯定他的劳动效率高。可是，这些产品如果不适合市场需求，无法转化为现实价值，甚至由于产品成批压库，使得生产难以继续，工厂濒临倒闭，这对于一个领导者来说，就没有什么领导绩效可言。

2. 组织性

领导过程最终的成果，并不是领导者个人行为所结出的硕果，而是领导者与追随者合力作用所产出的整体效果。因为任何领导活动都是依靠并通过一定的组织进行的，领导目标和任务、领导职能和作用总是通过组织来实现的。

组织是领导活动的载体。组织的结构设置、权责划分以及运行是否科学、完善，分工是否明确，层次是否恰当，等等，都直接影响到领导绩效。因此，领导绩效的另一个特点，就是通过被领导的群体劳动来显现领导者的成就。衡量领导工作的好坏，不单纯是要评估领导者个人的工作成果，更主要的是要评估他所领导的组织群体所作出的贡献。比如，衡量一个科研所所长的领导绩效，不能仅仅评估他个人出了多少科研成果，而更应当考察他所领导的研究群体出成果、出人才的状况。一个研究能力很强、个人研究成果累累、学术上很有造诣的学术名家，并不一定能够胜任一个研究组织的领导工作。

3. 多因性

领导绩效的好坏优劣，取决于多种因素。既有领导者的个体素质，如政治素质、思想素质、理论素质、道德素质、业务素质、领导能力、组织能力、管理能力、协调能力、应变能力、创新能力、自律与自控能力等等；又有领导群体的素质，如领导群体结构是否合理，集体决策机制是否健全，民主集中制原则是否贯彻执行，集体领导与个人分工负责制是否健全，是否建立、健全了决策贯彻执行的信息反馈和检查监督机制，领导群体是否行为协调、步调一致，是否有健全的权力运作和监督机制，激励机制是否有效等。也与追随者因素有关，如：追随者是否具有主人翁意识；追随者是否响应、接受并服从领导者领导；追随者能否正确对待和肯定领导者的工作成绩，并积极鼓励领导者大胆工作，支持领导者大胆改革、创新；领导者是否了解、尊重、关心追随者，追随者是否理解、信任、支持领导者的工作，等等。除此之外，还受客观因素的影响和制约，包括自然条件、社会条件、工作基础、政策因素等等。这就是说，领导绩效的好坏优劣，是多种因素综合作用的结果。

4. 多维性

领导绩效的多维性，一方面是指领导活动所产生的效益具有多维性，它不仅表现在劳动成果的数量和质量，更体现在劳动成果是否具有普遍的效益，包括经济效益、社会效益和生态效益等；是否有利于社会的物质文明、精神文明、政治文明、生态文明建设，是否既有利于本地区、本组织的利益，又有利于整个社会的根本利益。另一方面是指为获得劳动成果所消耗的劳动量的多维性。领导者通过决策、用人、组织、协调以及监督、检查、总结等环节，运用一系列工作方法与艺术，使人、财、物、信息、时间得到最佳的结合，来调动追随者去积极地创造更多的社会物质财富和精神财富，获得更多的社会效益和环境效益。如果把领导绩效仅仅看成是领导者的劳动成果与所消耗时间之间的比率，是不完全的、片面的。一味追求速度而不注重效益的效率不能视为真正的效率。领导活动中的“高速度、低效益”的行为倾向必须杜绝。

5. 动态性

领导活动总是在一定的自然、社会环境中进行的。组织行为所处环境中不同的客观条件影响与制约领导绩效，也是非常重要的因素。环境优越的领导者依赖好的外部客观条件，可能不需付出多大努力就能取得不错的领导效果。反之，环境差的领导者受到条件制约，则可能不论其怎样努力，不论其有多高的能力和水平，都无法取得优异成绩。

由于这种影响因素与制约条件的存在，能力与效果之间就会出现种种复杂的变动：在环境条件有利的情况下，一个平庸的领导者，也会因缘巧合地取得较大成功；如果环境条件不利，即使是精明强干的领导者，往往也难以开拓工作局面，取得较好的工作成效。

例如，在我国，有的市县领导者，在邻近大小城市、铁路沿线的平原地区工作时，政绩卓著；可是，调到偏僻山区或交通不便、信息闭塞的地方工作后，他的政绩短时间内很难取得突破性的进展，不能不说是客观环境制约的结果。当然，在一定的时期或一定的条件下，通过发挥人的主观能动性，有些客观环境因素是可以改变的，或者说，通过领导群体或领导者个人与群体的共同作用，是可以使客观环境向着有利于实施科学领导、取得良好领导绩效的方向转变的。

6. 基础性

领导对于一个组织适应时代需要和环境转变至关重要，因此，领导绩效是关乎一个组织生存和发展的基础。领导绩效综合体现出特定组织领导者的能力和水平，通过对组织领导绩效的评估可以看出一个组织的目标实现程度。任何组织都有一定的使命和功能，其绩效正是组织功能发挥程度的表现，因此，任何组织都必须以其绩效作为存在的依据，没有绩效就意味着组织失去了存在下去的基础。一个组织不仅必须具有一定的绩效，同时还要提高绩效，这样，组织才能在激烈的竞争中生存和发展。

7. 连续性

单纯从领导活动取得的成果来看，领导绩效是组织领导者在特定的时间内所取得的，但是，从具体的实践过程中看，任何组织领导绩效的产生都离不开先前领导者的工作基础和积累，同时，这又在客观上不可避免地影响未来领导者的工作。因而，在历史发展的角度上，领导绩效表现出突出的继承性和连续性，一位明智且有责任心的领导者，既应从前人的成功中汲取经验，从前人的失败中总结教训，同时也要以发展的眼光看待当前的领导活动，支持而不是破坏组织未来的发展前景。

7.2 领导绩效评估

7.2.1 领导绩效评估的含义及意义

1. 理解领导绩效评估

所谓领导绩效评估是指为了督促实现特定的预期目标，相关评估主体对领导者实施领导的行为能力、工作状态和结果进行综合考核与评价的活动。进一步讲，领导绩效评估是对领导者在组织员工实现既定的规划和目标过程中的投入、产出、结果以及由它们所反映出的效率、效力、经济、公平、质量等维度设置绩效指标和标准，并在日常管理和考核工作中围绕绩效指标搜集有关领导活动趋向于既定目标的进展情况的信息，从而通过与绩效标准的比较，确定领导者及其组织的绩效表现情况，进而对其绩效进行评定和划分等级。领导绩效评估有以下三个方面的显著特征：

首先，领导绩效评估是以预期的绩效目标为前提和依据的。从实质上说，领导绩效评估是对预期绩效目标实现状况的评估，如果没有设定预期的绩效目标，领导绩效评估也就无从谈起，而且，领导绩效评估标准和评估指标体系的设计也都是以预期的绩效目标为基本依据的。

其次，领导绩效评估是多元价值标准的综合应用。就公共部门领导者而言，传统公共行政的“效率中心主义”使得早期政府绩效评价的价值标准是单一的效率取向。受此影响，公共部门领导绩效也往往体现为管理效率，过于把经济指标摆在整个指标体系的突出位置，因此片面地用经济指标考核公共部门领导者，出现了“官出数字、数字出官”等诸多不良现象，忽视了公共部门领导者的“服务性”特征，根本无法有效地反映公共部门领导者提供公共产品或服务的效果、质量、顾客满意度和公平性等结果要素。因为公共部门领导者的“服务性”特征导致其目标的多元化，而这又必然要求在不同价值和目标之间进行选择和权衡，如果不考虑质量、公平性和顾客满意度等效益因素而一味地去追求节约、效率，则会使公共部门领导者产生片面发展政绩观、数字游戏政绩观、短期行为政绩观、表面文章政绩观和重官轻民政绩观等等。

最后，领导绩效评估是一个动态过程。领导绩效评估并不仅仅是一项孤立的评估技术，而是一套复杂的、动态的评估制度体系，包括确定绩效评估目标、构建绩效评估标准和指标体系、搜集和整理绩效信息等一整套操作流程。

知识库 7－2

一般来说，绩效考核标准的确定应遵循 SMART 原则：明确原则（specific）、可衡量原则（measurable）、导向原则（action-oriented）、现实性原则（realistic）、时间和资源限制原则（time and resource constrained）。据此有效评估应包括以下三个标准：

A. 绝对标准。

绝对标准就是用固定的工作行为的特质标准衡量领导者的工作绩效。这种标准具有绝对性，通常用工作的质量、数量和时间来表示。

B. 相对标准。

相对标准，即通过领导者工作绩效的相互比较，确定等级标准。

C. 客观标准。

客观标准，也就是应该运用一个客观的标准来判断领导者的特质与绩效，在设定的评定量表上的相对基准上予以定位。

2. 领导绩效评估的意义

领导绩效评估是对领导者水平的量化考核，是检验领导者领导活动有效程度、领导水平高低的有效手段，能够促进领导水平提升，强化领导责任意识，优化领导活动内容。通过严谨的态度和科学的手段对领导活动加以正确的评价，对于深化领导体制改革，加强领导团队建设具有十分重要的意义。

（1）领导绩效评估是领导活动的出发点和归宿。首先从领导绩效的重要性来看，所有领导活动都是以实现一定的组织目标为根本出发点，意在推进组织可持续的成长与发展。领导活动的最终目的都是取得一定程度的领导绩效，领导者所进行的各项工作，如决策、用人、协调、沟通、控制等，都必须以提高领导绩效为出发点和归宿，在领导活动的全过程中领导绩效须时刻得以体现。由于现实条件的制约，领导活动具有高度的复杂性和综合性，对于任何一个组织的领导者而言，需要考虑和面对的问题都很多，但在面对多样、复杂的工作现实时，把握住领导目标和领导绩效的辩证关系至关重要，领导者正确的出发点一般可以为领导活动的成功开展奠定坚实的基础。

(2) 领导绩效评估是检测领导活动的综合尺度。领导绩效评估将领导者个人考核与其所从事的工作考核、组织整体的考核和领导者个体的考核进行了有机结合，是一个兼具综合性、全面性、科学性的评价考核系统。就其本质而言，领导绩效评估就是检测与领导活动全过程相关的各种因素的作用程度和各种职能的实际运用情况，检测实际结果与既定目标之间的吻合程度。领导绩效评估是根据领导活动的现实工作成果，结合领导工作的目标效果，来评估实际成绩满足预期目标的程度，进而对领导者进行综合评价。通过量化的指标体系考核，领导活动的科学化程度可以得到直接或者间接反映，既能反映领导者的政治素质、专业知识、思想品德、领导作风，又能反映出其实际水平和能力，还能反映领导集体群体结构是否合理，功能是否健全，相互之间关系是否协调，在组织成员中是否具有影响力和号召力。

(3) 领导绩效评估是评价、选拔、任用领导者的主要依据。领导工作的成效高低如果仅依靠人的主观判断来加以评判，就很难达到应有的效果，因而通过量化数据来进行的领导绩效评估实际上就是考察一位领导者工作实绩的过程。领导者在领导活动中所采取的任何一种工作方式，都是其思想意识和组织能力的外化，因而，领导绩效评估不仅有助于了解领导者的工作风格、实际能力、价值取向，同时还能够通过科学的手段来发现领导者是否还有尚未开发的领导潜能，对于组织而言是否有培养的前景和必要。所有这些工作，都需要在一定的事实基础之上来进行判断，而这一现实依据的来源就是对领导者所进行的绩效评估。领导绩效是领导者在一定的客观环境中，通过发挥主观能动性，在运用自身素质能力认识环境、改造环境的基础上所取得的成效，因此，通过对领导绩效的考评，可以比较客观、全面地了解领导者的素质能力，为考察、识别、选拔、任用领导者提供依据。

(4) 领导绩效评估是领导活动发展的强大动力。从领导活动的角度来看，领导绩效既是出发点又是最终的归宿，这也意味着，严格的领导绩效评估只是一种可以借助的有效手段，其最终目的是激励领导者努力创造新的、更高水平的绩效，来促使组织可持续发展。通过领导绩效评估，能够使领导者拥有更加客观的资料和数据来衡量自身工作的有效性，从而比较客观、科学地考察领导者素质高低、领导决策科学程度、领导能力强弱，进一步明确领导活动的目的，并提升领导活动的针对性，增强对组织的归属感和责任感，激励领导者进一步发挥和利用自身潜能，更大程度地实现自身价值。这些有助于促进领导工作的改进和对领导工作规律性的探求，提高科学领导的水平。与此同时，在领导绩效评估环节，既要有领导者对自己功过是非的归纳和总结，对自身工作的回顾和反思，又要有组织成员的评估和评价。这既有利于领导者个人分析和探讨工作成功和失误的原因，又有利于发挥组织成员监督的作用，还有利于统一思想、消除误会、化解矛盾、达成共识，从而有效地调动和发挥组织成员做好本职工作的主动性、积极性和创造性，推动和改进领导工作。

案例7-1

国家公职人员绩效考核考出新动力

连日来，宜章县电力有限责任公司黄岑电站的员工主动对电站户外设备进行巡视，确保电站设备在春季多雨天气安全可靠运行，各电站共发现隐患和消除隐患3处。县电力公司领导表示："县委、县政府在全县对一般干部进行绩效考核以来，干部职工工作积极性大增，那些想吃'大锅饭'、想搞'平均主义'的人有了压力和紧张感。"

"今年是郴州宜章'治陋习、树新风'深化作风建设年，其中一个重要内容就是要抓好《宜章县国家公职人员绩效考核工作方案》实施。"宜章县委书记王建球在2017年全县党风廉政建设和反腐败工作会上如是说。

目前在湖南省乃至全国的绝大部分县市区，对县级科级领导班子和领导干部有非常成功、成熟的年度考核方案。但对于科级非领导职务及一般干部职工（以下简称公职人员）这个干部队伍中的最大群体，一直没有可供参考的比较成熟的考核方案，都是每年年终由单位领导班子集体研究决定他们的考核等次，等于是"一锤子买卖"。

宜章县在郴州市率先制定实施《宜章县国家公职人员绩效考核工作方案》，该办法采取上、下半年考核方式进行，各单位再根据实际情况制定更加可行、更加细致的方案，量化、细化个性考核指标。公职人员以月记形式，将每个月履行岗位职责、完成工作目标任务的情况，特别是重大事项和重要工作进展如实记录在工作纪实表，对未完成的工作要说明理由，然后由分管领导进行评价。

上、下半年考核时，干部职工和群众代表最后民主评议打分，评出四个等级（优秀、良好、一般、较差），公开、公平、公正，民主评议结果直接与年度考核等次、年终评先评优以及绩效奖金挂钩，使得每个人都有了压力和动力。

该县黄沙镇党委书记邱志勇说："县里出台这个方案等于是给了我们一把尚方宝剑！这个方案出台太及时了，这是一条凝精神、鼓干劲、促工作的绩效考核新路子。如何对一般干部进行考核，我一直都在思索，早就想这样考核了，我认为非常适合乡镇工作，这个方案有利于那些乡镇副职管理好自己片组的干部。"

宜章县委组织部常务副部长陈彩文认为，方案实施以来，治疗了一般干部作风不实的顽疾。这是"阳光"考核，解决了"考什么"的问题。切合实际，解决了"怎么考"的问题。张弛有度，解决了"何时考"的问题。奖惩分明，解决了考核结果"怎么用"的问题。

该县房产局一名干部职工说："考核结果直接与年终评先评优、绩效奖金挂钩，这让我们都开始紧张起来。但我们没有意见，因为以前合不合格，都是领导说了算，现在大家都参加了民主评选，反正都是全单位的人公开、公平、公正评出来的，心服口服。"

资料来源：人民网湖南频道，2017-03-31，有删减。

7.2.2 领导绩效评估原则

领导绩效评估原则是指进行领导绩效评估时应该遵循的基本准则或规范，具体而言，进行领导绩效评估时应遵循的原则主要有：

1. 科学系统原则

领导绩效考核是一项严肃而细致的工作，在传统公共行政模式下，对领导工作的考核过多停留在主观评价上而忽视了量化考核的重要作用，因此，对领导绩效考核第一个要求就是要以科学系统原则来建立评估考核体系。为此，应当做到：

(1) 保证领导绩效考核与组织战略发展的一致性。在当今组织环境下，领导工作的最终目的是为组织的战略发展而服务的，因此，对领导绩效的考核也要遵从组织整体战略目标的实现，而作为影响组织发展的关键因素，领导绩效考核也应当成为组织发展战略中的核心内容。

(2) 考核指标的设定要遵从规范化要求。从规范化的角度来看，在设定考核指标之前，要充分吸收被考核对象的意见，同时重视组织相关成员的建议，在最大程度上将各项考核指标进行量化处理，从而减少绩效考核的主观随意性。

(3) 遵循全面评价的标准。领导工作不仅涉及组织内部的关系梳理和思想激励，同时也关系到组织与外部环境之间的互动，因此，领导绩效评估要针对被考核对象进行全面、综合的考核，不能以偏概全地评估领导者某一方面的工作。

(4) 恪守领导绩效评估的可信度和准确性要求。领导绩效评估的最基本要求是考核的标准必须是真实可信的，也就是说既要保证考核指标的设计符合组织现阶段的实际情况，同时，收集到的用以进行评估工作的信息也要能够真实反映领导者的工作状况。无论是领导绩效考核的准备、评议、分析、反馈、审定还是存档都必须遵循这一要求，从而使评估的指标设定、方式选择和结果产出都能够让组织成员感到可靠和公平，能够更准确地反映出领导工作对组织发展的作用程度。

(5) 掌握评估的公开性与时效性原则。领导绩效评估不应"闭门造车"，而应在各个环节、各个程序上都主动做到民主公开，既要让被考核者充分了解考核的具体内容和工作程序，同时也要让组织成员能够参与到绩效评估过程中，增强领导绩效评估的透明度。另外，领导绩效评估的结果要及时反馈给被评估对象，领导绩效评估往往与一定程度的惩罚和奖励相关联，但是任何形式的奖惩都只是激励领导者改善工作手段的一种方式，其目的仍在于促使领导者重新审视当前的工作方式，扬长避短，加快领导者优化领导活动的进程。

2. 客观公正原则

领导绩效评估，要秉承客观公正的原则，摒弃个人好恶，在排除个人主观情绪影响的基础上，对领导者的实际工作加以评价，以保证评估结果的真实性。同时，要一视同仁地对待所有参与其中的评估者，避免选择性的执行评估方式。具体说来，客观公正原则包含了四个方面的要求：

(1) 在领导绩效评估过程中，要求评估者要发扬高度负责的精神，公正廉洁，处以公心，尊重事实，以实事求是的精神和作风开展评估活动。避免由于评估主体的原因，歪曲客观情况，导致评估结果与被评估者的实际绩效出入过大，使被评估者感到得出的结论难以接受。

（2）评估指标、方法要切合实际，评估标准要统一。只有评估指标体系设计科学、合理，才能较为客观地反映被评估者的实际情况。虽然同一级组织内部的不同领导者工作内容往往具有特殊性，但评估标准应该尽可能统一。在评估方法上尽量减少主观因素的影响和作用，力争把评估指标量化，实现定量化评估。

（3）要把被评估者放在具体的领导工作环境中加以评估。一般而言，领导者的领导工作环境是很复杂的，不同的领导者和不同的组织所面临的客观条件也往往有很大的差异。体制因素、政策因素，以及其他各种因素，都是造成这种差异的原因。因此，在领导绩效评估过程中，要客观考虑这些因素，既不允许领导者借机推卸本应承担的责任，也不要把全部的责任都推到领导者身上。

（4）重视信息的搜集、整理和分析，准确、全面把握信息，评估结果应当来自准确、完整的资料和数据以及对事实的调查分析，任何一个结论都必须以事实为依据。只有客观公正的评估结果，才能把被评估者的实际状况真实地再现出来，并与本人在工作中的实际表现相吻合，令人信服。

3. 民主公开原则

领导绩效评估过程和评估方式对评估结果影响极大，要保证评估结果的客观、公正和准确，就必须坚持民主公开原则。所谓民主公开原则，就是把领导绩效评估工作用不同方式置于追随者和一般员工的参与和监督之下，这是搞好领导绩效评估工作的基本保证。那种脱离组织员工监督的封闭式、神秘化的评估方式，很难真实地反映领导者的绩效。具体而言，民主公开原则包含了三个方面的要求：

（1）要求领导绩效评估工作必须采取上级评估、同级评估、下级评估和自我评估相结合的方法，多渠道、多层次和多角度地对领导绩效进行评估。所谓上级评估，即领导者的直接上级对领导者的评估；所谓同级评估，即在具有密切协作关系和工作联系的同级领导者之间进行比较，得出比较全面的看法；所谓下级评估，即领导者的追随者和普通组织成员对领导者的评估，这是坚持民主公开原则中的一个重要环节；所谓自我评估，即领导者根据组织要求和评估内容，本人实事求是地进行自我评估，其结果供组织评估参考。由于领导者生活、工作与上级、同级、追随者和普通组织成员密不可分，所以他们的成绩与贡献、缺点与错误，上级、同级、追随者和普通组织成员最熟悉、最了解、最清楚和最有发言权。实行全方位评估，既能使评估结果比较客观公正，又能促使领导者强化“公仆”观念，增强对追随者和普通组织成员的责任感，改善领导者与被领导者的关系。

（2）要接受组织成员监督。由于绩效评估过程必然涉及对人的评估，关系复杂，影响因素众多，不可避免地会存在一些主观判断成分，因而需要加强组织成员对评估工作的监督，包括对评估主体的监督、对评估过程和评估结果的监督。只有实行全方位的组织成员监督，才能克服封闭式、神秘化评估方式所产生的种种弊端，才能避免评估过程中的主观随意性和主观片面性，保证评估结果的全面性、客观性。

（3）要公开评估结果。也就是要把领导绩效评估的结果向领导者本人和组织成员公开，及时把结果反馈给被评估者和组织成员。向被评估者反馈评估结果有多种方式，如面谈式、图表式、报告式等，如果被评估者对评估结果有不同意见，可以保留，也可以要求组织复议、核实，甚至向上级主管部门申诉。领导绩效评估的结果，还应当及时向组织成员报告，让组织成员知道。总之，向被评估者和组织成员公开评估结果，只要使用恰当，就不仅有助于防止和减少评估中可能出现的主观偏见和种种误差，有助于领导者总结经验教训、提高领导水平，还有助于组织成员掌握情况，便于对领导活动和领导者实施监督，并激发其主人翁精神和工作积极性。因此，在一般情况下，绩效评估都要坚持民主、公开原则。只有公开，才便于组织成员民主参与，也才能收到应有的效果；离开了民主公开，任何监督、评估都没有了实际意义。

4. 贡献为主原则

领导绩效评估要着重考核领导者的实际贡献和工作成绩，评估一个领导者的工作情况和德才水平，主要是看他为组织和对社会带来了什么样的贡献，在多大程度上带来了贡献，以此作为考核一个领导者绩效水平高低的重要准绳。有关领导者的德、能、勤、绩、廉五个方面，其中，德为首、为纲，能为胜任工作的基本条件，勤为担负工作的基本要求，绩为工作优劣的集中体现，廉是工作的道德操守，要将领导绩效评估重点集中落实在“绩”上。领导绩效评估坚持贡献为主的考核原则，对于领导者个人和组织的整体发展都具有十分重要的意义：

（1）贡献为主原则保障了领导绩效评估的客观性。评估对象的工作成绩是既定的现实，通常来讲，这一现实是被大多数人所知晓的，领导绩效评估就是对领导者工作的内容、数量、完成的质量加以整合，并根据这些信息，运用科学合理的指标体系和评估方式进行评价。如此一来就能够了解领导者完成工作和履行职责的实际状况，从而对评估对象做出具有客观性的评价。

（2）贡献为主原则能够进一步强化领导工作的价值取向，引导领导者想方设法为社会、为组织多做贡献。坚持以贡献作为考核领导绩效的重要标准，能够把领导者从重视个人功绩的误区中解放出来，领导者的工作落脚点是为了组织利益及发展，对个人成绩的追求在某种程度上也能够带来组织利益的优化，但是从本质上来讲，错误的出发点必然会导致领导行为的失范。只有每一位领导者真正做到以贡献为基本价值取向，并以制度化的方式加以约束和激励，追求贡献的欲望和努力才能够汇聚成创造新绩效的巨大动力，鼓励领导者多办事、办实事。

（3）组织发展前景与领导者的自身水平息息相关，领导者的潜能和专长在领导活动中发挥着突出的作用，坚持以贡献为主，就是鼓励领导者扬长避短，最大程度上发挥自身的优势，同时，也为评估者及时发现人才提供了有力的依据。另外，以贡献为主原则还能够助力解决当前不同组织中存在的惰政、懒政问题。领导者在组织发展中扮演着领路人的角色，勤政务实的领导者是未来发展取得更大成绩的基础保证，但贪图安逸、唯利是图、行事推诿、不敢担当、作风懒散都是目前领导者所存在的严重懒政作风，将会甚至已经给不同组织带来了巨大的危害。而以贡献为主的领导评估原则，则能够将“无功便是过”的思想观念根植于领导者的思维中，会给领导者带来强有力的警醒和激励作用。

7.2.3　领导绩效评估内容

1. 领导绩效评估总体内容

领导绩效评估总体内容，是评估领导者所开展的领导行为中有关德、能、勤、绩、廉五个方面的相关表现。在此五项评估内容中，关于德、能、勤、廉的评估既是领导绩效评估的重要内容，同时更是保障领导者取得良好领导绩效的必要前提；绩，则是领导行为的工作实效和最终结果，因而是评估领导绩效最为主要的内容。

(1) 德。主要是评估领导者的品德，是有关领导绩效的思想基础，包括领导者的道德情操、意志品质以及价值取向，评估领导者是否具有感恩之心、格局意识、诚信品质、守时观念、进取态度等，评估领导者对事业的忠诚程度，考核领导者的道德水准和道德品质的表现程度。

(2) 能。主要是评估领导者的能力，是关于领导绩效的现实基础，如领导者的管理水平、工作效率、认知能力、决策能力、协调能力等，考核领导者自身能力发挥的程度。实践是检验真理的唯一标准，对领导者能力的评价，不在于理论上的建构，关键在于现实中能够取得何种效果，如何在实践中体现出一位领导者的工作能力。

(3) 勤。主要是评估领导者的勤勉程度，考核领导者是否拥有正确的工作态度和积极进取的事业心，评估他的勤奋程度以及发挥主观能动性的程度。需要指出的是，考察一位领导者是否具有“勤”的品质，并不是要求领导者要事无巨细，对组织中的每一项工作都加以过问和指挥，而是更为关注领导者的工作效率，看领导活动的创造性思维和工作，要求领导者在工作中勤于思考、勇于探索。

(4) 绩。是领导绩效总体内容中最为主要的部分，它是领导活动的出发点和最终归属，从根本上影响着组织在外部环境变迁中的适应能力以及组织未来的发展图景。它主要考量领导干部的工作成绩，评估其领导行为对组织发展的直接或间接的贡献。

(5) 廉。古语讲：“其身正，不令则行；其身不正，虽令不从。”主要讲的就是道德操守对于人的重要性。领导者在工作中能否保持廉洁自律，关系到人心向背，关系到组织事业发展的成败。一个组织工作状况好坏与组织员工的素质密切相关，对于领导者来讲要清正廉洁，对于一般员工来说应该珍视自己的清白。从这个意义上说，在考核中要加强考廉，既是坚持德才兼备标准的需要，又是坚决、持久地开展反腐败斗争的客观要求。在领导绩效评估中，对于廉的判断，主要考核执行党和国家清正廉洁的有关规定和严格要求自己的情况，有无违纪现象；自身修养、爱好是否健康向上，以及遵纪守法、克己奉公、廉洁自律等状况。

总之，领导绩效评估是一项综合性极强的评估工作，从总体内容上看，德、能、勤、绩、廉五个方面相辅相成，紧密相依，缺一不可，但是轻重有序。在考核中，五个指标的权重是不同的，权重比例最重的是绩。

2. 领导绩效评估具体内容

具体来讲，领导绩效评估可分为四个方面的内容：

(1) 用人绩效。领导活动中最为重要的一项内容，是通过对下属的影响来激励和动员他们完成领导者所预想的工作计划，因此，领导活动的实效在很大程度上是通过下属的工作效率来体现的。领导者对人员的选择、配置、使用是否得当，不仅影响到组织成员之间的关系，更会对组织的整体发展产生根本性的影响。错误的用人将会制约成员工作的主动性、积极性，而正确的人员选配将会在极大程度上促进成员在工作中的创造性和积极性，进而推动组织的长远发展。

（2）办事绩效。领导者是权力、责任、服务的统一体。领导者运用权力，履行职责，进行服务，取得成效。其中最主要的就是处理与其职责相应的有关事务。领导者办事的成效如何，关系整个组织的前途和命运。因此，这是领导绩效考评的又一重要内容。

（3）时间绩效。当前，组织环境复杂多变，使得把握时间的作用较之以往更为突出，对于一个具体组织而言，领导者对时间的有效利用，将直接关系领导活动有效性的实现，而最终必定影响组织整体的目标实现情况。领导者意欲完成卓越的领导工作，获得在一定条件和环境下的领导绩效，不仅要运筹帷幄，根据现实的情况加以充分和完整的分析，同时也要重视时间的合理安排和支配，努力做到在最大程度上节省时间。

（4）组织整体贡献绩效。无论是对领导者用人、办事还是把控时间的考核都是促进和激励领导者高效开展领导工作的手段和方式之一，三者的实现程度最终都将体现为领导者对组织整体的贡献绩效。领导绩效只有在整个组织协调活动中才能得到发挥，领导者组织全体人员在完成工作任务过程中所做出的贡献大小，是衡量领导绩效的第四个重要内容。

7.2.4 领导绩效评估分类、程序与方法

1. 领导绩效评估分类

根据领导绩效评估的实质、范围，可以从不同的角度和层次对其加以分类。通常可以从评估时间、对象层次、评估内容、评估方式四个方面加以区分。

（1）评估时间分类。基于时间的视角，领导绩效评估一般可分为平时评估（一般是月评、季评）、阶段评估、年终评估。此外，还可以有临时性评估，以适应某些突发需要，如急需抽调干部担任新职等。

（2）对象层次分类。基于评估对象的视角，领导绩效评估可以分为对组织领导者的评估和对部门领导者的评估。对部门领导者的评估可以由组织领导者主持进行。对组织领导者的评估，一般都要求更高层次的领导机关派人参加，更高层次的领导者应该主持或负责某些环节上的审定工作。

（3）评估内容分类。基于评估内容的视角，领导绩效评估可以分为综合性评估和单项评估。综合性评估是对领导活动作全面整体的评价。单项评估是针对特定需求，从特定角度对领导活动进行的评估。

（4）评估方式分类。基于评估方式的视角，领导绩效评估可以分为定性评估和定量评估。对领导绩效进行评估，既有定性分析，又有定量分析。评估如果没有定性分析，则缺乏整体的认识；如果没有定量分析，则会导致含糊的、笼统的认识。因此，对领导绩效的评估，应坚持定性评估与定量评估相结合。这就要求在领导绩效评估指标体系的设计上做到科学、全面。

知识库 7-3

影响评估有效性的几个因素：只使用一个评估人；被评估者没有机会评论他们的评分；没有设投诉系统；缺乏对评估人的培训；没有关于如何填写评定表格的书面指令；不能把评估工具建立在工作分析的基础上；缺乏对评估系统的管理承诺；上下级之间沟通不良；评估人缺少反馈技能和观察技能；管理者不愿在评估上投入足够的时间；领导者们奖励资历和忠诚而不是绩效；领导者们对成功的定义理解彼此不相同；不能辨别员工在成功方面的作用。①

2. 领导绩效评估程序

为了使领导绩效评估工作发挥出其应有的作用，就需要一套完整的程序和步骤来保证评估工作的规范性，一般而言，领导绩效评估包括如下几个步骤：

（1）准备阶段。任何工作开展之前都需要通过周密的准备来确保卓有成效的工作结果，领导绩效评估也不例外，具体而言，思想准备、组织准备和评估方案准备是领导绩效评估得以顺利开展的基础和起点。

1）思想准备。如前文所述，领导绩效评估对于组织和社会的发展来说都具有显著的推动作用，这是从客观事实上对领导绩效评估的一种正确判断，任何领导者都应当主动、有意识地接受绩效评估。但需要注意的是，人无完人，既然涉及对领导工作成果的评价，那么必然会对领导者在工作中的缺陷进行批判，从感情和主观意愿上来讲，有部分领导者是不愿意接受绩效评估的，同时，下属也会因为工作中的隶属关系而对评估工作有所顾虑，将有可能导致信息收集的失真。思想是行动的先导，人们的任何行动都是以意识作为逻辑起点。要保证领导绩效评估成为一项科学化、制度化的活动，首先必须依赖于对这项工作的重要意义的充分认识和把握。所以，在开始阶段一般都应有思想动员工作，应当进行深入的宣传动员，要向相关人员讲清评估的必要性和重要性，尤其是要有针对性地解决评估对象在思想上的顾虑，使之对评估工作形成充分、正确的认识，取得评估对象的理解、支持和配合。如果被评估者思想上有顾虑，甚至产生对抗情绪，不能积极配合，评估工作就难以开展下去，更不要说保证其客观性和公正性了。同时，为了取得被评估者的有效配合，还应把评估中将要运用的方法、手段、标准以及评估的具体内容向被评估者讲清楚，以期得到相互配合。

2）组织准备。领导绩效评估是依托于一定的组织结构来完成的，应当由相应的人员和机构来计划实施。组织准备是要将从事评估工作的人员、机构、工作方式、规章制度等以书面的形式明确下来，在必要时也可以对不熟悉领导绩效评估的相关人员进行短期的培训。换言之，组织准备就是确定评估主体的过程，即由谁来进行评估。具体应当从两方面着手：一是评估组织的建立。评估组织是评估活动的现实载体，有效的评估活动需要一个运转高效的评估组织来支撑。从领导绩效评估的特点和对象来看，评估组织的建立要遵循

---

① 劳伦斯·S. 克雷曼. 人力资源管理：获取竞争优势的工具. 孙非，等译. 北京：机械工业出版社，1999：192.

独立性、综合性、科学性的特点，只有这样才能在保持评估工作合理化的基础上，排除外界因素的干扰，确保评估工作的客观化。二是人员的确定。领导绩效评估工作的复杂性和内容上的专业性，决定了从事评估工作的人员应当具有较高的素质，具体地说，就是要为人正派，办事公道，坚持原则，心胸宽广，能够熟练掌握和运用各种现代评估技术和手段。

3）方案准备。在充分说明和人员确定的基础上，最后一项准备工作就是要对领导绩效评估的内容、指标、方法、程序和时间安排上进行计划和设计。在充分收集信息，了解被考核对象现实情况的基础上，根据评估工作的原则和标准，设计符合不同性质组织的评估体系和评估方法。为了避免主观随意性，在方案准备的过程中应当做到可以量化的尽量量化，同时要注重吸取以往评估工作的经验，一方面确保评估工作具有可操作性和针对性，另一方面可以减少组织在评估工作中不必要的资源浪费。

（2）评定阶段。评定阶段是对领导者工作绩效进行广泛调查的阶段，评估人的确定应当遵循多元化的要求，在评估过程中，为保证真实的意见能够得到有效的反馈，应采取不记名的方式，同时最理想的方式是在规定的时间和地点统一进行。评估人不允许相互交换意见，应独立、负责地完成评估量表上的所有内容。同时，领导者要进行自我评定，即由被评估者向评估人陈述对自身工作绩效和绩效评估的看法，这也是领导绩效评估工作中一项基础性的环节。自我评定要根据实事求是的精神进行，既不妄自菲薄，也不逃避问题。群众评议则是从被领导者的角度给领导者“照镜子”、作评估，即由评估者对被评估者的述职报告进行评议（一般分组背靠背地进行），并将评议结果填在特制的评议表上。

（3）分析阶段。以上一阶段由自我评定和群众评定所收集到的信息为基础，由负责评估工作的组织和人员对评估表中反映出的内容加以汇总，并辅之以日常工作材料，对领导工作的实质内容进行信息化处理，通过量化计算的方式描绘出反映被评估者状况的各种图表。在绘制图表的基础上，根据评估的具体要求，进一步对量化数据和图表进行分析研究，并以文字加以说明，如对领导班子智能结构的分析、对某一领导岗位合适人选的分析等，这是对整个评估工作的总结，也是对评估结果进行提炼、去粗取精的过程。有效的综合分析要求负责评估工作的组织应当从定量和定性两个方面对评估信息作出初步的分析，定性分析是定量分析的基础，定量分析是定性分析的深化和精确化，只有把定性分析与定量分析结合起来，才能使评估工作科学化。

（4）反馈阶段。评估结果的产生并不是评估工作的结束，评估组织还要负责向评估人和被评估者进行及时的信息反馈。这既有利于评估人知晓自己的意见是否得到了重视，一方面，构建其对组织未来发展的憧憬，调动工作积极性，另一方面，使之认识到领导绩效评估工作不是“说说而已”，更不是“做做样子”，为今后的评估工作打下坚实的基础。更为重要的是，帮助被评估人即组织领导者了解自身工作的不足，所谓“当局者迷，旁观者清”，有些缺点和不足可能是领导者自己还没有意识到的或很难意识到的，评估结果可以督促和鞭策领导者改进工作。另外，对于存在行政职级关系的公共组织而言，想要实现对领导者日常行为的监督和批判是有一定难度的，因而通过领导绩效评估可以使平时难以得到反映的信息受到领导者的重视，使整个评估工作透明化和公开化。当然，对于评估的结果，被评估者可以保留意见，并有权向上申诉，复核修正是一种必要的补充性程序。

（5）审定阶段。作为主观评估阶段的最后一道程序，领导者的上级主管要对评定结果加以审定，这有助于保障领导绩效评估工作的正确性，防止出现误评、错评、漏评的现象，同时也给上级主管提供了一种了解下级领导者工作情况的路径。根据审定结果，依据激励惩罚机制的具体安排，要对被评估者分别予以表彰、升迁、调整或者惩罚，发挥领导绩效评估对领导者的监督作用。同时，应责成被评估人认真总结完成绩效的成功经验，查检不良绩效的原因和责任，并提出改进方案和措施，以正式文本形式报告给评估机构和上级机关。

（6）存档阶段。领导绩效评估工作一旦开展就要求相关组织建立起绩效评估数据库，负责整理评估材料，建立评估档案。这种档案要由直接上级分类分项详细填写，并按月、季、年度分别以表格形式入档。这些材料，可以成为衡量领导者之间差异的参考依据，是领导者德识才学的定量评估数据，并可作为奖惩、提拔或降职的依据。尽管领导绩效评估已经得到重视，积累了一定经验，但尚未形成成熟的理论和方法，仍处于探索阶段，因此，建立和完善严格的领导绩效评估档案管理制度，具有很大的实践意义，有利于不断积累和丰富实践经验，从中发现和掌握领导绩效评估的规律，从而正确指导领导绩效评估的开展。

3. 领导绩效评估方法

正确的原则是领导绩效评估得以开展的基础条件，而想要保证绩效评估的有效性则需要科学的评估方法。近年来，随着领导绩效评估工作的发展，评估方法日趋增多。其中最为常见的方法有如下几种：

（1）目标对比法。目标对领导行为发挥着方向性作用，目标设定是否得当，实现目标的手段选择是否科学，都能直接反映出领导者工作能力的强弱、工作效率的高低和工作成果的优劣。运用目标对比法进行评估，首先，要规定一系列量化指标，使目标获得可量化的性质和形式，使之能够计量和运用，对某些不宜用数量表示的目标，可以揭示它的质的规定性，大多数质的目标也是可以被评估的。其次，还可以通过详细阐明目标的性质、特征、完成日期和途径来提高其可评估程度。再次，在具体的领导活动中，任何组织的总目标总要被分解为一个目标体系，即在总体目标确立后，还要将其分解为相互联系、相互制约，具有多层次和多样性的具体目标，形成目标网络，这些目标同样是可评估的。最后，制定了明确、规范的目标以后，就要严格按照目标项目指标来对比评估。目标评估既可以分项目、分层次评估，也可以按其进度，分段评估。

（2）组织考察法。这种方法是由上级组织对领导者进行组织评估，是由上而下的组织评估，具有权威性和严肃性，是了解下一级工作，评估领导者绩效的一种常用方法。具体来说，运用这种方法可以从如下几个方面进行：

1）评估者以叙述性的文字描述评估对象的能力、态度、成绩、优缺点、发展的可能性、需要加以指导的事项和关键性事件等，由此得到对评估对象的综合评估。

2）由评估者将评估对象涉及的关键性评估因素或指标填写在特殊设计的评估表上，将一定的分数配给各项评估因素或指标，然后由评估者根据量表对评估对象在各个评估因素和指标上的表现情况做出评判、打分，最后汇总，计算出总分，作为评估对象的考绩结果。

3）用一定的组织形式集中专家的意见，来对领导绩效进行评估，也是组织考察法的一个重要而且必要的方面。组织考察法的评估方法多种多样，组织考察一要深入基层、深入实际，多方面接触群众，进行多角度的调查；二要持之以恒；三要调查后必须研究。另外，考察结果也应在适当场合让被考察的领导者知晓，以便推动工作。

（3）群众评议法。这是一种实行群众路线的评估方法，是由下评上，即被领导者评估领导者的方法。领导者工作如何，是否有效，最有发言权的就是广大群众。群众评议法使群众从各个方面、各个角度发表意见，把对领导者的工作成效、工作能力、工作方法及工作作风等方面的感受和看法表达出来、汇集起来，从不同角度、在不同程度上反映领导者的总体情况。这种方法能够广泛、深入地听取群众对被评估者的意见，有利于对领导者作出较为公正全面的评估，有利于把领导者置于群众的经常监督之下，激发领导者的事业心和责任感，改变那种领导者只对上级负责而不对群众负责的现象，有利于有效克服个别领导者欺上瞒下的不良作风，促使各级领导者真正对追随者和群众负责，兢兢业业、认真努力工作。这种方法的不足之处是群众没有经过专门训练，缺少绩效评估方面的专业知识，他们对被评估者的评估，往往会受到知识水平、情感、利害关系等因素的影响，主观色彩较强。

（4）自我述职法。领导者不仅要善于领导，而且要善于自我总结，定期向组织作出汇报。自我述职是领导者根据自己在工作期间的绩效表现来评估其能力，并据此设定未来的目标。领导者自我总结、自我鉴定、自我汇报职务履行情况、工作成效、存在问题、正反经验，通常会降低评估过程中的自我防卫意识，从而更好地正视和剖析自己的不足，进而愿意加强、补充自己尚待开发或不足之处，并能促使其与上级之间就工作绩效问题展开讨论。这一评估方法不仅有利于领导者自己今后的工作，而且有利于组织成员对领导者的认识了解，便于接受群众的监督。一般情况下，自我述职讲稿事先要经过用人部门和人事部门的共同审核，主要审核基本情况和工作业绩是否属实。如出现夸大其词的情况应给予纠正，如不愿纠正的不能与会述职，述职时回答的问题应与领导岗位的要求密切相关。述职过后，与会者要对述职报告进行评议，作出实事求是的评估，并进行信任投票。这种自我鉴定、自我述职，也是全面评估领导者的一个不容忽视的方法。

（5）统计分析法。统计分析法是目前广泛使用的现代科学方法，是一种比较科学、精确和客观的评估方法，就是运用数学方式，建立数学模型，对通过调查获取的有关领导者的各种数量关系及资料进行数理统计和分析，形成定量的结论。这种方法运用统计数据，检查领导任务完成情况，评估领导绩效，根据统计分析，大体可以看出领导者的政绩。当然，这种统计必须是真实、合乎实际的。至于政绩好坏的程度、领导者个人功劳的大小，还应考虑客观环境种种因素的影响和制约，应该参照使用其他方法获得的材料作进一步深入的分析。

知识库 7－4

用模糊模型方法评估一个领导者：

要评估的因素很多，为了简化起见，假定评估指标是：A1 思想（品德、开拓）；A2 能力（决策、组织、效率）；A3 用人（用干部、用智囊）；A4 素质（身体、气质、修养）。则可取 $A=(A1;A2;A3;A4)$，A 表示对这四个指标的相对重视程度，如取$A=(0.30\quad 0.35\quad 0.25\quad 0.10)$。评语集合 $V=(v1, v2, \cdots, vm)$，其中 vi $(i=1, 2, \cdots, m)$ 是对每个指标的评语，可以为“优”“良”“中”“差”这样的判断，可以为“A”“B”“C”这样的等级定性判断，也可以对应指标的数量值。①

运用统计分析法评估领导绩效，第一，要注意工作性质和工作任务的不同特点，区别对待。能够量化的工作一定要加以量化，凡难以乃至无法量化的工作不要人为地加以量化，而应重点评估领导的岗位目标责任制的实现情况、任务完成情况。第二，在进行分析时，要防止凭印象和想当然地评估干部以及抽象化、概念化倾向。第三，在定量分析时，不要搞唯指标论，以防止出现“官出数字，数字出官”的现象。

以上主要介绍了领导评估的几种常用方法。领导绩效评估是一个新鲜事物，远远没有定型。这就需要我们重视实践经验的总结，在实践中不断丰富、发展和完善，注意方法上的推陈出新，努力探索出符合实际、具有时代特点的新方法。

7.3　提升领导绩效的途径

领导工作科学化的程度和领导者水平的高低，最终会通过领导绩效的高低综合地反映出来，对领导班子及其成员进行绩效评估是完善监督机制和提高工作水平的重要步骤。但评估不是目的，归根结底是希望通过评估提升领导绩效，因此，重视对领导绩效影响因素的认识和分析，提高领导活动的科学性，提升领导绩效，是领导工作本身的一项重要任务，也是领导科学研究的重要内容。

7.3.1　领导绩效的影响因素

领导活动是一个组织在开放的环境中运动的过程，涉及面很广，影响领导绩效的因素很多，就主要的而言，可以概括为目标、主体（指领导者本身的状况）、群体（这里是就领导班子的状况而言）三个因素，其中主体和群体是硬性因素，目标是软性因素。人们一般比较重视硬性因素，容易忽略软性因素，实际上软性因素具有不可低估的作用。

1. 领导目标影响因素

领导工作是十分复杂的系统工程，领导者要想取得好的领导绩效，需要做大量的工作，诸如决策，用人，制定发展的总体规划、领导任期目标责任制、领导岗位目标等。世

① 彭国甫. 地方政府公共事业管理绩效模糊综合评价模型及实证分析. 数量经济技术经济研究，2005（11）.

界级企业管理大师班尼士给领导下了定义："创造一个令追随者追求的前景和目标，并将它转化为大家的行动，去完成或达到所追求的前景和目标。"① 优秀的领导者习惯于为他的组织建立目标体系，目标的作用不仅是界定追求的最终结果，它在整个领导生涯中都起作用，可以说目标是成功路上的里程碑。

目标既规定了一定时期内领导者的工作职责，又规定了领导者履行岗位职责所应遵循的原则、规范、制度，还规定了领导权力运作的方式和程序。领导者的决策是以目标为依据的，要使领导活动产生成效，目标务必正确。然而，目标的价值，不仅在于它的正确性，或者说科学性，而且还在于它的可行性。可望而不可即的行动目标，就难以实现领导的绩效。正确而高水平的战略目标是领导高效运作的前提，在这种目标指导下，高效率才能产生高绩效，否则效率越高，绩效越低。越是高层领导者，战略水平要求越高。在现实生活中，有的领导者绩效欠佳，甚至造成工作失误，其主要原因就在于决策的主观随意性，或者不肯把精力集中到战略决策上，以至对自己工作的发展方向和组织行动的目标选择不当。可见，领导绩效取决于符合工作目标和达到目标的程度，如果领导者正确运用目标体系，激励成员发挥个人斗志及理想，协助成员全力达成目标，一定能够取得高绩效。

2. 领导主体影响因素

评估领导绩效，必须重视考察领导者的个性风格与绩效之间的关联。在影响领导绩效的众多因素中，领导者自身无疑是极其重要的一个因素。所以，主体因素成为研究领导绩效的影响不可忽略的一个重要参数。

有这样一种说法：一流的领导者，使人感觉不到他的存在；二流的领导者，能让人服从；三流的领导者，只能让人仰视。列宁指出："培养一批有经验、有极高威信的党的领袖，这是一件长期的艰苦的事情。"②普列汉诺夫对此也表达得很清楚：领导者的"个人特点能决定历史事件的个别外貌，所以我们所说的那种偶然成分在这种事变进程中始终起着某种作用"，领导者"个人因其性格的某种特点而影响到社会的命运。这种影响有时甚至是很大的"③。领导者个体的素质成为领导者影响力的主要力量，成为决定领导者能否很好地实现领导绩效的内在因素。通过表 7－1 所示内容，可以归纳出影响领导绩效的主体因素主要是：

（1）个人品德因素要求领导者诚实正直、廉洁无私、以身作则、能接受他人的批评，"德"是领导者的首要特质。

（2）目标有效性因素表明，在领导者的概念中，也包括与有效地完成工作目标有关的特质。领导者被认为应该有远见卓识、深谋远虑、观察敏锐、思想解放，而且要有魄力、善于决策、办事果断，他们精明能干、能力出众、方法科学、善用人才，这些特质将有助于他们所领导的组织目标的有效实现。

（3）人际能力因素，是与社会成熟性有关的领导特质。领导者应老练沉稳、坦率开朗、善于社交、有说服力、有风度、有好的体态、举止文雅等，这些特质会使领导者具有

---

① 李政权. 检修：管理者自我提升的必修课. 北京：中国经济出版社，2007：103.

② 列宁. 列宁全集：第 32 卷. 北京：人民出版社，1958：505.

③ 普列汉诺夫. 论个人在历史上的作用问题//马列著作选读：哲学. 北京：人民出版社，1988：548，536.

吸引力，有利于处理好人际关系。

（4）多面性因素，是指领导者应掌握有关专业知识和技能，而且多才多艺、兴趣广泛，既富有想象力，又有冒险精神。此外，领导者还要有幽默感，使人感到愉快。这一特质代表着领导者才能的广度以及有关的心理品质，既有助于组织目标的实现，又有助于处理人际关系，从而增强领导绩效。

表 7－1　　传统管理者与高绩效领导者的特征比较

传统管理者特征	高绩效领导者特征
管理	创新
复制	起源
维持	发展
集中于系统和结构	集中于人
依赖控制	激发信任
短视	远视
询问如何和何时	询问什么和为什么
关注基本情况	关注整体
模仿	首创
接受地位	挑战地位
正确地做事	做正确的事

3. 领导群体影响因素

领导者的领导绩效高低除了受领导者主体因素影响外，还受领导班子群体素质的影响，领导绩效经常通过领导班子整体绩效的形式表现出来。领导班子的整体绩效包括两个方面：一是组织任务的完成，这是绩效的客观方面；二是组织的持续成长和成员的能力训练、思想及心理培养，这是绩效的主观方面。因此，领导班子内各成员之间是否合理结合，是影响领导者绩效的重要因素，在配备领导班子时，高绩效领导的实现应具备如下三个条件：

（1）领导者要重视并认真抓好对组织成员的培训、教育工作，以不断提高他们的政治思想、科学文化素养，改进作风。这样，能为各成员之间的密切合作奠定一个良好的基础。

（2）建立科学合理的领导班子，使领导成员之间搭配适当、职责分明，成为一个能力全面、齐心协力的领导集团。

（3）在领导活动中，认真坚持民主集中制原则，把集体领导与个人分工负责有机结合起来，协调地进行工作。

领导活动通过正确处理领导者与领导班子之间的关系，形成作用于客观对象和环境的统一主体。俗语说“一个和尚挑水吃，两个和尚抬水吃，三个和尚没水吃”，在领导班子中，这种“三个和尚没水吃”的现象也并不罕见。领导班子在整个领导活动中是发挥一体化作用的，如果班子内部相互扯皮、内耗丛生，彼此力量抵消，形成不了集体的作用力，就很难对被领导者以及客观环境施加有效的影响。

7.3.2 提升领导绩效的途径

影响领导绩效的因素很多，诸如上述领导目标确定的正确性、领导班子组织结构的合理性、被领导者的积极性、领导者自身素质及主观能动性的发挥、客观环境等，都对领导者取得领导绩效产生影响。提升领导绩效是贯穿领导活动全过程的一条主线，也是领导活动中各种因素综合作用的结果，领导者的个体绩效或领导集团、领导组织的绩效，总体上依赖于两个方面：一是领导者动机和领导者风格；二是领导环境给领导者提供的控制和影响结果的程度。因此，只有积极创造条件，坚持实事求是，一切从实际出发，研究影响领导活动的诸因素间的合理结合和相互作用的规律性，才能找到提升领导绩效的正确途径。具体说来，主要有以下几个方面：

1. 明确组织领导者角色

领导者既作为班子的一员，又作为个人发挥双重作用，而领导者正确的角色意识是提升领导绩效的思想前提。

作为一个领导者必须树立自己的角色意识。刘少奇同志曾经指出，领导者“就是要正确地了解情况，正确地抓住中心，提出任务，决定问题，正确地动员与组织群众来实行自己的决定，正确地组织群众来审查自己决定之实行的情形”①。这就是说，领导者的角色主要表现在：一是要有事业心和责任感，重视贡献，这是作为一个有效领导者必须具备的角色意识。有效的领导者并非为工作而工作，而是为成就而工作。一件工作开始，他首先想到的是我能贡献些什么，比如一位处在企业领导岗位上的领导者，他的主要贡献应该是为企业的健康发展出主意、想办法，去组织、指挥、协调、控制，而不是每天把绝大部分时间甚至全部时间都用于处理日常琐碎事务。第二次世界大战时任过欧洲盟军司令的蒙哥马利说：“极端紧要的是，一个高级指挥官决不应埋头于琐事中。指挥官整天忙于琐事，没有时间精心地深思熟虑，绝不可能制定出高水平的作战计划或者有效地进行大规模的作战行动。”②也正如一位著名企业家所言：“成功的企业家每天必须有80%的时间，处理与眼前生产无关的事情。”重视贡献是一种品德、使命感、责任感的反映，是对事业成就欲望和实现自我价值欲望的表现，一个领导者能经常反躬自问“我能做些什么贡献”，那么他的成就必然是无可限量的。二是要恪守自己的职责。第一，明了三项根本工作，即规划目标、制定决策和选才用人。领导者要适时正确地制定决策，有力地组织实施决策，在此过程中，要使被领导者明确活动的目标、计划和实现目标的措施。第二，明了四项经常工作，即决断问题、联系群众、思想工作和读书学习。不只是领导追随者学习知识并取得信息，关键是领导者本身修炼其行为，改善心智模式，提高创新能力。这要求领导者更多地关心员工，尊重他们，聆听他们的意见，与他们进行交流沟通，创造学习环境和文化。三是不要去直接干预下层的事，因为不同层次的岗位各有自己的职责和权限，如果随意干预下层的工作，一方面会由于浪费自己的时间和精力，而降低工作效率；另一方面又很容易

---

① 刘少奇. 刘少奇选集：上. 北京：人民出版社，2004：354.

② 伯纳德·劳·蒙哥马利. 蒙哥马利元帅回忆录. 郑北渭，刘同舜，译. 上海：上海译文出版社，1982：71.

给下级造成被动局面，搞乱正常的工作秩序。四是充分有效地利用时间。德鲁克认为，有效的管理者不是从他们的任务开始，而是从掌握时间开始。一个精明的领导者，不仅懂得自己的全盘工作中何者为先，而且不会分散注意力，能够把这种先后工作程序贯彻到底，使之获得成果。领导者要珍惜时间，要做领导者该做的事，要务正业、抓大事，能够分清工作的主次，根据工作主次和轻重缓急，具体安排力量，做到人与事的合理组合，把自己的精力集中于主要领域。如果不分主次，事必躬亲，势必造成事倍功半，贻误时效。

2. 规划组织远景目标

在组织建设中，有人做过一个调查，问组织成员最需要领导者做什么，70%以上的人回答希望领导者指明目标或方向；而问领导者最需要成员做什么，几乎 80%的人回答希望成员朝着目标前进。① 从这里可以看出，规划远景目标是组织中所有人都非常关心的事情。所谓远景，即由组织内部的成员所制订，通过组织讨论并获得组织一致的共识而形成的大家愿意全力以赴的未来方向。一个组织完整的远景陈述应该包括：组织的核心价值观、核心目的；10—30 年的远大的、富有挑战性的目标；对目标达成后的组织描述。组织远景目标表明了组织存在的理由，能够为团队运行过程中的决策提供参照物，同时能成为判断组织进步的可行标准，而且为组织成员提供了一个合作和共担责任的焦点。

领导者作为组织的一员，在规划和制订组织远景目标的过程中，主要扮演“过程顾问”和精神支柱角色，营造良好的氛围并加以引导。领导者要使整个过程像一次充满科学性的探索，人人都加入其中寻找正确答案。许多管理学家，像美国学者卡岑巴赫和英国学者安德鲁·莱都认为，“直接由上对下的目标，通常维持不了多久。邀请组织成员共同制订目标虽然费时，但结果肯定物超所值”。关于共同制订的方法，彼得·圣吉在《第五项修炼》中提出了“深度汇谈”与讨论相结合的方法。“深度汇谈”的目的是要超越任何个人的见解和想法，讨论是“深度汇谈”必不可少的搭配。在共同制订和规划组织远景目标时，用“深度汇谈”来分析和探究问题，用讨论来做最后的决定。②具体来说，应从以下几个方面着手：

（1）对组织进行摸底。对组织进行摸底就是向成员咨询对组织整体目标的意见，从而广泛地获取成员对组织目标的相关信息。这非常重要，有利于领导者立足现实，高效率地利用现有的人才资源完成目标。

（2）对获取的信息进行深入加工。在对组织进行摸底收集到相关信息以后，应就成员提出的各种观点进行思考，考虑他们提出的观点，以缓解匆忙决定带来的不利影响，正所谓“做正确的事永远胜于正确地做事”。

（3）与组织成员讨论目标表述。与成员讨论目标表述是将其作为一个起点，通过成员的参与而形成最终的定稿，以获得成员对组织目标的承诺。虽然很难，但这一步的确是不能省略的。

（4）确定组织目标。通过对组织摸底和讨论，修改目标表述内容以反映组织的目标责

---

① 李改伟. 如何为团队树立共享目标. 人才资源开发，2006（4）.

② 朱其权，蔡厚清. 高绩效团队目标的制定. 现代企业，2005（9）.

任感。求同存异地形成一个成员认可的、可接受的组织目标非常重要，这样才能获得成员对组织目标的真实承诺。

（5）在确定组织远景目标以后，尽可能地对目标进行阶段性的分解，树立一些过程中的里程碑式的目标。一个远景目标可以分解为三到五个具体目标，具体目标应在列出的所有目标中进行选择。成功的领导者习惯于规划一个令追随者追求的远景目标，并将它转化为大家的行动。目标是构成成功的砖石，除非领导者规划和制订了确实、固定、清楚的远景目标，否则就不会察觉到内在最大的潜能，就永远只是“徘徊的普通人”中的一个——尽管付出了极大的努力。

案例 7－2

明确目标为吉锐敲开成功之门

吉锐总经理李海涛认为，吉锐迅速成长在于明确了目标，选择了自己擅长的、具有广阔前景的行业，选对了企业的发展方向。目标在某种程度上决定了企业能够走多远、长多大。触摸屏已成为一个潜力巨大的产业，其技术对未来的信息社会具有重要的战略意义，而在中国，才刚刚起步。虽然国内许多公司也通过学习、吸收国际大公司的技术、产品，创造出了自己的品牌，但真正掌握触摸屏控制器技术的却是寥寥无几。这可能也归结到国内许多厂家仅仅将触摸屏当作边缘产品，并没有深入地钻研下去，它们的方向转入到了多媒体应用和开发方面。选择触摸屏作为公司的主产品，李海涛认为，是吉锐准确把握时代进步脉搏的体现。“之所以选择触摸屏作为我们的主产品，除了市场需求、自身的技术能力对应外，我们还想证明，中国人也是可以站在世界尖端的。”有了明确的目标、清晰的思路，吉锐接连在研发、生产和销售上取得了不俗的成绩，拥有了触摸屏核心技术的多项国内外专利，为我国触摸屏行业开始走上自主研发、生产的道路带来了一个新的开始。如今，吉锐把它的目标瞄准了 3 年后成为全球一流、最具竞争力的触摸产品供应商，在全球高端触摸屏市场占有率达到 20%。

资料来源：成功领导人素质三：明确目标．科技创业，2004（12）.

3．培育学习型组织

按组织的发展历史，可以将组织的类型概括为两种：一种是“等级权力控制型”，如官僚制体系组织，另一种是“非等级权力控制型”，如学习型组织。随着工业经济时代进入知识经济时代，“金字塔”式的等级权力控制型组织结构已越来越不能适应瞬息万变的市场经济条件下激烈竞争取胜的需要。因此，从 20 世纪 60 年代开始，西方国家的管理学家、企业家都在探寻一种能适应知识经济时代发展要求的新的组织类型，在这种时代背景下，学习型组织理论便诞生了。该概念是由美国哈佛大学弗瑞斯特教授提出，由他的学生彼得·圣吉博士完善的。圣吉认为，学习型组织是一种不同凡响、更切合人性的组织模式，它由学习团队形成社群，有着崇高而正确的核心价值、信念与使命，具有强劲的生命力与实现梦想的共同力量，不断创新、持续蜕变。

圣吉还提出了学习型组织的模型，即个人熟练、心智模式、共同愿景、团队学习和系统思考。这种模式规定学习型组织必须具备五个特征：有一个人人赞同的共同构想；在决策和工作中，抛弃旧的思维方式和常规程序；作为相互关系系统的一部分，成员对所有的组织过程、活动、功能和环境的相互作用进行思考；人与人坦率地相互沟通；人们抛弃个人利益和部门利益，为实现组织的共同构想一起工作。①

只要领导者创建的组织比较切合人性，就是在建立学习型组织。学习型组织强调的是，有效的领导者不只是掌握更多的知识，更重要的是要知道如何使用知识，使之变为价值，也就是说学习型组织的领导者仅仅知道现代管理理念是远远不够的，他们更应该关心启迪人的智慧、人的创造性与积极性，重要的设计工作包括整合愿景、价值观、理念、系统思考等，重在提升组织的创造能力和适应环境的变化能力。

“学习型组织的创建是一种艺术，是一种调动人性潜能的艺术，是一种启发、启迪、激发人的智慧的艺术。只有通过民主、平等、宽容、激励、互动的方式才能逐步演进、升华。”② 迈克尔·马奎特也曾指出，“在新的知识经济时代，所有公司中各个层次上的员工都将面临着捕获知识、开拓创新、勇于实践、超越自我的挑战；领导者的工作将是创造一个让员工增长并运用知识的环境”③。在这里，马奎特认为组织的结构应该建立在学习需要的基础之上，应该在最大程度上促进和支持组织学习。僵硬的边界、臃肿的机构、官僚的作风、办公室政治等传统组织结构的弊端会严重扼杀组织的学习，制约学习型组织的形成。

可见，学习型组织的物质环境与文化环境的优劣会影响其学习的质量与数量，创建学习型组织应重在对学习型环境的营造。先要充分地授权，建立领导者和追随者的沟通和信任。在知识经济时代，组织所处的环境变化越来越快，组织所面临的问题也越来越复杂，没有人能具备长期成功经营组织所需的各种才能，领导者必须通过其他人来共同完成工作。授权可以帮助实现共享领导，建立领导者与追随者之间的信任，追随者感到受到重视，表现出更高的工作满意度和内在激励效应，增强了自主管理能力，从而能够对面临的问题做出积极的反应，不再依赖领导者来解决问题，懂得发挥自身的创造力，使得组织更加柔性化。有良好的环境支持，授权就会进行得更加自然。组织甚至有必要迅速开发出柔性而相互信任的关系，因为一方面信任是组织内部和组织之间社会互动的最根本的前提条件；另一方面，信任也是组织的重要资源。因此，领导者想获得高绩效必须要平衡授权和信任这两者之间的关系。《高效率者的七大习惯》一书作者斯蒂芬·卡维指出，人际关系中存在着“情感银行账户”，通过其影响可以帮助相关者成长。④ 组织亦然，领导者首先要信任追随者才能取得追随者的信任，信任和领导者的高绩效是相辅相成的。高绩效领导者应与组织共享决策的责任，而不是专制地将命令强加于追随者，或者是严密监督追随者执行。其次是鼓励组织成员之间的充分沟通交流。良好的交流是建立在合作的基础之上

---

① 高正平. 对学习型组织的冷静思考. 企业管理，2004 (3).

② 彼得·圣吉. 第五项修炼：学习型组织的艺术与实务. 郭进隆，译. 上海：上海三联书店，1998：8.

③ 迈克尔·J. 马奎特. 创建学习型组织 5 要素. 邱昭良，译. 北京：机械工业出版社，2003：12.

④ S. Covey. Seven Habits of Highly Effective People. New York：Simon & Schuster Sound Ideas，2000：5.

的，要允许不同的意见和看法存在，并且充分考虑对方的感受。在良好的交流中，组织成员学会互相尊重、信任和欣赏，从而有助于信息和知识的完全流动。因此，学习型组织不是简单地强调对知识的学习，而是一种全新的管理理念和组织运行机制。学习型组织需要组织成员共同参与建立，通过共同学习和工作来建立信任与默契，衷心渴望实现的目标才会更加明显并趋向一致，这也是圣吉把“对话”置于学习型组织最重要的地位的原因。在交流中，每一个人都要积极参与，表达意见，互相影响，非正式的领导也会自然而然地产生，无形中实现领导的共享。

在这样一个开放、共享的环境中，领导者的力量将会以难以想象的方式壮大起来，推动组织不断突破成长的极限，保持持续发展的态势，真正实现组织的领导者与基层工作人员的平等对话，将成员凝聚在一起，激发他们追求卓越和主动、真诚献身的热忱，通过共同学习发挥组织成员自主性、创造性，从而造就组织强大的生命力。在这一过程中，组织中的每一位成员都怀着共同的愿景，共同追求心灵的成长和自我实现，从真正的学习中体验工作与生命的意义，从而带来整个组织的成长与进步。

4. 提升领导技能水平

领导者能力的高低对领导绩效影响极大，因此在选配或任命领导者时，必须准确鉴别领导者学识才能的优劣，这是提升领导绩效的基础。一般来讲，领导能力包括战略能力、组织能力和管理技术三个部分，三者对领导绩效有不同的影响。战略水平对组织目标正确与否和绩效高低的影响至关重要。领导者的组织能力和管理技术虽不产生直接的绩效，但对班子运作效率的影响是巨大的。因此，正确的和高水平的战略目标，加上良好的组织能力和管理技术，是促进领导活动高效运作的综合能力要求。马克斯·韦伯曾认为，领导者应当具备三种最基本的能力：一是热情，也就是对事业有全身心投入的敬业精神；二是责任感，在行动目标没有实现时决不罢手；三是正确的判断，也就是能够保持平常心，在现实面前镇定自若，能够拉开自己同周围事物之间的距离，有超然物外、反观自身行为的能力。①当然，对领导能力的概括有许许多多，领导活动中要实现高绩效，就必须提高领导者自身的基本能力：

（1）知人善任的用人能力。一个有效的领导者知道自己能够做些什么，作为领导者在这方面的能力非常重要。做到这一点要处理好亲与贤、德与才、长与短、职与能的关系。因为要实现既定的目标，领导者靠自己一个人是不行的，必须充分调动追随者的积极性，发现并利用自己的长处、追随者的长处以及环境情势的长处。领导者还必须对下级组织系统的反馈意见予以足够的关注，尊重下级组织或追随者的正确意见和合理建议，容忍不同意见并耐心作出解释，这对于领导者提升领导绩效是起着决定作用的。

（2）高明的组织能力。领导者组织能力包括计划能力、决策能力以及指挥管理能力，这正是综合判断能力、魄力和随机应变的能力。领导者如果具备了高明的组织能力，就可在繁杂、困顿、仓促、多变的情况下迅速组合众议，制定决策，发号施令，使整个工作有效而正常地运转。通常情况下，一项有效的决策，不是在众口一词的基础上达成的，而是

① 克劳斯·M. 莱辛格. 关于消除贫困与尊重人权的十点思考. 国际社会科学杂志（中文版），2005（2）：129-130.

在意见纷纷的情况下做出的正确抉择。有效的领导者能够充分调查研究，掌握信息，在听取不同意见的基础上，有能力判别是非，集中正确的意见，做出合理的决策，确立正确的目标，这是提高领导绩效的根本所在。

（3）应对矛盾的协调能力。领导活动中关系纵横交接，既有人与人的关系，又有物与物的关系，还有人与物的关系。一个有能力的领导者，无论处于任何复杂多变、千难万险的境地中，都具备应对能力以及从容、沉着、智慧、驾驭全局的风度，协调人们的需要和动机，以实现一定范围内的相对一致性，在客观条件适宜时当机立断，使组织获得发展，这对于提升领导绩效来说，是相当重要的。

（4）勇于开拓的创新能力。这是领导者提高领导能力的重要途径。领导者不仅自己要有开阔的眼界、创新的思维，更要善于创造让每一个组织成员发挥个人才能的机会，激励组织成员积极进取、勇于开拓，在实践中探索，大胆闯新路，把实干精神与科学态度结合起来，边实践、边总结、边提高，任何实践都必有曲折和坎坷，但有志者事竟成。江泽民说：创新是一个民族进步的灵魂，是一个国家兴旺发达的不竭动力；一个没有创新的民族，是难以屹立于世界民族之林的。我们所处的时代，是信息、科学技术日新月异、迅猛发展的时代，任何思想保守、不思进取、满足于现状者，都将被时代所淘汰。领导者由于其地位和作用，更应该具有开拓创新的能力。习近平总书记强调："党员干部一定要加强理论学习、厚实理论功底，自觉用新时代党的创新理论观察新形势、研究新情况、解决新问题，使各项工作朝着正确方向、按照客观规律推进。"①

（5）得体的表达能力和较强的"外交"能力。言谈有的放矢，注意针对性，要深入浅出，浅显明晰，注意语言的通俗性，使大家听得懂，易于接受。联络广泛、善于交往也是一个领导者的必备素养。在交往中，要坚守诚信这一社会人际关系的共同规范和行为准则。

知识库 7－5

美国艾奥瓦大学 R. L. Mooney 博士提出创新性主管具有的特质：

愿意放弃眼前的利益和舒适以换取长远目标的成功；对现状不满足，不愿意受习惯、环境的束缚；勇于认错，并能向经验学习；为了忠于客观事实，不惜与人对立，以自己作为竞争对象；对权威无惧无怨，且不主张权威主义；有远大的抱负，为内在的动力所鼓舞；相信幻想和白日做梦并不是浪费时间；总有许多问题和工作，时间总不够用；等等。

资料来源：企业管理百科全书：上册. 北京：中国科技文化出版社，2005：560.

5. 改善领导行为模式及风格

要调动追随者的积极性，使其在领导活动中处于积极主动的地位，领导者必须改善自己的行为和风格，要以"公仆"的姿态出现在追随者面前，关心他们，为他们谋利益。毛泽东曾经指出，领导者要实现自己对追随者的领导，必须具备的条件之一，就是代表追随

① 习近平在中央党校（国家行政学院）中青年干部培训班开班式上发表重要讲话强调 筑牢理想信念根基树立践行正确政绩观 在新时代新征程上留下无悔的奋斗足迹. 人民日报，2022－03－02（1）.

者的利益，给以物质福利和政治教育。只有这样，才能使追随者在领导活动中处于积极主动的地位，积极主动完成自己的工作。毛泽东还说："群众齐心了，一切事情就好办了。马克思列宁主义的基本原则，就是要使群众认识自己的利益，并且团结起来，为自己的利益而奋斗。"① 不管领导绩效如何复杂，归结到一点就是能激发群众的主动性、创造性的领导者就是有效的优秀的领导者，正如韩非所说："下君尽己之能，中君尽人之力，上君尽人之智。"因此领导者的行为和风格的改善是需要特别加以强调的一个途径。

（1）领导者应当深入群众当中，了解情况，体察民情，加深同群众的感情，从群众中吸取智慧的营养。古人云："善弈者谋势，不善弈者谋子。"领导者必须在"谋势"上下功夫，决不能做做样子，走走形式，要真正解答群众提出的必须解答的问题，真正帮助群众解决实际困难。

（2）领导者必须改进自己的领导风格，不能高高在上，事事以命令方式下达，强制追随者执行，而应该以平等、民主的方式对待追随者。对追随者要信任，让他们参与管理，上下及时交流、沟通信息，有问题民主讨论，这样才能把蕴藏在追随者身上的积极性充分调动起来，使其在领导活动中处于积极主动的地位。

（3）领导者应当正确行使权力，认真履行岗位职责，包括慎重决策，谨慎用人，勤政，廉洁，公正，正直，认真贯彻党和国家的政策和法令，自觉遵纪守法，时时、事事、处处以身作则等，使追随者接受并自觉服从领导者的领导，并和领导者形成一种团结、互助、齐心协力的新型关系。

在领导行为和风格方面，有一种可以对应分析并为人们所感受的类型，就是"举重若轻"和"举轻若重"的不同风格。领导者的举重若轻或举轻若重，在领导活动中有着不同的着力点和不同的绩效表现，对领导局面有着深刻影响。这两种不同类型的风格，可以互为补充、相得益彰。如果我们从更为广阔的历史进程看，举凡面临大转折、大变革、大发展、大决策的时候，我们往往更需要"举重若轻"型的领导者。因为他们对环境的敏感度、对环境的限制与变革的大势以及所需的资源，有做出实际评估的能力。在我国各层级领导结构中特别是在地方领导治理中，这种个人行政力充沛、个性特征明显，具有韦伯说的魅力特质的领导者（包括"准魅力型"领导者）是不少的，其个性魅力给人们留下深刻的印象。但在另一面，由于受儒家传统文化和行政文化的影响，中国各层级领导者大多保持"温良恭俭让"的低调共性和稳健平和的公共形象，遵从一言一行得体、一颦一笑中规中矩的规则。他们竭力消磨个性，追求喜怒不形于色的世故，鲜有性格鲜明的真情流露。他们不仅"讷于言"，而且可能还"讷于事"，避免标新立异，生怕因一时的不慎而招致出风头、不成熟的指责。这种不言自明、无师自通的默契，导致领导行为结构中"有魅力的权威"太少，有一种整体上偏向于呆板、感情麻木的形象定格。

本章小结

本章分三小节介绍了领导绩效内涵及特征、领导绩效评估以及领导绩效的影响因素和

① 毛泽东．毛泽东选集：第4卷．2版．北京：人民出版社，1991：1318．

提升途径。

第一节介绍了领导绩效的内涵及特征，领导绩效是衡量领导者履行其职责的领导能力、领导水平、领导方法和领导艺术的综合性标准，即达成组织目标的领导能力和所获得的领导效率与领导效益的系统综合。领导绩效具有目标性、组织性、多因性、多维性、动态性、基础性和连续性等特征。

第二节介绍了领导绩效评估。领导绩效评估是指为了督促实现特定的预期目标，相关评估主体对领导者实施领导的行为能力、工作状态和结果进行综合考核与评价的活动。领导绩效评估是对领导者水平的量化考核，是检验领导者领导活动有效程度、领导水平高低的有效手段，能够促进领导水平提升，强化领导责任意识，优化领导活动内容。领导绩效评估原则是指进行领导绩效评估时应该遵循的基本准则或规范，具体而言，进行领导绩效评估时应遵循的原则主要有：科学系统原则、客观公正原则、民主公开原则、贡献为主原则。领导绩效评估内容有总体内容与具体内容之分，其中，总体内容包括德、能、勤、绩、廉；具体内容有用人绩效、办事绩效、时间绩效与组织整体贡献绩效。根据领导绩效评估的实质、范围，可以从不同的角度和层次对其加以分类。领导绩效评估程序分为准备阶段、评定阶段、分析阶段、反馈阶段、审定阶段与存档阶段。正确的原则是领导绩效评估得以开展的基础条件，而想要保证绩效评估的有效性则需要科学的评估方法。近年来，随着领导绩效评估工作的发展，评估方法日趋增多，最为常见的领导绩效评估方法主要有：目标对比法、组织考察法、群众评议法、自我述职法以及统计分析法等。

第三节介绍了领导绩效的影响因素和提升途径。第一，领导绩效的影响因素。领导活动是一个组织在开放的环境中运动的过程，涉及面很广，影响领导绩效的因素很多，可以概括为领导目标、主体（指领导者本身的状况）、群体（这里是就领导班子的状况而言）三个因素，其中主体和群体是硬性因素，目标是软性因素。第二，提升领导绩效的途径。通常来讲，只有积极创造条件，坚持实事求是，一切从实际出发，研究影响领导活动的诸因素间的合理结合和相互作用的规律性，才能找到提升领导绩效的正确途径。具体说来，主要有以下几个方面：明确组织领导者角色、规划组织远景目标、培育学习型组织、提升领导技能水平、改善领导行为模式及风格。

关键术语

领导绩效　　领导绩效评估　　领导绩效提升

复习思考题

1. 简述领导绩效的内涵与特征。
2. 简述领导绩效评估的内涵及意义。
3. 简述领导绩效评估原则、分类、程序与方法。

4. 简述影响领导绩效的因素。

5. 针对我国的领导绩效现状，谈谈你对未来提升领导绩效的看法。

本章阅读书目

[1] 李政权. 检修：管理者自我提升的必修课. 北京：中国经济出版社，2007.

[2] 伯纳德·劳·蒙哥马利. 蒙哥马利元帅回忆录. 郑北渭，刘同舜，译. 上海：上海译文出版社，1982.

[3] 彼得·圣吉. 第五项修炼：学习型组织的艺术与实务. 郭进隆，译. 上海：上海三联书店，1998.

第8章

领导艺术

领导人员依照每一具体地区的历史条件和环境条件，统筹全局，正确地决定每一时期的工作重心和工作秩序，并把这种决定坚持地贯彻下去，务必得到一定的结果，这是一种领导艺术。

——《毛泽东选集》第三卷

引导案例

授权

对于一些新上任的管理者来说，权力下放是最难学会的。当他们将一项特别任务交由某位员工去做时，会受到担心和焦虑的折磨，担心该任务是否会被“恰当地”完成。结果，他们常常在任务执行中去检查，甚至当某件事情不能做到与他们认为应该做的那样好时，他们会将它重新接管过来。从长远来看，这种管理者当然会在两方面都是最糟糕的：他们的员工不能在一种积极的气氛中学习工作技能，结果不能最好地发挥其能力；而管理者最终和以前一样有许多事情要做，如果不是更多的话。

另一方面，好的管理者学会了管理与最初授权相伴随的焦虑情绪。他们明白没有两个人在干同一件事时采用同一种方法，因此，如果他们发现其员工用不同的方法去完成任务时不会感到害怕，相反，他们把焦点放在终点上，这个工作完成了吗？最终结果符合标准吗？如果是，便只要人们以一种组织可以接受的态度工作就可以了。如果没有获得可接受的最终结果，这种管理者的反应是与员工讨论并分析形势，找到能够在将来获得成功的培训技能和其他技能。

授权是成功下放权力的钥匙。如果要做的每一步都必须接受检查或被其上级验证，就不可能期望人们自己主动完成任务了。人们会自动提升到对他们所抱期望的高度。如果对他们的期望只达到做得不好的程度，结果就只有不尽如人意。如果给予他们责任使其自主作决定，他们会利用机会做得很好。只有他们具有清晰的目标，并将清楚的价值应用到工作中去，当他们能够为自己的工作做出必要的决策时，人的作用会得到最有效的发挥。

资料来源：尼斯·海斯. 成功的团队管理. 杨蓓，译. 北京：清华大学出版社，2002：111-112.

8.1 领导艺术概论

领导艺术是领导者个人素质的综合反映，是因人而异的。莱布尼茨说过："世界上没有完全相同的两片叶子。"同样也没有完全相同的两个人，没有完全相同的领导者和领导模式。有多少个领导者就有多少种领导模式。钱锦国认为：任何一种管理模式的运用，不可能是要求下属们依葫芦画瓢就可以了，而是需要自上而下使每个负有不同管理职责的人都能对该管理模式融会贯通，在不同环境下为同一个目标而因时制宜、不断改善。

8.1.1 领导艺术的内涵及特征

1. 领导艺术的含义

领导艺术是指在领导的方式、方法上表现出的创造性和有效性。一方面是创造性，是真善美在领导活动中的自由创造性。"真"是把握规律，在规律中创造升华，升华到艺术境界；"善"就是要符合政治理念；"美"是指领导使人愉悦、舒畅。另一方面是有效性，领导实践活动是检验领导艺术的唯一标准。领导艺术主要包括：决策的艺术、创新的艺术、应变的艺术、指挥的艺术、抓总的艺术、统筹的艺术、协调的艺术、授权的艺术、用人的艺术、激励的艺术。

领导艺术有规律可循，这些规律就是领导行为模式。领导模式就是领导方法。哪位领导者在错综复杂的矛盾中抓住了主要矛盾，他就能把领导艺术演绎得出神入化。例如，牵牛要牵牛鼻子，十指弹钢琴，统筹兼顾，全面安排，这些就是所谓的模式化。

知识库 8-1

毛泽东曾做过这样一个比喻："我们的任务是过河，但是没有桥或没有船就不能过，不解决桥或船的问题，过河就是一句空话。不解决方法问题，任务也只是瞎说一顿。"为了过河需要造桥或船，讲的是方法。而在什么地方造桥或船，造什么样的桥或船，之后又怎样过桥，怎样乘船，便是艺术问题。

2. 领导艺术的特征

(1) 经验性与科学性的统一。领导艺术具有很强的实践性，以一定的科学知识为基础，反过来又以自己的经验总结丰富和发展领导科学知识。因此，领导艺术具有科学性，更彰显其经验性。

(2) 原则性与灵活性的统一。原则是行事的根本遵循，也是领导者处理各种问题的指导思想。领导者在处理问题时并不是一成不变的，而是坚持具体问题具体分析，对领导原则加以灵活运用，将原则的普遍性应用于解决各种问题的特殊性。

（3）共性与个性的统一。领导者在实践活动中总是要运用一定的知识和经验，而这知识和经验是无数人通过实践证明具有普遍指导价值的原则和方法，体现为领导艺术的共同基础、共性特征。但是由于个人的素质、阅历、知识结构等各不相同，领导者运用这些原则和方法便会表现出不同的风格、不同的技能技巧，体现为领导艺术的个性内容、个性特征。

（4）规范性与创造性的统一。领导工作既要求创新，又要求稳定。领导艺术不是对已有方法的机械的、简单的运用，而是在坚持规范性原则的基础上体现一种层出不穷、丰富多彩、构思新颖、风格独特的技艺。正因为这种创造性，领导方法才不断更新、丰富和发展，领导效能才越来越显著。

（5）明晰性与模糊性的统一。模糊性是指对事物之间的关系难以用定量的方法描述或单纯用定性的方法分析，处于“模糊区间”。艺术的魅力就在于它的模糊性，领导艺术也不例外。但领导艺术的模糊性不是糊涂性，它仅仅是对于不需要清楚的不苛求清楚，不必量化的不苛求定量而已，模糊的背后仍然蕴含着客观规律的科学性和条理性，绝非无原则、无规矩地任意妄为。

3. 概念区分

（1）领导艺术与领导方法。

领导方法和领导艺术都是领导学的重要内容。需要区分的是，领导方法是领导者实现领导、完成领导任务的方式和手段，它有一定的时限性、条件性和规范性；而领导艺术则是建立在一定经验基础上高超、科学的领导技能，是对领导方法巧妙应用的结果。总而言之，领导方法是领导艺术的基础和前提，领导艺术是领导方法的延伸和升华。

知识库 8－2

关于领导艺术究竟应该有多少种，可谓仁者见仁，智者见智。现今关于领导艺术的论述主要的维度有以下三个：

（1）领导者履行职能的艺术。主要包括：领导者维护权威的艺术；领导者运用权力的艺术；领导者拍板决策的艺术；领导者激励下属的艺术；领导者指挥命令的艺术；领导者分派任务的艺术；领导者沟通的艺术；领导者搞好班子建设的艺术；领导者检查指导工作的艺术；领导者考核下属的艺术；领导者执行纪律的艺术等。

（2）领导者提高工作有效性的艺术。主要包括：领导者识人选人的艺术；领导者凝聚人心的艺术；领导者表扬下属的艺术；领导者批评下属的艺术；领导者管好另类的艺术；领导者留住员工的艺术；领导者提高工作效率的艺术；领导者提高语言能力的艺术；领导者召开会议的艺术；领导者进行谈判的艺术；领导者处理突发事件的艺术。

（3）领导者协调人际关系的艺术。主要包括：领导者适时用度的艺术等。

（2）领导艺术与领导技术。

领导艺术是需要靠个人素质在不同的环境条件下发挥不同的作用，是依赖每位领导者的综合素质而发挥出来的领导特质。而领导技术，则是领导者通过实施一些领导方法和手段，以获得良好管理结果的行为。例如，以电子计算机为中心的现代领导工作手段（如决策活动、考评活动、调查研究中的统计活动等）是领导技术，它与领导者自身的创造活动是完全不同的，作为领导科学组成部分的领导技术，只能为常规领导提供一些先进的技术手段，不能代替领导者的创造性活动。所以说，领导艺术并非领导技术。

（3）领导艺术与领导权术。

“权术”为统治阶级所掌握，是为统治阶级的少数人服务的，是暗地里进行的。而领导艺术正好与此相反，领导艺术是领导者在领导活动中从具体的客观环境出发，在其自身拥有一定的知识、经验和素质的基础上，正确运用领导理论来灵活、创造性地有效处理问题的才能或技巧。领导艺术强调“领导就是服务”。领导艺术与玩弄权术的基本区别就是在行使领导权力时，能否正确维护社会道德、自觉接受道德规范的约束。

8.1.2 领导艺术与领导科学的关系

领导工作是一门科学，也是一门艺术。领导工作是受领导活动规律所制约的客观条件和个人因素的高度结合，领导者丰富多彩的个人艺术只有通过领导活动的客观条件所提供的舞台才能表演出来。随着现代社会经济、文化、科学技术的高度发展，任何组织和群体要有效地进行活动，顺利地实现既定的目标，就必须实施科学的领导。

领导科学与领导艺术是辩证统一的。领导艺术具有创造性、非规范性、非常规性、灵活性、运用时的针对性等一系列特点。这些特点是领导艺术在领导科学的基础上形成和发挥作用的。领导艺术的作用又能不断地丰富和发展领导科学的内容，因而领导艺术又成为领导科学的基础。领导艺术与领导科学二者互为发展的基础，又共同以领导实践为基础并作用于领导实践。

领导科学与领导艺术又存在着区别。

第一，领导科学是一门研究领导活动的规律、原则和方法的学科。领导科学产生的标志是决策工作的专门化、咨询工作的专业化。领导艺术是指建立在一定知识和经验基础上、非规范化、非程序化、非模化、非定量化、创造性的领导方法、方式、技能和技巧。领导艺术是领导者的知识、智慧、才能、胆略、经验的综合反映，表现为领导者创造性、灵活性地运用已经掌握的各种知识和领导方法，具体分析各种复杂因素，妥善解决领导工作中实际问题的一种综合能力，是领导者素质的重要体现，贯穿于领导过程的始终。

第二，领导科学可以用量化的方法进行理论探讨，领导艺术尽管在特定情况下也能量化，但是主要以主观能动性发挥的程度为主要标准。

第三，领导科学可以程序化、规范化、格式化；领导艺术是非程序化、非规范化的，是随具体情况的变化而不断变化的。

第四，作为一门科学，领导科学具有较强的逻辑性；领导艺术则富有灵活性和创造性。

第五，领导科学所做的假设可用试验证实和修改；领导艺术则是用感官的直觉直接作出判断。

第六，领导科学注重理论的创新和对实际领导工作的总结；领导艺术更多关注领导过程中实际领导方法和手段的运用。

8.2 领导授权艺术

领导者的职责是引领而非运营，在任何一个组织内，领导者的职责都是最大限度地调动各个方面的资源，联合各个方面的力量，齐心合力地实现组织的目标。著名的领导学大师约翰·科特就提出，领导者的作用在于聚集群众，树立目标，激励群众。领导者没有三头六臂，不能事必躬亲，而领导者又必须对每件事承担自己的领导责任。从培养下属的角度而言，要想让下属能够独当一面，也需要领导者放权。实践出真知，在实践中能够锻炼一个人真正解决问题的能力，只有把下属放到实践中，并授予足够的权力，才能培养其解决问题的能力。也就是说，只有通过授权，才能最充分发挥下属的主观能动性，使其用激情去工作，为组织创造更加美好的未来。

案例 8-1

关于领导者的授权，让我们先来看一个小的例子。在艾森豪威尔任美国第 34 位总统期间，并不显得那样日理万机，他甚至给人的感觉总是很悠闲。我们先来看一个他的日常生活镜头：

一次，艾森豪威尔正在打高尔夫球，白宫送来急件要他批示。总统助理事先已经拟定了“赞成”与“否定”两个批示，只待他挑出其中一个签名即可。谁知艾森豪威尔只是简单地看了一下后，就在两个批示后各签了名，说：“请狄克（即当时的副总统尼克松）帮我批吧。”然后，就又若无其事地打球去了。

资料来源：洁岛．授权．北京：中国言实出版社，2005.

但就是这样一位“懒”总统，却领导美国迎来了历史上最为和平安定的时期，创造了美国历史上空前的繁荣。

在很多领导者的内心深处，有着一个根深蒂固的思想——大丈夫不可一日无权，自己即使当上了领导者，也要事必躬亲，好像如果不这样，就不是一个负责任的领导者。可想而知，这样做所导致的直接后果就是，他所领导的组织变成了救火队，领导者变成了救火队长，组织成员变成了救火队员，哪里出现问题哪里就会出现管理者指挥救火队员灭火的身影。从表面上来看，这似乎能够从一个侧面反映出他是一个好的领导者，为了组织的绩效而身先士卒。其实不然，这样做并不能说明领导者有能力，反而恰恰表明了他是一个平庸的领导者。因为这样做会让领导者忘记本职工作，最终结果是领导者忙得团团转，大事上顾此失彼，小事上漏洞百出，工作效率无从谈起。

8.2.1 领导授权定义

“授权”一词本是西方的产物，在工业革命时期被人们提出，本义是领导者从繁杂的事务中抽身，将手中的权力和任务交给下属去支配和完成，领导者仅提供极少的指导或支持，实现由“管事”向“管人”的转变。所谓领导授权，就是在组织系统内部，领导者将组织和人民赋予自己的部分职务权力授予下级行政机关或职能机构，以便下级机关能够在上级的监督下自主地行动和处理行政事务，从而为被授权者提供完成任务所必需的客观条件。

知识库 8-3

授权的领导风格是否适用，要看该领导者下属的成熟度，用著名学者赫塞和布兰查德的话来说，就是“个体完成某一具体任务的能力和意愿的程度”。如果下属属于有能力且愿意工作者，领导风格适于“授权”；如果下属有能力但不愿意工作，最佳的领导风格应是“参与”，即领导者与下属共同决策，领导者的主要角色是提供便利条件与沟通；如果下属虽缺乏能力，但愿意从事必要的工作，这一类人就是我们常说的“孺子可教”类，他们有积极性，但目前尚缺乏足够的技能，对待这样的下属，领导风格应是“推销”，即同时提供指导性行为与支持性行为；最后一种，如果不幸你的下属是既无能力又不情愿做事的人，你就只好“指示”下属做事了，明确地告诉下属干什么、怎么做以及何时何地去做。

8.2.2 领导授权的目的

1. 领导授权是为了更好地管理

授权的管理体现了责与权的结合，有效的授权管理，必须以明确的目标作为前提。对于领导者来说，一个好的组织，不管其规模大小，必须有成功的领导和有效的授权，可以不夸张地说，领导的至境就是放权，而放权是为了更好地运用权力。

2. 领导授权是为了提高下属的工作积极性

随着现代社会的发展，下属已由过去粗放生产式的体力劳动者转变为具有现代科学文化知识的脑力劳动者，如何调动他们的积极性，使他们自觉地为共同目标而奋斗，是现代领导者提高工作绩效的一个关键所在。调动下属积极性的方法很多，授权就是一种有效的方法。

现代领导工作非常强调职、责、权、利的统一和相符的原则，有权则有责，所有的组织成员占据一定的职位，必须承担一定的责任。要履行职责也就要有一定的职权，职权是尽责的手段。有责无权同有权无责一样，都会导致管理工作的混乱，影响管理工作的效果。

3. 领导者抓大事管全局的需要

领导者之所以必须授权，是因为从组织行为学的角度来看，人的体力、精力是一个递减量，成年之后随着年龄的增长，体力、精力、智力和能力也逐渐衰退。管理学研究表明，人的劳动付出与所得的成绩呈抛物线形，多数人在限度之内，工作出速度，出成绩，能够胜任；如果任务超出了本身能够承受的限度，工作起来往往有力不从心之感。要解决领导者任务多、时间少的问题，行之有效的办法就是授权。只有让直接下级行使一定的权力，不去包办代替和越级处理问题，领导者才能够有时间和精力静心思考一些全局性和方向性的大事。

8.2.3 领导授权的前提

领导者要恰如其分地授权，对授权前的准备工作要心知肚明，关于领导授权的前提有如下几点需要注意：

1. 物色好授权对象

领导者授权的前期准备就是物色好授权对象，首先要考虑的是授权对象的思想品德和工作能力；其次是授权对象对领导者授予权力的接受意愿，若领导者勉强授权，则很难取得成效。

2. 明确授权内容

领导者向下属授权，必须明确哪些权力可以下授，哪些权力不能下授。

知识库 8-4

就一般情况而论，领导者在授权时应保留以下几种权力：

其一，事关区域、部门、单位的重大决策权；其二，监督和协调下属工作的权力；其三，直接下属和关键部门的人事任免权；其四，直接下属的奖惩权。

3. 选择授权方式

（1）目标授权法。韦伯的科层制理论认为，任何组织都有自己的发展目标，这些目标的实现绝不是领导者个人所能完成的，只有将组织的总目标进行必要的分解，由组织内部的各个管理层及部门的所属成员分担一部分任务，并相应地赋予一定的责任和权力，才能使下属齐心协力，努力实现组织的总目标。因此，目标授权法是领导者根据下属所要达到的目标而授予下属权力的一种方法。领导者授权的目的，是通过授权激励下属去实现组织的目标。

（2）充分授权法与不充分授权法。充分授权法既适用于工作重要性比较低而且工作无法完成情况不会导致全盘工作失败的单位，也适用于系统管理水平较高、各子系统协调配合等诸种情况较好的单位。领导者在充分授权时，允许下属决定行动的方案，并将完成任务所必需的人、财、物等权力完全交给下属，准许他们自己创造条件，克服困难，完成任务。充分授权能极大地发挥下属的积极性、主动性和创造性，并能减轻主管领导者不必要的工作负担。事关全局性工作的一些权力，领导者应采用不充分授权的方法。在实行不充分授权时，领导者应当要求下属就重要性程度较高的工作，在进行深入细致的调查研究的基础上，提出解决问题的全部可能的方案，或提出一整套完整的行动计划，经过上级领导者的选择审核后，批准执行这种方案，并将执行中的部分权力授予下属。采用不充分授权时，上级领导者和下属双方应当在方案执行之前，就有关事项达成明确一致的要求，以此统一认识，保证授权的有效性。

(3) 弹性授权法。领导者面对纷繁复杂的工作任务，或对下属的能力、水平没有充分把握，或环境条件多变时，宜采用弹性授权法。弹性授权要求领导者掌握授权的范围和时间，并依据实际需要对授给下属的权力予以变动。例如，单项授权、定时授权。为避免引起下级误解，实行弹性授权时，领导者在授权之前就应当对下属作出合理的解释，以取得下属的理解。弹性授权法分为逐步授权法和引导授权法。逐步授权要求领导者视能授权。领导者在授权前要对下级进行严格考核，全面了解下级成员的德、才情况。引导授权要求领导者在给下属授权时，不仅要充分肯定下属行使权力的优点或长处，以充分激发其积极性，而且也要指出他的缺点或问题，希望下属在工作中克服和避免。

(4) 制约授权法。当工作性质极为重要，或工作极易出现疏漏，领导者不应充分授权；或领导者管理幅度大，任务繁重，无足够的精力实施充分授权，即可采用制约授权的方法。制约授权是在领导授权之后，下属个人之间或组织之间相互制约的一种授权方式。它是领导者将某项任务的职权分解成若干部分并分别授权，使它们之间产生相互制约、互相钳制的作用，以有效地防止工作中出现疏漏。

总之，领导者实行授权应该根据实际情况决定授权方法。但是，领导者无论采取哪一种授权方法，都应具体问题具体分析，使授权真正围绕组织工作目标的实现来进行，以达到授权的目的。

8.2.4 领导授权的原则与艺术

领导授权是由上级主管或权力拥有者授予下属一定责任与处事的权力，使下属在其领导、监督下有相应的自主权和行动指挥权。能有效授权的领导者都讲究授权的创造性和有效性，因为他们在授权过程中都会坚守一定的原则。

1. 领导授权的原则

(1) 对象择优。一般来说，以下类型的人，往往是授权对象：一是大公无私的奉献者，他们做工作从不讨价还价，不计较个人得失；二是办事认真，敢于坚持原则、坚持真理，对错误言行也敢于直言的人；三是勇于创新的开拓者，他们是“实干家”，开拓能力、成事能力很强；四是具有团队精神的人，他们在实际工作中协调能力强，善于理顺人际关系，凝聚力强；五是善于独立处理问题的人，他们善于独立思考，能提出有价值的独立见解，善于处理复杂棘手的问题；六是犯过偶然的、非本质性的错误并渴求改正机会的人。

(2) 授权留责。领导者将权力授予下级后，下级在工作中出问题，下级负责任，领导也应负领导责任，士卒犯错，过及主帅。

(3) 明确责权。领导者向被授权者授权时，应明确所授工作任务的目标、职责和权力，不能含糊不清、模棱两可。

（4）视能授权。领导者向下级授权，授什么权，授多少权，应根据下级能力的高低而定。

（5）适度授权。领导者授权时应分清哪些权力可以下授，哪些权力应该保留。

（6）逐级授权。领导者只能对自己的直接下级授权，不能越级授权。防止反向授权。

（7）监督控制。领导者授权后，对下属的工作要进行合理的也即适度的监督控制，防止放任自流或过细的工作检查两种极端现象。

2. 领导授权的艺术

案例8-2

三国诸葛亮在上后主的《自贬疏》中道："街亭违命之阙，箕谷不戒之失，咎皆在臣授任无方。"诸葛亮忠心耿耿辅助阿斗，日理万机，事事躬亲，乃至"自校簿书"，对此其对手司马懿有评价。司马懿一次接见诸葛亮的使者问诸葛亮身体好吗，休息得怎么样？使者对司马懿说，诸葛亮"夙兴夜寐，罚二十已上，皆亲览焉；所啖食不过数升"。使者走后，司马懿对人说："孔明食少事烦，其能久乎！"果然不久，诸葛亮病逝军中，蜀军退师。诸葛亮为蜀汉"鞠躬尽瘁，死而后已"，但蜀汉仍最先灭亡，仔细分析可知这与诸葛亮不善于授权不无关系。

资料来源：李朝曙．公司权力．北京：中国档案出版社，2005.

（1）正确授权可以减少领导者的工作负担，使领导者不被细小事务缠绕导致身心疲劳，集中精力处理更重要、更大的事务。

（2）正确授权是对下属的一种信任，事无巨细的领导不仅对领导者本人不利，还会让下属感到不被信任，使下属的创造力不能得到充分发掘。

（3）正确授权会调动下属积极性，赋予下属一定的权力是对有权力需要的下属的满足，是一种有效的激励方式。

（4）正确的授权有利于领导者发现人才、锻炼人才、培养人才。

（5）正确的授权有利于团队建设。有利于各级管理者之间、管理者与员工之间的沟通，加强协调，有利于发挥专长，互补不足，提高组织的整体力量。

（6）正确授权有利于避免领导者专断，降低错误决策的风险，减少错误决策的发生，甚至减少错误决策所造成的损失。

3. 授权注意事项

（1）从组织理论的角度来讲，领导者在授权时应该讲究以下艺术：

第一，克服害怕授权心理。领导者往往自以为高明，低估了下属的能力，不信任别人，生怕别人把工作搞糟了；怕下属能力比自己强，将来会夺自己的权，因而处处压抑下属的首创精神。

第二，明确组织目标。领导者必须把所在组织或部门总目标进行科学分析、分解，逐级分配给下属，分步完成不同子目标，最后完成总目标。正确授权很关键的一步是对下属的正确认识，领导者在授权之前必须对下属进行仔细的观察，可通过与被授权者的同事、直接上司、直接下属、客户或朋友的沟通，以及被授权者的自我评价，360度全面认识被授权者的能力、工作成熟度、所处的成长阶段等。

第三，权责相符。授权的前提是明确职责，这也是搞好授权反馈与控制的前提。若是职责不清，各司其事，就会不断发生摩擦，相互“扯皮”或“掣肘”，这是授权的大忌。所以，授权者必须向被授权者明确授权事项的目标和范围，明确被授权者的权力和相应承担的义务及责任，同时还须保证被授权者的权力与责任相一致，即有多大的权力就应担负多大的责任，做到权责统一。

第四，讲究技巧。领导者在授权时必须因时、因事、因人、因地、因境、因条件的不同，确定授权的方法、许可权大小、内容等。如果工作重要性较低或较为简单，可充分授权；如果工作重要或较为复杂，可采用弹性授权的方法；也可根据工作不同，采用即时授权、制约授权等方法。

第五，反馈与控制。为保证下属能及时完成任务，了解下属工作进展情况，领导者必须对被授权者的工作不断进行检查，掌握工作进展信息，或要求被授权者及时反馈工作进展情况，对偏离目标的行为要及时进行引导和纠正。同时，领导者必须及时进行调控。例如，当被授权者由于主观不努力，没有很好地完成工作任务，领导者必须给予纠正，并承担相应的责任；对滥用职权、严重违法乱纪者，应及时收回权力，并予以严厉惩处。

(2) 从管理实践的角度来看：先分权，后授权。

西方管理思想中曾提出，“一个人独享的权力是无效的权力”。权力必须分给下属，才能调动他们的积极性，共同办成大事。历史上有些领导者善于专权而不善于分权，大大地降低了治理的效率，成了社会发展的包袱，不可不引以为戒。

在现代组织管理中，领导者真正授权不是推卸责任，很多组织的领导者没有真正授权，只是做到了分权和分责任，把责任一层一层地剥离出去，而把事关利益的权力留下来，正确的领导授权应该是授权与授责一起进行。

(3) 从组织运行角度把握。

第一，不要只问“懂了吗”。交办事情给下属时，领导者都会习惯性地问“懂了吗”“我讲的你明白了吗”等。许多对细节还不太懂的员工都会反射性地回答“知道”“明白”，他们不想当场被领导者否定。问他“你打算从哪里着手”“你大概打算用什么流程去做”是个好方法，可以测试他到底懂不懂自己该做什么。

第二，讲清楚绩效目标与期限。下属必须了解自己在授权下应达到哪些目标，以及必须在什么时间前完成，才能有基本的行动方向。授权不是丢件事给员工而已，而是要让他知道你期盼些什么，以及完成的期限。

第三，监督、引导授权。授了权不是不闻不问，等着他把成果捧上来。领导者可以不必“紧逼盯人”，但仍要主动注意员工的工作状况，适时给予“这样不错”“那样可能会比较好”之类的意见，才能让他做得越来越稳。

第四，总结授权工作。一次授权结束后，领导者应找下属讨论他这次的表现、检讨改进。领导者也可以请他描述自己在这次过程中学到了什么，再配合自己观察到的状况，作为下次再授权时的参考。

第五，授权不分大小。即使只是一件再寻常不过的小事，都可以“授权”，未必一定要是什么大项目、大计划，才叫“授权”。尤其对于新进员工，从小事授权起，可以训练他们负责任的态度，也帮他们建立自信。

第六，先列清单再授权。领导者可以列出每天自己要花时间做的事，分出“非自己做不可”的事，列出“可授权事项”清单，在此基础上有系统、有条理地授权。

第七，明确授权的限度。有些下属会自作主张，扩张自己获得的授权，做一些超出授权太多的事。因此，最好在授权时交代清楚所授之权的“界限”，防止下属擅自跨过界限。

第八，找正确的下属。对于打算授权的工作，授权对象必须有能力（或至少有潜力）做好，而且有意愿。领导者所指定的人，经验多但未必擅长该项任务，相反，经验较浅、有心学习而跃跃欲试的人可能更为适合。

第九，适度放手。许多领导者授权后还会因为担心而一直追问员工详细的进度，让员工不胜其扰，也觉得“领导根本不信任我”，而没有真正感觉到“获得授权”。与其如此，不如在开始时就交代清楚，然后放手让员工做。

第十，引导下属学习。授权也是一种训练员工的方式。因此，在授权时，要为员工设想“他能通过我的授权学到什么”。如果只是因为你忙不过来，就胡乱分一些杂事给他去做，那或许不能叫授权，只能算是“帮领导打杂”。

总而言之，在现代社会，各级领导者尤其较高层次的领导者，必须学会正确授权，从而减轻工作压力，提高工作效率，使组织能更好、更快地发展。

8.3　领导激励艺术

8.3.1　领导激励的内涵、机制与方法

1. 激励的含义

所谓激励，就是领导者遵循人的行为规律，根据激励理论，运用物质和精神相结合的手段，采取多种有效的方式方法，最大限度地激发人才工作的积极性、主动性和创造性，以保证组织目标的实现。人的行为是受人的思想动机所制约的，而思想动机又来源于人们对社会的需求。

根据美国行为学家马斯洛的需求层次理论，人的需求内容和程度不同，激励的方式也应该有所不同。侧重于物质需求的，宜采用物质方式予以奖励，对上进心、荣誉感很强的人，则通过正面表扬、发奖状、授予光荣称号等方式予以奖励。领导者必须爱护人才、关心人才、帮助人才。

2. 领导激励机制

领导激励机制是为了达到激励下属的目的而采取的一系列方针政策、规章制度、行

为准则、道德规范、文化理念以及相应的组织机构、激励措施的总和。通过这一机制所形成的推动力和吸引力，使下属萌发实现组织目标的动机，产生实现目标的动力，引起并维持实现组织目标的行为；通过绩效评价，得到自豪感和相应的奖酬，强化自己的行为。

3. 领导激励的方法

领导者对下属的激励，主要表现在以下几个方面：

（1）物质激励，主要指工资和资金等物质报酬；

（2）成就激励，主要指工作、事业上取得的成就；

（3）职务激励，主要指晋职与职称晋升；

（4）情绪激励，主要指人际关系和情感。

以上激励方式都仅在某一方面满足下属的某种需要，而下属的需要是多方面的，相互交错和丰富、具体的，因此，必须综合地运用各种激励方式才能达到较好的效果。在综合运用这些激励方式时，领导者还必须考虑到不同下属的不同特点，必须采取灵活多变的政策，因时、因地、因人而异。

用人不疑，保护下属和支持下属，也是一种强大的激励手段，因为人被信任，他就会有一种强烈的责任感，自信心便油然而生。尤其是上级对下属的信任，就是对下属最好的奖赏，它将形成一股促使下级努力工作的强大动力。

8.3.2 领导激励的艺术

1. 目标激励的艺术

目标激励是一种正面激励，是用光明的前途、远大的目标去鼓舞人心、增强斗志。领导者可以为组织成员树立一个或数个明确具体且切实可行的目标，并以此来规范、引导被领导者的行为。有学者认为：目标激励有两个方面的内容，一是树立适中的目标，二是强化组织成员的积极行为。前者是激励的基点，后者是激励的过程；前者是静态的，后者是动态的。

（1）适中的目标。

激励员工一定要树立一个目标，但如果这个目标太高了，就会丧失激励的作用。

由此可见，如果只重视目标的重要性而忽视实现目标的可能性，那么激励作用肯定不会很大。反之，如果只重视目标的可能性而忽视目标的重要性，同样，激励作用也不会很

知识库 8-5

激励作用（用 E 表示）取决于目标的重要性即价值（用 V 表示）和实现目标的可能性（用 P 表示）两个因素的综合作用。用公式表示如下：$E=VP$。

最极端的情况，假定 V 很大，数值为 100，而 P 很小，数值为 0，于是：$E=V\times P=100\times 0=0$。

大。因此，领导者用目标激励员工既要注意目标的重要性又要注意实现它的可能性，要把握好这个度。

(2) 目标要得到强化。

所谓强化就是对趋近目标的行为给予及时反馈、评价、鼓励，对偏离目标的行为给予纠正，对背离目标的行为给予惩罚。目标的强化需要掌握以下三个原则：

第一，及时性原则。组织成员的工作有成绩，领导者就要及时给予鼓励、奖励，以便员工更加努力地工作，更快地达到目标。如果拖了很久才去鼓励、奖励，就起不到预想的效果，造成了激励的断裂。

第二，公正性原则。激励是否有效关键要看是否公正。谁做出成绩就奖励谁，谁做出的成绩大就重点奖励谁。公正不是平均，奖励不能人人有份。有的部门发奖金不根据工作成绩，而是大家得的一样多，虽名其曰"奖金"，实际上根本起不到奖励、激励的作用。

第三，连续性原则。目标强化是个过程，不是一下子就能完成的。组织成员工作积极，有趋近目标的行为应立即给予奖励；接下去组织成员工作干得更好，成绩更大，还应进一步奖励。要用连续不断的奖励和鼓励促使组织成员不断地进步。这就是领导激励的强化作用。

2. 逆境激励的艺术

逆境激励是一种反激励，是用现实的困难、危机、忧患去唤起人心，凝聚斗志。在实际工作中最好根据"先正后反"的激励逻辑，把这两种艺术结合起来运用。

(1) 把难点告诉下属。逆境激励首先要把组织群体面临的困难如实地告诉员工，使他们知道真实的情况和面临的处境，以便凝聚人心，激发下属克服困难的昂扬斗志。把难点告诉下属需注意以下几点：

第一，实事求是，既不夸大也不缩小实际遇到的困难。把困难说过了头，容易使下属泄气；把困难说得太小，则难以引起下属的重视。第二，把遇到的各个方面的困难都一一告诉下属，使他们警醒。第三，讲清面临的形势不仅给组织群体带来困难，同时也给组织群体中的个人带来不利，尤其是要讲清组织与个人的关系，使他们把个人利益与组织利益联系起来，自觉奋斗。第四，要选准时机，太早或太晚都不利于激励下属。第五，注意方式，一般先领导层内后领导层外。

(2) 给下属指出光明之路。毛泽东说过："我们的同志在困难的时候，要看到成绩，要看到光明，要提高我们的勇气。"仅仅把困难告诉下属是不够的，重要的是在告诉困难的同时给他们指出机遇所在，以提高其克服困难的信心和勇气。

(3) 要同舟共济。逆境激励能否成功还取决于领导者、管理人员和普通下属的沟通、团结的效果如何——要让组织成员感到领导者、管理者和自己同在一条战线，处境、心情、命运都是相同的，克服困难的勇气也是一样的。

总之，逆境激励艺术的秘诀就是激起人们的危机感、紧迫感、责任感和使命感，鼓起人们的斗志、勇气、热情和潜力，使领导者、管理人员和下属团结起来，共同奋斗。

3. 工作激励的艺术

工作激励艺术就是将工作本身作为激励的内容、手段，以提高组织成员工作的积极性和创造性的一种艺术。这种艺术不需要物质刺激，也不需要非常高超的激励技巧，经济实用。随着社会的发展和人们自身素质的提高，工作成为人的主要活动，因此利用工作本身进行激励将会变得越来越重要。

(1) 工作的重要性。一般说来，工作的重要性表现在以下几个方面：一是该项工作在全局工作中所处的重要地位；二是该项工作的难度，比如特殊的技能要求，一般人干不来；三是该项工作的特殊性，比如特别艰苦；四是该项工作带来的效益特别大，包括经济效益和社会效益；五是该项工作的关键性。

把以上各个方面的意义告诉下属，他们就能切实感觉到自己的工作是有价值的，自己为组织群体做了独特的积极贡献。

(2) 工作的透明性。工作的透明性是指员工在工作时就知道自己的工作会带来积极或消极的后果、给个人带来的后果和给组织集体带来的后果。这样，员工在工作时就会自觉地调整自己的行为，加大对工作的投入（体力、智能、时间），从而提高自己工作的绩效。

(3) 工作的丰富性。行为科学理论认为，工作本身的丰富性、趣味性能够有效地激励员工的积极性、创造性。领导者可以通过创造舒适的工作场景、多变的工作内容、有趣的工作方式等手段来激励员工。

(4) 工作的全程性。领导者要创造条件让组织成员尽可能自始至终地参与某项工作的全过程。工作的全程性能激发人们的责任感和荣誉感。需要注意的是，要根据工作的性质灵活掌握全程性工作激励的艺术。

(5) 工作的自主参与性。领导者对员工要充分信任，在交代了工作任务和工作原则之后就应放手，让员工有权决定自己工作的方式和节奏。使员工在许可的范围内参与组织管理、决策等活动，使他们有可能自我管理、自我领导，使他们感到自己在人格上和领导者是平等的，以此来激发他们的主人翁意识，从而增强他们的工作积极性、创造性和成就感、自豪感。

4. 榜样激励的艺术

榜样激励是一种行为激励，在古今中外一直都行之有效。许多组织通过榜样的示范来规范、引导下属的行为，从而形成合力，趋向共同的目标。运用榜样激励需要掌握以下几个方面的方法和技巧：

(1) 掌握员工的攀比心理。个人行为是否合情合理，需要有一个判断的尺度。如果已经存在具体的准则和尺度，他就会以这些尺度来衡量自身的行为。如果没有明确的准则和尺度，他就会和周围的人比。换言之，他将以他人的行为作为尺度来衡量、校正自己的行为。通常情况下，人们会和与自己相似的人进行比较，这里的相似包括年龄、职业、性别等。

(2) 掌握下属积极向上的动机。榜样激励是行为激励，而人的行为背后又总是藏有一定的动机，来支配着人的行为。因此要使榜样激励行之有效，就必须掌握下属的内在动机。

经验表明，在一个群体之内处于被领导地位的下属都有一种或强或弱的向上动机。他们愿意向领导者看齐，向领导者学习，愿意在工作中做出出色的成绩，成为整个群体中的佼佼者。

（3）满足下属的正当需要。需要决定动机，动机决定行为，向上动机的背后是人的复杂需要。因此，为了激发下属的向上动机，就必须满足下属的各种正当需要。

组织群体中的人之所以奋发向上，是为了满足自己精神和物质诸多方面的需要。包括赢得其他人的承认和尊敬、实现自己的人生价值、得到更多的报酬。

总之，榜样的作用是示范的、引导的，是柔性的而不是刚性的。领导者要通过树立优秀的组织成员为榜样、通过树立自己为榜样来达到激励员工的目的。

5. 尊重激励的艺术

根据马斯洛的需要理论，一个人在其生理需要、安全需要及归属需要基本上得到满足之后，尊重和自我实现的需要就成了优先需要。因此，领导者只有真诚地尊重下属，才可能激发下属的能力和热情。如同要激励别人必须首先激励自我一样，领导者要尊重员工就必须首先培养自尊——一个自尊、自重的领导者才可能赢得员工的尊重。同样，一个自尊的员工才可能赢得同伴和领导者的尊重。

第一，领导者要“重视”他人。要把注意力从自己身上转移到下属身上，转移到有热情、有才干的第一线的员工身上，承认每一个人的能力和业绩；倾听每一个人的意见、呼声和需求，并及时给予积极反馈。第二，领导者要“慧眼”识珠。要善于发现员工的长处，要善于欣赏、赞扬、鼓励，避免对下属有太多约束、控制、管理和指导，只在员工需要的时候出现，以提供必要的指导、建议、辅导和服务。第三，领导者要有“实际”行动。鼓励员工的自我负责、自我肯定、自我接受、自我激励，使员工的权利、选择、创造和尊严得以保障、鼓励或维护。第四，领导者要有“诚信”品质。领导者要正直诚实，讲信誉，对员工要讲礼貌。做错了事情要敢于承认错误、向员工道歉、敢于承担风险或承担失败的后果。第五，领导者还要有“团队”精神。要善于同员工达成共识，通过“深度会谈”达成“共同的愿景”，让员工切实感受到自己的想法已反映到领导者的决策之中。领导者要善于“挽起衣袖”，与员工一起去分享喜悦、品尝痛苦。

8.4　领导语言艺术

知识库 8－6

在我国古代，选拔官员是以“身、言、书、判”作为最基本的标准的。“身”要求五官端正，彰显官威；“言”就是要会讲话，能表达，不会说话有碍处理政务；“书”是字写得漂亮，这也是一个官员的形象问题；“判”是要求思维敏捷，审判明确。

8.4.1　领导语言的内涵

语言是信息之舟，领导者非但要表达意旨、传输信息，还要依赖于语言开展工作，因此，良好的语言沟通能力是领导者的基本功。

领导的语言能力即领导的口才，杰出的口才是领导能力的重要组成部分，是传递信息的重要工具和交流感情的桥梁和纽带。如果一个领导人谈话枯燥无味，缺乏亮点，不能给人留下深刻的印象，就不能说服别人，因而就当不了领导者。领导语言主要有以下三点功能：

（1）信息传递的功能。但丁曾说过："语言作为工具，正如骏马和骑士的关系，最好的骏马适合于最棒的骑士，最好的语言适合于最好的思想。"语言作为沟通的工具、信息的载体，首先有信息传递的功能。开展工作要时时刻刻借助讲话来传达信息。

（2）激励的功能。古人说："良言一句三冬暖，恶语一句六月寒。""舌头底下压死人。"领导者在一定的场合的讲话，可以发挥明显的激励功能。

（3）塑造形象的功能。孙子说："赠人以言，重于珠玉；伤人以言，甚于剑戟。"一次讲话，可以塑造领导者和组织的形象。注意把握好恰当的时机和场合，做好充分的准备。不讲空话、套话和无关痛痒的话。

8.4.2　领导语言的艺术

语言艺术的最高境界就是它对目标实现完美的服务。领导者的语言表达需要具有更为有效的技巧。理可服人，情亦可动人，技巧的把握是语言沟通艺术的重要体现。

领导者的语言表达主要表现在三个方面：一是与下属的谈话艺术，二是在公开场合的演讲艺术，三是在主持会议等正式场合的说话艺术。作为一名领导者应该时刻注意语言措辞，在不同的场合，运用不同的语言艺术。

1. 领导者与下属谈话的艺术及要求

"听领导者的讲话，只要5分钟就能大致掂量出领导的分量。"讲话可以充分展现一个人的思想水平、认识水平、思维能力和人格魅力。所以，贤明的领导者或有能力的领导者，格外重视提升自己的语言功力，提高自己的语言艺术。

（1）领导者与下属谈话的语言艺术。

第一，核实问题谈话。此类谈话的中心目的是核准问题，为了保证谈话目的的实现，要特别注意要让谈话对象能够客观如实地反映情况，使自己得到的情况真实、可靠、准确、有说服力。进行这类谈话时应掌握好分寸，对一些不便向被谈话者说明的问题，不应随意提出或解答。

第二，任免谈话。任免工作是组织为了保证工作的顺利进行而对领导者进行的升迁和免职的工作。这种谈话，是了解领导者、识别领导者、教育领导者的极好机会，因而，要十分慎重。在进入谈话正题之前，可先拉拉家常，对年轻者可问一下其爱人的工作、孩子的学习、双亲的健康等情况，对年长者可问一下饮食起居、身体状况等。待其情绪稳定后，再提出组织上的要求和希望，使领导者自觉地服从组织上的决定。对提拔职务的领导者要明确指出他的缺点，此时此刻他比较容易接受并能引起注意；对降职、免职的领导者，也要肯定他们的长处和成绩，使这些领导者感到组织上对他的看法是公正的。

第三，考察谈话。考察工作是领导者为了选择德才兼备的人员为组织服务而开展的一项日常工作，即为了对某个领导班子或某些下属进行考察，而同考察对象及有关人员进行的谈话。此类谈话要有所准备，要掌握谈话对象的一般情况，如简历、德才、专长及与考察人的关系等。要明确谈话的范围，这样可以使要谈的问题更加集中，了解更加透彻，力求尽快抓住考察对象德才表现这个核心问题。

第四，批评教育谈话。当下属有违规行为发生时，领导者要给予一定的批评教育。这类谈话以批评为主，同时辅以谈话对象的反馈，即对批评表示接受或反对。批评要做到实事求是、恰如其分，切忌夸大或缩小谈话对象的错误或缺点。如果把问题轻描淡写，则达不到教育的效果；说得过于严重，也可能会激化矛盾，影响谈话的效果。如果谈话中出现双方意见僵持不下的局面，可以暂时中断谈话，以缓和气氛，使双方都冷静下来考虑问题。

第五，了解工作情况的谈话。领导者主动找下属谈话，要以同事的身份出现，有关心下属的诚意和虚心求教的热情，切忌打官腔、摆架子。只有这样，下属才能向你反映真实情况。另外，还要敢于走“冷门”，即敢于登门同犯了错误甚至犯了严重错误的下属谈心，鼓励和支持这些下属振作精神，吸取教训，改正错误，继续前进。

谈话除了讲究方法之外，还应持有正确态度。领导者同下属谈话要注意：一要热情谦虚，不盛气凌人；二要平等待人，不动辄训人；三要以理服人，以情感人；四是既要有原则性，又要有灵活性；五是要有耐心，不怕麻烦；六要注意力集中，表示出对所谈内容的关注。

(2) 领导者同下属谈话的语言艺术要求。

首先，同下属谈话的语言要具有幽默感。幽默本身就是一种艺术形式，它以幽默感来增进与他人的关系。在同下属谈话中，幽默可以成为上级与下级间的润滑剂。这种力量往往是以善意的微笑、委婉的劝诫、含蓄的批评来代替抱怨和指责，进而促使上级同下级的关系更加融洽和谐。

语言的幽默感应注意适度运用，掌握分寸，恰到好处，决不能滥用，使幽默的语言成为庸俗的语言。因此，领导者在谈话中运用幽默语言时应该注意到：幽默虽然是谈话中必不可少的东西，但它绝不是最终目的。领导者谈话的目的是要解决领导活动中的问题，而增强语言的幽默性仅仅是一种手段、一种形式。不能抛开中心议题，信口开河，给人一种油腔滑调、低级庸俗的印象。

其次，同下属谈话的语言要具备说理性。第一，说理要与情感合理交融。由于谈话对象是富有情感的人，在互相尊重、感同身受的基础上，进行理性的教育。情、理必须恰当地结合在一起，不能偏废，不能对立。第二，说理要与人们的合理利益相结合。领导与下属谈话，不能说空话，不考虑对象的实际情况和合法权益。在某些特殊情况下，需要牺牲个人利益时，领导者尤其要以身作则，同时讲明情况，并对这种牺牲精神给予鼓励，而不能简单行事。

最后，同下属谈话的语言要具有丰富的感情色彩。在同下属谈话的过程中，领导者的语言需要有丰富的感情色彩。因为谈话本身就是一种由思想和感情的激荡而产生的行为，这种行为通过语言的表述，或明或隐，或直或曲，终究要表达出内心世界的爱与憎、喜与悲、苦与乐。

2. 领导者的演讲艺术

鲁迅先生说过："无缘无故浪费别人的时间，和谋财害命没有什么区别。"很多领导者重视讲一次话、一次公开亮相的作用，注意追求语惊四座的效果，虽然不一定每次都能达到这种效果，但讲话前显然有必要进行较充分的准备。根据谈话的对象，想好怎样开头，情况顺利怎么说，情况有变化怎么说，怎样才能达到激励的效果。一定要通过讲话，给别人一些有价值的东西。

(1) 演讲的含义。

演讲，即独白式的讲话，就是一人讲、大家听的方式的讲话。具体来说，演讲是指在特定场合，由他人提议或自认为有必要而进行的发言。演讲是领导者常会遇到的事情，它很能体现人的思维应变能力和口语表达水平。如果领导者的演讲水平高，讲到点子上，就能起到激励斗志、鼓舞士气、增进感情、指明方向的作用。

(2) 领导演讲的艺术。

与一般程序性会议讲话相比，演讲有三个明显的特点：非系统、非全面，时间短促，富于创意。领导者怎样才能使演讲达到精彩动人、掷地有声、听众乐于接受的效果呢?

第一，先声夺人，抓住听众。开场白不能平铺直叙、平庸无奇，而要努力做到不落俗套、语出惊人。开头能不能马上抓住听众，往往决定着整个讲话的成败。好的开场白就像一个出色的导游，一下子就可以把听众带入讲话人为他们拟设的情境中。

第二，审时度势，针对性强。领导者在演讲前，掌握与演讲主题相关的方针、政策和情况。所谓针对性，就是从实际情况出发，有重点、有目的地选择话题。领导者应抓住一些带根本性、倾向性和普遍性的问题，认真剖析，从理论与实践的结合上加以概括归纳，把握住问题的实质，将重要的观点、独特的见解、精湛的论述、生动的事例，编织成演讲纲目，使听众在轻松、愉快的氛围中受到潜移默化的教育和启迪。

第三，语言精练，概括性高。演讲常常需要领导者寻找生动、形象、精确、简练的言辞对工作、活动进行恰如其分的肯定或总结，而由于时间较短，这种肯定和总结又往往具有高度的概括性。俗话说："言不在多，达意则灵。"

第四，真挚诚恳，感染力大。演讲时，要求领导者精力旺盛，声音洪亮，感情充沛，真心实意，使人产生共鸣，给人留下良好的印象。

第五，做一个好的结尾。演讲结尾时，更需要有力度，不冗长拖沓，要在言犹未尽时戛然而止，给听众以深刻的印象，留有回味的余地。

3. 领导者在主持会议等正式场合的语言表达艺术

要提高会议的质量，关键要提高领导者讲话的质量。会议不在长短，关键在于讲话和报告有没有起到应有的作用。一次成功的会议要有良好的会议气氛，把握会议气氛是领导者应该掌握的基本功。下面是把握会议气氛的重要因素：

(1) 了解与会者的情绪。人的情绪是心理状态的反映。会议主持者如果能准确地掌握与会者的种种情绪表现，就能适时地调节会议气氛，采取恰当措施，提高会议质量，圆满地实现会议目标。了解与会者的情绪，要学会"察言观色"，比如，会议刚开始不久，就有人松开领带或脱去上衣，这表明与会者轻松愉快，会议可按既定目标加速进程；如果会议进行中有人不停地颤动双腿或以脚击地，则是与会者不耐烦的心理表现，会议主持者应当宜布休息片刻或改变会议形式；如果有人双手抱臂、目光旁观，则表明他对会议议题不感兴趣；如果有人目光盯视桌面，那么表明他在思考着什么，会议主持者不必打乱他的思考，而应在片刻之后启发他发言，有可能会得到高明的主意和宝贵的意见。

（2）注意打破会议的沉默。领导者在开会的时候经常会出现沉默，原因较为复杂。但是有些情况则应引起会议主持者的注意：有的人有好意见却因害怕别人讥笑或不能接受而不敢讲；有的人因会议形成一边倒气氛，怕自己被孤立而不肯讲；有的人担心言多必失，因而闭口不谈；有的人则事不关己，懒得发言；还有的人却“以沉默表示反抗”。会议的主持者应当根据不同的情况采取不同的方法和措施，加以引导或控制。比如：对有顾虑者应鼓励他们发言；对会议意见一边倒的情况，应及时增加民主气氛，解除发言者心理负担；对“事不关己”者和“以沉默表示反抗”的人，应给予激励，密切联系感情，理顺情绪。

（3）把握自己表态和发言的火候。会议主持者自己的表态、发言、引导、插话等，是会议进程的调节器，也是会议成败的一个重要影响因素。对于征求意见的会议，高明的领导者在开场白中并不直接阐述自己的观点，一般是在多数人发言且意见符合自己的意图之后，或在少数人发言且意见与自己的意图相悖之时，才以平静商讨的语气表明自己的态度或阐述自己的观点。会议主持者不宜发言过长，插话过分，更不宜随便打断他人的发言。

（4）注意引导会议上的争论。在会议上出现不同意见的争论是个好现象，说明与会者抱着负责的态度，也说明会议上的民主气氛较浓，此时的会议主持者就要注意正确引导。首先，会议主持者应学会倾听，并且要创造条件让大家讲话。其次，要学会劝说。当某些与会者不同意自己的意见时，会议主持者应当拿出令人信服的论据来证明自己的观点，说服对方改变态度。再次，要学会归纳、提炼。不同的意见并不一定都错，赞同的意见也不一定都对。会议主持者应学会从诸多的意见中，归纳、提炼出其合理、有益的部分，来形成自己的观点。这样，即使原来持不同意见的人，也会在心理上产生“认同”，进而乐意接受你的主张。最后，要善于点拨。当争论到一定程度时，为了不使会议偏离目标和拖长时间，会议主持者应像舵手掌舵一样驾驭全局。通常的做法是，看准机会，对偏离议题或超出正常范围的争论进行插话或评点，以把握正确航向，但语气要平和，内容要准确、精练。

8.4.3　对领导语言的要求

1. 领导语言的基本要求

（1）言之有时。言之有时指领导者讲话要有时间观念，不能信口开河，不知所止。

（2）言之有物。言之有物指领导者讲话要有丰富的内容，总结工作要有数字统计，要有横向和纵向的比较。古希腊的柏拉图说：“聪明的人有话要说才说话，愚蠢的人是为了说话才说话。”

（3）言之有序。言之有序指领导者讲话要讲究先后顺序，先讲什么，后讲什么，怎样开头，怎样结尾，讲话要有逻辑顺序。

（4）言之有理，言之有味。言之有理，就是说话要有道理，站在理上，才有分量。言之有味，就是说话有味道，这是讲话的最高层次，领导者讲话要有自己的风格和特点。

(5) 要善于归纳总结。成熟的领导者都是语言概括的大师，他们概括问题超越时空，切中要害，有很高的水平。

2. 领导者不要轻易表达的语言

(1) 定性的话。比如：你不成熟、你太没水平了、你不行、你根本办不到。这类话太死、太硬、太绝对，失去了回旋的余地。这样的话从领导者的嘴里说出来，容易给人造成比较大的压力。我国有句俗话，“看透不说透，永远是朋友”。

(2) 揭人疮疤的话。比如，你过去怎么怎么样，我还不知道你。揭人疮疤的话，也是指责人的弱点，俗话说，“打人不打脸，骂人不揭短”。

(3) 指责、责难的口吻和字眼。比如：你怎么这样做，你要怎么怎么干；或者你不应该怎么怎么样，我告诉你，要怎么做。这样让对方感到不平等，下面的对话就不能进行下去。当然，气血之怒不可有，理喻之怒不可无。作为一个领导者，当下属严重违反纪律、严重不负责任时，当然要加以斥责。对一些有素质的人或自尊心很强的人，或者是年轻人对年老的人、男同志对女同志要注意言辞。

(4) 煞风景的话。什么是煞风景的话呢？就是话一说出来，下面的谈话或事情就不能进行了，对事情办坏有相当大的变相推动作用。

3. 提高领导语言艺术的途径

斯大林说：“使我佩服的是列宁演说中那种不可战胜的逻辑力量，这种逻辑力量虽然有些枯燥，但是紧紧地抓住听众，一步一步地感动听众，然后把听众俘虏得一个不剩。我记得当时有很多代表说：‘列宁演说中的逻辑好像许多万能的触手，从各方面把你钳住，使你无法脱身：你不是投降，就是完全失败。’”要达到伟人的这种语言魅力，诚然不是一日之功。但只要善于学习，善于积累，善于总结，持之以恒，必然对自己的口才提高有很大帮助。

提高语言表达艺术一般要注意以下几个方面：

(1) 要有勇气和毅力。不仅要敢讲真话，更要善于讲“新话”。心理学研究表明：人的大脑对各种信息的接收是有选择的，往往那些新、奇、特的与自己相关的事最能入耳、入脑。因此，要立足时事热点，抓住社会焦点，讲出新颖的观点，才能抓住听众心理。

(2) 不可小视语言表达的辅助效果。提高语言表达技巧是一门综合艺术。它不仅涉及讲话者的身份、地位，讲话的时间、地点、对象、内容、方式、方法等诸多方面，而且在语言表达的具体过程中，讲话者的形象、态势、风度、格调、语法、修辞等，对增强表达效果也很重要。对语言表达有辅助效果的包括以下方面：

第一，个人仪表和仪态。庄重朴实、富有震撼人心的魅力的讲演与不拘小节、无精打采、有气无力的讲演，其效果是截然不同的。第二，个人气质和风度。良好的气质，是一个人文化素质、文明程度、思想品德、道德情操的外化。风度是内在气质的自然流露。它包含了一个人体形外貌上的总印象。包括饱满的精神状态、受欢迎的性格特征、流利文雅的谈吐、整洁洒脱的仪表，辅之以恰到好处的表情动作。第三，语言层次与节奏。讲话一定要层次分明，格调得体。要层次清楚，首先要思路清晰，熟悉讲稿，把握重点和要领。要注意对语音的把握，掌握必要的发音方法，吐字清晰，干脆利落，不念错别字，不说外行话。在重音的运用上，把强调、突出、强化的字义表达清楚。在语言节奏上，要注意起伏跌宕，快慢有度，变化多样，断句要准确。第四，语言中的语法和修辞。语法是研究句子的结构，而修辞则是增强表达效果的。在讲话中，领导者要做到深入浅出，寓教于乐，把抽象的理论用通俗生动的语言表达出来。一要有严密的逻辑性，不自相矛盾、互相混淆或概念不清；二要符合语法结构，防止别人产生误解和歧义。可恰到好处地运用一些必要的修辞手法，有时可引用一些名言、警句、文言掌故以及谚语、歇后语等，增强讲话的艺术美感。

（3）把握语言表达的几个关键环节。讲话最基本的要求是，使人有所学、所获、所求、所悟，能给人思想认识上以启迪、精神境界上以升华。因此要把握好以下几个环节：

第一，看准对象，有的放矢。在讲话时，首先要考虑听众的成分，并根据讲话对象的文化层次、知识水准、年龄、性别、人数等因素，来考虑自己的讲话角度，把握讲话的理论深度和听众的接受程度，以抓住多数人的视听心理来组织安排，提高讲话的针对性。

第二，区别场合，协调得体。讲话不看对象，好比是"瞎子点灯"；不注重场合，同样是"心猿意马"，甚至还会闹出笑话。正是因为领导者在报告、请示、汇报、演说、谈心、讨论、谈判、表态、贺喜、治丧等众多场合的讲话千差万别，所以讲话时在语言表达的手法、技巧、用词、语气、表情、风度等方面，要协调得体，择机而行。

第三，开场白要一鸣惊人。把握好听众情绪，就是成功的开端。一般来讲，在领导讲话的最开始，听众的注意力比较集中，期望值较高，好奇心很强，把握这个黄金时间讲好开头语是很重要的。要开好头，从常规上讲，一是开头不要讲多余的话，最好是单刀直入，开门见山，把主要内容、主要观点、基本要求和大致事由，用简练的语言告诉大家。二要善于应用新颖的手法，引起群众的好奇。根据内容、环境、场合破除千人一腔的模式，以新颖的开头达到一鸣惊人的效果。

第四，中心突出，扣住主题。讲话不能跑题，不能离开中心，这是讲话的要诀。要善于围绕主题，突出中心思想，尤其是长篇报告和限时讲话，不能东扯西拉，信口开河。要做到中心突出，讲话除了要条理清楚外，还要主次分明，详略得当，对先讲什么，后讲什么，重点是什么，要心中有数，游刃有余。

第五，把握分寸。任何一个领导者，在不同的场合、环境、岗位，所扮演的角色也是不同的，故讲话的分寸也是有讲究的。为此，要善于把握各类情况下自己的身份，地位，讲话的角度、分寸，以及用时多少。注意级别、主次、时间顺序、内容、场合、气氛，诸如这些，在讲话之前，一定要找准切入点，明确自己的身份，讲究讲话的策略，注意讲话的分寸，防止出现不对、不妥、不当、不够等有失分寸的情况。

第六，讲话篇幅要长短适宜。领导者在讲话时，要根据内容、主题、环境、对象、场合、时间等因素，注意把握讲话的篇幅。该长则长，该略则略，该省则省，宜简则简，宜细则细。无论长话或短话，都要注意语言的净化与纯化，善于把握时机和听众的心理。群众所期望的是讲真话、说实话、讲新话、说短话的"话风"。

第七，做好结尾。一篇好的讲话，绝不是虎头蛇尾、前紧后松的。要想达到完美的效果，精彩的结尾很重要。当然，文无定法，结尾的方式很多，能达到言已尽而意无穷的境界，就是好结尾。

8.5 领导平衡艺术

平衡，是一种工作方法，也是一种工作艺术，是领导干部调适能力的具体体现。作为领导干部，面临许多需要辩证把握好的工作关系，既不能非此即彼地简单取舍，又不能置之不理，而必须根据组织的发展、环境的变化审时度势，在两者之间把握平衡，从而推动组织的发展。把握好了，工作起来事半功倍，得心应手；反之，则重心失衡，费心棘手，影响工作质量和效益。可以说，平衡是领导艺术的一个重要方面。

8.5.1 领导平衡的含义及意义

1. 领导平衡的含义

平衡是指事物发展过程中，自身内部以及其与他事物之间的和谐、适度关系。同样，领导平衡的内涵随着领导科学的产生和发展，也有许多探索和研究。

从领导职能的角度看，领导平衡就是使组织内部所有活动同步化和合作化，以便实现共同目标。领导平衡的本质在于增强系统的有序性和功能，以提高组织化程度。从领导活动的过程看，领导者在活动中会遇到各种复杂的“人”或“事”之间的矛盾与冲突，领导者的责任就是平衡各种关系，引导它们向组织目标发展。

综上所述，领导平衡是指领导者为实现既定目标而对其影响因素及相互关系进行合理的配置和调整，使之发挥最佳整体效能的一种领导艺术。

2. 领导平衡与领导协调的联系与区别

领导平衡与领导协调都属于领导艺术的范畴，都是成功的领导者所必须使用的领导艺术。领导平衡不能等同于领导协调，二者有着本质的区别。

(1) 二者的内涵不同。领导平衡是领导者在履行领导职能时，为了平衡与下属的关系和利益而采取的行为。领导平衡是指把握“度”的思想，并把这种思想运用于领导活动中，做任何事不能过与不及，它贯穿于领导者所有职能中。而领导协调是领导者基本职能之一。

(2) 二者提出的时间不同。领导平衡的意义在 21 世纪才逐渐被人们认识到，领导行为不能一味朝着一个方向走，应该原则性与灵活性相结合，整体性与局部性相结合，多做事与少做事相结合，坚决执行政策与变通执行政策相结合，等等。如果一味朝着一个方向走，难免偏颇。领导协调是在西方工业大革命早期提出来的，一般认为协调是领导者的一个必要职能，只有掌握了良好的协调艺术，才能成为一个成功的领导者。

(3) 二者的作用不同。领导平衡在现今社会越来越表现出其应有的作用，其不仅体现在领导协调中，而且表现在领导者的各个职能中，领导平衡具有一定的艺术性，可以说，领导平衡贯穿领导行为的始终，而领导协调只是领导行为的一个环节。

3. 领导平衡的意义

(1) 领导平衡有利于组织和谐、减少内耗和提高组织整体效能。领导活动的根本目的在于提高组织的整体效能。对于任何一个组织来说，其内部的各个分支、各个部门由于工作性质不同，再加上彼此之间由于信息阻塞，受客观外在的影响，都可能出现步调不一致的情况。另外，由于工作态度不同，个人价值观以及事业观的差异，力量发挥的程度也有很大不同，这就会在部门与部门之间、个人与个人之间产生矛盾，甚至还存在着较大的差距。解决这些客观存在的矛盾和冲突就需要领导者进行协调，融合各方面的利益，加强横向联系，使沟通渠道畅通，增进组织和谐，达到行为上的一致。

（2）领导平衡能力是衡量领导水平的一个重要标尺。在领导活动中，有许多摩擦和矛盾是无法避免的，因此，领导者要想顺利地实现组织目标，就必须具有解决各种矛盾的能力，必须具有平衡各方面因素的能力。然而，不同的领导者所受的教育和成长的经历不同，且其天性各异，因此，他们各有所长，能力也各不相同，在人际关系上，有的领导者能平衡各方、左右逢源，而有的领导者却左右碰壁、上下受气、四面楚歌。这虽是领导平衡能力的两个极点，却可以看出平衡能力确实是衡量领导水平的重要标尺。

8.5.2　领导平衡的内容

领导平衡工作普遍存在于一切领导活动之中，类型上具有多样性，根据不同的目的和要求可划分为不同类型。如从领导平衡对象来划分，可以将其分为利益平衡、关系平衡和能力平衡；从平衡的内容来划分，可分为职能平衡、环境平衡、机制平衡和人际关系平衡等。其中都包括两个核心内容，即“工作”和“人际”关系，工作平衡和人际平衡是领导平衡的主要内容。

1. 领导者做具体事情：做多与做少的平衡

经常听到一些领导者口有怨言：“太忙了，太累了!”有些领导者甚至积劳成疾。其中原因固然较多，但之一就是有些领导者工作头绪太多，繁杂忙乱，个人大包大揽，没有处理好做多与做少的关系。在规划、组织和指挥这三件大事上，提高工作效率，合理授权，力争创造出最佳的领导效益来，这才是领导工作的根本所在。

2. 领导决策：原则性与灵活性的平衡

作为一个领导者既要有长远眼光，也要有全局眼光，要懂得局部利益和整体利益、眼前利益和长远利益之间的辩证关系，在必要的时候，要敢于牺牲短期的局部利益换取长远的全局利益。要将原则性与灵活性辩证地统一起来，既不能机械、教条地死抱“定规”不放，也不能搞无原则的妥协变通，应该依据具体客观条件的变化，权衡利弊，做出相应的决策，尤其是要把握好二者之间的“度”。

3. 领导决策：整体与局部的平衡

一般认为，局部与整体是相互依存的，二者缺一不可。一方面，整体统率局部、决定局部，局部隶属于整体，因此，局部要服从于整体，围绕整体而活动；另一方面，整体又是由局部组成的，整体也离不了局部，因此，整体要关心局部，照顾局部，支持局部。

4. 领导执行：坚决执行与变通执行的平衡

领导者在执行政策时，应该利用自身所享有的自主权力，在上级政策允许的范围内，结合下级的特点，来变通执行政策，这样既达到执行上级政策的目的，又使下级能够积极配合，这也是政策坚决执行与变通执行之间的平衡。

在领导活动中，既有坚决执行政策又有变通执行政策。一般认为，应以坚决执行为主，变通执行为辅，二者结合，相辅相成。

5. 领导关系：领导工作关系平衡

领导工作关系平衡，是指领导者在履行领导职能、实现领导目标的过程中，与组织内外相关的人和事在时间与空间上产生的工作关系平衡，包括部门任务平衡、工作时间平衡、政策措施平衡和工作要素平衡等。

首先，部门任务平衡。在领导工作中，由于各种主观方面的原因，各部门所分配的任务及完成任务的进度和质量必然存在差异。有时可能由于局部任务不能如期完成而影响全局，有时可能由于全局的需要而改变部门的任务。作为领导者，必须站在全局的高度，为保证总体任务的完成对不同部门和单位所承担的任务进行平衡。

其次，工作时间平衡。要保证既定的工作任务在一定的时间内完成，就有一个时间协调的问题。工作时间协调的目的，是使时间在各项工作和各个部门之间得到合理的分配和安排，保证时间的充分利用和效率的稳定提高。需要注意的是，要分清工作的轻重缓急、主次关系和难易程度。首先，对工作进行先后排序；其次是科学分配工作时间，可以根据实际情况充分灵活地利用时间。

再次，政策措施平衡。政策和措施是完成任务的重要手段，也是承担工作任务的各部门所拥有的无形资源。由于领导工作发展过程中的各种主客观原因，各部门完成任务的状况会与预期计划产生差异，为保证全局目标的实现，就要根据实际情况进行必要的政策和措施的调整。

最后，工作要素平衡。任何工作任务完成，除信息、组织等无形要素外，还离不开人力、财力、物力等基本的有形要素。必须根据工作任务的具体情况，合理分配各种要素，使之在质量和数量的配置上达到最佳状态，从而保证领导活动整体效益的最佳化。

本章小结

本章分五个小节来介绍领导艺术的内容和相关表现。

第一节是领导艺术，首先介绍了领导艺术的内涵和特征。领导艺术是指在领导活动过程中，建立在一定知识、能力、经验基础上的非规范性的、富有创造性的、给人以美感的领导技能。领导艺术的特征有：经验性与科学性的统一、原则性与灵活性的统一、共性与个性的统一、规范性与创造性的统一、明晰性与模糊性的统一。其次介绍了领导艺术与领导方法、领导技术、领导权术这三个概念的区分。最后介绍了领导工作既是一门科学，又是一门艺术。领导工作是科学和艺术的结合，它们之间既有区别，又有联系。

第二节是领导授权艺术，首先介绍了领导授权是指领导者连续不断地进行分权领导的过程。领导授权是为了更好地管理；领导授权是为了提高下属的工作积极性；领导授权是领导者抓大事管全局的需要。在授权时要做好准备，物色好授权对象、明确授权内容、选择授权方式。其次强调在领导授权时要遵循以下原则：对象择优原则、授权留责原则、明确责权原则、视能授权原则、适度授权原则、逐级授权原则、监督控制原则。值得注意的是，在授权过程中，必须注意先分权，后授权。

第三节是领导激励艺术，介绍了领导激励是指领导者遵循人的行为规律，运用物质和精神相结合的手段，采取多种有效的方式方法，最大限度地激发人才工作的积极性、主动性和创造性，以保证组织目标的实现。主要分为：目标激励、逆境激励、工作激励、榜样激励、尊重激励等。

第四节是领导语言艺术，首先介绍了领导的语言即领导的口才，杰出的口才是领导能力的重要组成部分，是传递信息的重要工具和交流感情的桥梁和纽带。领导者的语言有三个功能：信息传递、激励、塑造形象。其次说明了领导者的语言表达主要表现在三个方面：一是与同事、下级的谈话艺术，二是在公开场合的演讲艺术，三是在主持会议等正式场合的语言表达艺术。作为一名领导者应该时刻注意语言措辞，在不同的场合，运用不同的语言艺术。

第五节是领导平衡艺术，领导平衡是指领导者为实现既定目标而对其影响因素及相互关系进行合理的配置和调整，使之发挥最佳整体效能的一种领导艺术。

关键术语

领导艺术　　领导授权艺术　　领导激励艺术　　领导语言艺术　　领导平衡艺术

复习思考题

1. 简述领导艺术的含义与特征。
2. 通过事例说明领导方法与领导艺术的关系。
3. 简述领导授权时的注意事项。
4. 领导者如何做一个好的演讲?
5. 简述领导平衡含义及其特征。

本章阅读书目

[1] 安弗莎妮·纳哈雯蒂. 领导艺术与科学：第 6 版. 笪鸿安，冯云霞，龙昕，等译. 北京：电子工业出版社，2012.

[2] 戴尔·卡耐基. 领导的艺术. 赵晖，译. 北京：中国电力出版社，2015.

[3] 董明. 领导艺术：一门可操作的学问. 北京：科学出版社，2011.

[4] 周国剑. 毛泽东的智慧与当代领导艺术. 北京：时事出版社，2016.

[5] 赵玉平. 领导的气场. 北京：北京大学出版社，2013.

第9章

领导力开发

领导力，并非是一朝一夕产生的。同时，人们也不会在一夜之间就把你当作领袖。在时间的考验下，领导者的特质会显露出来，这些特质让他们出类拔萃，与众不同。这些特质可能包括：品格、心态、关系、知识、知觉、经验、成就、能力。

——沃伦·本尼斯

引导案例

通力电梯的组织领导力文化转型

通力电梯是世界上最大的电梯公司之一，芬兰百年企业的翘楚，承载着欧洲百年城市化进程和人口流动史的记忆。2007 年，全球金融风暴酝酿正酣，由于工程签约到落地的时间差问题，通力电梯美洲部对这次危机的预期出现了滞后效应。此时，高层做出了三个重大战略：为新设备收入和利润率大幅双降做好准备；夺取市场领先地位；根据新战略适应性需求，开始向“相互依存型领导力文化”转型。

这一年，通力美洲人力副总裁率先举起了组织变革的大旗：从人才管理流程，继任管理、绩效管理，到薪酬制度的变革管理，一应俱全，策无遗漏——但不到一年，他们就发现这件事难以为继。战略没有问题，变革管理也没有问题，问题出在“人”上。

2008 年秋天，人力副总裁来到 CCL，咨询下一步“HR 驱动的发展计划”。就在第二天，他得到一种领悟：通力美洲需要的是一种相互依存型企业文化，转型的“症结”在于组织领导力文化的不匹配。他清楚看到了企业文化的全景画面：战略决策、变革管理、文化氛围，人才发展，资源流程——这一切的结点在于领导力，在于“人”。2008 年，CCL 与通力开始了这段长达三年半的“组织领导力发展（OL）合作计划”。

第一阶段：发现学习。“发现工坊”是一个为期两天的异地会议，旨在评估领导力现状和差距，并测试企业参与团队改造的意愿和能力。在这个阶段中，通力美洲高管团队发现了他们在协同合作上的主要问题。他们承认彼此之间“摇摇欲坠”的信任，消极的沟通现状——从社会学角度，一种“合谋性沉默”。这是一种明显的“自主型领导力”文化（基于个人英雄主义式的领导力价值观）——几乎所有高管都认同这个测评结果，并意识到这种文化事实上加剧了他们内心的焦虑和脆弱性。这是一个带有测评性质的反思阶段，事实上并不产生任何解决方案和学习计划；我们开始引导公共学习训练——团队成员之间带着各自的业务问题，各自价值观的表达，从拘谨渐至坦诚；根深蒂固又悬而未决的问题渐渐浮出水面——人们开始自发地进行彼此间的挑战和承诺，达成团队发展和组织文化发展的共同意愿。

第二阶段：全面准备。2009 年，CCL 与通力的合作进入了第二个阶段。我们与通力订下的合作承诺允许我们直接参与他们的工作，这为我们帮助其发展组织新行为和新信念提供了足够的实践空间。通力美洲高管层建立了四个“跨界战略团队”，不仅包括百名高管，也包括了来自组织不同职能的非高管成员——整个团队由 CEO 带领。这是一个为新文化、新组织铺垫的重要阶段。高管团队如果要深刻理解从“自主型领导力”到“相互依存型领导力”的转变，就需要拥有对应这种领导力文化的思维和技能。我们开始引导相应的技能和思维训练，和更深层次的公众学习。

第三阶段：全景布局。到 2010 年初，高层团队已基本建立了新的“相互依存型领导力”；一月份，在墨西哥举行的“通力美洲百名领导人年度会议”主题是：以“慢步调”为领导力文化转型做更全景的布局。基于新的领导力战略，通力决定正式推出“相互依存型领导力文化营”，他们决定与 CCL 长期合作，将前两个阶段的“学习实验室”嵌入组织长期发展战略中。“KONE 学习实验室”地点设在墨西哥，从这里走出来的人才梯队将秉承对话和教练机制，发展与新领导力文化相应的技能和工具，并将新领导力文化带到组织实践中，递进式传承下去。

第四阶段：实践。“KONE 员工参与计划”开始于 2010 年秋，这个设想本不在原计划之列，想法的萌生乃是因为高管层希望将这次组织领导力文化转型的成果更深远地推进下去——他们不满足于管理层发生的局域变革，他们考虑的甚至是所有一线部门。这为通力开启了一种“领导者发展领导者”的模式；高管所在之处，皆能直接与其团队和每一位员工分享。这个计划涉及了通力美洲部几乎所有的管理人员、区域经理甚至是一线员工。

这个项目结束前的某天，CEO 收到了来自分行经理的集体反馈：“您必为这样一个团队而骄傲。四年前，您开始倡导这场变革，人们只是默然地聆听；而今天，我所知道的所有同事都发自心底地认同着它。”回首这场长达三年半的组织领导力文化转型历程，我们仍能清晰感受那光芒，承载百年记忆的商业巨轮在风暴中的精彩蜕变。

资料来源：CCL 研究报告，Toward Interdependent Leadership Culture Transformation In Kone Americas，2010.

随着全球化的迅速发展，科学技术的迅速进步，互联网打破了人与人之间的信息隔阂，也致使管理环境发生巨大的变化，由此，领导者在促进社会发展和组织进步方面发挥着越来越重要的作用，而领导者的领导力也面临着严峻的挑战。因此，对于领导力的开发和提升成为领导学和人力资源管理需要研究的重要课题。

9.1 领导力概述

9.1.1 领导力解读

1. 领导力的含义

随着全球化的不断发展，人类社会发展进程的不断加速，对领导力的相关研究成为组织面临的重要议题，有效的领导力对于组织而言是至关重要的。中外学者、领导者对于领导力也有各种看法。美国学者爱兰·凯瑟认为，“领导力是为人们创造一个渠道使得事情得以发生巨变”。彼得·德鲁克在被问及什么是领导力的时候答道：“领导力就是远景。”领导是可以改变和影响别人行为的，而领导影响和改变别人行为的这种能力，我们称之为“领导力”。

由此可以看出，领导是带领团队走他们没有走过的地方，而领导力是一种保持组织卓越成长和可持续发展的重要驱动力。从古至今，领导力就一直存在并激励人们去完成目标，随着社会的不断进步，对于领导力的要求也越来越多。身为领导者，不仅需要有专业知识和实战经验，还需要有坚强的心理素质和不达目标决不罢休的精神，并且能胜任各种不同的角色，例如外交家、社会学家、心理学家、经济学家等。哈佛大学的约翰·奎许更明确指出，一位真正被大家尊重、敬爱的领导者，除了具备专业的管理能力之外，还要懂得更人性、用真心、用诚意善待组织成员，并建立一种荣辱与共、相互提携的“领导者与组织成员的关系”，这才是时代所需要的真正具有领导力的领导者。领导力是随历史的变化而变化的，这是一个动态的、历史的过程，因此，领导力在一些因素的影响下也具有了全新的内涵：

首先，领导力是领导者带领与其一起工作的团体共同创造美好现实的整体能力。也就是说，优秀的领导力会带给一个组织生命和活力，缺少了这种生命与活力，组织则很难向前发展。其次，领导力是调动人们创造积极性的艺术，特别是创造某些具有深远影响的事物。只要这种积极性存在，人们就会变得忙碌起来，这种忙碌使组织中的人更有成就感，更富创造力。

从内涵上看，领导力是由领导素质、领导体制、领导环境和领导艺术等多种因素综合作用所产生出来的最高组织性作用力，是领导主体用以引导、推动一个组织群体或社会去应对并制胜挑战和竞争，达到共同目标的核心力量。因此，它是组织群体或社会的黏合剂、推进剂或动力源泉。

2. 领导力不同于领导者权力

领导力和领导者的权力是两个不同的概念。领导者的权力更多的是指领导者的职权或领导权，主要是组织通过法定的程序而赋予的，拥有某种领导职务就拥有了这种职务权力，这种权力是与组织权力结合在一起的，即任什么职授什么权，这种权力随职务的开始而开始，也随职务的终止而终止，具有法定性质，受法律保护，尤其对组织成员和追随者具有强制性。这种类型的领导力经常被称为权力性领导力。除了权力性领导力之外，还有非权力性领导力，领导者自身体现出来就是非权力性领导力。所谓非权力性领导力，是指领导者通过自身的良好综合素质和行为的体现，建立领导威信，从情感上影响组织成员，使组织成员凝聚在自己周围的一种人格魅力，这种权力来自领导者的自身魅力。具体来讲，指的就是领导者的品质、作风、知识、能力、业绩以及行为榜样等非权力性因素对追随者产生的影响力，这种影响力更多地属于自然性影响力，其产生的基础要比权力性领导力影响广泛得多。这种影响力表面上并没有职位权力那种明显的约束力，但在实际中它常常能发挥权力性领导力所不能发挥的约束作用。为此，吉姆·柯林斯在《基业长青》一书中说："你所拥有控制的事务，公司所聘用的员工，上班的地点，以后都不会再有任何重要的意义。高级主管再也无法忽视，而且必须接受的第一个事实是：领导力与拥有的权力并非成正比。"

可见，领导力不依靠职务权力或物质刺激，而是由领导者本人的信仰和人格魅力去影响、感化、鼓舞和领导组织成员。圣雄甘地也曾经说过："领导就是以身作则来影响他人。"卓越领导者不是想如何去"管人"，而是应该想如何去"影响"人。通过研究成功的组织、团队和领导者，获得了这样一项惊人的结果：成功的领导，其关键在于99%的领导者个人所展现的魅力，以及1%的权力行使。①所以，未来的领导者必须培养出可以感召和吸引他人的自身魅力，让他人真心地喜欢和信服，而不是以权威的方式使下属唯命是从。

首先，领导者最具特色的就是有"影响力"，这种领导者在其组织成员心目中的良好形象和由此而产生的影响其组织成员心理和行为的力量，主要是由领导者个人的品德、才学、业绩、资历和情感等在其组织成员心目中所产生的地位所决定的。当然，领导者的影响力也有正、负、大、小之分，正者使组织成员积极向上，负者使组织成员消极下滑。这里是指其正影响力，是最具权威的一种力量。领导者不需要强制组织成员干什么或不干什么，甚至不需要号令组织成员干什么或不干什么，组织成员完全自觉自愿地按照领导者的意愿行动，人与人之间的矛盾依靠组织成员的自我调节就可以解决。

其次，号召力也是一种重要的领导力，是领导者通过自身言行，借助必要的行政手段，对追随者进行号令和感召的能力。号召力源于领导者的才能、威望以及科学的管理办法，这种力量使人信服，人们相信领导者是正确的，按照领导者的号召去行动就能获得好的结果，否则就会损失。影响力与号召力相比，前者是领导者不用要求干什么，怎么干，而组织成员就会"自觉"地干；后者是领导者要求干什么，怎么干，组织成员按要求去干。

综上所述，可以把领导力描述为：领导力就是领导者凭借其人格魅力、品性、风格、声望、心理品质、礼仪修养等个人内在与外在素质的综合作用，在一定的条件下，对特定个人或组织产生感化影响的能力。领导力是一种内生于领导场所并作用于领导资源配置过程的力量，即来源于领导结构、领导性质、领导方式，体现领导功能及领导规律要求，主

① 史都·利文，麦可·柯朗. 新世纪领导人. 陈真，译. 北京：中国友谊出版公司，1998：86.

要由领导机制来实现的多种力的总和。它是由相互关联的力量构成的力的集合，即一个“力系”。

9.1.2 领导力的构成

具体来说，领导力主要由下述五种主要的力量构成：

1. 前瞻力

领导前瞻力是领导者着眼未来、预测未来和把握未来的能力。这是作为领导者应该具有的最基本的领导力量，取决于领导者的认识水平以及领导活动的特点。

2. 感召力

领导感召力是指领导场内部产生的可以刺激和鼓励组织成员提高领导资源配置与利用效率的力量，具体表现在组织成员从心底深处激发出的一种工作主动性。

3. 决断力

领导决断力是针对战略实施中的各种问题和突发事件而进行快速和有效决策的能力。主要体现为掌握和善于利用各种决策理论、决策方法和决策工具，具备快速和准确评价决策收益的能力，具备预见、评估、防范和化解风险的意识与能力，具有实现目标所需要的必不可少的资源，具备把握和利用最佳决策及其实施时机的能力。

4. 驾驭力

领导驾驭力是指领导者有效控制组织的发展方向、战略实施过程，使其各个环节、各个因素围绕一定目标而行动的能力。领导驾驭力的表现形式是行动控制，即被影响感召者因真心感动而自觉约束和控制自己的言行，使其符合感召主导者所期望的要求。

5. 行动力

领导行动力即被影响感召者的行动合于影响感召主导者所期望的行动。诚如美国通用电气公司总裁杰克·韦尔奇所说：“未来的世界将是热情、精力充沛的领导者的天下，这些人不只精力充沛，而且能‘有效影响’，使被领导的人也跟他们一样，活力四射。”

上述五类领导力相互关联，相互作用，构成一个有机联系的力的集合。需要指出的是，这五种力量并不一定包含领导力的全部，而且划分也是相对的。领导力的存在与运行，实际上是一个不可分割的整体性过程。近年来，人们从不同的层面上赋予领导力不同的着力点，相继出现了“绩效领导力”和“价值领导力”的概念。“绩效领导力”是从创造绩效的层面上，评价组织的领导者在塑造、创造、发展和改善个人和组织的绩效中所体现的能力和影响力。“价值领导力”是在创造价值的层面上，评价组织的领导者在为组织成员及其他相关方创造利益、满足他们的需求方面所体现的能力和影响力。就组织领导力来说，创造绩效和创造价值，是同一个目标的两个方面，二者是辩证统一、相辅相成的。

9.1.3 领导力的特征

当一个人对别人具有影响力并且别人愿意追随他的时候，他便具有了领导力，成为显性或隐性的领导者。在领导系统中，领导力是一个带有根本性、战略性的范畴，其实质是让人们心甘情愿地在领导者的影响下去实现组织的目标。具体来说，领导力具有下列几个特征：

1. 影响与征服

好的领导力意味着影响与征服组织中的个体。领导者的个人魅力所带来的影响力，会使组织的成员发自内心地敬重领导者，从而建立良好的情感关系，把整个组织带进一种更高的思想精神境界。实践证明，人们之所以心悦诚服地为他们的组织卖力工作，绝大多数是由于他们拥有一位“魅力”逼人的领导者，像磁铁般吸附了大家的心，激励大家的行动。从领导绩效的观点来看，魅力、影响力远胜过权力，与其做一位实权在手的主管，不如做一位浑身散发“魅力”的领导者。

孙子兵法指出“不战而屈人之兵”才是用兵的最高境界。所以，靠体力、靠地位、靠金钱、靠权力，都是征服的下下之举。那么征服的上上之举是什么？是无形的“势”。如果领导者身上有巨大的“势”，不用实际过招，就可“屈人”。强“势”是知识、见识、胆识，包括地位、权力等许多因素的综合，但其中有一个因素极其重要——不断成功的经历。二战时期，非洲战场上的盟军连战连败，士气涣散，最让士兵泄气的是，再严厉的军法军纪都无法阻止军队的涣散。无奈之下，盟军总部派巴顿将军前去指挥，令人惊奇的是，当这一消息刚一传开，甚至巴顿尚未就任，原本低迷的士气就空前高涨，原本涣散的军队转瞬变得令行禁止。为什么呢？因为巴顿过去的作战经历太成功了，他简直就是胜利的代名词。实际上，真正的领导者决不轻言失败，他们对成功的渴求近乎偏执，而且，当意识到自己的成功经历不够丰富时，他们还会想方设法主动出击，寻找挑战。困难、绝望与失败才是最好的老师，失败与成功一起构成了生命的内涵。只有经过干旱或火灾折磨的树才能长出不规则的、美丽的木纹；而一直顺利成长的树木纹路却并不美丽。领导力也是如此，真正的领导力是经过艰难岁月的洗礼，是在应对各种挑战中形成的，懂得如何应对挑战、如何克服困难，比懂得如何激励别人更能体现领导力。

2. 远见卓识

优秀的领导者需要正确地把握组织向前发展的大方向，找到组织合适的发展途径。现实中有的人，不是没有行动的能力，而是未找准正确的前进方向。当人们为自己应该去向哪里而疑惑时，领导者的作用就显而易见地凸显出来了。身为领导者，应该有比常人更高的远见卓识，应该有时代的预见性、敏锐的洞察力和准确的判断力，比常人看得远、看得透、看得准。领导者的任务就是告诉追随者们应该走哪样的路，朝哪个方向前进，在这条路的前方，有什么样的风险和利益，在必要的情况下，他还应该走在队伍的前面。当人们徘徊不前时，一声“跟我来”，如同一支“强心针”，会使团队士气大振，并汇成一股强大的战斗力。

作为领导者，要带领组织成员开展工作并指明前进的方向，尽量满足他人需求，开发出清晰的未来愿景，对他人产生影响，并有利于实现他人的愿望。一个优秀的领导者会给组织中的群体带来成功的希望，确定前进方向，并善于把这种愿景规划与组织成员进行交流，使人们对他产生一种敬佩感，就像一种心理磁石，它会吸引人们自觉去接受影响。有领导魅力的领导者对自己的判断力、领导能力和领导绩效充满信心并具有较高的期待，其较高的工作效能则会促使他们在领导过程中充满热情、行事自信而果断，不会因偶尔的挫折灰心丧气、过于牵扯精力。他们目光长远、理想远大，往往能深入浅出、言简意赅地向组织成员说明自己的理想和目标，并以暗示、表率、鼓舞等形式使下级很快认同，从而使一个组织充满向心力。

在现代社会全面开放的背景下，领导者有远见的卓识，给组织设定长远的目标，带领组织中的人不断向前是很有必要的。这样要求领导者提高认识问题、辨别是非的能力，努力透过纷繁复杂的现象，抓住事物的本质，把握事物发展方向、因势利导、做出正确的战略决策。有效的领导者必须重视战略问题，具有强烈的战略意识，从战略上思考当前的工作，把近一阶段的计划和实现组织的目标紧密结合起来，高瞻远瞩，预见未来。

3. 善于御人

“领导”与“追随”是相互对应的，追随可分两类，一类是普遍的追随，另一类是关键的追随。伟大的追随者造就伟大的领导者，对于关键的追随，领导者要赏罚并用。赏罚要精确，要慎重，不宜多，不宜变，领导者不表态、不出手则已，一表态、一出手，众皆叹服。只有如此，追随者才会对领导者的赏罚足够重视。当某些赏罚必须要多、要频繁时，那就交给制度、交给管理去完成，这也体现了领导和管理的不同分工。对于普通的追随者，领导者也要充分展现自己的爱心，怀柔天下，有容乃大，领导者要凭借爱心彰显自己胸怀的博大。亚伯拉罕·林肯是美国最杰出的总统之一，在南北战争时期，经常写信要求将军宽恕一些因无知而犯错的士兵，甚至有一次还以总统令的形式，强令陆军部长撤销对一士兵因某种过错而判无偿服役的惩罚，他认为这对一个贫穷家庭的打击实在太沉重了。毛泽东说过：“只有领导骨干的积极性，而无广大群众的积极性相结合，便将成为少数人的空忙。”[①] 身为领导者要关心和理解组织成员，公正恰当地评价组织成员的能力与功过，把握组织成员的思想脉搏，循循善诱，充分调动组织成员的积极性，使自己领导下的团体形成一个团结协调、配合默契的集体。御人的能力首先表现在要指挥得动，要令出即动、令出即行、禁出即止，没有一点儿群众基础的领导者是很难做到这一点的。一旦失去了组织成员的信任和支持，领导者的指挥也必然会流于形式，没有实效。

领导场上常把人分为“圈内人”和“圈外人”，法国前总统戴高乐总结其政治生涯成功的三条原则时，其中第一条就是与“圈内人”并肩的同时携手“圈外人”。可以得出这样一个重要的结论，领导者在将主要精力集中于“圈内人”之时，一定要留意“圈外人”，如果能够成功地把“圈外人”破格引入“圈内”，他将迸发超强的战斗力，更重要的是，时常在用人上不拘一格，能够创设一种情境，使他人心情舒畅地在其中工作，或者跟其在一起时，他人能够感到开心。如果个人具备了领导力的这一特征，必定会有众多的追随者，即使没有职位权力，也能成为一个隐性的领导者。

4. 积极沟通

领导源于追随，而若要让人追随则需要领导者有良好的沟通能力，让组织中的成员理解他的思想，体会他的魅力。领导者与他人建立良好的人际关系，学会与他人沟通并调动他人的积极性，就是一个让人认知的过程。沟通的过程绝非只是一个传达自己的观念或意

---

① 毛泽东. 毛泽东选集：第3卷. 2版. 北京：人民出版社，1991：898.

见的过程，而是一个双方心灵的交流并相互认同的过程。领导者通过沟通，使自身的魅力散发出来，让追随者们确定要跟他干。实际上，在多数情况下，人们追随的未必是某个计划，而是能鼓舞他们的领导人物。领导者的巨大鼓舞力主要来自领导者的个人魅力和沟通能力，这与领导目标的正确性及人们对领导目标的认识有关，领导者不仅要告诉追随者应该做什么，还要告诉他们应该怎样做。这并不是让领导者成为事务的主体，而是让领导者教给组织成员如何去做：当面对困难时，应该退避三舍，还是迎难而上；在面对风险时，应该逃之夭夭，还是勇于挑战；在面对失败时，应该互相推诿，还是勇于担责。处事原则与领导目标息息相关，只有每个人了解、认同并自觉遵循，组织发展才不至于偏离方向。

知识库9-1

下面几条卓越经理和主管的特征是美国普林斯顿大学莫顿教授提出的：

1. 合作精神。与他人一起工作时，要全身心地投入、配合。对职工要进行委婉的说服，很多人都是吃软不吃硬的。2. 决策才能。要根据事实办实事，具有超前的预见性。3. 组织能力。善于激发组织成员的才能，有组织人力、物力、财力的能力。4. 精于授权。能独揽大权，分散小权，做事要抓重点，抓主要方面，把次要的分给组织成员。5. 勇于负责。对整个公司，以及整个社会负责。6. 善于应变。不要做一部机器，要学会有变通能力、机智灵活、有丰富的想象力。7. 敢于求新。能有敏锐的嗅觉，对新事物、新环境、新观念要适应。8. 敢担风险。有双倍的胆略和超人的才能，有扭转乾坤的能力，面对风险，有化险为夷的本领。9. 尊重他人。善于接纳他人意见，不独断专行。

资料来源：费欧文. 领导力训练. 北京：中国城市出版社，1997：193.

9.2　领导者素质与提升

9.2.1　领导者素质

领导力是领导者通过运用自身综合素质和行为，从而在情感上影响追随者，建立领导威信，使追随者信奉自己的一种凝聚力。因此，领导者的个人素质始终对领导力的大小起到约束作用，领导者要强化自己的能力，仅仅具备良好的领导素质已远远不够，使良好的领导素质稳固并不断得以提高和发展才是关键所在。

对领导者素质的研究有悠久的历史。早在两千多年前，《孙子·始计》中就提到过："将者，智、信、仁、勇、严也。"《十一家注孙子·张预》中也讲："五德皆备，然后可以为大将。"这就是说，作为一个领导者，必须具备智、信、仁、勇、严这五个方面的基本素养。智，即领导者必须拥有智慧，遇到问题能做出准确无误的判断和及时合理的决定；

信，即领导者必须信赖自己的追随者，并且同时也能够获取他们的信任；仁，即领导者必须体贴、爱护部下，时刻把部下的事情记挂在心；勇，即领导者必须有勇气、有魄力，处事果断，不会犹豫不决；严，即领导者必须遵守法纪，赏罚严明。美国组织管理协会连续花费了5年时间，对40多名领导者进行了跟踪研究，从中发现成功的领导者需要具备19种素质，这19种素质是：其一，工作效率高；其二，有主动进取心；其三，逻辑思维能力强；其四，有创造性；其五，有判断力；其六，有较强的自信心；其七，能辅助他人；其八，为人榜样；其九，善于使用个人的权力；其十，善于动员众人的力量；其十一，利用交谈做工作；其十二，建立亲密的人际关系；其十三，乐观；其十四，善于到职工中去领导；其十五，有自制力；其十六，主动果断；其十七，能听取各种意见；其十八，有正确的自我批评；其十九，勤俭艰苦和具有灵活性。《领导科学辞典》在"领导者要素"条目中，列举了现代领导者一般应具备的16个条件：一是体质良好、精力充沛；二是指挥正确；三是工作热心；四是富有感情；五是办事干练；六是待人诚恳；七是智慧较高；八是训练有素；九是信心坚定；十是有进取心；十一是有想象力；十二是有幽默感；十三是公正无私；十四是善于合作；十五是仪表大方；十六是人缘较好。综合来说，现代领导者必须具备以下几种良好的素质：

1. 身体素质

身体素质也就是人的生理素质，是指人在生理上的构成要素、机能和解剖特征，为领导者及其领导提供生理平台、生命力量与生理支持，是构成领导者个人素质的最基本要素和条件。对于肩负历史重任、具有远大前途的领导者来说，好的生理素质必然会带给他们一些异乎寻常的优势，其中包括先天带有的素质优势和后天习得的素质优势。但一般而言，领导者的生理素质与正常健康的普通人的生理素质基本一样，并无特别之处，都是正常的国民健康素质的标准，所以现代的领导者应该更加着重培养自身的后天习得素质。现代领导主要是思想领导、头脑领导，而不再是权力领导、资格领导、年龄领导或体力领导了。随着全球化与现代化步伐的加速，竞争越来越激烈，领导环境不断变化，工作、生活等各方面的压力都在不断迅速地加大，这更要求现代领导者必须在生理上始终显示出蓬勃的朝气与活力、强大的耐力和极其顽强的生命力。正如荀子所说，"形具而神生"，旺盛的精力离不开健康的身体。此外，领导者还应该有比普通人更强大的生理适应力，这包括在新环境下能够迅速适应以及在艰苦恶劣的环境下依旧能够生存的本领。

2. 心理素质

心理素质是由意识机能的成分、质量、结构、效能及性状构成，为领导者的领导工作提供了心理平台、心理支持与心理能动性，是领导者自然生命的纯精神性构成材料。它是包括生理素质在内的所有综合素质的精神性平台，是在身体素质的基础上最重要的基础性素质。个性心理素质的优劣对领导工作起着积极或消极的影响。一般来说，一位优秀的领导者应具备进取的积极性、开朗的心境、坚强的意志、良好的心理能力和自我意识等优良心理素质。而自卑感、嫉妒心、软弱的性格、抑郁的气质等会阻碍领导者顺利开展工作。

3. 知识素质

学问、知识不仅是人们智慧的内在根据，而且是德、才发展的基础。因此，作为一个组织群体的领导者，只有在其知识储备达到一定水平后，才能更加明智地处理各类问题，从而提高组织成员的满意度，并在组织成员中产生影响力。知识素质至少应从三个方面把握：

首先，专业知识的深度。领导者必须掌握专业领域的业务知识，对其掌握越是全面或者在某一方面有较为卓越的成就，对领导工作则会更加有利。因为只有成为内行或专家，才能掌握住本部门工作发展变化的规律和前沿动态，才能与自己领导下的组织成员，特别是专家学者、技术人员等有共同的语言，工作起来才能得心应手，并成为行内的指挥者。

其次，社会知识的广度。作为一项复杂的创造性劳动，领导工作进行的过程中会遇到各种矛盾和问题。因此，领导者要有广博的社会知识和阅历，最好还能有多方面的兴趣和爱好。丰富的生活阅历和“百科全书”式的知识面也是领导者成功的重要条件。

最后，领导和管理知识的熟度。领导和管理工作都具有一定的科学性和规律性，它们除了涉及各种学科，具有综合性的特征之外，还有自身的规律和特点，领导学和管理学就是这方面的学问和知识。领导者一方面要在实践中积累经验，将自己的感性认识上升到理性认识；另一方面要系统学习书本知识，达到纲举目张的效果并且也要适当吸收间接经验。

综上所述，知识素质的重要性不言而喻，它在整个素质架构中处于关键的基础性位置，起着承前启后的作用。实质上，知识素质就是将人类文明系统地内化于人而后形成的后天素质，是人从自然人到文明人的转变过程中形成的基本素质。若是没有这一素质，就意味着自然人尚未转变为文明人，也就意味着尚未开化，因而一切人才皆无从谈起，其他一切素质也无从谈起。而具备这一素质，就意味着人的开化和进步，意味着人的文明化，更意味着具有创造性、能带来财富和发展动力的人力资源的形成和优质化。所以，知识素质具有根本的意义和价值，从素质总体上看是一种根本性、关键性和决定性的人才基础素质，是成为通才和专才的基础。对于全球化时代背景下的领导工作而言，知识素质是领导者或领导人才的必备基本条件，是决定领导者或领导者才能基本质量的第一因素，是领导素质整体的第一块文明基石和第一质量保证基础，亦是最重要的基础性领导素质，其高低厚薄、强弱优劣是领导素质整体的直接衡量标准。从应对时代竞争的需要来看，领导者必须是接受过全面而精深的知识训练的人，应该具备优良的知识素质，以确保真正能够代表最先进的文化、站在时代发展的前沿而引领社会的潮流与发展。

4. 能力素质

能力也是领导者的一种内在素质，即使在其他方面都有良好的素质，领导能力不强或没有领导能力，也不能成为合格的领导者。能力素质是其他所有领导素质在行动层次上释放能量时所赖以进行的行为机能的总和，是其他领导素质中所有能动成分的精华聚合。因而，这种领导素质是一种横贯于所有领导素质的多方面、多种类的领导素质，是最大、最重要又最一般的结果性、工具性领导素质，是所有领导素质在联系或作用于现实时产生的作用力集合而成的个体特质。

就领导角色的基本特点而言，只要具备优良的能力素质，领导角色就是合格的，领导者就可以胜任领导岗位。领导者的能力素质实际上是一个巨大的能力群，从不同的角度可以确定不同的基本能力构成，主要包括：

（1）思维能力。思维能力是指对客观事物进行观察、分析和思考的能力，体现在思维的广度、深度和逻辑性方面，这也是领导者智力的集中体现。广度是指客观事物都是相互联系的系统，所以思考一定要全面周到；深度是指对问题要看得远，想得深，想得细；逻辑性是指思维清晰、有条理。

（2）协调能力。协调不仅包括组织内部的上下级、部门与部门之间的共识协调，也包括与外部客户、关系单位、竞争对手之间的利益协调，任何一方协调不好都会影响执行计划，要清楚最好的协调关系就是实现共赢。

（3）表达能力。表达能力包括口头表达、书面表达和某些工作领域需要的外语表达能力。表达能力可分解为四项互相联系的基本要素：通顺、正确、贴切、有思想。当前，各类组织已将表达能力列为高级领导人员拥有的雄厚资本和晋升的必需条件。

（4）领悟能力。做任何一件工作以前，一定要先弄清楚工作的意图，然后以此为目标来把握做事的方向。这一点很重要，千万不要一知半解就开始埋头苦干，否则到头来力没少出、活没少干，但结果是事倍功半，甚至前功尽弃。要清楚悟透一件事，胜过草率做十件事，并且会事半功倍。

（5）计划能力。执行任何任务都要制定计划，把各项任务按照轻重缓急列出计划表，以便分配给组织成员来承担。领导者把眼光放在未来的发展上，不断理清明天、后天、下周、下月，甚至明年的计划。在计划的实施过程中，要预先掌握关键性问题，不能因琐碎的工作而影响了应该做的重要工作，要清楚做好20%的创造性工作等于创造80%的重要业绩。

（6）授权能力。任何人的能力都是有限的，作为领导者不能像业务员那样事事亲力亲为，而要明确自己的职责就是培养组织成员共同成长，给自己机会，更要为组织成员的成长创造机会，孤家寡人是成就不了事业的。组织成员是自己的一面镜子，也是延伸自己智力和能力的载体，要赋予组织成员责、权、利，组织成员才会有做事的责任感和成就感，领导者应当切记成就组织成员，就是成就自己。

（7）创新能力。创新能力是衡量一个人、一个组织是否有核心竞争能力的重要标志。领导者除了具备上述诸多能力外，更重要的还要时时、事事都有强烈的创新意识。这就需要领导者不断地学习，而这种学习与学校里那种单纯以掌握知识为主的学习是很不一样的，它要求领导者把工作的过程本身当作一个系统的学习过程，不断地从工作中发现问题、研究问题、解决问题，这也是一个向创新迈进的过程。

5. 政治素质

政治素质是指作为一个政治角色的社会组织成员对政治特别是对自己所承担的政治义务和所享受的政治权利的理解、把握、反映和见诸行动等情况的总和，是人在政治关系和政治生活中培养出来的和必须具备的个体特质，是高度政治化的结果。一般而言，人是社会的人，也就一定是政治人，就一定会被纳入政治关系构织的网络之中，就必须（但不一定能够）具备政治素质。这使人自诞生之日起就已经处于不同的利益集团中、不同的社会地位和社会状态中，亦即处于既定政治关系中，被赋予了鲜明的政治特征，成为现实的政治人或政治角色。实际上，领导和领导者要解决的最大本质问题就是为了谁、为了什么而掌好权和用好权，掌权用权及动用各种资源去干什么等，而这也就是政治问题。换言之，领导本身就具有显著而巨大的政治实质，领导者天然就应该是并且也应该成为一种具有并履行政治功能的特定社会角色即政治人，因而可以说，政治素质是从事领导工作的最关键条件，是决定领导性质和根本方向的主观因素，也是最敏感、最重要的方向性领导素质。政治素质合格与否、过硬与否，不仅直接显示出领导者的成熟度，而且还将对现实社会生活特别是集团利益和组织力量的结构、格局与结果产生重大作用和深远影响。

领导者的政治素质主要包括：政治敏感性、政治鉴别力、政治信守和政治作风。政治敏感性是指对所经历社会生活的每项活动或内容所含政治性质与政治要害的敏锐感觉度。政治鉴别力是指对所经历社会生活的每项活动或内容所含政治性质与政治要害的判断、推知和把握水平。政治信守就是政治操守、政治节操、政治自律和政治自好，其作用目标就在于确保不走样、不失节，领导者必须把政治形势、政治未来、政治危险和潜在危机印记于心，随时关注新的动向和趋势；政治信守内化的程度决定着领导者是否真正在政治上领导素质过硬、条件过硬，这些信守的内化度主要是通过政治作风表现出来的。一般地说，这种内化度低者，其政治作风就差，甚至会很恶劣；反之，这种内化度高者，其政治作风就会非常优良，堪负重任。

事实上，政治素质一向都是具体的、性质鲜明的。各个国家、各种社会、各个阶级、各个集团都有自己鲜明、具体的政治素质标准和内容，且不可相互代替。要对此进行深入具体研究，就必须结合本国社会的实际情况，因地制宜。政治素质因素本身就是具体而实际的政治思想，与现实生活和实际领导工作是紧密相关的，领导者只有具备了强烈而鲜明的政治观念和政治意识以及很高的政治觉悟，才可能成为政治家。大多数高级领导者或者有成就、有建树的领导者实际上都是在这方面具备了优良素质的政治家，而如果没有政治观念，政治意识淡薄，就一定会犯性质严重甚至极其恶劣的错误，就一定会把领导工作引入歧途，也会给领导者自己带来毁灭性的后果。领导者应该具有高度的政治觉悟，在任何领导场合都能真正坚持真理，从政治高度来审时度势、处理工作。领导者如果对政治漠不关心、麻木不仁，就会在工作中变得落后被动，就难以把工作做出水平、做出成效，而且还有可能犯严重的政治错误。

6. *法治素质*

领导者基于已具备的政治素质，通过学习法治思想理论和具体的法治法规而形成的法治积累以及由此生成的法治精神构成了法治素质。它主要包括法治思想、法治理论、法治知识、法治意识、法治观念、法治倾向、法治需要、法治追求、法治动力、法治反应、法治行为、自觉合法化程度、法治角色体认与把握水平、法治责任自觉承担与履行程度、法治运用程度与广度、法律关系处理水平等等因素，其内容相当广泛、极其丰富。应该说，法治素质是一个最明确的以上层建筑规范为具体内容的精神素质，是适应和进行高层社会生活的最高规范性素质，也是现实灵魂的最核心部分之一。它与灵魂的纯洁程度直接相关，更与领导行为及其后果直接相关。它与道德素质相匹配，构成一个完整的行为制约力量和权力制约力量，但在此处则称之为刚性制约力。事实是，法治素质不仅是直接制约权力、权威的内在因素和动源，而且是规范和澄清整个精神世界及其展现的强大能动因素。

影响市场经济和现代社会的繁荣有序的重要因素之一就是社会全体公民的法治素质，其中领导者的法治素质是全社会的法治素质的核心和代表。如果领导者的法治素质都没有过关，就不能指望全社会的法治素质能够过关。领导者如果法治素质低下，就不会有规范、合法的领导行为，反而会不断出现贪赃枉法、腐败堕落、违法犯罪、无法无天的问题，至少会出现权大于法、政策大于法、有法不依、执法不严、违法不究等现象，必将导致“人治”之风盛行，最终必将导致领导系统和整个社会系统的混乱无序乃至瘫痪、失败和崩溃，进而对经济发展和社会进步，对组织群体开发和积聚竞争力与致胜力，对保障和维护公民和组织的权利、权益，对依法治国、依法行政和国家的长治久安，对推进和实现国家政治生活、经济生活、社会生活的规范化、民主化和法制化，都将造成极其严重的损失和危害。显然，领导者所具备的法治素质对于其自身素质的优化与完善，对于其带领所在组织群体依法办事，对于其为社会树立法治示范和表率，对推动民主法治建设都有十分重要的意义。

7. 道德素质

道德素质也就是平时所说的“德才兼备”的“德”字。“德者，才之帅也”，在素质结构中起着统帅作用。孔子说：“为政以德，譬如北辰，居其所而众星拱之。”管仲说：“大德不至仁，不可以授国柄。”荀子主张“论德而定次”，都说明了要做一名成功的领导者，首先要具有美德，让它成为自己生活与工作的一个准则，并在此基础上逐步培养正确的道德观，提升生活的道德层次，发展真正的好品格。只有这样，才能取得组织成员的信任，得到社会和时代的承认，才能有所作为。

道德素质在特征和功能上来说，就是一种约束心灵和行为、以主观约束为主要特征、以保证心灵和行为不超出规范为保障作用的源泉或原动力，常常表现为富有耐性和维持力，是人的灵魂核心和最本质的内涵之一，是人格构成的最重要部分。应该说，道德素质蕴含着巨大的能量，直接影响和制约着人的思想和行为，具有极大的现实能动性，能够直接导致或产生重大的现实结果。从一定程度上来说，道德素质可以说是能反应领导者本质的素质，不良的道德素质是不正之风的主要根源，也是腐败的主要根源。低下的道德素质品位会使领导者个人乃至整个领导集团、整个上层建筑都迅速走向腐朽没落和崩溃瓦解，在这种情况下，其他领导素质无论如何优秀都不能挽回奔向覆亡的命运，一切成就可能因为道德问题而毁于一旦。具体说来，道德素质包括诸如伦理知识、伦理造诣、道德规范内化程度、约束取向、价值维度、慎独程度、情操、气节、品性、品行、气量、风格、境界、作风、勇气、正气、责任感、法纪信守等许多的领导素质因素，其中所含道德内容是多样、交叉的，甚至是重叠的，但又可以明确区分开来。然而，概括地说，道德在内容上却主要分为领导职业道德、行业职业道德、政治道德、权力道德、法治道德、社会公德、群体道德和生活道德等八大道德，每个道德方面均包含特定的道德内容。

道德素质是驾驭其他所有素质的核心素质，在整个素质体系中处于核心地位，具有最广泛的现实意义。道德素质首先与能力素质、职业素质和社会素质等直接相关，主要是直接驾驭它们。从社会生活的角度看，道德素质是为制约、主导、引领而发生、发展和发挥作用的。只有在道德素质的制约、引导之下，智慧和能力才能用到正确的方面来，而变成造福于人类和世界的手段和途径。总之，道德素质本身与其他素质都是连理同根的，相互滋养，相互促进，共同发展和提高。脱离它们，道德素质很难得到真实的增益，也只有在深厚道德素质的基础上，它们才能得到充分的营养和明确的方向。从相互作用上来看，其他领导素质均要受制于道德素质，并且道德素质还决定其他领导素质释放能量的方向和结果的性质，也决定领导素质整体的品位和价值。

8. 职业素质

职业素质是指从事某种能够满足谋生需要和事业需要的工作或劳动，即从事专门职业所必备的专门经验阅历、知识技能和专业水平的总和，是以谋生为基础的、适当地与事业相重合的千百种社会角色中之一种角色的专门条件和专门资格。实际上就是专门从事并搞好某一职业所必须使用的特定条件和特定工具，既是谋生的条件和工具，也是创业的条件和工具。

职业素质是职业化带给人的个体特质，以身体素质和心理素质为一般基础，以教育素质、文化素质、社会素质为直接基础，以其他领导素质为重要的辅佐条件，通常包括业务资格、专门业务知识、专门业务技能、专门业务阅历、专门业务经验、相关业务基础、职业适应度、职业规则的熟悉度、职业角色的成熟度、职业胜任程度、职业资历、职业操守、职业创新、谋事潜力等领导素质因素。各类职业素质之间不能对比，因为各自的内涵、性质和效用均不相同，不具可比性。但是在同一类职业素质中的不同载体即人之间却是可比的，也必须比较，因为不同人的同一职业素质是从事同一工作的基础，其类别、性质、功能等均相同，只是具体的质量、品位、效用和结果各不相同，可以做出明显的对比，并通过对比发现各个职业角色的作用、贡献和价值的差异。这对社会确定给予这些角色以相应的回报以及选择、使用和发展有关角色提供绝对的依据，体现着公平、公正的原则，既有利于充分开发利用职业素质以创造更多的财富、达到更多更高的现实目标，又有利于社会实现更快、更好的发展。

作为现代社会判断领导者胜任与否的标准之一，领导者的职业素质决定其自身有无权威或权威高低大小，也决定其是否胜任工作。领导者职业素质高，则做好专业工作的可能性就大，就能真正深入到具体工作中出主意、抓落实，自然产生相当强的说服力而使组织成员由衷地折服，由此形成强大、坚实的影响力、统率力和权威。领导者职业素质低下或欠缺，则做好工作的可能性就小，就只能当外行，在业务上就没有发言权，实际上就已经不能进行领导了，只能听任内行人来领导，在这种情况下即意味着领导者实际已经丧失领导地位了。这样的领导者显然不能胜任领导职务，不仅不能树立权威，而且更危险的是还会给工作直接造成损失和困难。

相较于道德素质，职业素质并不是基础性领导素质，而是在基础性领导素质前提下直接发挥效用、达到具体的现实目标的实干性、建设性领导素质，是释放能量、创造人的现实价值的实用性领导素质。只有它才能使人得以谋求具体而实在的生存和发展，才能赋予人以显著而重大的职业特征，内在地塑造着各种具体的现实角色。现实中人之所以角色相异、各有千秋，就是由于各行各分工界定的职业素质及其作用方式、效用结果互有差别。因而，领导者就必须是行家里手，必须具备优良的职业素质，必须是精通业务的内行专家。只有这样，领导者才会有威信、有地位、有力量，也才能真正履行领导职能、职责。

根据领导素质理论分析可知，领导素质是复杂而完整的领导者才能的内在构成，实际也就是一个完整而最具代表性的素质体系。这些素质相互关联，天然一体，构成活生生的一个领导者，只是不同质量、能量和水平的素质构造出的领导者具有不同的质量、能量、品位而已。

知识库 9－2

罗伯特·卡茨关于领导素质的分类

美国学者罗伯特·卡茨把领导者分为高、中、低三个层次，把领导者的素质也分为三类：第一类是“见识”，主要是分析判断和决策等；第二类是“人情”，主要是处理人与人之间的关系或部门之间的关系；第三类是“技术”，主要是技术水平和解决具体问题等。这三类素质的结构比例，依上、中、下领导层次分别为 47∶35∶18、31∶42∶27、18∶35∶47。这也就是说，高层领导者应具有渊博的知识和较强的决策素质，能高瞻远瞩地对全局事态作出科学的判断，从而制定有关的战略方针和政策、策略；中层领导者应具有较强的处事和组织素质，善于处理复杂的上下级纵向关系和部门之间的横向关系，并能准确领会上级意图，结合本部门实际情况，制定切实可行的贯彻实施计划；基层领导者主要应有较高的业务水平和解决繁琐问题的素质。

资料来源：舒天戈，荣运德. 超凡领导力. 北京：中国言实出版社，2004：176.

9.2.2 领导者素质的提升

领导素质的提高不是自动完成的，需要领导者付出相应的努力和劳动。领导者要想提升自己的素质就必须做到以下几点：

1. 勤于学习，拓展知识广度和深度

学习是领导者提升素质的最主要途径。只有加强学习，才能切实提高领导素质、培养优秀领导者。早在两千多年前，荀子就强调学习了，为此还专门系统论述学习并进行广泛的劝学。一千多年前，诸葛亮对此也看得非常重要，特别强调说：“才，需学也；学，需静也。非学无以广才，非静无以成学。”①而毛泽东早在长征之前就已经极力提倡要加强学习，在后来的岁月中特别是在艰苦的抗战时期，对学习的提倡和强调则更是有过之而无不及。因此，领导者要增强影响力，就必须勤于学习，尤其在科学技术高速发展的今天，更应当不断革新自己的知识结构。

在现代社会，只有领导者先成为学习型的领导者才能更有力地推动组织成为学习型组织，组织成员成为学习型组织成员。优秀、卓越的领导者们无一不重视学习，如果领导者对所从事的岗位的业务知识和组织管理完全不在行，或能力极差，就不能唤起组织成员对

① 曹冈. 中华大方略全书：诸葛亮智谋全书. 呼和浩特：内蒙古人民出版社，2005：214.

他的敬重之情，在工作中没有发言权，势必会削弱他的影响力。领导者只有首先成为学习的模范、不断地对自己进行教育，才能进而成为组织和组织成员由非学习型向学习型转化的火车头或推动者，才能最后带动整个组织和队伍与时俱进、勇立潮头、顺应潮流而成为新时代的佼佼者、成功者。

对领导者的知识要求较为复杂，“专家中的杂家，专才中的通才”的知识结构则较为合适。这表明领导者走上领导岗位之后，必须经过先专后博、一通百通的过程，要加强岗位业务知识、管理知识的学习，完善其知识结构，从而为领导者提高自身全面素质打下坚实基础，进而以超常的能力取信他人，提高自己的影响感召能力。领导者在学习过程中要注意做到两点：一是要有计划、有重点，要根据实际需要确定学习内容，缺什么就补什么，针对性要强。二是要持之以恒，正确处理工作和学习的矛盾。领导者要善于挤时间学习，不能半途而废，要养成习惯，使读书成为自己生活的一部分。

目前主要有五种成功的学习方式：其一是通过“读”来学习。这是获取知识和信息、保持思维敏锐而前沿的常规途径和第一方式。这里包括书面文字和非书面文字的阅读、信息获取与视野开阔。其二是通过“观”来学习。这是获得大量感性知识、直观信息和一切尚未转变成文字的有用信息等的重要方式。其三是通过“做”来学习。亲自参与、直接行动，由此直接带来深刻的体验，形成一系列的经验，并在实践中不断提高和升华。其四是通过“思”来学习。思对于学习而言是最重要的一个环节，如果没有思，就意味着根本没有学习。这里最重要的是反思，反思是最具实质意义、能够成贤达圣的学习途径，包括反思自我、反思事实、反思经验教训。其五是通过“教”来学习。以身作则、言传身教，是综合运用才学发挥“教练员”作用的过程，是更高层次的、升华性的学习。

由此可见，学习是提高领导素质、培养领导者才能的最普通而又最重要的途径，领导者的全面发展或者全面提高领导素质均要依靠学习。“学习”的意思在这里指的不仅仅是获得更多的知识和信息，更是培养如何实现生命中真正想要达成的结果的能力，它是一个终身的过程。学习搞不好，则不可能从根本上提高领导素质。学习没有真正着眼于全面提高领导素质，领导素质质量的提高或领导素质的全面发展也就只能是海市蜃楼。因此，学习在领导素质提高中作用最大、最为根本，这就要求发挥全体学习者的主动性、积极性，强化学习手段的作用，全面、立体地提高领导素质，推动领导素质向更高品位不断发展。

2. 善于修炼，打造卓越品格

一般而言，修炼是领导者促使自己在领导素质上提高的最主要方式和途径，这完全依赖于领导者极其强大而非凡的毅力、恒心、自觉性和卓越高尚的追求等内在动力。修炼就是追求全面提高素质尤其奉行健全的德才标准而持之以恒、自珍自律地身体力行、塑造自我的个人修养的过程，这其实是一个公认的各种德才标准内化、德才水平提高的修炼过程，是一个在自我要求、自我推动、高度自律的状态下进行的品格锻炼、精神锤炼和才干精进的综合性过程。它实际上是一种内向和内省的领导素质提高方法，完全靠人的自觉性，靠本来就已经达到一定高度的领导素质，特别是道德素质、心理素质和知识素质，而后才有可能进行并有所收获，而且所增加的领导素质内容都必定非常优质，有可能使领导素质修养达到很高的境界。事实上，这是最主要和最重要的领导素质提高的形式与途径，是最为典型的领导者为使自身更加适合领导工作的需要所进行的自我修养和锻炼。

领导者的修炼应该说是一个极其复杂、高级的精神修炼活动和素质运动过程，除要大力加强核心性领导素质的修养以外，还有必要专门优化诸如决策心理、人际心理和管理心理等等。以心理素质和道德素质为主干，运用知识素质，辅以能力素质和职业素质，通过时刻提醒和纠正来具体作用于每天的思维、用心、反应、行为之中，并且逐渐习惯化而固定下来，这就是领导者修炼的全过程。修炼者都以极其刻苦、坚毅、恒定、精益求精的好学精神和敏锐、探求、客观的眼光来对待自己，对待所遇到的一切事情，包括内心深处的问题，并加以仔细琢磨、认真研究，穷其理，取其精，全面把握，形成体系，达到极高的造诣，使自己不断得到砥砺和升华。这是最有助益、最有质量、最非同寻常的提高领导素质之路，是一种成贤达圣的修炼。对于优秀的领导者而言，这其实是成就金玉、非常重要、极有价值的一种综合修炼，不仅是可能的，而且会做得非常主动而卓越；不仅不是无奈的选择或者见不得人的隐私，而且是创造卓越品格、赢得持久魅力和影响力的渴求与努力的过程，是一个必将变得更加光明、圣洁的崇高追求。

3. 精于培训，强化专项素质

培训在这里主要是指以专门培养和训练为主要特征，以显著提高某一具体素质为目标的领导培训。这种培训实际就是有组织、专门化或综合性的领导素质强化活动，是能够在短期内直接提高某一具体领导素质或者弥补某一素质缺陷的有效途径。其实，从本质上说，培训就是学习的一种，但是在具体的内容和方式上，还是有其鲜明的特点和独立性。培训是专门针对某一素质中的技能目标和少部分知识目标进行的训练活动，形式多种多样，做法非常灵活，具有迅速、高效解决某一具体素质问题的特殊功能。培训其实是一种补充性的大众化学习，是在一定学习素质基础上进行的培育能力的训练，可以使受培训者在某一具体能力上达到拔尖的程度，发达国家称之为“削尖”。今天关于领导者的培训热潮也是一浪高过一浪，既有国家统一组织的正规培训，也有市场化运作的社会培训。培训内容丰富多彩，成效也很显著。

4. 勇于实践，提高实际才干

积极参加实践活动，在实践中增长才干，也是提高领导素质的基本途径之一。具体而言，就是指真实地置身于现实关系之中或具体情境与事务之中，不断接触到非书本知识和“真刀真枪”的实战体验与问题，由此印证原有的经验、知识和技能，不断开发进行某一具体领域的现实生活的智慧和能力，逐步地积累丰富的经验、知识、技能，不断地形成新思路、新看法、新概念，甚至形成更完整、更切实、更科学的理论。只有这样，才能使自己的各种能力得到增强，各种素质得到全面提高，在实践中提高自己的能力，创造一流的工作业绩，在组织成员的心目中树立一个有真知灼见、经验丰富和才华横溢的领导者形象，从而提高自己的威信。

这里讲的实践与学习中的“做”本质上是一致的，但在具体形态、内容、过程和特征上则区别很大，甚至是基本不同的。这条途径有两种做法：一是顺其自然。即每个人均是现实中的角色，任其在现实中去谋求生存和发展，并以此使之自然得到最真实的训练和提高。这样做的最大好处是完全自然，每一次训练所获得的都是很有价值的东西。但是，其问题在于只是以生存和发展为主要目的，不一定能够使人得到全面训练，而且实践的空间实际上非常有限，仅仅是谋生的岗位。二是组织安排。这是有目标、有选择、有针对性的实践行为，这在现实生活中主要就是组织安排。这种实践实际上已经把现实情境当成了真实课堂，能有很好的收效。这种实践是一种有组织的实际情境训练，要求把培养对象置身于真实的领导角色和领导氛围之中，直接增长其实际才干。其具体做法和要求包括：把培养对象放到基层去，或者放到实际岗位上去，甚至放到逆境中去，压上一定的工作担子，提供必要而真实的环境、条件和压力，允许失误，解除包袱，言传身教，适时考察、引导、启发和帮助，适当批评、表扬和指导，提供台阶，适时进行合理的调整和流动。事实上，这就是最为典型的由组织所要求、设计和安排的领导者或领导者才能的培养与造就。只有切实置身于领导实践之中，置身于第一线社会生活之中，才能不断地接触到书本上所没有的大量重要知识；才能不断地印证原有理论、知识和技能；才能不断地发现新情况、新问题并进而不断地形成新思路、新看法；才能由此逐步地积累丰富的经验、技能、知识，甚至提出更卓越的见地和思想，形成更完整、更切实、更科学的理论和方法体系；才能最终真正在实践中增长才干而完全成长、成熟起来。

以上四种途径是现实中已经或正在用来提高领导素质的行之有效的基本方式。在具体的修养实践中最好是同时搭配使用，要着力避免孤立、片面和机械地行事，力求取得综合素质提高的效果。

9.3　领导力开发及其途径

9.3.1　领导力开发的含义与价值

1. 领导力开发的含义

领导力开发是指领导者根据自身和组织环境的需要，由组织或者个人对领导者进行有目的的培训和教育，更新思想观念，提高领导能力，提升领导绩效，增进领导责任，最终使领导者获得发展的一个过程。其中包括组织对领导者能力的开发和领导者个人对自身能力的开发。

首先，一个组织的发展、组织结构、运作过程、战略和组织文化等，都是影响领导力的重要因素。这些因素有着权变和灵活的特性，这就要求领导者与组织的协调，对领导力进行新的开发，使自己适应组织的发展，更有效地开展工作。其次，领导者个人的开发，是领导力开发的关键。实践表明，优秀的领导人才，不论是在政府机构，还是在企业都会得到相应的重视。所以，领导者必须坚持自我发展，努力提升自己。

2. 领导力开发的价值

随着互联网时代的到来，越来越多的人意识到，传统的人际界线正趋向瓦解消亡，“老板”“上司”“部下”“下属”等名词都将被“伙伴”一词取代。个人魅力、人际关系都将是领导者不可或缺的重要特质。

（1）领导力是知识经济时代领导角色转变的迫切需要。领导者处于举足轻重、事关成败的位置，其领导权实质上表现为战略决策权，战略意味着组织生存能力。领导者必须随时注意内外环境动向，敢于挑战与应对环境变化，敏锐地捕捉信息，把握战略关键环节，确保组织不断追求卓越，在更高层次使“领导”与“管理”统一起来。

首先，领导从管理中超越和分化出来以后，各自更好地发挥着自己的优势和作用，二者互相分离但优势互补。其次，领导从管理中分化出来以后，领导作用与知识经济的联系更加密切，知识经济的发展总是伴随着不断的改革，更离不开领导对改革的预见和推进。

（2）领导力开发是领导资源配置优化的重要条件。领导资源，通俗地说就是影响领导活动的一切条件、因素的总和。从现实情况来看，现有的领导活动，无论其具体方式如何不同，但有一点是共同的，即领导力是领导资源配置的重要力量，所不同的是领导力在领导资源配置中的作用份额，不同的资源之所以在不同的领导活动中作用程度不同，就是因为领导力配置份额的不一，有的配置得多，便发挥了主要作用，有的配置得少，作用发挥就不是很明显。领导力配置资源份额的多少既取决于领导活动的具体要求，也取决于领导力的完善程度。

成功的领导者，不在于职位和权势，绝大部分取决于是否具备足以吸引追随者的魅力。《领导艺术家》一书的作者威廉·柯汉也提出了类似的见解：在组织成员的心目中比上述更重要的因素是领导者本身得拥有超凡的令人“信服”和“归属”的领导魅力。①因此，我们可以确信：领导资源配置中最重要的力量是强大的魅力，而非权力。

（3）领导力开发是领导绩效提升的基础环节。在领导活动中，领导者处于主导地位，领导者能否在正常情况下，发挥其应有的作用，取得理想的工作绩效，在很大程度上取决于领导力，即领导者在与组织成员交往中发生影响及改变其心理、行为的力量。

领导者的权力影响力是法定的“硬权力”，而非权力的影响力则为“软实力”，由领导者本人的品德、知识、才能、胆略、气质、魅力等个人素质及其行为构成，二者缺一不可。

在专制、专权的社会形态中，“权力拜物教”盛行，领导者主要靠以法定权力的影响力来实施领导。现代社会，越来越多的领导者认识到非权力的影响力在整个领导过程中占据了越来越重要的地位，发挥着越来越重要的作用。

9.3.2 领导力开发的障碍因素

1. 社会层面的障碍

（1）缓慢的危机不能产生伟大的领袖。管理学家约翰·加德纳断言：爆发性的危机产生伟大的领袖，而缓慢的危机则不能。战争以及其他突发性的社会危机是领袖人物的熔炉，优秀的领导者从中脱颖而出。而现今社会正在经历着一场缓慢的危机，使领导力的养成缺乏天然的社会环境。

（2）专业化分工不利于通才的形成。领导者往往都应该是通才。未来的领导者都可能最先受到专业的训练，而后必须跨过专业和社会分工的界限，他们要接受全面的、各个层次的锻炼而后才能走向领导岗位。不管是在公共部门还是在企业，领导者都需要经过不断实践锻炼，之后才能得到提拔和晋升。

---

① 和仁．领导四书．西安：西北大学出版社，2004：386.

2. 组织层面的障碍

（1）文化障碍。组织文化会影响领导力的开发。越来越多的领导者倡导建设“学习型组织”，它的主要特点之一是鼓励变革和适应。学习型组织通常拥有适应型文化。

首先，组织的整体重于局部，部门间的边界尽可能弱化。在学习型组织中，人们以整体系统为考虑的中心，每个部门都会认真考虑它们的行动会对其他部门和整个组织带来什么影响。其次，将平等作为主要的价值观。学习型组织形成了一种能营造集体意识和人与人之间相互关心的氛围的文化，组织为员工创造能促进勇担风险并充分发挥潜能的平台。最后，奉行鼓励冒风险、变革和不断改进的组织文化。学习型组织的一个基本价值观，就是大胆地对现状进行质疑。对现行的做法和假设不断质疑，可为发挥创造性敞开大门。

（2）权力主导的思维定式。美国学者道格拉斯和杰伊描述了一家属于制造业财富 50 强企业的现状。这家企业配备了负责区域运营的领导者、业务线的高级经理人员以及职能部门的高管人员。这一复杂的组织架构，使领导力开发活动出现了很多权力中心，而每一个权力中心偏偏又缺乏一个对领导力开发项目的一致性认识及战略协调。这种多权力中心使领导力开发趋于形式化。CEO 找到管理专家，管理专家告诉他自己很乐意完成“领导力 CEO”的职责，建立相应的领导力开发系统。而各个区域与业务负责人却谨慎地控制自己在领导力开发中的参与程度，仅仅在对自己所在业务单元有利时才会参与。

人力资源高级副总裁在劳工关系上非常精通，却不谙熟领导力开发。结果，无论在领导力开发上成功与否，他都会感受到这位“领导力 CEO”的压力。慢慢地，人力资源高管开始对关键信息有所保留，如已经确定的高级管理人员的候选人名单和已作为企业下一代领导者来培养的关键岗位经常空缺。权力主导思维导致一个真空状态的 CEO、间接参与的直线经理、内部恶性竞争的人力资源部。具有高潜力的领导者就陷入困境，不知道企业对自己的期望是什么，不能将企业的领导力项目目标与企业利益联系在一起。

3. 个人层面的障碍

成为一名成功的领导者，最大的障碍当属“认识你自己”。认识自己包括很多方面，认识自己意味着把“你是什么人和你想成为什么人”与“别人认为你是什么人和你想成为什么人”区分开来。与此同时，在领导力提升和开发的过程中，领导者还要注意克服以下几个方面的障碍：

（1）道德失范。所谓道德失范，就是领导者的行为偏离了政治道德、社会道德准则的要求。道德失范主要表现为精神生活空虚颓废、物质生活追求奢华、社会交往庸俗违纪。“德不厚者，不可以使民。”道德失范必然使领导者丧失政治上的坚定性，丧失表率作用，领导力也必然丧失殆尽。

（2）心理障碍。心理障碍包括心理失调和情绪失控两个方面。一是心理失调。心理失调，就是心理失去了平衡的状态。其表现形式主要有嫉妒、虚荣、狭隘心理等。此类现象产生的原因主要在于不能正确了解和接受自己，不能正确了解社会并适应社会。二是情绪失控。主要表现为消沉萎靡、喜怒无常、急躁易怒、紧张胆怯等。情绪失控的原因主要是人生观的格调不高、价值观意识有偏差、自我调控能力过低，以及性格的弱点等。

（3）权力滥用。所谓权力滥用就是不能正确运用手中的权力，甚至利用手中权力做出违背社会大多数成员意志和利益的事情。权力滥用是导致领导力降低甚至完全丧失的最主要因素之一，主要表现为越位侵权、权力独揽、以权谋私等。导致的后果一是扰乱了正常的工作秩序，二是使领导者丧失群众的支持，三是影响了下属的积极性、主动性和创造性的发挥。

（4）思维僵化。思维僵化是指思维方式的僵化。就是思维方式单一、封闭、静止。思维僵化的主要表现形式是形而上学思维、教条主义思维、单一演绎思维等，就是一切行动都是以既定的典型、榜样、经验来指导和规范，而不是根据自身的具体情况，通过总结自身工作中的经验教训，来发现问题、解决问题。

（5）眼界受限。一般说来，领导者越有远见，眼界越高，组织就越有潜能。眼界能增强一个领导者的能力。眼界并非天生就有的，而是一种可以培养出来的本领。眼界受到限制必然制约领导力的发挥，主要表现在：一是制约领导力的产生，二是会导致领导者思维的僵化，三是妨碍领导者整体素质的提高。

9.3.3 领导力开发的途径

领导者缺乏领导力是一个全球性问题，当下，领导力开发也越来越成为摆在领导学和人力资源管理研究者面前的一个重要课题。领导力开发有以下几条原则：其一是必须精通专业技术；其二是承担责任并对结果负责；其三是及时做出合理的决策；其四是用自己的行动为员工树立典范；其五是了解员工并关心他们的生活；其六是保持与员工、高层管理者的信息畅通；其七是培育员工的责任感；其八是增强员工对于目标的理解；其九是充分挖掘组织的潜力，塑造团队精神。①

自 20 世纪 80 年代以来，随着研究人员对领导力开发方式的不断探索和拓展，领导力开发的途径呈现出多元化的发展趋势。当前，以下途径越来越受到人们的关注。

案例 9-1

飞利浦领导力提升的方法

（1）核心课程培训

飞利浦公司将公司现有的一些内训和外训的培训课程进行分类，并结合核心领导力要求建立一套一体化的课程，对于所有级别的领导力开发需求都适用，个人可以根据知识和能力需求选择相应的课程，从而保证所有领导者所得到的知识和技能的培训是一致的，也避免了发展到一定级别的领导者缺乏必要的相关知识。

（2）辅导和指导

辅导和指导在企业中能够挖掘人的潜能，能够有效解决现有的问题，改进员工业绩，提高员工自尊，产生行为改变，最终提高相关的能力。辅导和指导是双方的活动，只有一方迫切需要进步和发展，另一方也热心帮助对方去实现这个奋斗目标时，才能建立起

① Hernez-Broome G, Richard L Hughs. Leadership development: past, present, and future. Human Resource Planning, 2004, 27 (1): 24-32.

一种卓有成效的辅导和指导关系。领导者要想主动保持与追随者之间现有的这种关系，就必须对追随者进行辅导和指导，帮助其实现自我发展和自我提高。

(3) 特殊任务

特殊任务也就是行动学习，是由上级管理者安排的一项领导力实践性开发。上级交给被开发者某些并没有参与过的工作，或者授权行使某些职责，这些工作需要运用相关的领导力，学员通过该任务能实践性地锻炼相应的领导力。

(4) 领导力自我学习

由于企业有限的培训资源和预算费用，将由咨询公司协助开发一套供学员自我学习领导力的学习包。这将是一个有效的工具，也为学员提供了弹性的学习时间。整套学习包将由一套文本资料和一套视听资料组成。对于每种核心领导力，自我学习包都提供了一套练习活动，能够适合在工作和空余的时候进行学习。

资料来源：朱立言，孙健．领导科学与艺术．2版．武汉：华中科技大学出版社，2013：231-232.

1. 培育个人特质

作一个成功的领导者，想要具有一种令人难以抗拒、挡不住的“影响力”，应该培育如下几种个人特质：

(1) 引起他人注意的特质。领导者身上最明显的一个特质，在于能够引起他人的注意、向往和崇拜，并让他的追随者对他们的团体产生归属感。

(2) 清楚了解自我的特质。成功的领导者都能定期要求自己参加“领导特质”“领导能力”测验，以了解自己的才能，知道自己的长处、短处，然后制定计划进行增强或改善。

(3) 言行一致的特质。令人敬佩的领导者的行事风格是立场永远始终如一，百分之百值得信赖。即使面对强大的压力、胁迫和艰难，也绝不动摇，总是把团体的利益置于个人利害前面，不是偶尔为之，也不是为了博得良好的声誉，而是随时随地都能让人信赖。

(4) 高瞻远瞩，开创未来的特质。具有远见卓识，是成功的领导者另一项难能可贵的特质。他们比一般人更愿意面对未来的世界，更擅长结合事实、数据、希望、梦想、机会和风险，制定长期策略、计划，唤起伙伴携手勇往直前，为组织谋求更多的利益，甚至可以反败为胜。

2. 组建核心团队

当组织结构单元日渐扁平化、团队化，作为领导者，构筑一个优秀的核心团队是第一要务，也是领导力的重要体现，一个强有力的核心团队也能够促使领导力的提升。

领导者首先面临的就是核心团队组织成员的选择问题。核心团队组织成员必须层次不同并拥有不同的特长，这样才能使组织成员之间取长补短、互相配合，获得“1＋1＞2”的整体效果。

在团队解决问题和制定决策的过程中，领导者要主动从不同背景和不同文化程度的组织成员身上寻求信息，要容许组织成员与领导者存在工作上的意见分歧，能够让组织成员体验解决难题的乐趣，而且能够让组织成员认识到他们是团队的一部分，让他们知道团队需要他们，每个人都是这个团队有价值的贡献者，只要努力每个人都可以成为优秀的组织成员，无论相互差异有多大。

3. 建立信任关系

构筑核心团队仅是领导力开发的基础，要真正实现团队绩效，达到成功的顶峰，需要组织成员的支持与合作。而获得组织成员的支持与合作，除了靠权力外，更要靠所拥有的来自组织成员之中的信任，因而建立信任关系是很重要的。

在横向方面，团队组织成员之间可以通过加强沟通、增进了解、相互支持对方的正确观点等建立彼此间的信任。在纵向方面，领导者授权是建立与组织成员之间有效信任关系的有效途径。从领导者来说，一方面，有效授权能够让核心团队组织成员得到锻炼的机会，在实践中培养他们的领导能力；另一方面，能够让领导者有更多的时间和精力专注于战略决策等重大事务。从团队组织成员方面来说，获得授权能让他们确切感受到领导者的信任，进一步激发灵感和工作积极性，提高工作质量。

领导者可以从以下几方面提高授权效率：其一是提出目标，弄清楚任务的重要性和目的，定好完成任务的期限；其二是视领导力为职能，建立责任制，指定负责人，允许员工共享领导力；其三是识别资源，了解哪些员工手边存在与任务相关的资料或者能够完成任务，分别授权；其四是建立控制机制，定好实施步骤，列出先后顺序，定期召开会议，讨论问题并报告进度；其五是激励，一个有效的适用准则是“白金原则”，即用别人乐意的方式对待员工，以适应他们的个人风格。

4. 活化领导方式

随着领导学的不断发展和人们对领导实践的深入研究，许多学者从不同角度归纳出诸多领导方式。例如，丹尼尔·戈夫曼以全球两万个职业经理人数据库为样本，总结了当今全球普遍存在的六种领导方式，即强制型领导、权威型领导、联盟型领导、民主型领导、带头型领导和教练型领导。[①] 作为领导者，特别要注意的是，运用法定权力行使影响力时，应避免让追随者有受到操纵、控制或威胁的感觉。最好的方法是学习做一个建设型取向而非操纵型取向的领导者。在此不妨参考表 9-1 所示的史蒂芬·布朗在《经理人常犯的 13 个错误》一书中所提到的“建设型取向”领导的方式。[②]

表 9-1　　建设型取向与操纵型取向领导方式比较

	建设型取向领导方式	操纵型取向领导方式
1	真正关怀员工	监视
2	支持组织成员	拒绝委派
3	察纳雅言	权力饥渴
4	有开发力	短视
5	一致的（决策）	不一致的（决策）

① 赖富祥. 打造卓越的领导力. 企业文化，2005（10）.

② 林有田. 领导魔法书：超级领导力的十大法则. 哈尔滨：哈尔滨出版社，2002：60-61.

续前表

	建设型取向领导方式	操纵型取向领导方式
6	有纪律的	压迫感
7	公正的	自私的
8	能迎接逆境，面对现实	恐惧感
9	热情	冷漠
10	有耐力	没有耐力
11	良好的个人形象	“唯我独尊”论调
12	有效的决策	在难题上打转
13	有见解	不客观、封闭
14	对成功不吝于赞美	善忌
15	视竞争为有助益	没有安全感
16	视转变为契机	拒绝改变
17	有洞察力	威胁、恐惧

概括起来，“建设型取向”领导方式主要体现在如下四个方面：

（1）理想化的影响。领导者具有令组织成员心悦诚服的特质或行为，因而成为被组织成员崇拜学习的理想对象，组织成员心甘情愿遵照其指令完成任务。建设型取向领导者在领导员工时，以伦理和道德为准则，与组织成员共同分担风险，考虑组织成员的需求胜过自己的需求。他们还向组织成员提供思想观念，解释任务的意义，引发自豪感，由此获得组织成员的钦佩、尊重与信任。

（2）心理的鼓舞。建设型取向领导者善于激发员工的工作动机。通过为组织成员提供有意义且具富于挑战性的工作、明确告诉对组织成员的工作期望、展示对组织总体目标的承诺、采取积极和乐观的工作态度等方式，充分调动员工的工作积极性，使员工在乐观与希望中展望未来的发展，并因之产生强烈的向心力和团队精神。

（3）才智的启发。即不断用新观念、新手段和新方法让组织成员接受挑战。建设型取向领导者认为员工能力的发挥是组织发展的关键，所以他们鼓励组织成员采用全新的思想和革新性的方法解决问题。他们提出新主意，从组织成员那里得到创造性的回应，通过问题假设和挑战自我使员工的创造力获得积累。

（4）个性化的关怀。即给组织成员以个别的关心，区别性地对待每一个员工，提供培育和指导，赋予他们责任，使其觉得深受重视而更加努力。建设型取向领导者注意听取组织成员的心声，尤其关注组织成员的成就和成长需求。针对员工的能力、个性等个别差异，领导者充当教练角色，促进员工的思想与行为的改变。①

总之，建设型取向领导者制定明确的愿景，通过与组织成员有效沟通，使得愿景深入人心，引导他们为了达成组织的目标而超越自身利益，激发组织成员更高层次的需求。有

① Judge T A, Bono J E. Five-factor model of personality and transformational leadership. The Journal of Applied Psychology, 2000, 85 (5): 751.

证据表明，与操纵型取向领导者的组织成员相比，建设型取向领导者的组织成员工作绩效更好、对工作的满意度更高、角色冲突更少。可见，组织前进发展的真正原动力和撼动者是建设型取向领导者。

5. 打造自身品牌

“其身正，不令而行；其身不正，虽令不从。”从领导者个人来说，树立自身品牌，提高在组织成员心目中的声望是非常重要的。领导者的品牌和声望是一种客观存在，它不以领导者意愿、追随者意志为转移。领导者的品牌和声望对群众发挥导向性作用。根据研究，一个人如果拥有较独特的专业才能、说服才能和个人魅力，往往会对他的影响力产生如虎添翼的效果。领导者树立品牌形象，可从以下几个方面做起：

（1）专业才能。人们有高度崇拜专家的倾向，并且对他们所说的话相当信服。如果领导者个人拥有解决重要难题以及完成重要工作方面的专门知识与特殊技能，就比较容易赢得组织成员的信任和认同，影响力就如影随形而产生。

（2）说服才能。领导者之所以获得组织成员的拥戴，是由于他们拥有深远的影响力，直接或间接地说服组织成员心悦诚服地追随他们，并非仅靠指挥的威力。领导者可以利用声高、声调来传递一种自信和权威的形象，使得话语更富有意义和影响力。学习正确交涉、协商和谈判的策略、技巧，则有助于进行理性的说服，在组织成员面前会显得更有影响力。

（3）人格魅力。美国著名成功心理学大师希尔博士有句名言：“真正的领导能力来自让人钦佩的人格。”人格魅力是指由一个人的信仰、气质、性情、相貌、品行、智能、才学和经验等诸多因素综合体现出来的一种人格凝聚力和感召力。领导者应当在组织成员面前塑造自我形象，完善人格魅力。只要领导者用爱心和榜样的力量去感化人，用尊重理解的方法去帮助人，用积极的品格去影响人，那么在组织环境里，他就一定会成为一个有着强烈的吸引力和感召力、深受组织成员拥戴的人物。

案例 9－2

发展自己和发展他人

斯图尔特是一个行销服务企业的创始人和总裁，他的主要工作经历是重要竞选活动的幕后策划。斯图尔特经验丰富，颇有名气，以致被一些企业和非营利组织聘为顾问。在短短几年内，斯图尔特仅有 3 人的公司成长为超过 25 个雇员的中等规模的行销企业。就像许多天才企业家适合创业而不适合守业一样，斯图尔特逐渐意识到自己在雇人工作方面力不从心。他的兴奋点在于开拓一份新的事业和以策略顾问的身份服务重要客户，而不是在不断应付紧急事件、检查和修改员工为客户制定的行销活动、处理个人问题上花费大量时间。由于各种各样的原因，他雇佣的处理日常事务的员工，没有能够减少他在这些事情上花费的时间。随着业务量的增长，斯图尔特对自己的工作生活的认识越来越清醒。在自我反省和与主要员工倾心交谈以后，斯图尔特发现问题主要出在自己身上。

他的员工在进入公司以后，原有的技能没有进一步得到发展，斯图尔特用了两年时间才开始考虑解决这个问题。

员工们发现，在向客户提供策划案之前，斯图尔特会检查他们的创意并将之修改成符合他自己的风格。因此，员工们便习惯于斯图尔特对于项目事必躬亲的态度，并自动将所有的成品都交给他批核。反正就算斯图尔特不喜欢他们做出来的企划，他们也不会挨骂。斯图尔特在人际沟通包括处理情绪方面缺乏高超的技巧，所以他从不对任何人提建设性的意见。因为多年来，他一直没有将自己的智慧传授给员工，所以员工们也没能学会如何提高技能来满足他在质量方面的要求。斯图尔特认为，自己的主要角色是为客户服务，而不是指导员工发展，因此他没有教导员工有更高水平的表现，结果是他承担了员工的职责，而不是一个企业领导者的职责。他不与重要员工探讨如何来发展他们的能力，使他们在整个行业内有所发展，因而导致了员工士气低落，业务不能如期完成。斯图尔特的一些优秀员工离开公司去寻找机会，为了寻找接替者，公司进入了困难时期。最重要的是，斯图尔特开始认真考虑卖掉公司，去尝试其他领域。他丧失了创建公司时的乐趣，他对事情的发展感到非常沮丧。

此时，斯图尔特开始审视自己的领导艺术的实践，来寻找答案。在某些公司外部教练的帮助下，他发现自己没有充分发展员工，没有对他们做训练、教授和辅导工作。斯图尔特开始尝试一种不同的方法——他与所有的员工讨论如何为客户提供最佳服务。他对工作的热情是显而易见的，员工们也给予积极的响应，他们需要与斯图尔特进行更多、更有效的沟通。当他花费更多的时间来传授知识时，他们的绩效提升了。在斯图尔特教导的基础上，创意部门某些有天赋的员工产生了一些新的想法，而这是一些更高水平的创意。虽然此时进步十分缓慢，时断时续，但是动力产生了。随着员工们工作质量的提高和斯图尔特亲力亲为做法的减少，他的心情也好转了。公司内士气的直接提高，使斯图尔特对工作有了更多的满意。

资料来源：彼得·A. 托平. 领导艺术. 颜世富，章震宇，秦一琼，译. 北京：中国财政经济出版社，2004：103.

本章小结

本章分三小节介绍了领导力的相关概念、领导者的素质与提升以及领导力开发。

第一节介绍了领导力的内涵、构成及特征。领导力是由领导素质、领导体制、领导环境和领导艺术等多种因素综合作用所产生出来的最高组织性作用力，是领导主体用以引导、推动一个组织群体或社会去应对并制胜挑战和竞争，达到共同目标的核心力量。因此，它是组织群体或社会的黏合剂、推进剂或动力源泉。领导力与领导权力不是一回事，领导权力是法定的职务权力，而领导力是领导者的影响力和号召力。领导力由五种主要力量构成，即前瞻力、感召力、决断力、驾驭力和行动力。领导力具有影响与征服、远见卓识、善于御人和积极沟通的特征。

第二节介绍了领导者的素质及提升。领导者素质包括身体素质、心理素质、知识素质、能力素质、政治素质、法治素质、道德素质、职业素质几方面的内容。领导者要想提升素质就必须做到勤于学习，拓展知识广度和深度；善于修炼，打造卓越品格；善于修炼，打造卓越品格；精于培训，强化专项素质；勇于实践，提高实际才干。

第三节探讨了领导力开发问题。领导力开发是指领导者根据自身和组织环境的需要，由组织或者个人对领导者进行有目的的培训和教育，更新思想观念，提高领导能力，提升领导绩效，增进领导责任，最终使领导者获得发展的一个过程。领导力开发有重要价值。首先，领导力是知识经济时代领导角色转变的迫切需要；其次，领导力开发是领导资源配置优化的重要条件；最后，领导力开发是领导绩效提升的基础环节。领导力开发也面临着来自社会层面、组织层面与个人层面的诸多障碍。领导力开发的途径主要有：培育个人特质、组建核心团队、建立信任关系、活化领导方式、打造自身品牌。

关键术语

领导力　　领导力特征　　领导力价值　　领导者素质　　领导力开发　　领导力开发障碍　　领导力开发途径

复习思考题

1. 什么是领导力？领导力是否具有习得性？
2. 领导力开发有何意义？
3. 领导力开发的障碍有哪些？如何突破这些障碍？
4. 举一个例子说明一名成功的领导者是如何被开发的。
5. 领导者如何提高素质？
6. 如何成为一个成功的领导者？

本章阅读书目

[1] 朱立言，孙健．领导科学与艺术．2 版．武汉：华中科技大学出版社，2013.

[2] 约翰·加德纳．论领导力．李养龙，译．北京：中信出版社，2007.

[3] 安德鲁·J. 杜柏林．领导力：研究·实践·技巧：第 4 版．王垒，译．北京：中国市场出版社，2006.

人大版公共管理类教材

公共管理类专业教材——学科基础课教材

书名	作者
现代管理学原理（第三版）（“十一五”国家级规划教材）	娄成武　魏淑艳
一般管理学原理（第四版）	张康之　周　军
管理学基础（第三版）	方振邦
政治学原理（第三版）	景跃进　张小劲
现代政治学原理（第四版）	石永义　刘玉萼　张　璋
公共管理学（第二版）	陈振明
公共管理学——一种不同于传统行政学的研究途径（第二版）	陈振明
公共管理学（第三版）（数字教材版）（“十二五”国家级规划教材）	蔡立辉　王乐夫
公共管理学（精编版）	王乐夫　蔡立辉
公共管理学（第二版）	张康之　郑家昊
公共管理概论（第二版）	朱立言　谢　明
公共政策导论（第五版）（数字教材版）（全国优秀教材二等奖）	谢　明
公共政策概论（第二版）	谢　明
公共政策学——政策分析的理论、方法和技术（“十一五”国家级规划教材）	陈振明
公共政策学（第二版）	杨宏山
政策科学——公共政策分析导论（第二版）	陈振明
公共经济学（第三版）（“十二五”国家级规划教材）	高培勇
公共经济学教程	秦立建
政府经济学（第四版）（“十一五”国家级规划教材）	郭小聪
政府经济学（第四版）	潘明星　韩丽华

公共管理类专业教材——方法课教材

书名	作者
公共管理研究方法	何兰萍　张俊艳
行政学研究方法与应用案例	萧鸣政　等
管理定量分析：方法与技术（第三版）	刘兰剑

公共管理类专业教材——行政管理、公共事业管理专业教材

书名	作者
行政法学导论	姜晓萍
公共部门人力资源管理（第四版）	孙柏瑛　祁凡骅
公共部门人力资源开发与管理（第五版）（“十二五”国家级规划教材）	孙柏瑛　祁凡骅
公共部门人力资源管理（第三版）	滕玉成　于　萍
公共部门人力资源管理概论	方振邦
公共部门人力资源管理案例	周均旭
行政管理学（第五版）（数字教材版）	郭小聪
公共行政学（第五版）	彭和平

书名	作者
公共行政学（第二版）	张康之　张乾友
行政学导论（第三版）	齐明山
行政管理学导引与案例	陈季修
管理心理学（第二版）	范逢春
公共组织行为学（第三版）（“十一五”国家级规划教材）	孙　萍　张　平
公共组织学（第三版）	李传军
行政组织学（第二版）	张　昕　李　泉
公共组织理论	陆明远　冯　楠
公共事业管理概论（第三版）	朱仁显
公共组织财务管理（第三版）（“十一五”国家级规划教材）	王为民
国家公务员制度（第五版）（数字教材版）（“十二五”国家级规划教材）	舒　放　贾自欣
国家公务员制度概论（第二版）	刘碧强　郗永勤
公务员制度概论	李如海
当代国家公务员制度：理论与实践	胡春艳
行政领导学（第三版）	朱立言　李国梁
领导学（第五版）	邱霈恩
领导学	孙　健
现代市政学（第五版）（数字教材版）	王佃利
市政管理学（第五版）（“十一五”国家级规划教材）	杨宏山
社区管理（第四版）	汪大海　魏　娜　郇建立
社区管理原理与案例	魏　娜
电子政务教程（第三版）（“十一五”国家级规划教材）	赵国俊
电子政府与电子政务（第二版）（“十一五”国家级规划教材）	张锐昕
行政伦理学教程（第四版）（“十二五”国家级规划教材）	张康之　李传军
公共危机管理概论（第二版）	王宏伟
公共危机管理	唐　钧
当代中国政府与政治	景跃进　陈明明　肖　滨
当代中国政府与行政（第三版）	魏　娜　吴爱明
地方政府学概论（第二版）	方　雷
地方政府管理（第二版）	陈瑞莲　张紧跟
管理秘书实务（第三版）	赵锁龙
行政秘书学	唐　钧
公文写作与处理	赵国俊
机关管理的原理与方法（第三版）	赵国俊　陈幽泓
公共部门绩效管理	方振邦
政府绩效管理（第二版）	方振邦　唐　健
政府绩效评估	蔡立辉
政府公共关系（第二版）（“十一五”国家级规划教材）	廖为建　张　宁
西方行政学理论概要（第二版）（“十一五”国家级规划教材）	丁　煌
公共行政学史（第二版）	何艳玲
西方公共管理名著导读	汪大海

书名	作者
文化管理学（第三版）（“十二五”国家级规划教材）	孙　萍
文化创意产业导论	魏鹏举
卫生事业管理（第二版）（“十一五”国家级规划教材）	李　鲁
现代公用事业管理	崔运武

公共管理类专业教材——劳动与社会保障专业教材

书名	作者
社会保障概论（第七版）	孙光德　董克用
劳动经济学（“十一五”国家级规划教材）	董克用　刘　昕
劳动法与社会保障法	黎建飞
社会保险学（第三版）	孙树菡　朱丽敏
社会保障基金管理	李春根
社会保障国际比较	仇雨临

公共管理类专业教材——土地资源管理专业教材

书名	作者
土地经济学（第八版）（“十一五”国家级规划教材）	毕宝德
土地法学（中国人民大学“十三五”规划教材）	严金明
土地资源学	张正峰　赵文武
土地资源管理学（第二版）	张正峰
国土空间规划学	张占录　张正峰
不动产估价（第二版）（“十一五”国家级规划教材）	叶剑平　曲卫东
土地信息系统	曲卫东　韩　琼
地籍管理（第五版）（“十一五”国家级规划教材）	谭　峻　林增杰

公共管理类专业教材——城市管理专业教材

书名	作者
城市管理学（第三版）	杨宏山
城市管理学：公共视角	陆　军　等
城市管理法	王丛虎
城市总体规划原理	郐艳丽　田　莉

公共管理硕士（MPA）教材——核心课教材

书名	作者
全国公共管理硕士（MPA）核心课程教学指导纲要	全国公共管理专业学位 研究生教育指导委员会
社会主义建设理论与实践（第三版）	李景治　蒲国良
公共管理英语（修订版）	顾建光

书名	作者
学术规范和论文写作	胡宏伟
公共管理学（第三版）（全国优秀教材二等奖）	张成福　党秀云
公共管理学原理（修订版）	陈振明
公共管理导论	竺乾威　朱春奎　李瑞昌
公共政策分析	陈振明
公共政策分析导论	陈振明
公共政策分析概论（修订版）	谢　明
公共部门经济学（第三版）	高培勇　崔　军
公共经济学	唐任伍
行政法学（修订版）	皮纯协　张成福
行政法学概论（第三版）	胡锦光
非营利组织管理概论（修订版）	王　名
非营利组织管理	王　名　王　超
公共管理伦理学（修订版）	张康之
社会研究方法	陈振明
电子政务理论与方法（第五版）	金江军
公文写作概论	高永贵

公共管理硕士（MPA）教材——专业方向必修课、选修课教材

书名	作者
公务员制度教程（第六版）	舒　放　王克良
比较政府与政治（修订版）	卓　越
当代中国政府与政治（第三版）	吴爱明　朱国斌　林　震
公共部门人力资源管理及案例教程（第三版）	陈天祥
公共部门绩效评估（修订版）	卓　越
公共部门危机管理（第三版）	张小明
公共部门战略管理（修订版）	陈振明
MPA 学位论文写作指南	汪大海

中国人民大学出版社　管理分社

教师教学服务说明

中国人民大学出版社管理分社以出版工商管理和公共管理类精品图书为宗旨。为更好地服务一线教师，我们着力建设了一批数字化、立体化的网络教学资源。教师可以通过以下方式获得免费下载教学资源的权限：

★ 在中国人民大学出版社网站 www.crup.com.cn 进行注册，注册后进入“会员中心”，在左侧点击“我的教师认证”，填写相关信息，提交后等待审核。我们将在一个工作日内为您开通相关资源的下载权限。

★ 如您急需教学资源或需要其他帮助，请加入教师 QQ 群或在工作时间与我们联络。

中国人民大学出版社　管理分社

教师 QQ 群： 648333426（工商管理）　114970332（财会）　648117133（公共管理）
教师群仅限教师加入，入群请备注（学校＋姓名）

联系电话： 010-62515735，62515987，62515782，82501048，62514760

电子邮箱： glcbfs@crup.com.cn

通讯地址： 北京市海淀区中关村大街甲 59 号文化大厦 1501 室（100872）

管理书社

人大社财会

公共管理与政治学悦读坊

图书在版编目（CIP）数据

领导学/孙健主编．—北京：中国人民大学出版社，2019.7
新编21世纪公共管理系列教材．公共组织与人力资源管理系列
ISBN 978-7-300-27045-6

Ⅰ．①领… Ⅱ．①孙… Ⅲ．①领导学-高等学校-教材 Ⅳ．①C933

中国版本图书馆CIP数据核字（2019）第111623号

新编21世纪公共管理系列教材・公共组织与人力资源管理系列
领导学
主编 孙 健
副主编 张 强 胡晓东
Lingdaoxue

出版发行	中国人民大学出版社		
社　　址	北京中关村大街31号	**邮政编码**	100080
电　　话	010－62511242（总编室）		010－62511770（质管部）
	010－82501766（邮购部）		010－62514148（门市部）
	010－62515195（发行公司）		010－62515275（盗版举报）
网　　址	http://www.crup.com.cn		
经　　销	新华书店		
印　　刷	北京七色印务有限公司		
开　　本	787 mm×1092 mm　1/16	**版　　次**	2019年7月第1版
印　　张	18.25	**印　　次**	2024年4月第8次印刷
字　　数	415 000	**定　　价**	48.00元